Kapverdische Inseln

Susanne Lipps · Oliver Breda

Gratis-Download: Updates & aktuelle Extratipps der Autoren

Unsere Autoren recherchieren auch nach Redaktionsschluss für Sie weiter. Auf unserer Homepage finden Sie Updates und persönliche Zusatztipps zu diesem Reiseführer.

Zum Ausdrucken und Mitnehmen oder als kostenloser Download für Smartphone, Tablet und E-Reader.

Besuchen Sie uns jetzt!

www.dumontreise.de/kapverdische-inseln

short.travel/8ajgn

DUMONT
Reise-Taschenbuch

Unterwegs auf den Kapverdischen Inseln

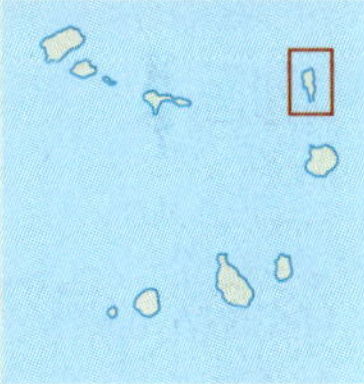

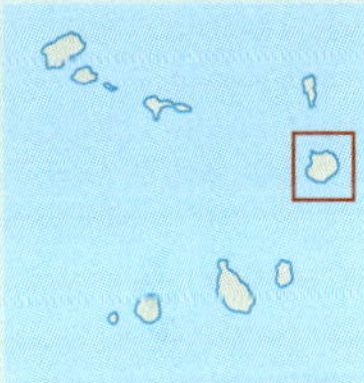

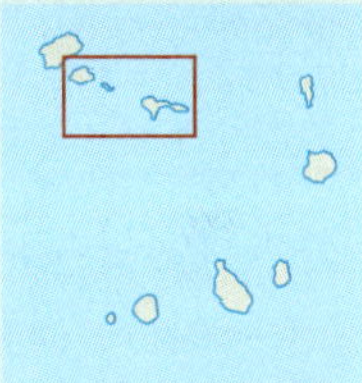

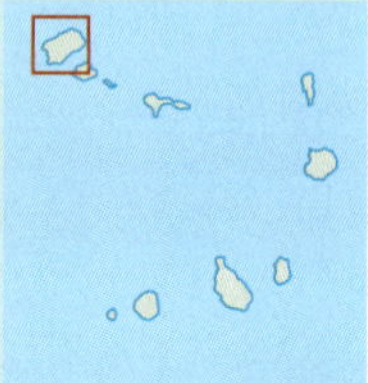

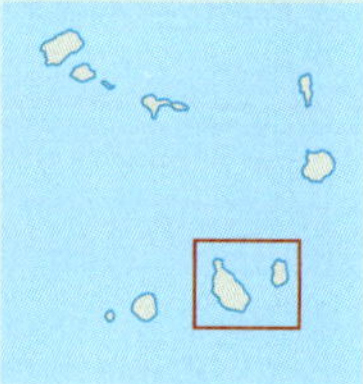

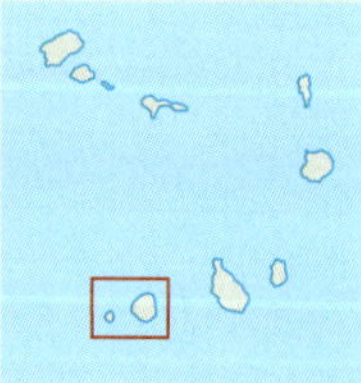

Auf Entdeckungstour

Karten und Pläne

s. hintere Umschlagklappe

► Dieses Symbol im Buch verweist auf die Extra-Reisekarte Kapverdische Inseln

Liebe Leserin, lieber Leser,

wie oft schon hörten wir folgende Frage: »Die Kapverdischen Inseln? Wie sind die denn so?« Seit fast 15 Jahren bereisen wir den Archipel mittlerweile. Neun Inseln in den Weiten des Atlantiks, Welten zwischen Europa, Afrika und Amerika. Geografisch eindeutig Afrika, historisch ohne Frage von Portugal geprägt, ethnisch eben Kap Verde. Als wir angefangen haben, uns mit Kap Verde zu beschäftigen, zählte das Land zu den ärmsten der Erde. Das Reisen war beschwerlich, aber auch abenteuerlich. Heute sind zumindest die Inseln Sal und Boa Vista aus den Katalogen großer Reiseveranstalter kaum wegzudenken: Sonne und Wärme das ganze Jahr über, einsame Strände, türkisblaues Meer, das zieht an.

Wer jedoch eintauchen möchte in die Welt des Landes mit seinen unterschiedlichsten Charakteren, in die Welt der Kapverdianer, sollte den Sprung auf andere Inseln nicht scheuen. Allerdings braucht es dafür entweder Zeit und Muße oder eine gut durchdachte Organisation, darum haben wir in unserem Buch erprobte Hinweise, Tipps und Adressen für Sie zusammengestellt. Denn das Reisen zwischen den Inseln ist immer noch ein wenig kompliziert, aber auch interessant für alle, die sich auf Kap Verde mit all seinen Facetten einlassen.

In welche Insel man sich verliebt, hängt natürlich von den individuellen Vorlieben ab. Wir stellen Ihnen in unserem Buch jede Inselwelt vor: das satte Grün der steilen Täler von Santo Antão, die Ruhe und Abgeschiedenheit von São Nicolau oder Brava, die bizarre Vulkanlandschaft von Fogo, die Weite Santiagos, das quirlige Leben auf São Vicente, die Einsamkeit auf Maio. Oder auch das geschäftige und dennoch geruhsame Treiben in den großen Städten, das Betuliche in den abgelegenen Dörfern oder die allgegenwärtigen Lieder, die von Sehnsucht, Liebe, Fern- und Heimweh handeln.

Wie die Kapverden »denn so sind«, lässt sich also nicht so einfach beantworten. Jede Reisende, jeder Reisende wird die eigene Sicht auf das Land im Meer mitnehmen, vielleicht wiederkommen oder zumindest die Eindrücke in sich bewahren. In diesem Sinne: Viel Freude beim Eintauchen in die Welt in den Weiten des Atlantiks.

Der Norden von Santo Antão präsentiert sich üppig grün

Leser fragen, Autoren antworten

Kapverden persönlich – unsere Tipps

Nur wenig Zeit? – Kapverdische Inseln für Eilige

Wer wenig Zeit hat, sollte gezielt nach seinen Vorlieben nur eine kleine Auswahl an Inseln besuchen. Ganz besonders gilt hier: Weniger ist mehr! Auch eine Vorbuchung verschiedener Reisebausteine ist sinnvoll, um nicht wertvolle Urlaubszeit mit der Suche nach einer Unterkunft, einem Taxi oder an Ticketschaltern zu vergeuden. Wurde schon einiges vor der Reise organisiert, wird auch ein kurzer Aufenthalt zum gelungenen Urlaub.

Welche Inseln soll ich besuchen?

Für Sonnenhungrige, die einen großen Teil des Urlaubs einfach nur entspannen möchten, empfehlen sich die Strandinseln **Sal** oder **Boa Vista.** Einen Ausflug auf eine der anderen Inseln sollten Sie sich dabei keinesfalls entgehen lassen. In der Regel wird es sich um eine organisierte Tagestour nach **Santiago** handeln, der Hauptinsel des Archipels, auf der sich interessante Einblicke in das Leben der Kapverdianer gewinnen lassen und die dank ihrer Gebirgigkeit und der üppigen Vegetation auch einen völlig anderen Landschaftseindruck bietet.

Planen Sie eher eine Rundreise mit Wanderungen, sind Sie am besten auf den Inseln **Fogo** und **Santo Antão**

Kapverdische Inseln

aufgehoben. Letztere ist nur über **São Vicente** zu erreichen, wo sich mit der quirligen Hafenstadt Mindelo die zweite große Stadt der Kapverden (nach Praia auf Santiago) befindet.

Gibt es noch vollkommen unberührte Ecken?

Wer sich völlig abseits der üblichen Routen bewegen möchte, kann einen Besuch der vom Tourismus noch kaum entdeckten Inseln **Brava, São Nicolau** und **Maio** in Erwägung ziehen. Die beiden ersten eignen sich vor allem zum Wandern, Maio hingegen eher für einen Badeaufenthalt. Auf São Nicolau kann man bei einer Tour zu den Dragoeiros de Cachaço die schönste Aussicht des Archipels genießen.

Wie komme ich von einer Insel zur anderen?

Für das Inselhopping ist das Flugzeug die erste Wahl. Außer Brava und Santo Antão haben alle Inseln funktionierende Flughäfen. Die einheimische Fluggesellschaft TACV ist relativ zuverlässig. Wer auf bestimmt Termine angewiesen ist, sollte vorbuchen.

Auf der Strecke Praia (Santiago)–Fogo–Brava verkehrte zuletzt viermal pro Woche eine Schnellfähre, die Verbindung funktioniert recht gut. Santo Antão ist von Mindelo aus mehrmals täglich per Fähre zu erreichen.

Vulkan in Aktion (2014): Pico do Fogo

Wie bewege ich mich auf den Inseln fort?

Hauptverkehrsmittel auf den Inseln sind Sammeltaxis *(aluguers)*. Dabei handelt es sich entweder um einen geschlossenen Kleinbus oder auch um einen offenen Pick-up mit Bänken auf der Ladefläche, jeweils für bis zu 16 Personen. Ähnlich wie im Linienverkehr werden bestimmte Strecken bedient, allerdings nicht nach einem festen Fahrplan. Vielmehr kurven die Fahrer durch die Ortschaften und sammeln Passagiere ein. Das Fahrziel wird aus dem Bus heraus ausgerufen. Meist geht es los, wenn der Wagen zur Hälfte besetzt ist. Der Fahrpreis ist festgelegt und wird pro Person in bar kassiert.

Welche Strände sind besonders empfehlenswert?

Auf Sal ist der Strand von **Santa Maria** – dem touristischen Hauptort – am attraktivsten. Trotz stetem Wind findet man dort auch geschützte Ecken zum Sonnenbaden. Auf Boa Vista eignen sich die Strände von **Sal Rei** gut zum Baden. Weitläufig ist die **Praia da Chave,** an der mehrere Hotelanlagen stehen. Die **Praia Santa Mónica** sowie die **Praia de Lacação,** Letztere in der Nähe des einsam gelegenen Hotels Riu Touareg, bestechen ebenfalls durch viel Platz und klares Wasser. Auf Maio verfügt die gleichnamige Inselhaupt-

Ein Großteil der Inselküsten ist felsig – hier bei Cruzinha da Garça auf Santo Antão

stadt zwar über einen annehmbaren Stadtstrand, schöner ist aber die nahe gelegene **Praia Ponta Preta,** die derzeit touristisch erschlossen wird. Auf São Vicente ist sicheres Baden an der **Baia das Gatas** möglich, die allerdings kaum eine touristische Infrastruktur besitzt. Santiagos Vorzeigestrand liegt bei **Tarrafal** im Norden der Insel. Die gebirgigen Inseln Santo Antão, São Nicolau, Fogo und Brava eignen sich nur bedingt für einen Badeaufenthalt.

Welche Wanderungen lohnen ganz besonders?

Quasi ein Muss ist auf Fogo die Besteigung des Vulkans **Pico do Fogo,** des zweithöchsten Berges im Atlantik, der 2014 durch eine gewaltige Eruption von sich reden machte. Weitere Highlights unter den Wanderrouten sind der Abstieg von der Serra Malagueta durch das **Gongon-Tal** auf Santiago, die Durchquerung des zentralen Gebirges von São Nicolau unterhalb der berühmten Zwillingsfelsen **Tope de Matin** und **Tope de Moca** sowie auf der ›Wanderinsel‹ Santo Antão der Abstieg durch das tropische **Tal von Paúl,** der Nordküstenweg bei **Ponta do Sol** und der Serpentinen-Pflasterweg oberhalb der **Ribeira das Patas.**

Welche anderen Aktivitäten bieten sich an?

Wassersport aller Art vom **Windsurfen** über **Kitesurfen, Wellenreiten, Tauchen** und **Schnorcheln** ist auf den Inseln Sal und Boa Vista angesagt. Traditionell zieht es vor allem Profis wegen des konstanten Winds auf die Inselgruppe. Dank des florierenden Tourismus gibt es inzwischen aber auch Angebote für

Schöne Strände und Wanderungen

Kulturelle Highlights und bunte Märkte

weniger erfahrene Surfer, obwohl die Spots der Insel nicht gerade anfängerfreundlich sind. Vor allem in Mindelo (São Vicente), aber auch in Santa Maria (Sal) werben einige Anbieter für das **Hochseeangeln.** Vereinzelt trifft man auf **Mountainbiker,** allerdings steckt dieser Sport auf den Kapverden noch in den Kinderschuhen.

Die Igreja Nossa Senhora da Luz in der Altstadt von Mindelo

Welche kulturellen Highlights gibt es?

Nach **Mindelo** auf São Vicente zieht es viele Reisende wegen des legendären Rufs, den seine Musikszene und das Nachtleben genießt. Bis heute wird die Hafenstadt diesem Anspruch gerecht. Während in der Morna, die durch Césaria Évora berühmt wurde, eher Elemente des portugiesischen Fado durchblicken, hat der schnellere Funaná mehr als nur einen afrikanischen Touch. Für die lebhafte Coladeira standen Rhythmen aus Brasilien und der Karibik Pate. Konzerte finden meist sehr spät in der Nacht statt, oft in größeren Hotels oder Restaurants.

Wo lohnt klassisches Sightseeing?

Älteste Stadt der Kapverden und wegen ihrer Monumente aus der Zeit der Entdeckungsfahrer UNESCO-Weltkulturerbe ist **Cidade Velha** auf Santiago – nirgendwo sonst kann man in die Geschichte der Kapverden besser eintauchen. Ein Besuch von **São Filipe** auf Fogo lohnt wegen der schön hergerichteten Kolonialhäuser (Sobrados).

Wo kann ich auf den Kapverdischen Inseln shoppen?

Erlebenswert sind auf Santiago die bunten Märkte von Praia und Assomada. Auf dem **Mercado de Sucupira** in Praia verteilen sich die Stände mit afrikanischer Kleidung, Schmuck, Schuhen, Kochgeschirr und vielem mehr in einem Labyrinth aus schmalen Gängen. Der **Wochenmarkt von Assomada** ist sozusagen der Bauch der Insel mit frischestem Obst, Gemüse, Fisch, Fleisch, Hühnern, Tabak usw., aber auch Kleidung oder Möbeln. Erstehen Sie hier ein scharfes Mitbringsel: kleine Chilischoten. In Essig und Öl eingelegt, halten sich die sogenannten *malaguetas* fast unbegrenzt und verleihen Reis,

Der Batuko, ein Trommeltanz mit Sprechgesang, hat einen mitreißenden Rhythmus

Gemüse, Fisch und Fleisch zu Hause ein feuriges Kapverden-Aroma.

Was kostet ein Urlaub auf den Kapverdischen Inseln?

Flüge auf die Kapverden sind zwar je nach Saison relativ günstig, wer allerdings abseits einer Pauschalreise mehrere Inseln besuchen möchte, ist fast immer auf Inlandsflüge angewiesen, was eine Reise teurer macht. Auch bei der Individualbuchung von Unterkünften zahlt man meist höhere Preise als bei Pauschalangeboten. Man muss kalkulieren, dass sich die Preise für Zimmer in Hotels und Pensionen europäischem Niveau angeglichen haben, das gilt auch für Ferienapartments, die auf Sal und Boa Vista meist von Europäern vermietet werden. Kehrt man vorwiegend in einfachen einheimischen Lokalen ein, kommt man günstiger davon. Gehobene Restaurants verlangen Preise wie auch in Europa üblich. Das Preisniveau für Mietwagen liegt deutlich über dem anderer Ferienregionen (Kanaren, Balearen usw.). Ein Billigreiseziel ist Kap Verde also nicht.

Und noch ein ganz persönlicher Tipp zum Schluss!

Entdecken Sie auf den Kapverdischen Inseln die Langsamkeit! Mit Achtsamkeit und Geduld erfasst man ihre Stimmung am besten. Ein paar Übernachtungen in landestypischen, einfachen Pensionen sind Erlebnisse, die man nicht so schnell vergisst. Die angebratene *cachupa* zum Frühstück – ein Eintopf aus Mais, Bohnen und Fleisch oder Fisch, das Nationalgericht der Kapverden – gehört ebenfalls dazu, kombiniert mit einem kräftigen Kaffee von der Insel Fogo.

NOCH FRAGEN?

Die können Sie gern per E-Mail stellen, wenn Sie die von Ihnen gesuchten Infos im Buch nicht finden:

lipps-breda@dumontreise.de
info@dumontreise.de

Auch über eine Lesermail von Ihnen nach der Reise mit Hinweisen, was Ihnen gefallen hat oder welche Korrekturen Sie anbringen möchten, würden wir uns freuen.

Engstelle mit Tiefblick – Delgadim auf Santo Antão, S. 186

Heiße Rhythmen – Musikkneipe Quintal da Música auf Santiago, S. 218

Lieblingsorte!

Markterlebnis pur – Mercado de Sucupira auf Santiago, S. 215

Dünen, so weit das Auge reicht – Deserto de Viana auf Boa Vista, S. 129

Relaxen am Pool – Hotel Foya Branca auf São Vicente, S. 157

Hier wurde früher Salz gewogen – das Waagehaus in Santa Maria auf Sal, S. 96

Die Reiseführer von DuMont werden von Autoren geschrieben, die ihr Buch ständig aktualisieren und daher immer wieder dieselben Orte besuchen. Irgendwann entdeckt dabei jede Autorin und jeder Autor seine ganz persönlichen Lieblingsorte. Dörfer, die abseits des touristischen Mainstream liegen, eine ganz besondere Strandbucht, Plätze, die zum Entspannen einladen, ein Stückchen ursprüngliche Natur – eben Wohlfühlorte, an die man immer wieder zurückkehren möchte.

Stadtgeschichte zum Anfassen – in der Casa da Memória, São Filipe, Fogo, S. 256

Piscinas naturais – die Meerespools von Fajã de Água auf Brava, S. 286

Schnellüberblick

Santo Antão
Wandern durch steile Täler, auf kunstvoll angelegten Pflasterwegen, vorbei an bizarren Felsen. Der Inselnorden grün, mit tropischer und subtropischer Vegetation überzogen. Trocken und karg, aber nicht weniger reizvoll, der Süden und Westen der Insel. S. 176

São Vicente und São Nicolau
São Vicente ist im Prinzip Mindelo, die lebhafte Hafenstadt. Ausflüge zu den traumhaften Stränden an der Baía do Norte oder ins karge Inselinnere. Relaxen und Surfen im Fischerort São Pedro. Auf São Nicolau eine grandiose, unberührte Berglandschaft und die historische Hauptstadt Ribeira Brava. S. 138

Fogo und Brava
Malerische Hauptstadt Fogos ist São Filipe mit vielen alten Häusern im Kolonialstil. Ein Highlight der Besuch der Caldeira, des Riesenkraters mit dem gewaltigen, zuletzt 2014 ausgebrochenen Vulkan Pico do Fogo. Lieblichere Landschaftstypen und Kaffeeplantagen rund um die Küste. Brava, die Blumeninsel, ist nur per Schiff zu erreichen. Beschauliche Hauptstadt Nova Sintra, grünes Wanderparadies. S. 252

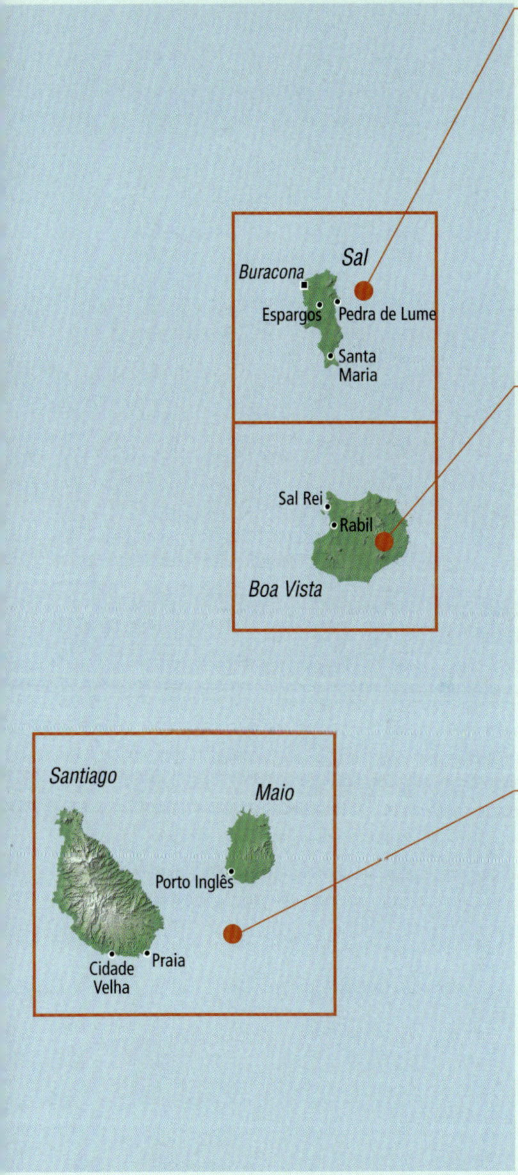

Sal
Internationaler Ferienort Santa Maria mit endlosen Sandstränden und afrikanischem Ambiente. Ein Paradies für Surfer und Taucher dank des Passatwinds und reicher Meeresfauna. Ursprünglichkeit und Flair in Espargos, natürliche Solebäder in Pedra de Lume, ein ›blaues Auge‹ am Brandungspool von Buracona. S. 92

Boa Vista
Insel der Dünen, Palmen und Steinwüsten. Spiegelglattes Wasser für Badende und Surfer in der geschützten Bucht von Sal Rei, dazu lange hellsandige Strände. Oase und Dünen bei Rabil. Birdwatching und Schildkrötenbeobachtung sind angesagt. Abenteuerfahrten per Jeep oder Quad zu den einsamen Stränden des Südens. S. 114

Santiago und Maio
Santiago ist die afrikanischste der Kapverdischen Inseln. Die quirlige und moderne Hauptstadt Praia, dazu als Kontrast die einsamen Bergdörfer im Inselinneren. Eintauchen in die Geschichte in Cidade Velha. Bescheidener geht es auf Maio zu. Schöne Strände um Porto Inglês, Ruhe und Natur, Meeresschildkröten und Seevögel. S. 204

Reiseinfos, Adressen, Websites

Mindelos einst verruchter Hafen ist heute Anlaufstelle für Segler aus aller Welt

Informationsquellen

Infos im Internet

www.auswaertiges-amt.de
Allgemeine Hinweise zum Land Kap Verde: Informationen zur aktuellen politischen und wirtschaftlichen Situation, zur Gesundheitsvorsorge, zu kulturellen Aspekten etc.

www.embassy-capeverde.de
Botschaft der Republik Kap Verde in Deutschland. Infos zu Einreisebestimmungen, Im- und Export, Links zu Behörden auf den Inseln. Informationen zum Auswandern auf die Kapverden.

www.caboverde.com
Viele Informationen über fast alles, was Kap Verde betrifft. Eine Seite zum Stöbern. In englischer und italienischer Sprache.

www.alsatour.de
Website von Alfred Mandl, Inhaber der Bar O Curral (s. S. 202), mit einem Chatforum über die Inseln.

www.kapverden.de
Umfangreiche Seite mit Infos und Videos zu den Inseln, zur Fauna und Flora, vielen Links und aktuellen News.

www.sodade.de
Infoseite der Deutsch Kapverdischen Gesellschaft e. V. über alle Inseln.

www.bela-vista.net
Private Seite von Lucete Fortes und Pitt Reitmaier mit aktuellen News, Unterkünften sowie Hinweisen auf Wanderkarten, u. a. auf Deutsch.

www.guiacv.com.cv
Mehrsprachiger Online-Reiseführer (u. a. Englisch), mit Karten und Infos zum Herunterladen über die einzelnen Inseln. Viele Unterkunfts- und Restaurantadressen.

Internetzugang auf den Kapverdischen Inseln

Das Internet ist ein beliebtes Medium auf den Kapverden. Viele Hotels bieten WLAN (WiFi) gratis oder gegen Gebühr (ca. 4 € pro Std.) an, manche stellen auch Computer in der Hotelhalle zur Verfügung (gegen Gebühr). Internetcafés bzw. öffentliche Internet-Points gibt es in allen größeren Orten (ca. 300 ECV pro Std.). Manche Cafés und Restaurants bieten ihren Gästen drahtlosen Internetzugang gratis. Auch an vielen öffentlichen Plätzen, etwa am Flughafen von Praia, gibt es freies WLAN. Wer unabhängig und im Netz unterwegs sein will und Wert auf eine schnelle Verbindung legt, sollte in einer der Lojas (Shops) von Unitel (Liste unter www.unitelt mais.cv) eine aufladbare SIM-Karte (Cartão SIM) erwerben.

Touristeninformation auf den Kapverdischen Inseln

Eine landesweite offizielle Touristeninformation gibt es nur im Internet: www.turismo.cv.

Städtische Büros informieren in Sal Rei auf **Boa Vista** sowie in Praia auf **Santiago.**

In Mindelo auf **São Vicente** und in Porto Novo auf **Santo Antão** betreibt die Kapverdianerin Lucete Fortes jeweils ein privates Informationsbüro. Adressen siehe bei den jeweiligen Ortsbeschreibungen.

Über Investitionsmöglichkeiten im Tourismus und in anderen Wirtschaftszweigen informiert: CI Cabo Verde Investimentos, Praia, Rotunda da Cruz de Papa 5, Tel. 260 41 10, www.cvinvest.cv.

Karten und Bücher

Straßen- und Wanderkarten

Spezialist für Karten von Kap Verde ist der AB-Kartenverlag in Karlsruhe (www.atlantikinseln.com). Es gibt eine Übersichtskarte aller Inseln im Maßstab 1 : 150 000 und Wanderkarten im Maßstab 1:50 000 der Inseln Santiago, Fogo mit Brava, Santo Antão, São Nicolau sowie Boa Vista mit Sal und Maio. Außerdem ist eine Wanderkarte von São Vicente im Maßstab 1 : 35 000 mit einem Stadtplan von Mindelo erhältlich.

Urlaubslektüre

Peter Schaller: Entdeckungen für Andersreisende: die Kapverdischen Inseln, Berlin 2002. Der Autor lebte als deutscher Diplomat zwei Jahre auf den Inseln. Seine Eindrücke sind, obwohl schon etwas weiter in der Vergangenheit liegend, immer noch lesenswert.

Germano Almeida: Das Testament des Herrn Napumoceno, Zürich 2014. Ein angesehener Händler hinterlässt ein seltsames Testament. Humorvolle Schilderung der Inselgesellschaft.

Ursa Koch: Das Kapverdenhaus, Gomadingen 2015. Spannender Roman um eine deutsche Familie, die in ein kapverdisches Dorf zieht.

Wanderer rutschen die Ascheabhänge des Pico do Fogo hinab

Wetter und Reisezeit

Das Klima ist ganzjährig ausgeglichen und dank der Lage inmitten des Atlantiks nie übermäßig heiß. Da die Kapverden zwischen dem nördlichen Wendekreis und dem Äquator liegen, erreicht die Sonne zweimal im Jahr ihren Höchststand (22. Mai, 20. Juli). Generell steht sie zu allen Jahreszeiten sehr hoch am Himmel.

Kältester Monat ist der Februar mit Temperaturen von 20 bis 25 °C an der Küste. Am wärmsten ist es im September mit Werten zwischen 27 und 32 °C. Kühler sind allgemein die dem aus Nordosten wehenden Passatwind stärker ausgesetzten Inseln Santo Antão, São Vicente und São Nicolau. Auch auf Sal und Boa Vista weht stets ein kräftiger Wind, der trotz wüstenhafter Bedingungen für Abkühlung sorgt (aber Achtung: Gefahr von Sonnenbrand und Sonnenstich). Schwülwarm bis drückend kann es im Sommer auf den windärmeren Inseln Santiago, Fogo und Maio werden. Auf dem weit westlich in den Atlantik vorgeschobenen Brava hingegen ist es häufig relativ frisch. Im Winter sinken die Temperaturen in den höheren Lagen von Fogo, Santiago und Santo Antão auf erstaunlich niedrige Werte (um 10 °C) ab.

Regen fällt auf den Kapverden kaum, höchstens einmal als nässender Passatnebel in den mittleren Lagen der Nordosthänge der gebirgigen Inseln. In den feuchten Nebelbänken, die sich dort öfter einmal bilden, ist es merklich kühler als an der Küste. Die seltenen tropischen Regenfälle im Sommer und Herbst sind kurz, aber sehr heftig, sodass es oft zu Wasserschäden kommt. Manchmal entwickeln sich Tropenstürme über den Inseln oder nach deren Passieren zu Hurrikanen. Ende August 2015 entstand Hurrikan »Fred« schon weiter östlich und richtete im Archipel erhebliche Zerstörungen an.

Für Rundreisen und zum Wandern am besten geeignet sind die Monate Oktober bis Mai. Von Juni bis September ist es meist zu heiß. Wenn es dann auch noch heftig regnet, werden Wege und Pfade zu reißenden Flüssen. Einer ganzjährigen Saison erfreuen sich demgegenüber die Tauchbasen und Surfstationen. Wind- und Kitesurfer, die schon über einige Erfahrungen verfügen, treffen die besten Bedingungen im Herbst, Winter und Frühjahr an, wenn der Passatwind kräftig weht. Blutige Anfänger sollten dem relativ windarmen Sommer den Vorzug geben.

Klimadaten Kapverden (Praia)

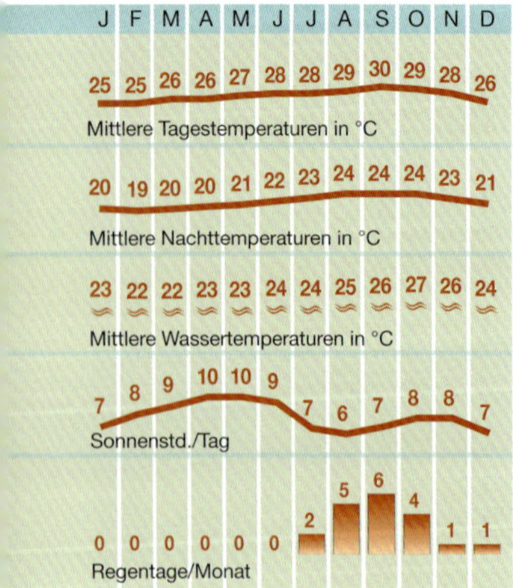

Kleidung und Ausrüstung

Ganzjährig genügt Sommerkleidung. Für abends sowie für Aufenthalte in höheren Lagen sollten ein Pullover, lange Hosen und eine leichte Jacke mitgenommen werden. Wanderer benötigen zusätzlich einen leichten Anorak, feste knöchelhohe Wanderschuhe und Regenschutz, auch wenn letzterer nur selten benötigt wird. Wanderstöcke entlasten bei steilen Abstiegen und richtigem Einsatz die Kniegelenke.

Auf ausreichend Sonnenschutz ist zu achten. Da Cremes mit sehr hohem Sonnenschutzfaktor auf den Kapverden schwer zu bekommen und wenn, dann sehr teuer sind, ist es sinnvoll, sie von zu Hause mitzunehmen. Außerdem gehören unbedingt ein Hut oder eine Kappe ins Gepäck, denn insbesondere bei längeren Wanderungen ist die Gefahr, sich einen Sonnenstich zu holen, hoch. Eine kleine individuelle Reiseapotheke sollte ebenfalls nicht fehlen, denn nicht alle Medikamente sind vor Ort erhältlich.

Wetterbericht

Unter www.wetteronline.de/wetter/kap-verde ist eine Vorhersage für die Inseln Sal, Santiago (Praia) und São Vicente (Mindelo) auf Deutsch für vier Tage abrufbar, dazu der Trend für acht und 16 Tage. Außerdem sind dort die aktuellen Messwerte, die im Abstand von je etwa einer Stunde aufgezeichnet werden, einsehbar. Es werden jeweils Temperatur, relative Luftfeuchtigkeit und Sichtweite sowie Niederschlagsmenge, Bewölkungsgrad, Wolkenuntergrenze, Art der Bewölkung, Windstärke und -richtung sowie der Luftdruck erfasst.

Klimaforschung

Für die Erforschung der Ursachen globaler Klimaveränderungen sind die Kapverden von größter Bedeutung. Der tropische Ostatlantik rings um die Inseln ist, gesteuert durch die Anwehung stark eisenhaltigen Staubs aus der Sahara, ein Gebiet mit starker biologischer Aktivität. Diese geht, wie aktuelle Satellitenbilder zeigen, derzeit rapide zurück. Um diesem Phänomen auf den Grund zu gehen, wurde 2007 auf São Vicente eine Langzeit-Beobachtungsstation für die Atmosphären- und Meeresforschung in Betrieb genommen, die die ideale Lage der Inseln im Hinblick auf die Messung von Treibhausgasen nutzt. An der bilateralen deutsch-britischen Initiative sind von deutscher Seite Wissenschaftler des Leibniz-Instituts für Meereswissenschaften (IFM-GEOMAR) beteiligt. Das kapverdische Forschungsschiff Islandia, ein umgebauter Fischtrawler, untersucht in regelmäßigen Abständen die Chemie und Biologie der Meeresoberfläche. Außerdem wurden im Rahmen des EU-Projekts TENATSO rund um den Archipel in 3000 m Wassertiefe Sensoren für biogeochemische Messungen in der Tiefsee verankert. Geplant ist ein Ozeanforschungszentrum in Mindelo, um die gesammelten Daten gleich vor Ort auswerten zu können.

Saison

Dank des milden Klimas ist auf den Kapverdischen Inseln ganzjährig Badesaison. Dennoch machen die Einheimischen traditionell im Juli und August Ferien. Außerdem kommen in dieser Zeit zahlreiche in Übersee arbeitende Emigranten auf Heimaturlaub sowie viele Touristen aus Portugal. Um Weihnachten, Neujahr und Ostern reisen schwerpunktmäßig Urlauber aus Italien, Deutschland, Großbritannien und anderen europäischen Ländern an. Wer es ruhiger mag, meidet die genannten Termine.

Anreise und Verkehrsmittel

Einreisebestimmungen

Ausweispapiere

Deutsche, Österreicher und Schweizer benötigen zur Einreise nach Kap Verde einen Reisepass, der noch mindestens ein halbes Jahr gültig ist, sowie ein Visum. Vier Wochen gültige Touristenvisa werden für 25 € bei der Einreise an den internationalen Flughäfen der Kapverden (Sal, Boa Vista, Praia/Santiago, São Vicente) ausgestellt.

Wer das Visum schon vor der Reise beantragen möchte, wendet sich an die kapverdischen Botschaften und Konsulate (s. S. 38). In Deutschland kann man das Visum auch über die CIBT Visum Centrale in Berlin (Tel. 01801 24 28 33, www.visumcentrale.de) beantragen. Dieses Visum ist mit 45 € etwas teurer, berechtigt dafür zu einem Aufenthalt von bis zu 90 Tagen. Man sollte mit mindestens einer Woche Bearbeitungszeit rechnen. Mit einzureichen sind der Reisepass im Original, ein Passbild, die Buchungsbestätigung oder eine Kopie des Flugtickets sowie ein frankierter Rückumschlag (Einschreiben). Ein Visum empfiehlt sich insbesondere bei Flügen mit TAP Portugal über Lissabon, wo es oft schon vor dem Weiterflug vorzulegen ist. Bei der Einreise aus einem Land, in dem Gelbfieber auftritt (z. B. Senegal), ist eine Impfung nachzuweisen. Achtung: Bewahren Sie Ihre Bordkarte nach dem Flug auf, da sie oft bei der Passkontrolle eingescannt wird.

Zoll

Einfuhr: Für die Einfuhr nach Kap Verde gelten folgende Freigrenzen: 200 Zigaretten oder 50 Zigarren oder 100 Zigarillos oder 250 g Tabak; 1 l Wein oder 2 l Bier; 1/2 l Spirituosen. Außerdem dürfen alle Gegenstände für den persönlichen Bedarf zollfrei eingeführt werden.

Ausfuhr: Souvenirs und Artikel ohne kommerziellen Wert dürfen in unbegrenzter Menge ausgeführt werden. Die Einfuhr nach Europa von Schildpatt und Souvenirs aus Schildkröten ist verboten!

Haustiere: Für die Einfuhr von Haustieren nach Kap Verde ist ein amtstierärztliches Gesundheitszeugnis erforderlich. Eine Impfung gegen Tollwut (mindestens 30 Tage vor Abreise erfolgt) ist nachzuweisen.

Anreise

Flugverbindungen

Kap Verde ist nur per Flugzeug zu erreichen. Eine Fährverbindung von Europa oder Afrika zu den Kapverdischen Inseln gibt es nicht. Die reine Flugzeit von Mitteleuropa beträgt 6–7 Std., die Anreisezeit verlängert sich aber meist durch Zwischenlandungen.

Mit TUIfly (www.tuifly.com) geht es je ein- bis zweimal wöchentlich von Düsseldorf, Köln-Bonn, Frankfurt, Hamburg, Hannover, Nürnberg, Stuttgart, München und Basel nach Sal und Boa Vista (Zwischenlandung auf der jeweils anderen Insel oder Umsteigen in Las Palmas/Gran Canaria). Buchbar jeweils mit oder ohne Pauschalarrangement, hin und zurück ab 300 €.

Die kapverdische Fluglinie TACV (www.flytacv.com) fliegt von Amsterdam, Rotterdam und Paris nach Praia (Santiago) sowie täglich von Lissabon nach Sal und Praia (Santiago). Mit der portugiesischen Fluggesellschaft TAP Portugal (www.flytap.com) geht es täglich ab Frankfurt, mehrmals wöchentlich ab Düsseldorf, München,

Hamburg, Wien oder Zürich mit Umsteigen in Lissabon oder Porto nach Sal, Praia oder São Vicente. Kosten hin und zurück jeweils ab ca. 700 €.

Condor (www.condor.com) fliegt im Winterhalbjahr 2 x pro Woche ab Brüssel nach Sal (hin und zurück ab 300 €). Auch mit Royal Air Maroc (ab Frankfurt über Casablanca, www.royalairmaroc.com) sowie ab Sommer 2016 mit Vueling (www.vueling.com) von verschiedenen deutschen Flughäfen über Barcelona sind die Kapverden zu erreichen. Wer einen Aufenthalt auf den Kanaren mit einem Abstecher zu den Kapverden verbinden möchte, gelangt mit Binter Canarias (www.bintercanarias.com) von Las Palmas/Gran Canaria 2 x pro Woche nach Praia und 1 x pro Woche nach Sal.

Fluginfos für alle Flughäfen der Kapverden: www.asa.cv.

Verkehrsmittel

Inlandsflüge

Die kapverdische Fluggesellschaft TACV (www.flytacv.com) fliegt mit größeren Propellermaschinen alle bewohnten Inseln außer Brava und Santo Antão an. Drehkreuze sind Praia (Santiago) und São Vicente, wo meist Umsteigen erforderlich ist. Sal, Praia und São Vicente sind täglich mehrfach miteinander verbunden, nach Boa Vista geht es von Sal ebenfalls täglich. Die anderen Inseln werden mehrmals pro Woche angeflogen, wobei es nur wenige Verbindungen nach São Nicolau gibt. Abflugzeiten können sich kurzfristig ändern. Daher ist es nach wie vor wichtig, Inlandsflüge 2–3 Tage vorher rückzubestätigen, am besten persönlich im jeweiligen Büro der TACV am Flughafen, ansonsten unter Tel. 260 82 60. Das Freigepäck bei Inlandsflügen beträgt nur noch 15 kg, Übergepäck kostet 3 € pro kg.

Einen preislichen Vorteil bietet ein TACV-Airpass. Dieser gilt allerdings nur in Verbindung mit einem internationalen TACV-Ticket und kommt daher derzeit nur bei Abflügen ab Amsterdam, Rotterdam oder Paris in Frage. Einen Preisvorteil bietet er ohnehin erst ab ca. vier Inlandsflügen. Preise für normal gebuchte One-Way-Flüge liegen zwischen 50 und 110 €, je nach Weite der Strecke. Für Charterflüge stehen Propellermaschinen mit 19 Sitzplätzen von Cabo Verde Express (www.caboverdeexpress.com) zur Verfügung.

Bus

In Praia und Mindelo verkehren Stadtbusse. Linienbusse im Überlandverkehr gibt es nicht.

Aluguer (Sammeltaxi)

Wichtigstes Transportmittel für die Einheimischen sind Sammeltaxis. Dabei handelt es sich meist um Kleintransporter, manchmal auch um Pick-ups mit offener oder mit einer Plane überdeckter Ladefläche und in Einzelfällen sogar um größere Busse, jeweils mit Schild ›Aluguer‹ auf dem Dach oder im Fenster. Aluguers befahren bestimmte Strecken, die seitlich an der Karosserie angeschrieben sind. Städte sind relativ häufig miteinander verbunden. In entlegene Dörfer besteht oft nur eine Verbindung am Tag: morgens in die nächstgelegene Stadt und mittags wieder zurück.

In den größeren Orten gibt es zentrale Abfahrtsstellen. Die Fahrer kreuzen jedoch auch oft durch den Ort, um Passagiere aufzusammeln. Genaue Abfahrtszeiten sind nicht festgelegt. Meist fahren die Aluguers ab, wenn über die Hälfte der Plätze besetzt ist. Unterwegs halten sie auf Handzeichen. Für Urlauber ist der Aluguer die günstigste Möglichkeit, auf den

Inseln zu reisen. Der Preis pro Strecke und Person im Sammeltaxiverkehr ist festgelegt (*passagem*) und richtet sich nicht nach der Anzahl der Passagiere. Vgl. aber Taxidienste (*freite*, s. u.). Zu beachten ist, dass z. B. ab Flughafen Sal keine Sammeltaxidienste angeboten werden.

Preisbeispiel für Santo Antão: Passagem von Porto Novo nach Ponta do Sol 400 ECV.

Taxi

Taxis gibt es auf Sal, Boa Vista, Santiago, Fogo und São Vicente. Auf den anderen Inseln übernehmen die Aluguers neben ihrer Funktion als Sammeltaxi auf Wunsch auch exklusive Taxidienste (*freite* = Fracht). Es gibt feste Preise für festgeschriebene Strecken, die dem Zehnfachen der normalen Aluguerfahrt entsprechen. Man sollte sie vor der Fahrt erfragen. Nachts wird 30 % Aufschlag verlangt.

Preisbeispiel: Flughafen von Sal nach Santa Maria 12 €.

Mietwagen

Internationale Autovermieter, deren Fahrzeuge über Internetportale gebucht werden können, sind nur auf den Inseln Sal, Boa Vista, Santiago (Praia) und São Vicente vertreten. Auf allen anderen Inseln, außer auf Brava, gibt es örtliche Anbieter.

Zum Mieten eines Fahrzeugs genügt der nationale Führerschein. Meist wird hier als Zahlungsmittel der Euro erwartet. Je nach Wagenkategorie beträgt die Tagesmiete 50–100 €, die Wochenmiete ab ca. 200 €. Viele Mietwagenfirmen verlangen die Hinterlegung des Reisepasses oder aber eine Kaution in Höhe von 200–300 €. Die Hinterlegung der Kaution mittels einer Kreditkarte ist in der Regel nicht möglich. Oft ist die Zahl der Freikilometer begrenzt (auf 100 oder 150 km). Der Benzinpreis ist etwa so hoch wie in Mitteleuropa, er lag bei Redaktionsschluss bei 140 ECV.

Noch sind viele Straßen nicht asphaltiert, sondern mit Kopfsteinpflaster versehen. Auf den Pflasterstraßen gilt es, auf Schlaglöcher und Steine zu achten. Das Fahren bei Nacht empfiehlt sich daher nicht. Die Asphaltierung schreitet allerdings auf allen Inseln sozusagen mit Siebenmeilenstiefeln voran. Da es noch nicht überall Straßen- oder Ortsschilder gibt, ist teilweise die Orientierung erschwert. Gutes Kartenmaterial sollte man daher unbedingt mitführen (s. S. 19).

Schiffsverbindungen

Zuverlässige Schiffsverbindungen für Reisende existieren zwischen den Inseln São Vicente und Santo Antão.

Manche Pflasterstraßen der Kapverden versprechen Fahrabenteuer

Auch Santiago (Praia), Fogo und Brava sind in der Regel gut aneinander angebunden. Seltener geht es nach São Nicolau und Maio, derzeit gar keine Passagierschiffe verkehren nach Sal und Boa Vista. Relativ oft werden die angegebenen Abfahrtszeiten nicht eingehalten, auf Verzögerungen sollte man daher immer eingestellt sein.

Die Autofähre Mar d'Canal der Gesellschaft Naviera Armas fährt tgl. zweimal die Strecke Mindelo/São Vicente–Porto Novo/Santo Antão hin und zurück (So nur einmal). Zusätzlich bedient die Autofähre Inter-Ilhas der Gesellschaft Polaris diese Strecke 1–2 x täglich. Tickets erhält man für beide Gesellschaften an den jeweiligen Häfen. Beide Schiffe brauchen für die Strecke je nach Wetterverhältnissen und Seegang 45 Min. bis 1 Stunde. Die Inter-Ilhas verkehrt auch zwischen Mindelo und Tarrafal/São Nicolau (unregelmäßiger Fahrplan).

Die Gesellschaft Cabo Verde Fast Ferry (www.cvfastferry.com, Tel. 261 75 52) bedient mit Schnellfähren die Strecken Praia (Santiago)–Fogo–Brava (ca. 4 x wöchentl.) und Praia–São Vicente–São Nicolau (1 x wöchentl.). Buchung ist online möglich. Manchmal fallen die Verbindungen monatelang aus, daher vorher genau informieren! Zwischen Praia und Fogo sowie zwischen Praia und Maio verkehrt das Fracht- und Personenschiff ›Sotavento‹ nach unregelmäßigem Fahrplan. Details bei den jeweiligen Ortsbeschreibungen.

Bei allen Schiffspassagen gilt es rechtzeitig am Hafen zu sein und sich die Tickets mindestens schon am Vortag zu besorgen.

Übernachten

Wer bei einem Reiseveranstalter bucht, tut dies in der Regel über ein Reisebüro. Ob man dabei ein Internet-Reisebüro bevorzugt oder lieber einen direkten Ansprechpartner hat, ist eine Frage des persönlichen Geschmacks. Preise und Leistungen sind vergleichbar. Die meisten großen Veranstalter haben die Kapverden im Programm. Sie bieten Unterkünfte und Rundreisen im Pauschalpaket an (mit Flug und Flughafentransfer, bei Rundreisen mit Inlandflügen und Reiseleitung), auf Wunsch kann man sich aber vielfach auch ganz individuell ein Programm zusammenstellen. Diesen Service bieten Alfred Mandl (Santo Antão), der per E-Mail-Kontakt persönlich mit dem Kunden Reisen auf alle Kapverdischen Inseln zusammenstellt (www.alsatour.de), oder auch Vista Verde Tours mit Hauptsitz auf Fogo (s. S. 260) und einem Büro auf Sal (s. S. 106). Beide haben Kontaktpersonen auf allen Inseln.

Da Veranstalter günstigere Konditionen erhalten als Einzelgäste und diesen Preisvorteil teilweise an ihre Kunden weitergeben, sind vor allem luxuriösere Unterkünfte auf diese Weise billiger zu haben als bei Direktbuchung. Eher einfache Hotels und Pensionen finden sich meist nicht in den Katalogen der großen Reiseveranstalter, sind aber inzwischen vielfach über Internetportale buchbar. Da die Zahl dieser Unterkünfte begrenzt ist, empfiehlt es sich, rechtzeitig zu buchen. Im Juli/August, wenn viele Emigranten auf Heimatbesuch sind und zahlreiche Portugiesen auf den Kapverden urlauben, sowie um Weihnachten, Neujahr und Ostern gestaltet sich die kurzfristige Zimmersuche schwierig.

Auf den Kapverden wird eine **Touristensteuer** in Höhe von 220 ECV (oder 2 €) pro Nacht erhoben. Im selben Hotel wird sie für maximal 10 Nächte fällig. Manche Unterkünfte schließen sie automatisch in ihre Übernachtungspreise ein. Meist ist sie aber separat zu entrichten.

Hotels und Pensionen

Große Touristenhotels und **Hotels** für gehobene Ansprüche gibt es auf Sal, Boa Vista, São Vicente, Santo Antão, Santiago, Maio und Fogo. Die Preise liegen dort im Bereich von 15 000 ECV (bzw. 150 €) pro Doppelzimmer. Standard und Service entsprechen durchaus europäischem Niveau, allerdings sind bei der Zahl der ausgewiesenen Sterne im Vergleich zu Mitteleuropa gewisse Abstriche zu machen. Einige Clubhotels auf Sal und Boa Vista sind All-inclusive-Anlagen, d. h. Speisen und Getränke sind komplett im Preis inbegriffen.

Auf allen Inseln gibt es kleinere Hotels und **Pensionen** (*pensão* oder *residencial*). Sie sind meist recht ordentlich und bieten ein familiäres Ambiente. Die Zimmer verfügen in der Regel über Dusche oder Bad und WC. Allerdings gibt es nicht immer warmes Wasser. Mit 3000–6000 ECV muss auch hier gerechnet werden. Nur noch selten sind einfachste Unterkünfte ab ca. 2500 ECV zu finden, meist mit Etagenbad, kaltem Wasser und nicht immer sauber. Viele Hotels, vor allem diejenigen der höheren Katagorie, weisen ihre Preise nur noch in Euro aus und erwarten auch, dass in dieser Währung gezahlt wird. In solchen Fällen wurden bei den Adressen keine Preise in ECV genannt.

Apartments, Ferienhäuser und Ferienwohnungen

Im Trend liegt das Wohnen mit der Möglichkeit zur Selbstversorgung. Auf fast allen Inseln werden inzwischen **Ferienhäuser und -wohnungen** angeboten (z. B. bei www.fewo-direkt.de), die Kosten liegen je nach Größe und Ausstattung zwischen ca. 35 und 120 € pro Nacht. Meist wird ein Mindestaufenthalt von mehreren Tagen gefordert. Außerdem gibt es Apartmenthäuser und -anlagen, die z. T. vollen Hotelservice bieten. Speziell auf den Inseln Sal und Boa Vista, wo sich viele **Apartments** in Privatbesitz von Europäern befinden, werden etliche dieser Wohnungen vermietet. Dabei muss mit ca. 400 € pro Woche, bei einer Langzeitmiete ab 1000 € pro Monat gerechnet werden. Entsprechende Angebote findet man im Internet (z. B. www.rotali.de, www.holidaycaboverde.com oder www.capoverde-appartments.com) und vor Ort.

Jugendherbergen und Camping

Ein Netz von **Jugendherbergen** *(pousadas de juventude)* befindet sich derzeit im Aufbau. In Betrieb ist bereits die Herberge auf Santo Antão (Porto Novo). Sie bietet Doppel- und Dreibettzimmer sowie zwei Schlafsäle mit je zehn Betten. Buchung über www.bela-vista.net. Eine weitere Jugendherberge in Santiago (São Lourenço dos Órgãos) ist noch nicht vollständig in Betrieb. Mit dem Angebot soll vor allem kapverdischen Jugendlichen die Möglichkeit geboten werden, andere Inseln ihres Landes kennenzulernen, es richtet sich aber auch an Touristen mit kleinerem Reisebudget.

Auf den Kapverden gibt es überhaupt keine **Campingplätze.** Wildes Campen ist offiziell verboten und auch nicht zu empfehlen, da ein Zelt nicht unbeaufsichtigt gelassen werden sollte.

Mehr Nähe zum Wasser geht nicht: Hotel Odjo d'Água auf Sal

Essen und Trinken

Die Küche der Kapverden ist zum einen von Portugal und zum anderen durch Afrika geprägt. Jedoch auch der Mangel und die Zeiten der Not haben ihren Einfluss auf die Inselküche hinterlassen. Inzwischen gibt es keine Hungersnöte mehr und die Bevölkerung ist gut versorgt. Viele essen aber nach wie vor morgens, mittags und abends *cachupa*, eine Art Eintopf aus Mais, Bohnen und je nach Angebot mit einer Fisch- oder Fleischeinlage. Während dieser mittags und abends eher als dicke Suppe serviert wird, gibt es morgens die Reste angebraten, wenn vorhanden mit Spiegelei. Für Bessergestellte und Touristen ist das Angebot vielfältiger.

Scharf und frisch

Der Einfluss der portugiesischen Küche auf die Restaurant- und Hotelküchen der Inseln ist nicht zu übersehen. Auf den Kapverden wird jedoch fantasievoller, afrikanischer gewürzt, das heißt auch schärfer. *Piri-piri*, eine scharfe Tunke aus Pfefferschoten, steht fast auf jedem Tisch. Sie ist nicht nur schmackhaft und höllisch scharf, sondern tötet auch mögliche Keime im Essen ab. Das Angebot an Fisch und Meeresfrüchten ist groß. Eine in Europa kaum erschwingliche Besonderheit sind die hier sehr viel preiswerteren Langusten, die sich der Urlauber schon mal gönnen kann. An Fleischgerichten bestechen die verschiedenen Varianten vom Huhn, aber auch Schwein und Ziege werden schmackhaft zubereitet.

Gemüse und Salate, vor Jahren noch eher Mangelware, kommen heute aus einheimischen Bewässerungskulturen, die auf mehreren Inseln entstanden sind. Vor allem auf Santiago, Fogo und Santo Antão gedeiht exotisches Obst, etwa Mangos, Papayas oder Ananas.

Restaurants und Bars

In den ausgesprochenen Urlaubsorten auf Sal und Boa Vista sind die Restaurants auf Touristen eingestellt. Speisekarten sind in der Regel in mehreren Sprachen vorhanden, u. a. auf Deutsch. Einheimisch geführte Restaurants bieten sowohl portugiesische als auch regionaltypisch kapverdische Speisen an. Außerdem gibt es Lokale unter italienischer, spanischer, französischer und deutscher Leitung. In diesen Restaurants haben die Preise durchaus mitteleuropäisches Niveau.

Auf den touristisch weniger entwickelten Inseln sind die Restaurants äußerst unterschiedlich und nicht immer als solche zu erkennen. Einige Wirtsleute bedienen ihre Gäste in Räumen, die den Anschein erwecken, als sei es das Wohnzimmer der Familie. Bei anderen sitzt man im Hinterhof an Plastiktischen oder in fensterlosen Kammern mit nur einem Tisch, wo man dann exklusiv bedient wird. Viele rechnen nicht mit einer großen Besucherschar, sodass es oft erforderlich ist, das Essen am Vortag bzw. am Mittag für den Abend zu bestellen. Dann erst machen sich Koch oder Köchin auf den Weg, um die Zutaten frisch einzukaufen. Oft gibt es in solchen Lokalen keine Speisekarte oder wenn, dann nur auf Portugiesisch. Bei den meisten einfachen Kneipen oder Restaurants ist von außen kaum auf die Qualität der Küche zu schließen. Gerichte, die in einer schlichten Bretterbude zubereitet werden, können erstaunlich schmackhaft sein.

Daneben gibt es in den Städten gehobenere, klassische Restaurants, in denen die einheimischen Geschäftsleute meist mittags zum Arbeitsessen speisen. Ähnliche Lokale findet man auch in Portugal noch recht häufig. Sie sind oft eher schlicht eingerichtet, die Speisen aber lecker, die Portionen groß und die Preise korrekt. In Praia und Mindelo sind auch Restaurants der edlen Art – mit entsprechendem Preisniveau – zu finden. Der Ober ist dort elegant gekleidet, die Tischdecken sind weiß und gestärkt. Dennoch wirkt die Atmosphäre nicht unbedingt steif. Allgemein ist es üblich, nach dem Essen, das sich allerdings durch mehrere Gänge lange hinziehen kann, sofort die Rechnung zu bestellen. Man bleibt nicht, wie bei uns üblich, noch am Tisch sitzen. Weitere Getränke nimmt man entweder im Barbereich des Restaurants oder in einer anderen Bar ein. Ein Großteil der Einheimischen kann sich keinen Restaurantbesuch leisten. Man trifft sich in einer einfachen Bar, auf ein Bier oder einen *grogue*.

Getränke

Ein typisches Getränk auf den Kapverden ist **Bier**. Fast überall sind die einheimische Marke Strela und die portugiesische Marke Sagres zu bekommen. Außerdem wird häufig **grogue** (Zuckerrohrschnaps) getrunken, entweder pur oder – als schicke Variante nach brasilianischer Art in den Urlaubsgebieten – als Caipirinha, also gemischt mit Zitronen- oder Limonensaft, Zucker und zerstampftem Eis. Nicht so alkoholreich wie der *grogue* selbst ist der **ponche**, eine bernsteinfarbene, likörartige Mischung aus Zuckerrohrschnaps und Zuckerrohrsirup, die es jetzt auch in neuen Geschmacksrichtungen wie Erdbeer, Orange, Kokos und Mango gibt. Der einzige nennenswerte einheimische **Wein** kommt von Fogo. Dort wird in der Caldeira traditionell ein Tropfen

Spezialitäten

- *arroz de mariscos:* Reis mit Meeresfrüchten
- *atum:* Thunfisch als Steak *(bife de atum)* oder als Braten *(assado no forno),* mit Paprika und Tomaten
- *caldo de peixe:* Fischsuppe mit verschiedenen Fischen
- *cachupa:* Eintopf aus Bohnen und Mais, verschiedenen Gemüsesorten, evtl. auch Wurst, Fleisch, Huhn oder Fisch
- *cozido de peixe:* gekochter Fisch mit Gemüse und Kartoffeln
- *doce de papaya:* Gelee aus Papaya
- *doce de coco:* Süßspeise aus Kokosmark und Zucker
- *doce de guaiaba:* Gelee aus Guaven
- *espaguete de mariscos:* Spaghetti und Meeresfrüchte in Tomatensoße, asiatisch gewürzt
- *feijoada:* herzhafter Bohneneintopf mit Speck und Fleisch
- *feijoada de mariscos:* Bohneneintopf mit Meeresfrüchten
- *frango:* Hühnchen (meist gegrillt), aufwendiger sind Hühnerteile in Curry-Soße (*frango com caril*)
- *lagosta:* Languste gekocht *(natural),* gegrillt *(grelhada)* oder mit Zwiebel-Tomatensoße *(soada)*
- *modje de São Nicolau:* Zickleinragout mit Süßkartoffeln, Maniok, Taro, Kürbis, Zwiebeln und Reis
- *serra:* Sägefisch (gehört zu den Rochen)
- *xerém:* Maisbrei, als Beilage oder – mit Thunfisch, teils auch Schweinefleisch angereichert – als Hauptspeise

mit der Farbe von Lava gekeltert, den die Einheimischen spöttisch ›Manecón‹ (von brasil. *mané*, Trottel) nennen. Inzwischen wird von einer Kooperative aus edleren Reben ein qualitativ hochwertigerer Wein hergestellt, der mit der Ursprungsbezeichnung ›Região Demarcada‹ in den Handel kommt. Trotz der schweren Schäden, die der Vulkanausbruch 2014/2015 an Weinbergen und Produktionsanlagen anrichtete, hofft die Kooperative, auch in Zukunft Wein produzieren zu können. Neueren Datums sind die Adega de Monte Barro bei São Filipe, die Trauben aus der Caldeira und aus der Gegend von Mira Mira an der Westflanke der Insel zu Weinen der Marke Vinha Maria Chaves verarbeitet, sowie im Nordosten von Fogo die Adega de Sodade (s. S. 268), die Wein und Branntwein herstellt. Auch die Weinberge dieser beiden Adegas wurden durch Lavaströme zum Teil zerstört. Da die Kapverden ohnehin nur eine geringe Produktion haben, stammt der überwiegende Teil des im Land konsumierten Weins und Branntweins nach wie vor aus Portugal.

Kaffee wird auf Santiago und Santo Antão, vor allem aber im feuchten Nordosten von Fogo produziert. Eine Firma in Praia verschneidet ihn mit importiertem Kaffee aus Brasilien und vermarktet ihn unter dem Namen »Cafés do Cabo Verde« auf allen Inseln, wo er in jedem gut sortierten Souvenir- oder Lebensmittelladen zu finden ist. Rund 40 % der Jahresproduktion des Fogo-Kaffees gehen in die Niederlande, wo er zur Lifestylemarke »Fogo Coffee Spirit« verarbetet wird, die jetzt auch in Deutschland im Handel ist.

Die Kapverdianer decken sich auf bunten Märkten mit Obst und Gemüse ein

Aktivurlaub und Sport

Baden

Ausgesprochene Strandinseln sind Sal und Boa Vista. Santa Maria auf **Sal** verfügt über helle, saubere Strände mit feinem Sand. Ohne Windschutz fühlt man sich jedoch auf die Dauer wie in einem Sandstrahlgebläse. Die größeren Hotels am Meer haben für ihre Gäste windgeschützte Areale am Strand abgeteilt. Die Bucht von Santa Maria ist gegen die meist aus Nordosten anrollende Brandung abgeschirmt, sodass Baden in der Regel möglich ist. Hingegen ist die Strandzone an der Ostküste von Sal dem Passatwind ausgesetzt und zum Baden nicht geeignet. An der Westküste finden sich in der Bucht von Murdeira einige geschützte Strandabschnitte, wogegen bei der Ponta Preta die Brandung unberechenbar ist.

Der beste Badestrand auf **Boa Vista** erstreckt sich von Sal Rei in Richtung Süden (Praia do Estoril und Praia da Chave). Die Bucht liegt auf der windabgewandten Seite der Insel und ist somit relativ gut geschützt. Feiner Dünensand hat sich hier abgelagert. Die einsamen Strände im Süden von Boa Vista sind zwar schön anzusehen, zum Baden aber kaum geeignet, mit Ausnahme des bewachten Strandes von Lacação vor dem Hotel Riu Touareg.

Auf **São Vicente** sind die Strände bei Baía das Gatas und Calhau zum Baden besonders empfehlenswert. Sie werden auch von den Einheimischen gern aufgesucht. Strandkneipen sorgen für das leibliche Wohl. Der einzige Strand der Insel São Nicolau liegt bei Tarrafal. Seinem schwarzen Sand wird heilende Wirkung bei rheumatischen Erkrankungen nachgesagt. In den Sommermonaten mausert sich Tarrafal dank der vielen Emigranten auf Heimatbesuch zu einem richtigen Badeort. Wer Santo Antão besucht, reist dorthin sicherlich nicht speziell zum Baden. Die Praia de Escoralet östlich von Porto Novo eignet sich aber gut für ein paar erholsame Stunden am Meer.

Auf **Santiago** verfügt die Hauptstadt Praia über einen hübschen kleinen Strand im Stadtteil Prainha. Ebenfalls für einen Badetag zu empfehlen ist die von Einheimischen am Wochenende gern aufgesuchte Praia Baixo an der Ostküste Santiagos. Vila do Maio hat einen schönen, sauberen Strand zwischen Stadt und Hafenmole, wo die Einheimischen gerne baden und die Fischer ihre Boote an Land ziehen. Südlich der Stadt liegt die Praia Ponta Preta in einer reizvollen Bucht.

São Filipe, der Hauptort von **Fogo**, verfügt über einen schönen schwarzen Sandstrand. Die Brandung verhindert allerdings meist sicheres Baden. Geeigneter ist der Strand außerhalb der Stadt unmittelbar am Hafen. Oder man fährt zur Felsbadebucht Ponta da Salina. **Brava** verfügt über keine nennenswerten Strände. Eine attraktive Bademöglichkeit im Meer besteht jedoch in den natürlichen Felstümpeln zwischen Fajã de Água und dem (stillgelegten) Flugplatz. Bei rauer See wird es dort allerdings gefährlich.

Strandwachen findet man teilweise in den Touristengebieten (Beflaggung beachten). Der Atlantik ist tückisch, weshalb man im Zweifel lieber auf das Badevergnügen im Meer verzichten sollte.

Segeln

Tagestörns auf Hochseejachten werden von Santa Maria (Sal) und Sal Rei

(Boa Vista) aus angeboten. Größere organisierte Segeltouren bucht man am besten schon von zu Hause aus, z. B. bei boatCV (s. S. 154).

Tauchen

Mehrere Tauchschulen gibt es auf Sal. Auch auf Boa Vista, Santiago und São Vicente besteht die Möglichkeit, die faszinierende Unterwasserwelt zu erkunden.

Wandern

Die Wanderinsel der Kapverden ist Santo Antão. Ihre bizarre Bergwelt mit schroffen Tälern und steilen Bergrücken ist von zahlreichen Wegen durchzogen. Zum Teil folgen die Touren alten gepflasterten Verbindungsrouten, die heute noch von den Einheimischen benutzt werden. Sie berühren winzige, noch weitgehend unberührte Dörfer, die malerisch in Terrassenfelder eingebettet sind. Vor allem der üppig grüne Norden von **Santo Antão** bietet unzählige Wandermöglichkeiten. Der Süden ist trocken und karg. Hier sind interessante Erosionsformen wie das Tal der Ribeira das Patas entstanden. Gänzlich anders, nämlich vulkanisch, präsentiert sich die Gegend um den Tope de Coroa, den höchsten Berg der Insel. Dieses Gebiet ist sehr erfahrenen Bergwanderern vorbehalten, es sei denn, man läuft mit einem örtlichen Führer. Alfred Mandl, der im Tal von Paúl auf Santo Antão lebt, organisiert individuelle Wandertouren (www.alsatour.de).

Interessantestes Wandergebiet auf **Santiago** ist die Serra Malagueta. Hier schuf die intensive tropische Erosion spitze Felsen, steile Berge und gewaltige Täler. An scheinbar unzugänglichen Stellen liegen kleine Siedlungen, durch ein Netz von Saumpfaden miteinander verbunden. Reizvoll sind auch die Wege rund um den Pico do António, den höchsten Berg Santiagos.

Bei einem Besuch der Insel **Fogo** sollten sich Wanderer die Besteigung des Pico de Fogo nicht entgehen lassen (nur mit örtlichem Führer möglich). Eine geradezu alpine Herausforderung stellt die zweitägige Tour entlang der Bordeira, der Umrandung der zentralen Caldeira, dar (ebenfalls möglichst mit Führer).

Auch die landschaftlich sehr vielseitige Insel **São Nicolau** lässt sich gut zu Fuß erkunden. Ihr Ostteil bietet zwar interessante Wege. An- und Abfahrt sind jedoch nicht ganz einfach zu organisieren. Hingegen sind die Fajã-Ebene und der Monte Gordo im Zentrum der Insel von der Hauptstadt Ribeira Brava aus gut zu Fuß zu erreichen. Sehenswerte ursprüngliche Täler bietet die Nordwestküste.

Brava, die kleinste bewohnte Insel, liegt sehr abgeschieden. Nur wenige Touristen nehmen das Abenteuer auf sich, dieses Eiland zu besuchen. Sie werden mit Ruhe und Ursprünglichkeit belohnt. Die Gegend um den Hauptort Nova Sintra und das Inselzentrum lassen sich hervorragend zu

Ökotourismus

Im Trend ist **Turtle-Watching**, die Beobachtung von Meeresschildkröten bei der nächtlichen Eiablage an den Stränden von Sal, Boa Vista und Maio. Ebenso sind Bootsausflüge zum **Whale-Watching** und zur Beobachtung von Seevögeln im Kommen. Auch wird **Bird-Watching** an Land z. B. an den Lagunen von Boa Vista praktiziert. Auf São Nicolau, Santiago und Fogo gibt es in den dortigen **Naturparks** ökotouristische Angebote.

Surfer finden bei den Inseln fast immer eine geeignete Welle

Fuß erkunden. Landschaftlich reizvoll ist der Weg nach Fajã de Água (s. S. 283).

Auf den Inseln **Sal**, **Boa Vista** und **Maio** lassen sich vor allem ausgedehnte Strandwanderungen unternehmen.

Die schönsten Wanderungen werden in diesem Reiseführer vorgeschlagen (im Reiseteil bei den jeweiligen Ortsbeschreibungen). Erfahrene Wanderer können sie ohne weitere Hilfsmittel durchführen, wenngleich eine Wanderkarte und ein zusätzliches Wanderbuch hilfreich sind.

Spezielle Gruppen-Wanderreisen mit deutschsprachiger Reiseleitung bieten mehrere Veranstalter an, z. B. Wikinger Reisen, Hauser Exkursionen, Studiosus, DAV-Summit-Club, One World – Reisen mit Sinnen (mit Agentur und Büros auf Sal, Boa Vista und Fogo). Sie dauern meist zwei Wochen und decken üblicherweise die Inseln Santiago, Fogo und Santo Antão ab, mit zusätzlichen Übernachtungen auf São Vicente oder Sal.

Wind- und Kitesurfen

Auf **Sal** gibt es in **Santa Maria** eine lebendige internationale Surferszene. Mehrere Surfbasen bieten Kurse an und verleihen das notwendige Material. Wer jedoch noch nie auf dem Brett gestanden hat, sollte nicht unbedingt auf Sal damit anfangen. Ansonsten finden Surfer der Könnerstufe 2 im windarmen Sommer bessere Bedingungen, während Fortgeschrittene und Profis die übrigen Jahreszeiten (speziell November bis März) bevorzugen. Außer Windsurfen ist auch Kitesurfen (Surfen am Lenkdrachen) sehr verbreitet.

Auch auf Boa Vista gibt es Surfschulen mit Verleih. Auf allen anderen Inseln ist die Infrastruktur für Surfer dürftig bis nicht vorhanden. Wer mit eigenem Brett anreist (Mitnahme bei TUIfly gegen Gebühr; vorher unbedingt anmelden), bleibt am besten auf Sal bzw. Boa Vista, da es beim Transport auf andere Inseln Schwierigkeiten geben kann.

Feste und Unterhaltung

Carnaval

Beim **Karneval von Mindelo** wird die Fantasie der Teilnehmer – und das sind eigentlich alle Stadtbewohner – ganz groß geschrieben. Europäische und brasilianische Elemente verschmolzen hier zu einem ganz eigenständigen Spektakel, das internationale Berühmtheit erlangt hat wie kein anderes kulturelles Ereignis auf den Inseln. Sein heutiges Gesicht erhielt der Karneval von Mindelo in den 1930er-Jahren. Die Sambagruppen formierten sich nach brasilianischem Vorbild in den verschiedenen Stadtteilen, gefördert durch die in Mindelo ansässigen Engländer. Vor allem die Frauen der englischen Kaufleute nahmen oft die Mäzeninnenrolle ein. Seither wird der Karneval à la Rio de Janeiro gefeiert.

Am Rosenmontag ziehen abends Sambatänzer durch die Straßen, am Karnevalsdienstag gibt es einen großen Umzug mit Prunkwagen und glamourösen Prinzessinnen. Was in einem Jahr in Brasilien ›in‹ ist, wird es garantiert im nächsten Jahr in Mindelo sein. Aber auch eigene Ideen bekommen Raum. Die Mitwirkenden kleiden ihre Träume von einer anderen Welt in Kostüme und Ausstattungen. Für ein oder zwei Tage können sie sich in eine andere Rolle versetzen, können Prinzessin, Nixe, Haremswächter oder persische Sklavin sein. Alle bekannten einheimischen Künstler sind beteiligt, wenn die allegorischen Wagen der Sambagruppen aufwendig gestaltet werden. Nachdem es in den 1990er-Jahren und zu Beginn des dritten Jahrtausends vorübergehend an finanziellen Mitteln fehlte, können die Gruppen inzwischen, gesponsert durch etliche Städte in Portugal und Brasilien, den gewohnten Prunk wieder auf die Beine stellen. Für den boomenden Kreuzfahrttourismus ist Mindelo damit in der Karnevalszeit ein lohnendes Ziel.

Daneben hat sich bis heute der nicht organisierte, durchaus wilde **Straßenkarneval** gehalten, der seine Wurzeln im Portugal des 17./18. Jh. hat. Damals verhöhnte man, hinter allerlei Maskeraden verborgen, die Institutionen der Macht. Heute gehen die jungen Menschen in geschickt improvisierten Kostümen auf die Straße, um ihre Sorgen öffentlich auszudrücken. Sie tragen Jutesäcke, Plastiktüten, alte Zeitungen oder Nachthemden. Ihre Themen sind Aids, Drogen, Verhütung, Fußball …

Der Carnaval ist keineswegs auf Mindelo beschränkt. Familiärer, aber auch sehr lebhaft geht es beim **Karneval von Ribeira Brava** (São Nicolau) zu. Außerdem werden die **Rosenmontagsumzüge auf Santo Antão** (Ribeira Grande, Ponta do Sol) gerühmt.

Natal/Fim do Ano

Zu Weihnachten (Natal) sind es vornehmlich die Blasorchester, die überall zum Marsch aufblasen. Am Heiligabend ziehen sie durch die Straßen. Jede Gruppe verfügt über einen Tanzsaal, oft angeschlossen an ein Restaurant, wo zu Silvester schließlich ein rauschender Ball das Jahr ausklingen lässt. Um als Tourist dabei zu sein, lohnt es sich, ein wenig herumzufragen. In den großen Städten feiern die Menschen auf der Straße, speziell in **Mindelo**, wo es in der Rua Lisboa und der Avenida Amílcar Cabral immer hoch hergeht. Die Party beginnt nach Mitternacht und dauert bis zur Morgendämmerung an.

Festkalender

Festkalender

Januar

Ano Novo: Neujahr. Die Familien essen am 1. Jan. das traditionelle Gericht *xerém,* einen Maisbrei mit Schweinefleisch und dicken Bohnen.
Reis Magos: Dreikönigstag. Am 6. Jan. ziehen Musikanten durch die Straßen von Haus zu Haus und tragen traditionelle Lieder vor.

Februar

Carnaval: Karneval mit südamerikanischem Flair à la Rio, vor allem in Mindelo

März

Festa de São José: St. Josef, 19. März, in Calheta (Maio) mit Tabanka-Tänzen

April

Pascoela: Weißer Sonntag, So nach Ostern, schön in Fajã (São Nicolau) mit Pferderennen und Tabanka-Umzügen
Nhò São Jorge: St. Georg der Drachentöter, zweite Aprilhälfte, São Jorge dos Orgãos (Santiago)
Bandeira de São Filipe: St. Philippus, letzte Aprilwoche in São Filipe zu Ehren des Ortspatrons

Mai

Festa de Santa Cruz: Heiligkreuzfest, 3. Mai, in vielen Orten der Kapverden
Festividades do Santo Padroeiro: Feste zu Ehren des jeweiligen Ortsheiligen, die Termine variieren von Gemeinde zu Gemeinde. Auch noch im Juni.
Festival Gambôa: www.fest.sapo.cv/gamboa. Großes Musikfestival am Fischerstrand von Praia (Santiago), drei Tage Mitte Mai

Juni

Santo Antão: Tag des hl. Antonius von Padua, 13. Juni, auf der gleichnamigen Insel und in Mindelo (São Vicente) ein buntes Fest
São João: Johannisfest, 24. Juni, besonders schön auf Brava, Santo Antão, São Vicente

August

Festival Baía das Gatas: www.fest.sapo.cv/baiadasgatas. Mega-Musikfestival mit Bands aus Afrika, Lateinamerika und Portugal, am Vollmondwochenende des Monats

September

Festival Santa Maria: www.fest.sapo.cv/santamaria. Zweitägiges Musikfestival am Touristenstrand von Sal Mitte des Monats

Dezember

São Nicolau: Tag des hl. Nikolaus, 6. Dez., speziell auf der gleichnamigen Insel

Festa de Santa Cruz

Das Heiligkreuzfest wird am 3. Mai vielerorts gefeiert. Es ist das Fest der Abkömmlinge von Sklaven. Letztere genossen an diesem Tag stets einige Freiheiten. So durften sie etwa wie ihre Herren gekleidet gehen. Ursprünglicher Anlass für das Fest ist die Auffindung des angeblich wahren Kreuzes Christi in Jerusalem im Jahr 326. Franziskus von Assisi, der Gründer des Franziskanerordens, soll 1224 am Kreuzfindungstag die Wundmale Christi empfangen haben. Wahrscheinlich haben Franziskanermönche, die seit den Zeiten der Entdecker auf den Kapverden missionierten, das Fest populär gemacht.

Bereits am Vortag werden die typischen Festtagsspeisen aus Mais zubereitet. Im Haus des *festeiro* (Veranstalter) wird eine Andacht gehalten, dann serviert man eine *canja* (Hühnersuppe). Am eigentlichen Festtag treffen sich alle zur Messe in der Kirche. Eine Prozession mit viel Musik und Tanz ist die Attraktion dieses Volksfestes. Besonders authentisch kann man die Festa de Santa Cruz auf **Brava** erleben. Aber auch auf **Maio** wird kräftig gefeiert, wo man zugleich den 1. Mai als Tag der Entdeckung der Insel begeht.

Festividades do Santo Padroeiro

Im Frühjahr, vor allem im Mai und Juni, begehen viele Gemeinden das Patronatsfest zu Ehren ihres Kirchenheiligen. Meist gehören die traditionellen **Tabanka-Tänze** dazu. Bei der Tabanka (oder Tabanca) handelt es sich um eine Art allegorischen Umzug, einen symbolischen Protest, entstanden im Zeitalter der Sklaverei. Beteiligt sind der ›Kommandant‹ und die ›Soldaten‹, der ›König‹ und die ›Königin‹, der ›Henker‹, der ›Dieb‹, ›Hofdamen‹, ›Sklaven‹ und andere Figuren der damaligen Gesellschaft. Die musikalische Begleitung übernehmen Trommeln und Muschelschalen. Letztere dienten den Sklaven als heimliches Verständigungsmittel. Trotz wiederholter Verbote durch die Kolonialverwaltung konnte sich diese kulturelle Ausdrucksform auf mehreren Inseln halten. In Assomada (Santiago) dokumentiert ein Museum die Tabanka.

São João

Ein wichtiges Ereignis ist das **Johannisfest** (24. Juni). Vor allem auf **Brava**, wo Johannes der Täufer Inselpatron ist, wird es sehr traditionell gefeiert, wobei steinerne Schiffsnachbildungen eine bedeutende Rolle spielen. Sie liegen in allen Orten der Insel an Land. Am Johannistag sind sie Schauplatz eines besonderen Brauches. Frauen tragen in Körben Brotzöpfe, Kuchen, Früchte und Blumen herbei. Damit werden die niedergelegten Bootsmasten feierlich geschmückt und dann aufgestellt. Dazu tanzt man die Colá, einen fröhlichen, ritu-

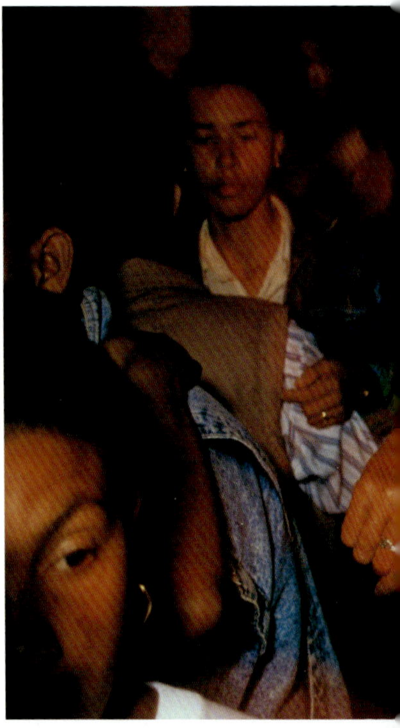

ellen Tanz. Anschließend dürfen die Masten von den Kindern geplündert werden. Das Schiff ›gehört‹ der Jungfrau Maria. Bei den Kelten war das Boot Attribut der Muttergottheit, Getreide und Obst symbolisierten die Fruchtbarkeit. Dieser Glaube floss in die christliche Marienverehrung ein und wurde im Zeitalter der Entdeckungsfahrten weit über den Atlantik getragen. Auf Brava drücken die Schiffsnachbildungen die starke Verbindung der Bewohner mit der Seefahrt aus. Amerikanische Walfangboote warben hier früher Mannschaften an, viele Insulaner emigrierten per Schiff in die USA.

Beim Johannisfest verkleiden sich Dorfbewohner als Seeleute, Kapitäne und Schiffsköche und stellen schicksalhafte Ereignisse nach, die sich auf See ereignet haben. Dann wird mit Musik und Tanz ausgelassen gefeiert. Junge Leute springen über Johannisfeuer in der Hoffnung, der Wunsch, den sie dabei äußern, möge in Erfüllung gehen. Auch auf **Santo Antão** und **São Vicente** wird das Johannisfest inbrünstig begangen. Bei der Colá steht hier ein imaginäres Schiff im Mittelpunkt. Dieses wird durch den Vortänzer repräsentiert, der – mit einem bunt geschmückten ›Segelschiff‹ kostümiert – sich Wellen und widrigen Winden stellt.

Tanz darf zu den erotischen Klängen der Kapverden-Musik nicht fehlen

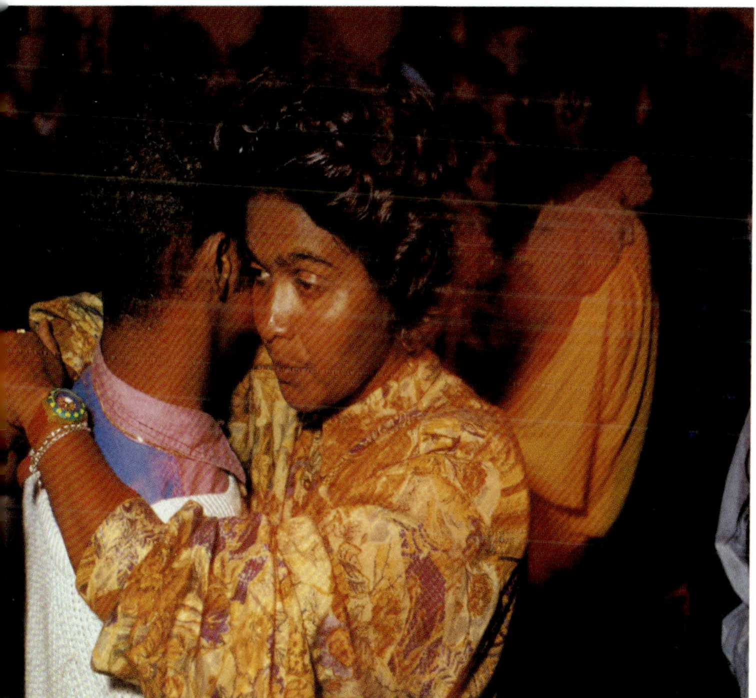

Reiseinfos von A bis Z

Apotheke

Auf jeder Insel gibt es Apotheken *(farmácias)* oder staatliche Verkaufsstellen für Medikamente *(postos de venda de medicamentos).* Ein ausreichendes Sortiment bieten sie aber nur in größeren Städten. Auf kleinen Inseln ist die Versorgung schlecht, die Mitnahme einer Reiseapotheke daher ratsam. Darin sollten zumindest enthalten sein: Pflaster, ein Mittel gegen Durchfall, ausreichend starker Sonnenschutz, persönliche Medikamente.

Ärztliche Versorgung

Die beiden Zentralkrankenhäuser befinden sich in Praia und Mindelo. Außerdem gibt es in jedem der 22 Landkreise ein Regionalkrankenhaus (u. a. ein gut ausgestattetes auf der Insel Sal) oder ein Gesundheitszentrum *(centro de saúde).*

Impfungen: Für Einreisende aus Europa sind keine vorgeschrieben. Impfungen gegen Cholera und/oder Gelbfieber müssen Einreisende aus Ländern mit entsprechenden Seuchenproblemen vorweisen. Generell werden Maßnahmen gegen Typhus/Paratyphus, Polio, Tetanus und Hepatitis A empfohlen. Genauere Informationen geben die Gesundheitsämter im Heimatland.

Dengue: Ende 2009 kam es auf den Kapverden zu einer Denguefieber-Epidemie. Seither hat sich die Situation wieder entspannt. Dennoch ist in der feuchten Jahreszeit von August bis Dezember Mückenschutz speziell auch tagsüber angebracht.

Malaria: Zwischen August und November besteht auf Santiago ein geringes Malariarisiko. Auf eine chemische Prophylaxe kann jedoch verzichtet werden. Angemessener Mückenschutz ist dann allerdings ratsam. Tritt während besagter Zeit Fieber auf, ist sofort ein Arzt aufzusuchen.

Magenverstimmungen und Durchfall: Aufgrund der evtl. ungewohnten Speisen oder hygienisch nicht ganz einwandfreien Zustände sind dies die häufigsten Erkrankungen, die sich mit leichten Mitteln bekämpfen lassen. Diese sollte man von zu Hause mitnehmen.

Versicherungen: Alle ärztlichen Behandlungen und Medikamente in Kap Verde müssen vom Patienten bezahlt werden. Die gesetzlichen Krankenkassen übernehmen die Kosten nicht. Empfehlenswert ist der Abschluss einer privaten Reisekrankenversicherung.

Betteln

Besonders auf Santiago und in Mindelo betteln viele Kinder. Auch wenn es schwerfällt, sollte man nichts geben. Wer helfen möchte, kann sich in Bezug auf Geld- oder Sachspenden an Schulen, den Gemeindepfarrer oder an Gesundheitszentren wenden. Verbandszeug, Werkzeug, Mal- und Schreibmaterial, warme Kleidung für Kinder in den Bergen, Fußballtrikots werden gerne angenommen. Diese Aufzählung soll nur als Anregung dienen.

Diplomatische Vertretungen

... von Deutschland

Honorarkonsul der Bundesrepublik Deutschland
Carlos Ferreira Santos
Av. Dr. Alberto Leite, Mindelo
Tel. 00238 231 27 25
mindelo@hk-diplo.de

Sämtliche Abwicklungen laufen jedoch über die deutsche Botschaft in Senegal:
Ambassade d'Allemagne
20, av. Pasteur
B.P. 2100 Dakar/Senegal
Tel. 00221 33 889 48 84
Fax 00221 33 822 52 99
www.dakar.diplo.de

... von Österreich

Für Kap Verde ist die österreichische Botschaft in Portugal zuständig:
Österreichische Botschaft Lissabon
Avenida Infante Santo 43/4. Stock,
1399-046 Lisboa
Tel. 00351 21 394 39 00
Fax 00351 21 395 82 24
lissabon-ob@bmeia.gv.at
www.bmeia.gv.at/botschaft/lissabon

... von der Schweiz

Consulado da Suíça
Zona Comercial de Quebra Canela
Praia
Tel. 00238 261 98 68
praia@honrep.ch

Sämtliche Abwicklungen laufen jedoch über die Botschaft der Schweiz in Senegal:
Ambassade de Suisse
Rue René N'Diaye/angle Rue Seydou Nourou Tall
B.P. 1772 Dakar/Senegal
Tel. 00221 33 823 05 90
Fax 00221 33 822 36 57
www.eda.admin.ch/dakar
In Notfällen erhalten EU-Bürger und Schweizer auch Hilfe in den Botschaften und Konsulaten anderer EU-Länder in Praia.

... von Kap Verde

... in Deutschland

Botschaft der Republik Kap Verde
Stavanger Str. 16, 10439 Berlin
Tel. 030 20 45 09 55
Fax 030 20 45 09 66
info@embassy-capeverde.de
www.embassy-capeverde.de

... in Österreich

Honorarkonsulat der Republik Kap Verde
Dornbacher Str. 89
1170 Wien
Tel. 01 489 78 82
Fax 01 23 63 49 69
www.konsulat-kapverde.meixner.at
Nur Visabefugnis.
Den Amtsbereich für Österreich übernimmt die Botschaft der Republik Kap Verde in der Schweiz.

... in der Schweiz

Botschaft der Republik Kap Verde
Ave. Blanc 47
1202 Genève
Tel. 022 731 33 36
cap.vert@bluewin.ch

Honorarkonsulat der Republik Kap Verde
Rümelinsplatz 14
4001 Basel
Tel. 061 269 80 95
Fax 061 269 80 50
www.kapverde-konsulat.ch

Elektrizität

Die Spannungswerte entsprechen denen in Europa: 220 V Wechselspannung bei 50 Hz. Auch werden die gleichen Stecker benutzt. Größere Orte betreiben meist einen Dieselgenerator, der rund um die Uhr läuft. In ländlichen Gebieten werden die Generatoren teilweise nachts bis zum frühen Morgen abgestellt. Da Stromausfälle in großen Orten genauso wie auf dem Land häufiger vorkommen, ist die Mitnahme von Kerzen oder einer Taschenlampe ratsam.

Feiertage

1. Jan.: Neujahrsfest (Ano Novo)
13. Jan.: Tag der Demokratie (Dia da Democracia)
20. Jan.: Heldengedenktag und Tag der Ermordung von Amílcar Cabral (Dia dos Heróis Nacionais)
1. Mai: Tag der Arbeit (Dia do Trabalhador)
1. Juni: Internationaler Kindertag (Dia Internacional da Criança)
5. Juli: Tag der Unabhängigkeit (Dia da Independência)
15. Aug.: Mariä Himmelfahrt (Assunção de Nossa Senhora)
1. Nov.: Allerheiligen (Todos-os-Santos)
25. Dez.: Weihnachten (Natal)

Reisekosten

Die Kapverden sind kein Billigreiseland. Preise für Unterkünfte, Restaurantbesuche, Ausflüge, Sportangebote usw. sind durchaus mit Europa zu vergleichen. Auf Sal und Boa Vista liegen sie im Schnitt etwas höher, auf den ländlich geprägten Inseln etwas niedriger.

Restaurantbesuch: Ein Hauptgericht kostet 700–1600 ECV je nach Kategorie, Meeresfrüchte oder Langusten ab 2000 ECV. Die im Buch angegebenen Preise beziehen sich auf ein Hauptgericht ohne Getränke.

Getränke: Flasche Wein im Restaurant ab 1000 ECV, Bier oder Cola (0,3 l) 120–200 ECV, Tasse Kaffee 100–150 ECV.

Verkehrsmittel: Fahrt per Aluguer auf Sal von Santa Maria nach Espargos ca. 120 ECV, Taxifahrt das Zehnfache, Inselrundfahrt Taxi z. B. auf Fogo 8000 ECV, Fährpassage z. B. Fogo–Brava–Fogo 1550 ECV ; Inlandflüge 50–110 €; organisierte Inselrundfahrten halbtags 25–50 €, ganztags 60–80 €, Quadausflüge ab ca. 40 € (1 Std.), Mietwagen 50–100 € pro Tag, ab 200 € pro Woche.

Variable Feiertage

Dazu gehören der Karnevalsdienstag (Terça-feira de Carnaval), der Aschermittwoch (Quarta-feira de Cinzas) und Karfreitag (Sexta-feira Santa).

Fast jede Gemeinde auf den Inseln hat ihren eigenen offiziellen Feiertag. So begeht Praia am 19. Mai den Stadtfeiertag (Dia de Município).

FKK

Nacktbaden ist in Kap Verde nicht üblich. ›Oben ohne‹ praktizieren fast ausschließlich Touristinnen. Es wird innerhalb der Hotelanlagen und an den Stränden der Ferienorte toleriert.

Geld

Währung ist der **Kapverdische Escudo** (Escudo Cabo Verde, ECV oder CVE). Er ist zu einem festen Wechselkurs an den Euro gebunden: 1 € = 110 ECV.

Umtausch ist nur im Land selbst möglich. Die Ein- und Ausfuhr der kapverdischen Währung ist verboten.

Im Umlauf sind Münzen von 1, 5, 10, 20, 50, 100 ECV und Noten von 200, 500, 1000, 2000 und 5000 ECV. Kleingeld ist Mangelware, am besten etwas davon sammeln. Auf Sal und Boa Vista kann inzwischen fast überall mit Euro gezahlt werden. Hotels, Autovermietungen und Taxifahrer erwarten oft die Zahlung in Euro und weisen gar keinen Preis in ECV mehr aus. Euro-Münzen werden nicht immer angenommen, da sie auf der Bank nicht gegen Escudos eingetauscht werden können. Am besten nimmt man Euro-Noten in kleineren Stückelungen mit.

Auf den anderen Inseln hingegen wird meist kapverdisches Bargeld verlangt. Man erhält es an Wechselschaltern an Flughäfen sowie in Banken gegen Euro-Noten oder Vorlage einer Kreditkarte (Visa oder Mastercard).

Größere Hotels und Autovermietungen, aber nur wenige Restaurants und Geschäfte akzeptieren diese **Kreditkarten** ebenfalls. Andere Kreditkarten werden kaum angenommen, auch das direkte Bezahlen mit Bankkarten (Maestro oder VPay) ist nicht möglich. An vielen Bankautomaten lässt sich Bargeld mit Visa-Karte und PIN abheben, Mastercard und Maestro werden von Automaten kaum akzeptiert, VPay gar nicht.

Medien

Radio

Auf Cabo Verde gibt es ca. 12 Sender im UKW-Bereich. Zur vollen Stunde werden Nachrichten auf Portugiesisch gesendet. Ansonsten sorgt das Radio für viel einheimische Musik, aber auch internationale Hits und Musik aus Süd- und Mittelamerika.

Fernsehen

Der nationale Sender RTC (Radio Televisão Caboverdiana) sendet auf Portugiesisch und Kriolu. Der portugiesische Sender RTP Africa konzentriert sich auf Nachrichten und Sport. Bei beiden Sendern stammen die meisten Beiträge aus Portugal oder Brasilien. Spielfilme werden jeweils im Original mit portugiesischen Untertiteln gezeigt. Bei den Einheimischen sehr beliebt sind brasilianische Seifenopern *(telenovelas)*. Größere Hotels verfügen über Satellitenanlagen, mit denen europäische Sender empfangen werden können.

Zeitungen

Internationale Zeitungen und Zeitschriften sind in Kap Verde kaum zu bekommen. Nationale Zeitungen sind Expresso das Ilhas (www.expressodasilhas.sapo.cv) und A Semana (www.asemana.publ.cv). In der Regel werden sie online gelesen, von A Semana gibt es auch eine englische Version. Als Printausgaben sind diese Zeitungen kaum erhältlich.

Internet

Zugangsmöglichkeiten s. S. 18.

Notruf

Sperrung von Bankkarten (ehemals EC) und Kreditkarten: 0049 116 116 (gebührenpflichtig; nicht für alle Kreditinstitute, Liste unter www.sperr-notruf.de)

Auf den Kapverdischen Inseln

Polizei: 132
Medizinischer Notdienst: 130

Unterwegs auf den Inseln wendet man sich in Notfällen am besten an die jeweilige lokale Feuerwehr, Polizei oder Krankenstation:

Boa Vista

Feuerwehr: 251 11 41
Krankenstation: 251 11 67
Polizei: 251 11 32

Brava

Feuerwehr: 283 13 13
Krankenstation: 283 11 30
Polizei: 283 11 32

Fogo/Mosteiros

Feuerwehr: 283 11 38
Krankenstation: 283 10 34
Polizei: 283 10 73

São Filipe

Feuerwehr: 281 13 13
Krankenstation: 281 11 30
Polizei: 281 11 32

Maio

Feuerwehr: 255 11 34
Krankenstation: 255 11 30
Polizei: 255 11 32

Sal
Feuerwehr: 241 11 31
Krankenhaus: 242 11 30
Polizei: 242 11 32

Santiago/Calheta
Feuerwehr: 273 11 32
Krankenstation: 273 11 30
Keine Polizeistation

Praia
Feuerwehr: 261 27 27
Krankenhaus: 261 24 62
Polizei: 262 13 32

Santa Catarina (Assomada)
Feuerwehr: 265 11 94
Krankenstation: 265 11 30
Polizei: 265 11 32

São Domingos
Feuerwehr: 268 12 40
Krankenstation: 268 11 30
Keine Polizeistation

Santa Cruz
Feuerwehr: 269 13 13
Krankenstation: 269 13 30
Polizei: 269 13 32

Tarrafal
Feuerwehr: 266 11 16
Krankenstation: 266 11 30
Polizei: 266 11 32

Santo Antão/Paúl
Krankenstation: 223 11 30
Polizei: 223 12 92

Ponta do Sol
Krankenstation: 225 11 30
Polizei: 225 11 32

Porto Novo
Feuerwehr: 222 12 23
Krankenstation: 222 11 30
Polizei: 222 11 32

Ribeira Grande
Krankenstation: 225 11 30
Polizei: 225 11 32

São Nicolau
Feuerwehr: 236 11 62
Krankenstation: 235 11 30
Polizei: 235 11 32

São Vicente
Feuerwehr: 232 52 31
Krankenhaus: 232 73 55
Polizei: 231 46 31

Öffnungszeiten

Banken: in der Regel Mo–Fr 8–14 Uhr.
Geschäfte: in der Regel Mo–Fr 8–12.30 und 14/15–18/19 und Sa 8.30/9–12/13 Uhr, So und an Feiertagen (s. S. 40) geschlossen.
Restaurants: ca. 12.30–14.30 und 19–22 Uhr. Essen gibt es in kleineren Lokalen oft nur nach persönlicher Vorbestellung.

Post

Öffnungszeiten: Postämter öffnen in der Regel Mo–Fr 8–15 Uhr.
Porto: Briefe bis 20 g sowie Postkarten kosten nach Europa 60 ECV.
Post nach Europa ist etwa zwei bis vier Wochen unterwegs. Sie wird am Postamt abgegeben, auf den Ferieninseln auch an Hotelrezeptionen.

Reisen mit Handicap

Die Einrichtungen für Rollstuhlfahrer sind denkbar schlecht, das Reisen auf den Inseln ist für sie mit erheblichen Mühen verbunden und mit öffentlichen Verkehrsmitteln (*aluguers*) praktisch nicht durchführbar. Die einzige Möglichkeit besteht darin, sich einen Aluguer privat anzumieten.

Afrikanische Wurzeln hat das Brettspiel Oril

Sicherheit

Cabo Verde ist, verglichen z. B. mit einigen afrikanischen Ländern, ein sicheres Reiseland. Die politische Lage gilt als stabil. Auf Kleinkriminalität sollte man allerdings auch hier vorbereitet sein. Straßenraub kommt vor. Einsame Ecken besser meiden.

Diebstahl

Geld, Wertsachen, Reiseunterlagen und Papiere sollten sicher verstaut werden, wenn möglich im Hotelsafe. Erhöhte Vorsicht ist in Santa Maria (Sal), auf Boa Vista und – insbesondere nachts – in den großen Städten Praia und Mindelo geboten. Jeder Diebstahl sollte bei der Polizei angezeigt werden.

Gefährliche Tiere

In Kap Verde gibt es weder Schlangen noch andere giftige Tiere. Unangenehm ist der Biss eines etwa 20 cm langen auffälligen, doch sehr scheuen Hundertfüßlers. Vereinzelt sind auf Santiago Skorpione gesehen worden; auch sie sind sehr selten und scheu.

Souvenirs

Ein wertvolles und typisches Souvenir von Kap Verde sind *panos,* baumwollene Tücher mit traditionellen Mustern (s. S. 74). Sie sind allerdings kaum noch zu bekommen, mit etwas Glück vielleicht auf Santiago im Shop des Museu Etnográfico da Praia (s. S. 212). Santiago ist auch die Insel der kreolischen Künstler, die im

Das farbenfrohe Angebot der Souvenirhändler stammt oft aus Westafrika

Rebelado-Dorf Espinho Branco ihre ausdrucksstarken Bilder verkaufen (s. S. 234). Aufwendige Webarbeiten und Wandteppiche kann man im Centro Nacional de Artesanato in Mindelo erstehen. Auf Boa Vista gibt es authentische Keramik in der Olaria in Rabil. Auf Fogo werden Teller, Schalen oder Aschenbecher aus Vulkangestein geschnitzt, die es überall auf den Inseln zu kaufen gibt. Ähnlich werden auf Sal kleine Skulpturen aus örtlichem Gestein, etwa Schildkröten, von ehemaligen Pflastersteineklopfern hergestellt, die im modernen Straßenbau keine Beschäftigung mehr finden. Wein von Fogo oder *grogue* von Santo Antão könnten auch zu Hause schmecken, ebenso wie der delfinfreundlich gefangene Dosen-Thunfisch von São Nicolau.

Eine beliebte Freizeitbeschäftigung der Kapverdianer ist das ursprünglich aus Afrika stammende **Brettspiel Oril** (kriolu: *urim*), das als eines der ältesten Spiele der Welt gilt. Es wird in Souvenirläden etwa auf Sal angeboten.

Die meisten auf den Kapverden von Straßenhändlern und in Kunsthandwerksläden – speziell auf Sal und Boa Vista – angebotenen Souvenirs stammen übrigens nicht von den Inseln, sondern vom westafrikanischen Festland. Dabei handelt es sich vorwiegend um Schmuck, Holzschnitzereien und Batikkleidung.

Sprache

Offizielle Amtssprache von Kap Verde ist Portugiesisch, das fast überall verstanden wird und in dem Speisekarten, Fahrpläne usw. abgefasst sind. Es ist empfehlenswert, sich vor der Reise Grundkenntnisse anzueignen, wenn man das Land auf eigene Faust erkunden will. Mit Deutsch allein ist die Verständigung schwierig. Auf Sal und

Boa Vista reichen Englischkenntnisse aus. Auf anderen Inseln wird Englisch in größeren Hotels und Restaurants, die auf Touristen eingestellt sind, verstanden. Davon abgesehen sind in der Bevölkerung Fremdsprachenkenntnisse (meist Englisch oder Französisch) weit verbreitet, da viele eine Zeit lang im Ausland gelebt haben.

Umgangssprache der meisten Einheimischen ist **Kriolu** (s. S. 81), das dem Portugiesischen zwar vom Wortschatz her ähnelt, doch ist die Aussprache völlig anders. Da es keine einheitliche Schrift oder Grammatik gibt, sondern auf jeder Insel anders gesprochen wird, ist Kriolu während eines Urlaubs praktisch nicht zu erlernen. Kurse, die Grundbegriffe vermitteln, werden in manchen Hotels angeboten. Verkehrssprachen im internationalen Geschäftsleben sind Englisch und Französisch.

Telefonieren

In jedem größeren Ort gibt es öffentliche **Kartentelefone**. Die Karten sind in Postämtern, manchmal auch in kleinen Läden oder Restaurants erhältlich. Ein Gespräch nach Europa kostet ca. 300 ECV pro Minute. Bei Telefonaten von einem **Postamt** aus wird eine Mindestzeit von drei Minuten berechnet, auch wenn das Gespräch kürzer war. Die Qualität der Verbindungen ist im Allgemeinen gut.

Europäische **Mobiltelefone** wählen sich meist problemlos in das kapverdische Netz ein. Genauere Hinweise erteilt der eigene Netzanbieter. Die Kosten sind jedoch sehr hoch, auch für angenommene Gespräche. Bei innerkapverdischen Handy-Gesprächen ist die Landesvorwahl 00238 mitzuwählen. Aufladbare SIM-Karten sind eine günstige Alternative, es gibt sie in den Shops von Unitel (s. S. 18).

Internationale Vorwahlen
Kap Verde: 00238
Deutschland: 0049
Österreich: 0043
Schweiz: 0041

Gespräche nach Kap Verde: Hierfür wählt man die Landesvorwahl, dann direkt die siebenstellige Teilnehmernummer, denn gesonderte Ortsvorwahlen gibt es in Kap Verde nicht. Surfen im **Internet** s. S. 18.

Trinkgeld

Im Restaurant sollte man für einen guten Service etwa 5 %, max. 10 % des Rechnungsbetrags als Trinkgeld geben, in einfachen Lokalen ist es allerdings nicht üblich. Kofferträger erhalten ca. 1 € oder 100 ECV, Zimmermädchen 5 € oder 500 ECV pro Woche.

Umgangsformen

Auf den Kapverden geht es noch beschaulich zu. Gerade in Restaurants ist manchmal mit längeren Wartezeiten zu rechnen. Auf Banken und auf der Post wird alles akribisch genau geprüft. Es ist angebracht, darauf gelassen zu reagieren. Bei Gesprächen kommt man nicht sofort zum Punkt. Häufig wird zunächst ein längerer Smalltalk veranstaltet. Worum es eigentlich geht, wird dann ganz beiläufig erwähnt.

Wasser

Auf keinen Fall sollte man Leitungswasser trinken. Auch zum Zähneputzen empfiehlt sich Tafel- oder Mineralwasser aus Flaschen.

Zeit

MEZ minus 2 Stunden, während unserer Sommerzeit minus 3 Stunden.

Panorama – Daten, Essays, Hintergründe

Sprung ins kühle Nass am Strand von Santa Maria, Insel Sal

Steckbrief Kapverdische Inseln

Lage und Fläche: Kap Verde liegt bei 15 bis 17° Nord und 23 bis 25° West vor der Küste Senegals. Boa Vista, die östlichste Insel, ist ungefähr 600 km von Dakar entfernt. Von den Kanarischen Inseln trennen die Kapverden etwa 1500 km. Die Landfläche des Archipels beträgt 4033 km^2. Von den neun bewohnten Inseln ist Santiago mit 991 km^2 die größte. Es folgen Santo Antão (779 km^2), Boa Vista (620 km^2), Fogo (476 km^2), São Nicolau (338 km^2), Maio (269 km^2), São Vicente (227 km^2), Sal (216 km^2) und Brava (64 km^2). Außerdem gibt es noch die unbewohnten Inseln Santa Luzia (37 km^2), Branco, Raso und Ilhéus do Rombo.
Hauptstadt: Praia (Santiago) mit rund 130 000 Einwohnern
Einwohner: Rund 500 000, davon etwa 280 000 auf der Hauptinsel Santiago. Es folgen São Vicente (76 000), Santo Antão (45 000), Fogo (37 000), Sal (26 000), São Nicolau (13 000), Boa Vista (10 000), Maio (7000), Brava (6000).
Sprache: Amtssprache ist Portugiesisch, als Verkehrssprache ist Kriolu üblich.
Landesflagge: Die Grundfarbe der Flagge von Kap Verde ist blau, das für die Weite von Himmel und Meer steht. Ein weiß-rot-weißer Querstreifen symbolisiert den Weg zur Unabhängigkeit: Weiß bedeutet Frieden, Rot die Hoffnung. Zehn Sterne, für die neun bewohnten Inseln und Santa Luzia, bilden über dem Streifen einen Kreis.

Geografie und Natur

Mit 2829 m ist der Pico do Fogo die höchste Erhebung von Kap Verde. Santiago, Fogo, Brava, Santo Antão und São Nicolau sind gebirgig und stark zerklüftet, die übrigen Inseln eher flach mit langen, goldgelben Sandstränden.

Die Kapverdischen Inseln sind vulkanischen Ursprungs. In den Küstenebenen wächst eine schüttere Akaziensavanne. Eine Strauchvegetation, der Federbusch, gedeiht in den etwas feuchteren Gebirgszonen. Die Fauna setzt sich vorwiegend aus Vögeln und Eidechsen zusammen.

Größtes Umweltproblem der Kapverden ist die Erosion, die auch die Wasserknappheit mit verschuldet. Ursachen sind die jahrhundertelange Abholzung und die Überweidung. Zahlreiche Programme haben den Erhalt bzw. die Wiederherstellung der natürlichen Vegetationsdecke zum Ziel. Große Aufforstungsprojekte und Programme zum Erhalt der natürlichen Vegetation sorgen jetzt für einen besseren Wasserhaushalt der Inseln.

Geschichte

Cabo Verde, Grünes Kap, nannten die portugiesischen Seefahrer die Landspitze bei Dakar, weil sie dort nach langer Fahrt entlang der Saharaküste wieder auf üppige Vegetation trafen. Der Name wurde auf die davor liegenden Ilhas do Cabo Verde übertragen, obwohl diese niemals wirklich grün waren. Ab 1461 nahm Portugal die damals unbewohnten Kapverdischen Inseln in Besitz. In der Folgezeit wurden zahlreiche Sklaven aus Westafrika auf den Archipel geholt. Santiago war im 16./17. Jh. Drehscheibe des internationalen Sklavenhandels. 1810 geriet der Brasilienhandel unter englische Kontrolle, wodurch auch die Kapverden einen Aufschwung erlebten. Sie exportierten Salz und Kaffee. In der ersten Hälfte des 20. Jh. ging es wirtschaftlich bergab. Die Kolonialzeit neigte sich ihrem Ende entgegen.

Staat und Verwaltung

Seit 1975 ist die Republik Kap Verde (port.: Cabo Verde; kriolu: Kapu Verdi) unabhängig. Präsident und Parlament werden demokratisch gewählt. Der Archipel ist verwaltungstechnisch in 22 Landkreise *(concelhos)* unterteilt. Die Unterscheidung zwischen Barlavento (Nordinseln) und Sotavento (Südinseln) hat keine administrative Bedeutung.

Wirtschaft und Tourismus

Die meisten Beschäftigten (ca. 35 %) sind in der Landwirtschaft tätig. Deren Anteil am Bruttoinlandsprodukt (BIP) liegt bei unter 10 % – ein grober Anhaltspunkt, da auf dem Land noch viel Tauschhandel stattfindet. Mais, Bohnen, Ziegenfleisch und -käse werden für den Eigenbedarf produziert, Bananen und Zuckerrohrschnaps (*grogue*) exportiert. Der Fischfang hat handwerklichen Charakter. Exportiert werden Thunfisch und Langusten. An Industrie (22 % des BIP) sind Textil- und Schuhherstellung sowie Fischverarbeitung von einiger Bedeutung. Ein wichtiger Wirtschaftsfaktor sind die Überweisungen der im Ausland lebenden Emigranten (20 % des BIP). Rund die Hälfte des Exports macht der Verkauf von Treibstoff an ausländische Schiffe und Flugzeuge aus, vor allem auf Sal.

Der Anteil des Tourismussektors am BIP beträgt 20 %. Ca. 335 000 ausländische Urlauber besuchen pro Jahr die Inselgruppe, wobei Deutsche mit 15 % der Übernachtungen die Mehrheit bilden, gefolgt von Portugiesen und Franzosen (je ca. 9 %) sowie Italienern (6 %) und einer statistisch nicht ausgewiesenen Zahl von Briten. Die meisten Unterkünfte befinden sich auf Sal, Boa Vista und Santiago. Wandertourismus findet vor allem auf Santo Antão und Fogo statt. Das Pro-Kopf-Einkommen liegt auf den Kapverden mit etwas mehr als 3000 US-Dollar nach wie vor recht niedrig. Ein Problem stellt auch die Arbeitslosigkeit dar (offiziell 16 %, nach Schätzungen auch höher).

Bevölkerung

Die kreolische Bevölkerung hat ihre Wurzeln in Portugal wie auch in Westafrika. Heute leben zahlreiche kapverdische Emigranten in den USA oder den Niederlanden. Andererseits kommen viele Afrikaner auf der Suche nach Arbeit auf die Inseln. Mit etwa 124 Einwohnern pro km^2 sind die Kapverden mäßig dicht besiedelt. Die meisten Menschen (rund 56 % der Gesamtbevölkerung) leben auf der Hauptinsel Santiago. Während 32 % der Kapverdianer jünger als 15 Jahre sind, beträgt der Anteil der über 65-Jährigen ca. 7 %.

Religion

Etwa 77 % der Bevölkerung sind römisch-katholisch, etwa 1,7 % gehören der Freikirche der Nazarener an. Weitere 8 % verteilen sich auf andere Freikirchen und Mormonen. 1,8 % sind islamischen Glaubens und 11 % gehören keiner Religionsgemeinschaft an.

Geschichte im Überblick

Entdeckungszeit

1456 Der Venezianer Aloisio Cadamosto sichtet möglicherweise als erster Europäer die Kapverden.

1461 Prinz Heinrich der Seefahrer schickt António de Noli und Diogo Gomes los, um die Ost- und Südinseln für Portugal in Besitz zu nehmen. 1461/62 entdeckt Diogo Afonso die nördlichen Inseln.

1462 Die ersten portugiesischen Siedler lassen sich auf Santiago nieder, dessen südliche Hälfte dem Genueser António de Noli als Lehen zugesprochen wird. Er gründet dort Ribeira Grande. Diogo Gomes erhält den Norden Santiagos, der sich allerdings wenig erfolgreich entwickelt.

1466 Die ersten afrikanischen Sklaven werden als Arbeitskräfte nach Santiago und Fogo geholt.

1494 Spanien und Portugal teilen die Welt im Vertrag von Tordesillas unter sich auf. Die Grenze verläuft in Nord-Süd-Richtung durch den Atlantik. Das erst 1498 von Kolumbus entdeckte Brasilien ragt so weit nach Osten, dass es Portugal zufällt. Von jetzt an sind die Kapverden eine wichtige Versorgungsstation auf dem Weg nach Südamerika.

Drehscheibe des Sklavenhandels

1533 Ribeira Grande erhält vom portugiesischen König den mit zahlreichen Privilegien verbundenen Titel Cidade. Zehntausende von Sklaven werden von hier aus nach Portugal, Spanien und Südamerika verschifft.

1585 Der englische Korsar Francis Drake überfällt Ribeira Grande; Stadt und Kathedrale werden geplündert. Um bei künftigen Angriffen besser gerüstet zu sein, wird eine gewaltige Festung errichtet.

Archipel im Abseits

1640 Portugal befreit sich von der spanischen Herrschaft und gewinnt den folgenden Unabhängigkeitskrieg mit englischer Unterstützung. Im Gegenzug muss Lissabon wiederholt Zugeständnisse an England machen. So werden 1642 englischen Händlern vertraglich die gleichen Rechte in den portugiesischen Überseebesitzungen zugestanden.

1645 Ribeira Grande verliert das königliche Monopol auf den Handel mit Westafrika, der Sklavenmarkt auf Santiago wird geschlossen.

1687 Per königlichem Dekret dürfen keine Baumwollstoffe (*panos*) an Ausländer verkauft werden. Ein schwunghafter illegaler Handel mit englischen und französischen Sklaveneinkäufern setzt in Praia ein.

1693 Einweihung der Kathedrale von Ribeira Grande.

1712 Im Verlauf des Spanischen Erbfolgekriegs, in den Portugal verwickelt ist, rauben französische Truppen Ribeira Grande aus.

1754 Bischof Pedro Valente, dem das Verhalten der Priesterschaft in der Hauptstadt grundlegend missfällt, gibt die Kathedrale in Ribeira Grande endgültig auf. Er verlegt seinen Sitz nach Santo Antão.

1757 Minister Pombal, der die Regierungsgeschäfte in Lissabon mit harter Hand führt und zahlreiche Reformen durchsetzt, überträgt das Monopol auf den Außenhandel der Kapverden an die Companhia do Pará e Maranhão, um privates Kapital anzuziehen.

1769 Der Gouverneur der Kapverden verlegt seinen Sitz von Ribeira Grande nach Praia. In der Folgezeit übersiedeln weitere öffentliche Institutionen und viele Privatleute ebenfalls in die aufstrebende Handelsstadt.

1773–1776 Fast die Hälfte der Inselbevölkerung stirbt während einer anhaltenden Dürre. Hungerkatastrophen treten von nun an regelmäßig im Abstand von wenigen Jahrzehnten auf.

Aufschwung und Blütezeit

1780 Die Monopolgesellschaften werden wieder aufgelöst, der Handel mit den Kolonien völlig freigegeben.

1790 Auf São Nicolau werden die ersten, aus Brasilien importierten Kaffeesträucher gepflanzt.

1794 Die Besiedelung des bis dahin unbewohnten São Vicente setzt ein.

1808 Gouverneur António de Lencastre nimmt eine grundlegende Neustrukturierung von Praia in Angriff, das sich inzwischen zur bedeutendsten Stadt der Kapverden entwickelt hat.

1810 Während der Napoleonischen Kriege lässt sich Großbritannien vertraglich das Vorrecht auf den Handel mit Portugal und Brasilien einräumen. Unter weitgehend englischer Kontrolle erleben die Inseln einen unverhofften wirtschaftlichen Aufschwung.

1830 Die Salzproduktion auf der bis dahin unbesiedelten Insel Sal wird aufgenommen. Gleichzeitig beginnt der Export von Kaffee nach Lissabon. Mitte des 19. Jh. hat sich der kapverdische Kaffee bereits einen festen Platz auf dem portugiesischen Markt erobert.

1838	Die Engländer beginnen mit dem Ausbau von Mindelo als Versorgungsstation für Schiffe auf dem Weg von und nach Brasilien.
1854	Portugal verbietet den Handel mit Sklaven.
1858	Praia wird zur neuen Hauptstadt des Archipels erklärt.
1866	Auf São Nicolau wird ein Priesterseminar eingerichtet, das sich rasch zum geistigen Zentrum der Kapverden entwickelt.
1876	Die private Sklavenhaltung wird endgültig abgeschafft; die freigelassenen Sklaven bleiben aber noch zwei Jahre unter ›Aufsicht‹.

Ende der Kolonialzeit

um 1900	Die Weltmarktpreise für Kaffee sinken dramatisch. In den folgenden Jahrzehnten bricht die Produktion auf den Kapverden ein. Auch mit dem Hafen von Mindelo geht es bergab, da sich zunehmend die Konkurrenz von Las Palmas und Dakar bemerkbar macht.
1926	In Lissabon ergreifen die Streitkräfte die Macht. António de Oliveira Salazar wird Finanzminister.
1932	Salazar wird Premierminister und errichtet in Portugal eine diktatorische Herrschaft.
1949	Aus einem Militärflugplatz auf der Insel Sal wird der erste internationale Flughafen der Kapverden. Während der Zeit des Apartheidregimes dürfen hier in Abstimmung mit der Organisation für Afrikanische Einheit südafrikanische Flugzeuge zwischenlanden, denen der Überflug des Kontinents verboten ist. In Tarrafal auf der Insel Santiago wird ein Konzentrationslager für politische Gegner des Salazar-Regimes eingerichtet.
1951	Der Kolonialstatus der Kapverden ist offiziell beendet. Die Inseln sind nun eine Überseeprovinz Portugals.
1956	In Guinea-Bissau wird die PAIGC (Afrikanische Partei für die Unabhängigkeit Guineas und der Kapverden) gegründet mit dem Ziel, die beiden Territorien zu einem unabhängigen Land zu vereinen.
1961	Die Kapverdianer erhalten die vollen portugiesischen Bürgerrechte.
1963	Funktionäre der PAIGC treffen sich heimlich in Dakar, um die Ausweitung des Kolonialkriegs gegen Portugal auf die Kapverden zu be-

schließen. Es kommt jedoch nicht zu einer Verwirklichung dieses Plans.

1973 Amílcar Cabral, charismatischer Führer der PAIGC, wird ermordet.

1974 Mit der Nelkenrevolution endet die Diktatur in Portugal. Es beginnen Verhandlungen zwischen Lissabon und der PAIGC, die eine Unabhängigkeit der Kapverden zum Ziel haben. Zum Ende des Jahres nimmt eine Übergangsregierung in Praia ihre Arbeit auf.

1975 Am 30. Juni finden die ersten Parlamentswahlen statt. Das Parlament erklärt umgehend die Unabhängigkeit der Republik Cabo Verde.

Seit der Unabhängigkeit

1976 Die PAIGC verstaatlicht die Bank, den internationalen Flughafen auf Sal, die nationale Fluggesellschaft, Schifffahrtslinien und Häfen.

1980 Cabo Verde erhält seine erste Verfassung, die PAIGC wird darin als Einheitspartei benannt. In Guinea-Bissau kommt es zum Staatsstreich gegen die dort ebenfalls regierende PAIGC. Der kapverdische Zweig der Partei spaltet sich unter dem neuen Namen PAICV ab.

1990/91 Die sozialistische PAICV gibt 1990 ihren Status der Einheitspartei auf. Im selben Jahr formiert sich die MPD (Bewegung für die Demokratie), die 1991 die ersten freien Wahlen auf Cabo Verde für sich entscheidet.

1995 Der Vulkan Pico auf Fogo bricht am 2. April aus, erst Ende des Monats lässt die Aktivität nach. 1300 Menschen werden obdachlos.

2004 Laut UNO steigen die Kapverden aus der Gruppe der ärmsten Entwicklungsländer in die mittlere Einkommenskategorie auf. Heute stehen sie im afrikanischen Vergleich mit an der Spitze.

2009 Die UNESCO erkennt Cidade Velha (Santiago) als Welterbe an.

2011 Am 17. Dezember stirbt Cesária Évora.

2014/2015 Um die Jahreswende ereignen sich auf Fogo wiederum heftige vulkanische Eruptionen. Große Teile der zentralen Caldeira werden von Lavamassen überflutet.

2015 Ende August sucht Hurrikan »Fred« die Kapverden heim. Auf Sal wird der berühmte Fischersteg halb vom Meer verschluckt.

2016 Bei den Parlamentswahlen im März erringt die MPD die absolute Mehrheit.

Und immer scheint die Sonne – Tourismus auf den Kapverden

Die Regierung von Kap Verde sieht im Tourismus das wichtigste wirtschaftliche Standbein der Zukunft. Im Trend liegt der Bau von Resorts, in die sich Leute mit dem nötigen Kleingeld einkaufen können.

Die mit Abstand wichtigsten Ferieninseln sind Sal und Boa Vista mit ihren langen Sandstränden, die für Surfer paradiesische Bedingungen bieten. Auch Taucher kommen angesichts einer tropischen Unterwasserfauna voll auf ihre Kosten. Für das kleinere Maio, ebenfalls eine Strandinsel, ist seit Längerem eine touristische Erschließung im Gespräch. Passiert ist allerdings bisher wenig.

Touristen in Zahlen

Rund 380 000 Urlauber wurden 2014 auf der Inselgruppe registriert, davon etwa 92 % Ausländer (bei der Zahl der Übernachtungen sogar 96 %). Durch den Tourismus werden 20 % des BIP erwirtschaftet, mit steigender Tendenz. Den Löwenanteil der Inselbesucher stellen mit 15 % der Übernachtungen die Deutschen, gefolgt von Portugiesen (9,3 %), Franzosen (8,4 %) und Italienern (5,8 %). Während die Zahl der italienischen Touristen seit Jahren rückläufig ist, scheinen die Briten die Inselgruppe immer mehr zu entdecken. Sie werden statistisch allerdings nach wie vor nicht gesondert erfasst. Sie ›verstecken‹ sich in den 19 % Übernachtungsgästen aus anderen Ländern.

Floridarisierung der Kapverden?

Touristen, die in Hotels absteigen, sollten nach dem Willen von Investoren und Behörden gegenüber den

sogenannten ›Residenten‹ (dauerhaft oder mehrere Monate im Jahr auf den Kapverden lebende Langzeittouristen) bald in der Minderheit sein. Eine Lebensstilgemeinschaft aus rüstigen Ruheständlern, allen voran Briten, sollte die Inseln erobern, ähnlich wie es – auf amerikanische Verhältnisse übertragen – in Florida geschehen war.

Sozialwissenschaftler sprachen in diesem Zusammenhang bereits von ›Floridarisierung‹. Auf Sal etwa entstand bei Santa Maria das Vila Verde Resort: eine Ferienanlage der Superlative mit über 3000 Gästebetten, die an eine Kolonialstadt aus alten Zeiten erinnern soll. Umweltfreundlich soll alles sein: Die Stromversorgung erfolgt durch Solarenergie, und die Bewohner sollen lieber die Fußwege benutzen, als mit dem Auto durch die 15 ha große Anlage zu fahren. Zwei Drittel der Fläche sind außerdem für Grünanlagen mit einheimischem Pflanzen reserviert. Wie sich herausstellte, ist der Boom mit derartigen Resorts aber vorerst vorbei. Viele Wohnungen blieben ohne Käufer. So wird ein Teil der gewaltigen Anlage jetzt als Vier-Sterne-Hotel betrieben. Der Bau weiterer, ähnlicher Feriensiedlungen kam ins Stocken.

Den 1,6 Mio. Übernachtungen von Touristen pro Jahr (im Schnitt 4400 pro Tag) stehen ca. 26 000 feste Inselbewohner gegenuber – übrigens auch mit steigender Tendenz, denn Sal wirkt innerhalb der Kapverden und in den benachbarten Ländern des afrikanischen Kontinents wegen der hier entstehenden Arbeitsplätze wie ein Magnet. Auf der mit 216 km² nicht allzu großen Insel tummeln sich also, Einheimische und Touristen zusammengezählt, stets rund 140 Menschen pro Quadratkilometer. Diese Zahl klingt zwar zunächst nicht gewaltig,

Anfänge des Kapverden-Tourismus

Vor den Touristen kamen die Crews der Fluggesellschaften. In der Zeit des Apartheidregimes durfte die South African Airways (SAA) den afrikanischen Kontinent nicht überfliegen. Man behalf sich mit Großraumflugzeugen des Typs Boeing 747, die nur einen Zwischenstopp auf dem Weg nach Europa benötigten; den legte man auf Sal ein. Die portugiesische Kolonialregierung und – nach der Unabhängigkeit – der Staat Kap Verde erteilten die Genehmigung dazu gerne, gegen harte Devisen. Die Crews übernachteten im Hotel Morabeza in Santa Maria, das Anfang der 1970er-Jahre gebaut wurde und in dem die SAA ständig 40 Zimmer reserviert hielt. 1986 kam das Novotel (heute Belorizonte) hinzu. Auch hier stiegen zunächst vorwiegend Airline-Crews ab, z. B. aus dem damals mitten im Bürgerkrieg befindlichen Angola oder aus Kuba, das die dortige marxistische Partei MPLA unterstützte. Die sowjetische Aeroflot betrieb ab 1989 in Santa Maria gar ein eigenes Hotel (heute Sab Sab). Mit dem Ende des Kalten Krieges ließ das Interesse der Sowjetunion und Kubas am Flughafen auf Sal schlagartig nach. Ab 1990, als der erste Schritt zur Aufhebung der Apartheid eingeleitet war, durfte die SAA wieder direkt über Afrika fliegen. Damit ging die Ära des ›Crew-Tourismus‹ zu Ende. Italienische Reiseveranstalter begannen die Insel Sal zu entdecken. Ihnen folgten andere Nationalitäten.

doch ist zu bedenken, dass Sal fast ausschließlich wüstenhafte Landschaften aufweist und praktisch sämtliche Lebensmittel und anderen Güter des alltäglichen Bedarfs importiert werden müssen. Eine ähnliche Entwicklung machte in den letzten Jahren auch Boa Vista durch.

Startschuss zur Erschließung

Die Zeiten, in denen es auf Boa Vista noch ruhig zuging, sind inzwischen vorbei. 2007 wurde der internationale Flughafen eröffnet und die insgesamt rund 50 km langen Sandstrände haben Investoren angelockt. Das Großhotel Riu Karamboa verfügt über fast 2000 Betten. Ein weiteres – das Riu Touareg mit knapp 900 Zimmern – wurde im Süden der Insel an der Praia Lacaçao eröffnet. Innerhalb weniger Jahre hat sich die Einwohnerzahl der Insel mehr als verdoppelt. Innerhalb der nächsten 20 Jahre hoffen die Verantwortlichen auf einen Ausbau von derzeit ca. 5000 auf 30 000 Betten. Schon jetzt werden rund 1,5 Millionen Übernachtungen pro Jahr registriert, womit Boa Vista mit Sal praktisch gleichgezogen hat.

Speziell auf Maio rechnet man offenbar vorwiegend mit zahlungskräftigen Langzeiturlaubern, die sich als Zweitwohnsitz ein Ferienapartment oder einen Bungalow auf der Insel leisten. Hotels dürfen nicht mehr als 20 Zimmer haben, und insgesamt sollen ›nur‹ 6500 Betten genehmigt werden. Dennoch eine beträchtliche Zahl für eine Insel, auf der bislang 7000 Menschen leben. Bisher können auf Maio allerdings nur etwa 200 Touristen untergebracht werden, die Entwicklung stagniert seit Jahren.

Languste, Wal und Tropenfisch – was sich im Meer so tummelt

Schnorchler und Taucher kommen rund um die Kapverden voll auf ihre Kosten. Die Meeresfauna gestaltet sich hier besonders vielfältig.

Die Artenzusammensetzung ist tropischer als auf gleicher geografischer Breite am afrikanischen Festland. An der Westküste Afrikas kommt es im Winter zu einer aufwärts gerichteten Strömung, die kaltes Wasser an die Oberfläche spült. Dort kann die Wassertemperatur dann um bis zu 10 °C sinken. Die Kapverdischen Inseln liegen jedoch schon so weit im Westen, dass die winterlichen Umwälzungen an der Küste keine Rolle mehr spielen. Der eigentlich kühles Wasser aus Norden bringende Kanarenstrom ist bei Kap Verde schon reichlich erwärmt. Zudem liegt der Archipel im Einflussbereich des beginnenden, warmen Äquatorialstroms. Ausgesprochene Korallenriffe gibt es zwar nicht, dafür sind die Gewässer nicht warm genug. Doch überziehen kleinere, von Krustenanemonen durchsetzte Korallenkolonien die Felswände. In ihrer Einzigartigkeit haben sie für Meeresbiologen sogar im weltweiten Kontext Bedeutung.

Farbenfrohe Tropenfische

Wer den Blick unter Wasser richtet, ob mit Tauchgerät, Schnorchel oder an Bord eines Glasbodenboots, bekommt eine bunte Fischwelt zu sehen. Grüngelb schimmert der Westafrikanische

Im Meer um die Kapverden sind verschiedenste Fischarten heimisch

Frischen Fisch direkt vom Boot gibt es in der Bucht von Tarrafal, Santiago

Kaiserfisch. Die verschiedensten Rot- und Violetttöne weist der Papageienfisch auf. Gelb-schwarz zeigen sich die Falterfische. Zahlreich sind auch Riffbarsche vertreten. Eine endemische (nur bei den Inseln vorkommende) Art ist der Kapverden-Riffbarsch. Als Jungfisch gelb mit blauer Rückenflosse wird er im Erwachsenenalter schwarz und bekommt eine weiße Schwanzflosse.

Die Großen im Meer

Ein beliebter Speisefisch auf den Kapverden ist der Thunfisch, den die einheimischen Fischer noch mit handwerklichen Methoden aus dem Wasser holen. Mit ihren kleinen, offenen Booten, die nur zwischen 4 und 8 m lang sind, ›ernten‹ sie die Küstengewässer ab. Rund 1400 solcher Boote zählt die Fangflotte der Kapverden. Auf mehreren Inseln wird Thunfisch in Konserven eingedost und hat als eines der wenigen Exportprodukte des Landes einige Bedeutung.

Thunfisch gibt es in den verschiedensten Arten und Größen. Vergleichsweise bescheidene Ausmaße haben der Unechte Bonito und der Weiße Thunfisch mit maximal 1 m Länge und 30 kg Gewicht. Besonders auffällig ist der Gelbflossenthun mit der gelben Färbung seiner Flossen. Der Rote Thunfisch schließlich kann bis zu 3 m Länge und ein Gewicht von 200 bis 300 kg erreichen.

Mit solchen Dimensionen sind die Thune auch für Hochseeangler interessant. Einen besonderen Reiz stellt für sie aber der Blaue Marlin dar. Dieser schnelle und wehrhafte Fisch kann über 4 m lang werden und über 700 kg wiegen. Die schwersten auf den Kapverden gefangenen Exemplare wogen um 500 kg. Hochsaison für den Blauen Marlin ist März bis Oktober. Einige mit ihm verwandte Speerfischarten sind ebenfalls rund um den Archipel herum heimisch, außerdem verschiedene Haiarten wie Tiger-, Hammer- und Riffhai. Die Haie kommen jedoch nur selten in die Nähe der Küsten. Ob der Hochseeangelsport, auch unter der Bezeichnung Big Game Fishing bekannt, zur Dezimierung der genannten Arten beiträgt, ist umstritten. Jedenfalls steigen immer mehr Hochseeangler auf die ›sanfte‹ Art des Fischens um, indem sie die Tiere lediglich fangen, fotografieren und dann wieder freilassen.

Langusten – begehrte Delikatessen

In untermeerischen Felsspalten in Küstennähe leben Langusten, auch Stachelhummer genannt. Sie gehören zur Familie der Krebstiere, haben aber keine Scheren. Echte Hummer gibt es bei den Kapverden nicht. Nach einer erheblichen Erhöhung der Fangquoten in den 1990er-Jahren gelten die Bestände heute als dezimiert. Daher musste bereits eine sommerliche Schonzeit für Langusten eingerichtet werden (Juli bis September). Dennoch wird kräftig weiter exportiert. In Palmeira auf der Insel Sal werden die Langusten bis zum Ausfliegen nach Portugal, Spanien oder Frankreich in Sammelbecken gehalten. Auch auf den Inseln steht die begehrte Delikatesse häufig auf den Speisekarten und ist aus touristischer Sicht gar nicht einmal teuer, wenn auch für Einheimische mittlerweile unerschwinglich. Unterschieden wird zwischen der in größeren Tiefen lebenden *lagosta rosa* (Rosa Languste), die in Fallen gefangen wird, und der im Flachwasser heimischen *lagosta verde* (Grüne Languste). Letztere holen Taucher per Hand aus dem Wasser. Höhere Preise erzielt jedoch die Rosa Languste.

Whale-Watching im Trend

Im 19. Jh. und bis ins 20. Jh. hinein waren die Kapverden ein ertragreiches Fanggebiet für Buckelwale. Viele Walfänger kamen damals aus Nordamerika und verweilten monatelang in den Gewässern des Archipels. Sie trafen regelmäßig Hunderte dieser Tiere an. Buckelwale kommen in den Wintermonaten von ihren sommerlichen Nahrungsgründen in der Arktis zu den Kapverdischen Inseln um sich zu paaren. Heute sind sie weitaus seltener, aber durchaus wieder zu beobachten – auf Sal etwa von Januar bis Mai in der Bucht von Murdeira. Noch größer ist die Chance, Buckelwale zu Gesicht zu bekommen, bei Boa Vista. Insgesamt zählten die Biologen 16 Arten von Walen und den sehr viel häufigeren Delfinen, die regelmäßig an den Inseln vorbeiziehen. Von der Küste aus sind Delfine wie Wale allerdings recht selten auszumachen, man muss dazu schon aufs Meer hinausfahren.

Tauchbasen
Auf den Inseln Sal (Santa Maria), Boa Vista (Sal Rei, Praia Lacação), São Vicente (Mindelo) und Santiago (Tarrafal) gibt es Tauchbasen, viele davon sind deutschsprachig. Adressen und weitere Informationen finden Sie bei den jeweiligen Ortsbeschreibungen.

Nicht in die Suppe! Meeresschildkröten in Gefahr

Tausende von Meeresschildkröten bevölkern die Gewässer der Kapverden. Wegen ihres Fleisches, des Schildpatts und des Leders sind sie immer noch gefährdet. Doch die Schutzmaßnahmen beginnen zu greifen.

Fünf Arten von Meeresschildkröten gibt es bei den Kapverdischen Inseln: Die Echte sowie die Unechte Karettschildkröte, die Lederschildkröte, die Suppenschildkröte und die Bastardschildkröte. Nur die Weibchen kommen zur Eiablage Ende Mai bis Ende September an Land. Ansonsten leben die Tiere in den Weiten des Atlantiks. Die Gesamtpopulation bei den Kapverden schätzen Meeresbiologen auf über 3000, womit sie die zweitgrößte weltweit nach Florida wäre. Die Schildkröten bevorzugen die östlichen Inseln Sal, Boa Vista und Maio, wo es noch Sandstrände gibt, die kaum oder gar nicht erschlossen sind. Zwei Drittel der Tiere legen ihre Eier an den ruhigen Stränden von Boa Vista ab.

Unechte Karettschildkröte

Häufigste Schildkrötenart auf Cabo Verde ist die Unechte Karettschildkröte. Die anderen Arten suchen die Inseln nur in sehr geringer Zahl auf. Im Durchschnitt wird die Unechte Karettschildkröte 1,50 m lang und wiegt 150 kg. Ihr Panzer ist schwach gewölbt, an der Oberseite braun und unten gelblich. Nach der Befruchtung, die im offenen

Die Unechte Karettschildkröte ist die häufigste Schildkrötenart auf den Kapverden

Meer stattfindet, legen die weiblichen Tiere ihre Eier (40 bis 190 Stück je von der Größe eines Golfballs) am Strand ihrer Geburt ab. Zu diesem Zweck graben sie etwa 60 cm tiefe Sandgruben oberhalb der Gezeitenzone, was rund zwei Stunden in Anspruch nimmt. Dann kehren sie ins Wasser zurück, ohne jemals zu erfahren, was aus ihrem Nachwuchs wird.

Für diesen beginnt jetzt eine gefährliche Zeit. Viele Gelege werden unabsichtlich zerstört. Dringend bitten daher Naturschützer und Behörden, während der Fortpflanzungssaison (s. o.) nicht mit Jeeps oder Quads über Strände zu fahren. Ist das Nest unversehrt geblieben, schlüpfen daraus nach 48 bis 60 Tagen – ebenfalls nachts – Dutzende von Jungtieren. Sofort streben sie hektisch zum Meer, wobei sie sich am Glitzern der Sterne und des Mondes auf dem Wasser orientieren. Lichter einer Stadt im Landesinneren können die jungen Schildkröten so verwirren, dass sie in die falsche Richtung laufen. Aber auch wenn sie das Meer erreichen, lauern noch viele Gefahren auf die heranwachsenden Tiere. Nur eine von 1000 Unechten Karettschildkröten, so wird geschätzt, gelangt zur Geschlechtsreife, die mit 15 bis 30 Jahren eintritt.

Weitere Arten

Die Echte Karettschildkröte ist viel kleiner und leichter als die Unechte. Sie wird im Durchschnitt nur 50 cm lang. Ihr Panzer liefert das echte Schildpatt, eine durchsichtige, sehr gut zu bearbeitende Hornmasse, deren Verwendung allerdings heute international geächtet ist. So wurde jegliche Einfuhr von Schildpattprodukten (wie auch von Schildkrötenleder, -fleisch usw.) in die EU-Länder und die Schweiz verboten. Auch Kap Verde hat ein entsprechendes Gesetz erlassen und internationale Abkommen zum Schutz der Meeresschildkröten unterzeichnet.

Am größten von allen Meeresschildkröten wird die Lederschildkröte. Sie erreicht über 2 m Panzerlänge und mehr als 500 kg Gewicht. Ihre Nahrung besteht aus Fischen, Krebsen, Weichtieren, aber auch Algen. 80 bis 100 Eier legen die Weibchen in Sandgruben.

Ebenfalls recht groß wird die Suppenschildkröte. Mit ihrem Gewicht von rund 200 kg ist sie außerhalb des Wassers ziemlich unbeholfen und hat Schwierigkeiten zu atmen. Werden die Tiere an Land gehalten, sterben sie meist an Erschöpfung.

Die kleinste Meeresschildkröte ist die Bastardschildkröte. Sie kann leicht mit der Unechten Karettschildkröte verwechselt werden. Ihr Panzer ist jedoch olivfarben.

Geschichte der Jagd

Schon im 15. Jh. begann die Jagd auf Schildkröten bei den Kapverden. Damals galt ihr Fleisch als Heilmittel gegen Lepra. Später ging es dann mehr um Luxusgüter wie Kämme, Schnallen aus Schildpatt oder Lederwaren. Als Delikatesse werden in einschlägigen Kreisen immer noch die Eier der Suppenschildkröte gehandelt. Andererseits jagen ärmere Kapverdianer vereinzelt bis heute Schildkröten, um mit dem Fleisch ihre Familien zu ernähren. Die Tiere sind für die Fänger eine leichte Beute. Im Sommer, bei ruhiger See, nehmen sie gern an der Wasseroberfläche ein Sonnenbad. Dann braucht man sie einfach nur ›einzusammeln‹.

Der Schutz hat Zukunft

Heute ist bekannt, dass die kleine, sehr abgelegene Praia de Ervatão im Südosten von Boa Vista der mit Abstand wichtigste Eiablageplatz für die Unechte Karettschildkröte ist. Auch auf Sal gibt es bedeutende Brutplätze, allen voran die Baía do Algodoeiro und die Ponta Preta. Die Strände von Santa Maria, früher ebenfalls sehr wichtig für die Fortpflanzung der Art, suchen die Schildkröten hingegen nicht mehr auf, seit dort der Tourismus für nächtliche Beleuchtung und Unruhe sorgt.

Seit Jahren bemüht sich die Gruppe Natura 2000 (www.caboverdenatura2000.com) in Zusammenarbeit mit der Universität Las Palmas (Gran Canaria) um den Schutz der Praia de Ervatão und anderer noch ungestörter Strände, bildet einheimische Wissenschaftler zu Schildkrötenspezialisten aus und erforscht allgemein das Vorkommen und Verhalten von Meeresschildkröten bei den Kapverden. Einige Tiere wurden mit Miniaturfunkgeräten markiert, die via Satellit geortet werden können, um die Wanderungen nachzuvollziehen, die jedes einzelne Individuum im Laufe seines Lebens rund um den Atlantik vollziehen kann, bevor es zur Fortpflanzung zu den Inseln zurückkehrt.

Empfohlener Verhaltenskodex beim Turtle-Watching

So wenig Geräusche wie möglich machen, langsam bewegen.
Keinen Tieren nähern, die ihre Eier noch nicht abgelegt haben.
Ansonsten nur von hinten nähern, dabei nah am Boden bleiben.
Sofort entfernen, wenn das Tier Anzeichen von Stress zeigt.
Taschenlampe möglichst wenig gebrauchen, niemals einer Schildkröte direkt ins Gesicht leuchten.
Nicht mit Blitzlicht fotografieren, auch nicht die Nester, die sehr lichtempfindlich sind.
Niemals Schildkröten, Eier oder Nester anfassen.
Die Beobachtungsdauer sollte auf 30 Minuten begrenzt bleiben.

Turtle-Watching

Um den Meeresschildkröten ein weitgehend ungestörtes Dasein zu ermöglichen und zugleich den Tourismus auf Cabo Verde zu fördern, arbeitet Natura 2000 seit dem Jahr 2006 eng mit dem WWF (World Wide Fund for Nature) zusammen. Gemeinsam konnte ein ökotouristisches Programm entwickelt werden, das die Beobachtung von Schildkröten (engl. *turtle*) einschließt. Als entscheidend gilt dabei die Einbeziehung der Bevölkerung vor Ort. Wenn durch Turtle-Watching Arbeitsplätze entstehen, darauf setzt Natura 2000, werden sich die Einheimischen auch für den Schutz der Tiere und den Erhalt ihres Lebensraums engagieren. Immer mehr junge Leute aus Boa Vista erklären sich freiwillig dazu bereit, bei der Rettung von frisch geschlüpften Schildkröten zu helfen, die den Weg ins Meer nicht alleine finden oder deren Nester die Flut zu zerstören droht. Einige von ihnen finden schon jetzt ihr Auskommen dadurch, Touristen zu den Eiablagestätten zu begleiten. Tickets für nächtliche Exkursionen mit qualifizierter Führung gibt es in Hotels und autorisierten Reisebüros (ca. 25 €). Um unkontrolliertes Turtle-Watching zu verhindern, lassen die Gemeinden die Strände überwachen.

Immer wieder Mais – Spezialitäten der Kapverden

Mais ist Nahrungsmittel Nr. 1 auf den Kapverden. Vor allem auf Santiago werden Täler und Hänge von der Küste bis in die Berge mit Mais bestellt, er scheint geradezu überall zu gedeihen.

Aktivitäten im Zusammenhang mit dem Anbau von Mais und seiner Zubereitung charakterisieren das kreolische Lebensgefühl: Kinder vertreiben gefräßige Vögel mit der Schleuder, Bauern brechen mit der Hacke den Boden zur Aussaat auf, Frauen singen bei der Zubereitung der Cachupa, dem kapverdischen Nationalgericht. Mais ist bei jeder Mahlzeit dabei, vom Frühstück bis zum Abendessen.

Kein Reis, kein Weizen

Vergeblich hatten die Portugiesen versucht, auf Santiago Weizen und Reis heimisch zu machen. Diese Getreide kommen hier nicht zur Reife, denn die wenigen, aber heftigen Niederschläge fallen zur falschen Jahreszeit, nämlich im Sommer. Im Winter und Frühjahr, zur Zeit der Aussaat, ist es zu trocken. Erst durch den Mais konnte man den Archipel zu einem Produktionsgebiet für Nahrungsmittel machen, um die portugiesischen Entdeckungsfahrer und Handelsstützpunkte in Afrika zu versorgen. Später exportierten die Kapverden im großen Stil Mais auf die Insel Madeira.

Zutaten für das kapverdische Nationalgericht: die Cachupa

Aus der Neuen Welt

Als die Kapverden entdeckt wurden, war Mais in Europa noch unbekannt. Er ist in der Neuen Welt heimisch und wurde dort von den Indianern seit langer Zeit kultiviert. Kolumbus fand ihn schon bei seiner ersten Reise in Zentralamerika vor. In der Biografie des Entdeckers heißt es, am 5. November 1492 habe man ausgedehnte Plantagen »einer Art Weizen« gesehen, *mahiz* genannt. Rasch begann der Siegeszug des ertragreichen Getreides in Europa. Schon 1498 wurde Mais in Kastilien angebaut, von dort gelangte er vermutlich sehr bald auf die Kapverden. Heute können sich die Kapverden nicht einmal mehr selbst mit Mais versorgen. Selbst in regenreichen Jahren muss ein Großteil importiert werden. Ursachen dafür sind eine Verteuerung der Arbeitskraft gegenüber früheren, ausbeuterischen Zeiten und ein gewaltiger Anstieg der Bevölkerungszahl. Mancher lässt seinen Acker bereits brach liegen, da er bei öffentlichen Arbeiten auf leichtere Weise genug verdienen kann, um importierten Mais nach Belieben zu kaufen.

Rezept für Cachupa
Zutaten für 4 Personen:
250 g Maisgrieß (Polenta)
1/2 l Gemüsebrühe
1 Kochbanane
250 g Süßkartoffeln
250 g Gemüse (Weißkohl, Kürbis)
250 g gekochte weiße Bohnen
250 g Fischfilet
1 Zwiebel
2 Knoblauchzehen
3 Lorbeerblätter
Olivenöl
Salz, Pfeffer, Piment

Banane, Süßkartoffeln, Weißkohl und Kürbis in mundgerechte Stücke schneiden. Zwiebel würfeln, Knoblauch in Scheiben schneiden. Beides in einer Deckelpfanne in Olivenöl andünsten, Gemüse und Lorbeerblätter hinzufügen. Kräftig mit Salz, Pfeffer und Piment würzen. Bei geschlossenem Deckel bei mittlerer Hitze dünsten. Inzwischen in einem Topf Gemüsebrühe aufkochen, Maisgrieß einstreuen, unter Rühren nochmals aufkochen lassen. Vom Herd ziehen und 15 Min. quellen lassen. Dem Gemüse nach 10 Min. die Bohnenkerne und das in Würfel geschnittene Fischfilet zufügen. Weitere 10 Min. gar ziehen lassen. Den Mais mit einer Gabel auflockern und unter die Gemüse-Fisch-Pfanne rühren.

Macht nur satt

Mais füllt zwar den Magen, hat aber einen geringen Nährwert. In Dürreperioden, wenn Mais praktisch das einzige verfügbare Nahrungsmittel war, trat auf den Kapverden immer wieder Pellagra auf, eine Vitaminmangelkrankheit, die zum Tod führen kann. In besseren Jahren waren genügend Bohnen und Ziegenmilch vorhanden. Frühzeitig lernten die Kapverdianer, den Mais in der Cachupa mit Bohnen und in den *papas de milho* (Maisbrei) mit Ziegenmilch zu kombinieren. Von der Entwicklungshilfe in Gang gesetzte Projekte sorgen heute dafür, dass genügend Gemüse angebaut, Fleisch und Eier produziert werden sowie Fisch gefangen wird, um eine ausgewogene Ernährung zu garantieren.

Knappes Nass – vom Umgang mit dem Wasser

Die Passatwolken in den Bergen von Santo Antão bringen Feuchtigkeit ins Land

Wasserknappheit stellt auf den Kapverden heute eines der größten Probleme dar. Doch Not macht erfinderisch. Traditionelle und moderne Methoden helfen bei der Wassergewinnung.

Klimatisch gesehen liegen die Inseln die größte Zeit des Jahres im Bereich der Passatwinde. Nur im Sommer, wenn der Passatgürtel weiter nach Norden wandert, gelangen sie in die tropische Zone. Dann steigen die Luftmassen auf und es kann zu heftigen Regenfällen kommen. Häufig schüttet es den gesamten Jahresniederschlag an einem oder zwei Tagen vom Himmel. Solche Mengen kann die Landschaft nur bedingt aufnehmen. Das meiste Wasser fließt direkt ins Meer und geht damit verloren.

In Netzen aufgefangen

Die Passatwinde tragen Feuchtigkeit vom Meer herbei. Beim Aufsteigen an einem Gebirgszug kühlen sich die Luftmassen ab, dadurch sinkt die Aufnahmefähigkeit für Wasser. Manchmal regnet es dann sogar. Meist kommt es jedoch in einer Höhe zwischen 600 und 1200 m nur zur Nebelbildung. Die Vegetation kämmt die Feuchtigkeit aus der Luft und führt sie dem Grundwasser zu. Der Mensch kann dabei nachhelfen, indem er dünnmaschige Netze spannt. Diese übernehmen dann die Aufgabe der Pflanzendecke und sammeln das Wasser. In der Serra Malagueta (Santiago) und auf dem Monte Verde auf São Vicente sind solche Nebelnetze im Einsatz.

Meerwasserentsalzung

Auf den niedrigen Inseln bleiben Regen und Nebel fast völlig aus. Die einzige Möglichkeit, den gewaltigen Wasserbedarf auf den Urlaubsinseln Sal und Boa Vista zu decken, sind Meerwasserentsalzungsanlagen. Das Meerwasser wird verdampft, bei neueren Anlagen mit Hilfe von Sonnenenergie. Anschließend kondensiert der nun fast salzfreie Wasserdampf. Dieser wird in einem Rohrsystem gesammelt und erneut erhitzt. Ein mehrmaliges Durchlaufen des Kreislaufes ist notwendig. Für diese Methode werden große Flächen benötigt. Beim Erhitzen mit konventioneller Technik ist der Energieverbrauch enorm hoch. Preiswerter ist die Methode der Hyperfiltration. Wassermoleküle werden dabei durch eine halb durchlässige Membran gedrückt, die keine Salzionen durchlässt.

Fossiles Wasser

Auf den höheren, gebirgigen Inseln fällt im Prinzip ausreichend Niederschlag und gelangt durch die Vegetation in den Boden. Trotzdem fehlt es meist an ergiebigen Quellen. Gute Beispiele hierfür sind Fogo, Brava und São Nicolau. Der Passatwind staut sich an den Nordostseiten der Inselberge und gibt seine Feuchtigkeit ab. Doch das Wasser verschwindet scheinbar spurlos. Ursache dafür ist der Aufbau der Gesteinsschichten. Die obersten Lagen bestehen meist aus lockeren, durchlässigen Tuffen und Lapilliablagerungen (ähnlich dem Bimsstein) mit geringer Speicherfähigkeit für Wasser. Erst in größeren Tiefen liegen feste, wasserundurchlässige Basalte. In unterirdischen Senken und fossilen Tälern sammelt sich dort das Wasser. Wo eine solche Gesteinsschicht an die

Einheimische beim Wasserholen auf São Vicente

Oberfläche tritt, entspringt eine Quelle, oft erst auf Meereshöhe.

Mit Unterstützung der französischen Entwicklungshilfe wurde 1986 auf São Nicolau ein solches fossiles Tal entdeckt und angebohrt. Es befindet sich zwischen dem Monte Gordo und dem Monte Preto in Fajã de Cima. Das Tal liegt etwa 150 m unter der Erdoberfläche begraben, bedeckt von jüngerem Vulkangestein. Ein über 2 km langer Stollen führt waagerecht unter dem Monte Preto hindurch zu den Wasserreserven. Die so entstandene künstliche Quelle liefert auch heute noch 800 Kubikmeter Wasser am Tag. Der Ausstoß kann so reguliert werden, dass das Wasserreservoir nicht leer läuft, sondern durch Niederschlag mehr oder weniger auf gleichem Niveau bleibt.

Auch auf Fogo sind mit Unterstützung der GTZ (Deutsche Gesellschaft für Technische Zusammenarbeit) mehrere solcher unterirdischen Wasserspeicher angebohrt worden. Allerdings erfordern diese Brunnen leistungsstarke Pumpen, um das Wasser an die Erdoberfläche zu bringen.

Kanäle aus der Kolonialzeit

Auf stark zerklüfteten Inseln fließt das Wasser durch steile Täler zu schnell ins Meer ab. Für die Landwirtschaft kann es daher kaum genutzt werden. Die portugiesischen Kolonialherren legten daher vor allem auf Santo Antão zahlreiche, fast eben verlaufende schmale Kanäle *(levadas)* an. Dadurch war es möglich, das Wasser von Quellen und Flüssen im Gebirge aufzufangen und gezielt auf die Felder zu leiten. Einige dieser Levadas sind heute noch erhalten und in Benutzung.

Projekt Monte Gênebra

In den 1970er-Jahren wurde mit Unterstützung der deutschen Entwicklungshilfe ein **Bewässerungsprojekt** am Monte Gênebra auf Fogo eingerichtet. Das Wasser muss aus einer Quelle, die fast in Meereshöhe entspringt, auf eine Höhe von rund 300 m hinaufgepumpt werden. Immerhin 800 Kubikmeter Wasser sind auf diese Weise pro Tag zu gewinnen. Das reichte aus, um ursprünglich 15 ha Fläche zu bewässern. Eine regelrechte Oase entstand, in der Gemüse und Obst angebaut wurden – bis dahin wegen der Wasserknappheit im Süden Fogos unmöglich. Obwohl das Wasser wegen der hohen Pumpkosten etwa viermal so teuer war wie auf Santiago, wäre kostendeckendes Wirtschaften möglich gewesen. Bürokratische Schwierigkeiten führten allerdings fast zum Scheitern des staatlichen Projekts. Zwischenzeitlich pumpten mehrere private Betriebe – Zusammenschlüsse von Frauen, die als Familienoberhäupter fungieren, weil die Männer emigriert sind – erfolgreich Wasser aus küstennahen Quellen auf ihre Felder.
In jüngerer Zeit reaktivierte das kapverdische Landwirtschaftsministerium das Projekt Monte Gênebra. Statt mit teurem Diesel wird das Wasser jetzt mit günstigem Solarstrom aus dem unterirdischen Becken gepumpt. Die 15 ha Bewässerungsfläche wurden an örtliche Landwirte und Bäuerinnen verteilt, die erfolgreich Gemüse und Obst anbauen und auf der Insel vermarkten.

Schatten der Vergangenheit – Wirtschaft und Emigration

Lange Zeit hing Kap Verde am Tropf der internationalen Entwicklungshilfe. Zahlreiche Auswanderer unterstützen bis heute ihre auf den Inseln verbliebenen Familien. Doch inzwischen können die Kapverdianer stolz auf die positiven Tendenzen in ihrem Land sein.

Die Entwicklungshilfe betrug 1999 noch knapp 24 % des Bruttoinlandsprodukts (BIP). Heute fließen deutlich weniger Gelder aus dem Ausland. Deutschland war früher zweitgrößter Geber nach Portugal, förderte z. B. die Fischerei auf mehreren Inseln und unterstützte ein Naturschutzprogramm im Bereich der Caldeira auf Fogo. Doch die deutsche Entwicklungshilfe für Kap Verde lief 2007 aus. Denn seit 2004 wird Kap Verde von der UNO nicht mehr zu den ärmsten Ländern der Welt gezählt. Vielmehr machte es in den letzten Jahren einen erstaunlichen Sprung nach vorn, steht heute mit an der Spitze der aufstrebenden Länder Afrikas. Nach wie vor gibt es allerdings private Hilfsprojekte sowie neuerdings auch Strukturhilfen aus der VR China, die einen 2014 eingeweihten Staudamm auf Santiago finanzierte.

Auswanderungswellen

Bis heute sind die zahlreichen Emigranten ein bedeutender Wirtschaftsfaktor. Hungersnöte und die schlechte

Die Holzkohleproduktion auf den Kapverden gefährdet nicht mehr den Baumbestand

Versorgungslage sowie der kaum vorhandene Arbeitsmarkt führten lange Zeit immer wieder zu Auswanderungswellen. Auf den Kapverden sind rund 500 000 Menschen ansässig. Dem stehen 800 000 im Ausland – vorwiegend in den USA und in Portugal – lebende Kapverdianer gegenüber. Viele daheimgebliebene Familien können nur mit Hilfe von Überweisungen der Emigranten überleben. Schätzungen zufolge machen diese immer noch ca. 20 % des Bruttoinlandsprodukts der Kapverden aus.

Viele kapverdische Familien sind zerrissen. Jeder hat enge Verwandte, die im Ausland leben. Manche Emigranten kehrten zurück, um ihr in der Ferne verdientes Geld in der Heimat zu investieren. Sie eröffneten Hotels, Geschäfte, Autovermietungen und Taxiunternehmen. Durch Emigranten initiiert, finanzierte der US-amerikanische MCA (Millenium Challenge Account) die Modernisierung des Hafens von Praia und bemüht sich heute allgemein um eine Anhebung des Lebensstandards auf den Kapverden.

Wirtschaftsfaktor Wald

Dürrekatastrophen suchten die Kapverdischen Inseln in der Vergangenheit immer wieder heim. Mit ein Grund dafür scheint die großflächige Vernichtung der Pflanzendecke zu sein, die bereits mit den ersten Siedlern im 15. Jh. einsetzte. Schiffe, die auf den Inseln Station machten, wurden mit Brennholz ausgerüstet, Kalköfen damit befeuert. Zudem kochen viele Menschen bis heute auf dem Holzfeuer. Überweidung durch halb wild lebende Ziegen tat ein Übriges, um Wälder und Gebüsch zum Verschwinden zu bringen.

In den 1920er-Jahren begannen Aufforstungsprojekte. Diese wurden seit der Unabhängigkeit Kap Verdes mit internationaler Hilfe forciert betrieben. So sorgten deutsche und belgische Entwicklungshilfeprojekte auf Maio schon seit 1975 stetig für Aufforstung mit robusten Akazien, um die Wüstenbildung (Desertifikation) einzudämmen. Heute gibt es außer auf Maio auch auf Santiago, Santo Antão, São Nicolau, Fogo und Brava ausgedehnte Wälder aus Eukalyptus, Kiefern und verschiedenen Akazienarten. Die meisten dieser Bäume waren zwar ursprünglich auf den Kapverden nicht heimisch, können dafür aber forstwirtschaftlich genutzt werden. Als Wirtschaftsfaktor gewinnen sie immer mehr an Bedeutung, nicht nur als Bauholz, sondern vor allem für die Holzkohlegewinnung und damit als wichtige, preiswerte Energiequelle für die Bevölkerung.

Emigration in der Dichtung
Finaçon de Punoi Ramo

M ta djobé algen ki sa ta ba
Merka
k'é pa mandá Maninho Ramo
rakadu
ma kalsa dja ka ratxá fepu
kasaku dja ka ratxá fepu
kamisa dja ka ratxá fepu
silora dja ka ratxá fepu.

(Ich suche jemanden, der nach Amerika fährt / der Maninho Ramo ausrichten kann / dass meine Hose schon total zerrissen ist / meine Jacke schon total zerrissen ist / mein Hemd schon total zerrissen ist / meine Unterwäsche schon total zerrissen ist.)

Die Sobrados von São Filipe – so lebten die Kolonialherren

In großzügigen, zweistöckigen Herrenhäusern wohnten auf den Kapverden die portugiesischen Großgrundbesitzer. São Filipe auf Fogo ist die Stadt dieser Sobrados par excellence. Etwa 50 Häuser im Kolonialstil blieben dort erhalten. Aber auch auf Brava, Boa Vista (Sal Rei) und Sal (Santa Maria) gibt es schöne Beispiele. Immer mehr private Investoren kümmern sich um den Erhalt.

Die Architektur der Sobrados passten die Bauherren dem Klima und den örtlichen Gegebenheiten an. So umgibt in der Regel eine weitläufige Holzveranda mit aufwendig geschnitztem Geländer das Obergeschoss. Festes Bauholz musste aus Portugal oder Westafrika importiert werden. Die Veranda ist oft überdacht, um die Sonnenstrahlen fernzuhalten. Pastellfarbene Fassaden sind charakteristisch, wobei jedes

In São Filipe auf Fogo sind noch viele Häuser im Kolonialstil erhalten

Haus in einem anderen Ton gehalten ist. Rote Ziegel bedecken die Dächer, oft schließt eine Stuckatur die Fassade nach oben hin ab.

Zu ebener Erde befanden sich Ladenlokale, Lagerräume oder Büros. Denn der Hausherr war typischerweise nicht nur Grundbesitzer, sondern zugleich auch Geschäftsmann. Oben, in der Beletage, residierte die Herrschaft. Außerdem gab es einen luftigen Innenhof. Dort bereiteten die Bediensteten Nahrungsmittel für die Lagerung oder den direkten Verzehr zu. Eine Zisterne fing das Regenwasser auf. Zugleich diente der Patio aber auch als Ort der Entspannung. Ein zweiter, von hohen Bäumen beschatteter Hof fungierte häufig als Pferdestall.

Sommerhaus und Pferdezucht

Im Juli, August und September wurden die Sobrados in São Filipe verschlossen. Die herrschaftliche Familie flüchtete dann vor der sommerlichen Hitze in höhere Lagen, wo sie über ein weiteres Herrenhaus mit riesigen Ländereien, Obstplantagen und Pferdezucht verfügte. Für den Hausherren war es Ehrensache, einige Rassepferde zu halten, denn gleich ein ganzes Quartett von Heiligen (Sebastian, Philipp, Johannes, Petrus) wurde an den jeweiligen Festtagen mit Pferderennen gefeiert. Vor allem aber züchtete man Pferde für den Export, sie waren überall an der afrikanischen Küste be-

gehrt. Heute befinden sich die ländlichen Anwesen durchweg in ruinösem Zustand.

Die ersten Sobrados entstanden um 1750, die meisten stammen jedoch aus dem 19. Jh. Ursprünglich befanden sich nur Weiße im Besitz solcher Häuser. Ihre Familien waren meist schon kurze Zeit nach der Entdeckung der Kapverden aus Portugal gekommen und hatten vom König Landbesitz speziell auf Fogo zugeteilt bekommen. Eheschließungen fanden fast ausschließlich innerhalb des kleinen hellhäutigen Zirkels statt, der in den Salons der Obergeschosse verkehrte. Den farbigen Kindern des Hausherren, die dieser mit dem Personal zeugte, war meist nur der Zutritt zum Innenhof gestattet. Lediglich anlässlich der Festa de Santa Cruz am 3. Mai (s. S. 35) durften sie es wagen, die Treppe zu den oberen Räumlichkeiten hinaufzusteigen. Dennoch vermischte sich die Bevölkerung im Laufe der Zeit immer mehr, bis schließlich das Sprichwort aufkam: »Weiß ist, wer Geld hat.«

Wohnen im Sobrado

Im Trend liegen kleine, familiäre Stadthotels, die sich in ehemaligen Herrenhäusern eingerichtet haben. Sie bieten nostalgisches Flair kombiniert mit modernem Komfort:

Les Alizés: Sal, Santa Maria, Rua 1° de Junho, Tel. 242 14 36, www.lesalizescv.com, DZ ab 60 €. Das renovierte Haus eines Salzhändlers mitten im Ort befindet sich unter französischer Leitung; s. auch S. 104.

Migrante Guest House: Boa Vista, Sal Rei, Av. Amílcar Cabral, Tel. 251 11 43, www.migrante-guesthouse.com, DZ 80–100 €. Der Italiener Cristiano restaurierte dieses alte Handelshaus und verlieh ihm einen orientalischen Touch; s. auch S. 122.

Casa Beiramar: Fogo, São Filipe, Baixo da Igreja, Tel. 281 34 85, www.cabo-verde.ch. DZ 6200 ECV, Apt. 2 Pers. 7500 ECV. Das restaurierte Stadthaus bei der Kirche bietet unter deutscher Leitung vier Zimmer und Apartments mit Balkon und Meerblick sowie einen schönen Innenhof.

Pousada Belavista: Fogo, São Filipe, Achada Pato, Tel. 281 17 34, Fax 281 18 79, DZ 3000–3500 ECV. Die Zimmer dieses zentral gelegenen Sobrados sind äußerst geräumig und im portugiesischen Stil eingerichtet; s. auch S. 260.

Die Herren verarmten und zogen weg

Als zu Beginn des 20. Jh. das Erbrecht geändert wurde, ging der Besitz nicht mehr wie bislang komplett an den ältesten Sohn über, sondern wurde zwischen allen Geschwistern aufgeteilt. In der Folgezeit verarmten die Herren zusehends, und die meisten kehrten spätestens nach der Unabhängigkeit den Kapverden den Rücken, um in Lissabon zu leben. Die Sobrados begannen zu verfallen. In letzter Zeit erfahren sie jedoch eine erneute Würdigung als kulturelles Erbe. Seit 1990 stehen sie unter Denkmalschutz, und Veränderungen dürfen nur noch mit behördlicher Genehmigung vorgenommen werden. Immer mehr Stadthäuser werden jetzt restauriert und in São Filipe entstand sogar eine Route der Sobrados.

Ribeira Grande – Drehscheibe des Sklavenhandels

Zitadelle von Ribeira Grande – einst Hochburg des Sklavenhandels im Atlantik

Aus Westafrika führten die portugiesischen Siedler – zunächst für den eigenen Bedarf – Sklaven auf die Kapverden ein. In Ribeira Grande (heute Cidade Velha) entwickelte sich ein lukrativer Sklavenmarkt. Rund um den Atlantik, zunächst nach Portugal und Spanien, später nach Südamerika, wurde die menschliche Ware ›exportiert‹.

Wegen des heißen, trockenen Klimas waren die Kapverdischen Inseln nach ihrer Entdeckung im 15. Jh. für portugiesische Auswanderer wenig attraktiv. Zwar schickte Lissabon verurteilte Kriminelle nach Santiago, doch reichte die Zahl der Siedler nicht, um die Insel in ein blühendes landwirtschaftliches Produktionszentrum zu verwandeln, wie man es sich erhofft hatte. Daher wurden Sklaven aus Afrika eingeführt. Ab 1466, als die Lehnsherren von Ribeira Grande von der portugiesischen Krone das Monopol auf den Guinea-Handel übertragen bekamen, setzte schließlich der transatlantische Sklavenhandel im großen Stil ein.

Meist handelte es sich bei den verschleppten Afrikanern um Fula aus Guinea-Bissau, wo die Portugiesen Handelsstützpunkte entlang der Küste unterhielten. Die Fula waren Opfer der kriegerischen Gabu, die Gefangene gegen Stoffe, Schnaps, Waffen und andere Waren an die Portugiesen verkauften. Darüber hinaus erstreckte sich der Sklavenhandel auf die heutigen Staaten Senegal, Gambia, Guinea und Sierra Leone.

Landwirtschaft und Weberei

Die Sklaven wurden auf Santiago und Fogo – die anderen Inseln des Archipels blieben zunächst unbesiedelt – in der Landwirtschaft eingesetzt, um eingesalzenes Ziegenfleisch, später auch Zuckerrohrschnaps (*grogue*) sowie den aus Amerika eingeführten Mais zu produzieren. Diese Güter verkauften die Großgrundbesitzer an hier Station machende Schiffe. Vor allem aber pflanzte man Baumwolle an. Sie wurde anfangs roh exportiert. Später fertigten die Afrikaner nach ihrer Tradition Stoffe (*panos*) von hervorragender Qualität, die Sklavenhändler an der Guinea-Küste wiederum gegen menschliche Ware eintauschen konnten. Dort trugen Frauen der einheimischen Oberschicht gern die Panos, denn sie übertrafen in Qualität der Farben und Vielfalt der Muster die einheimischen Konkurrenzprodukte bei weitem.

Transatlantischer Sklavenhandel

Schon bald entwickelte sich Ribeira Grande zur Drehscheibe des Sklavenhandels im Atlantik. Neuankömmlinge wurden getauft und eingearbeitet, bis sie genügend Portugiesisch gelernt hatten, um Befehle zu verstehen. Dann exportierte man sie nach Madeira, Portugal und Spanien. Bald deckten sich auch spanische und portugiesische Schiffe auf dem Weg zu den südamerikanischen Kolonien mit Sklaven ein.

Sklavenhändler treiben im Inneren Afrikas geraubte Menschen zur Küste (1876)

Die Kapitäne zahlten mit landwirtschaftlichen Produkten aus Amerika wie Zucker, Baumwolle oder Indigo.

Zehntausende von Sklaven sollen über die Insel Santiago gehandelt worden sein. Genaue Zahlen sind nicht bekannt. Zu Beginn des 17. Jh. wurden pro Jahr noch mindestens 500 Menschen auf dem ›Markt‹ von Ribeira Grande verkauft, und obwohl der Höhepunkt bereits überschritten war, erzielte die portugiesische Krone damals noch etwa drei Viertel ihrer Einnahmen aus der Kolonie Cabo Verde mit dem Sklavenhandel.

Indirekte Beteiligung

1645 verloren die privilegierten Adligen in Ribeira Grande durch ein königliches Dekret das Monopol auf den Handel mit Westafrika. Der Sklavenmarkt auf Santiago brach zusammen und wurde bald darauf geschlossen. Jetzt versorgten sich portugiesische Handelsgesellschaften direkt an der Guinea-Küste mit Sklaven.

Doch die Kapverden nahmen weiterhin – wenn auch indirekt – an dem lukrativen Menschenhandel teil. Die Nachfrage nach Panos an der Guinea-Küste, der Goldküste und sogar in Brasilien war bis ins 19. Jh. hinein groß. Englische und französische Menschenhändler sahen sich zwecks Versorgung der Kolonien in Nordamerika gezwungen, auf der ›Einkaufsfahrt‹ nach Afrika zunächst die Kapverden anzulaufen, um sich mit der wichtigsten Währung im Sklavenhandel zu versorgen. Für 60 Panos (aus je sechs Stoffstreifen zusammengesetzt) erhielten sie Ende des 17. Jh. einen Sklaven. Während des 18. Jh. verkauften die Portugiesen etwa 6000 Panos pro Jahr an ausländische Sklavenhändler.

Lesetipps
Christian Delacampagne: Die Geschichte der Sklaverei, München 2004. Eine aufrüttelnde Darstellung aller Formen der Zwangsarbeit von den Anfängen in der Antike bis zu den alarmierenden Varianten der Gegenwart wie erzwungene Prostitution oder Rekrutierung von Kindersoldaten.
Robert Harms und Michael Müller: Das Sklavenschiff, München 2007. Die romanhafte Geschichte spielt in der Handelswelt des 18. Jh. und schildert eine Reise des Sklavenschiffs Diligent von Europa über Afrika nach Amerika.
Adam Hochschild: Sprengt die Ketten, Stuttgart 2007. Den Kampf einer zunächst kleinen Gruppe englischer Aktivisten Ende des 18. Jh., der Jahrzehnte später zur internationalen Ächtung der Sklaverei führte, beschreibt der Autor mitreißend und schockierend.

Ende der Sklaverei

Im ausgehenden 18. Jh. zeichnete sich mit der europäischen Aufklärung und der Unabhängigkeit Nordamerikas das Ende des internationalen Sklavenhandels ab. Doch erst 1854 wurde der Verkauf von Sklaven in Portugal abgeschafft, die private Sklavenhaltung verbot dann ein Gesetz von 1876. Damals dürfte es auf den Kapverden bei einer Gesamtbevölkerung von rund 56 000 Menschen noch etwa 4000 Sklaven gegeben haben. Häufig wurden aus ehemaligen Sklaven nun Kleinstpächter, die weiterhin von ihren früheren Herren abhängig blieben.

Amílcar Cabral – Held der Unabhängigkeit

Amílcar Cabral ist Nationalheld sowohl von Kap Verde als auch von Guinea-Bissau. Viele Straßen tragen seinen Namen, und auch der internationale Flughafen von Sal ist nach ihm benannt. Cabral bereitete den Boden für die Unabhängigkeit Kap Verdes, die er selbst allerdings nicht mehr erlebte.

Geboren wurde Amílcar Cabral am 12. September 1924 in Bafatá, Guinea-Bissau. 1932 kam er mit seinen Eltern auf die Kapverden. Er wuchs in Zeiten des Krieges, der Dürre und des Hungers auf. Während seiner Jugendjahre verfasste Cabral Liebesgedichte und Kurzgeschichten. Sein Vater Juvenal war politisch engagiert. Während des Salazar-Regimes schnellten die Lebenshaltungskosten in die Höhe. 1940 erschütterte eine Dürre die Inseln, mehr als 20 000 Menschen starben. Zwischen 1942 und 1948 verhungerten weitere rund 30 000 Kapverdianer. Zugleich wurden immer mehr portugiesische Soldaten auf dem Archipel stationiert, insbesondere in Mindelo, um diesen strategisch wichtigen Hafen zu sichern. Zusammenstöße mit Einheimischen waren an der Tagesordnung.

Studium in Lissabon

In dieser Zeit besuchte Amílcar Cabral das Gymnasium in Mindelo. 1943 schloss er die weiterführende Schule ab, war voller Idealismus und überzeugt davon, dass sich die Lage bessern könne. 1945 ging er nach Lissabon, um Agrar- und Forstwissenschaft zu studieren. Das große Interesse des charmanten und eloquenten Studierenden galt den antifaschistischen Studentengruppen. Doch als Afrikaner in Portugal empfand er zugleich große Sehnsucht nach seiner Heimat.

Im Sommer 1949 kam Cabral für einen Ferienaufenthalt auf die Kapverden. Bei dieser Gelegenheit hielt er im Radio Reden über Landwirtschaft, Bodenerosion und andere naturgegebene Probleme. Nebenbei weckte er bei den Kapverdianern einen gewissen Stolz auf ihr eigenes Land. Ihm war es ein Anliegen, die Menschen zu informieren, damit sie wachsam blieben. Den Portugiesen gefielen diese Ansprachen nicht. Cabral erhielt ein Verbot, sich im Radio öffentlich zu äußern.

Zurück in Lissabon kam Amílcar Cabral mit Studenten aus anderen portugiesischen Kolonien in Kontakt. Viele von ihnen engagierten sich in der demokratischen Jugendbewegung (MUD). Sie beabsichtigten, ein neues afrikanisches Selbstbewusstsein aufzubauen und den Kolonialismus zu beenden. Die Studenten formierten sich zum Zentrum für Afrikanische Studien, wo sie über die afrikanische Frage debattierten.

Bis heute in Kap Verde verehrt, wie hier auf einer Hauswand in Praia (Santiago): Amílcar Cabral

"Eu
Este

In Afrika aktiv

1950 beendete Amílcar Cabral sein Studium und ging zwei Jahre später als Agraringenieur nach Guinea-Bissau. Dort versuchte er, mehr Gleichberechtigung und Unabhängigkeit für die Afrikaner zu erringen. Doch für Portugal war er inzwischen gefährlich geworden. Die Verantwortlichen verbannten ihn nach Angola. Dort schloss er sich zunächst der MPLA, der angolanischen Freiheitsbewegung an. 1956 gründete er dann die Afrikanische Partei zur Unabhängigkeit von Guinea und Kap Verde, PAIGC (Partido Africano da Independência de Guiné e Cabo Verde). Die Lage spitzte sich nun zu. Zwischen 1960 und 1962 bereitete sich die PAIGC auf eine gewaltsame Auseinandersetzung mit Portugal vor. Dann begann ein Guerillakrieg, in dem die Partei materielle Unterstützung aus China und der Sowjetunion erhielt.

Ende und Neuanfang

Die Führungsriege der PAIGC bestand vorwiegend aus – meist in Portugal – gut ausgebildeten Kapverdianern. Die einfachen kämpfenden Soldaten hingegen stammten fast ausschließlich aus Guinea-Bissau. Diese Diskrepanz führte zu Reibereien innerhalb der Truppe. In den eigenen Reihen hatte Cabral nicht nur Anhänger, sondern auch viele erbitterte Feinde, die ihn gerne aus dem Weg geräumt hätten. Auch die portugiesische Geheimpolizei hätte ihn gerne tot gesehen.

1974 endete mit der Nelkenrevolution die Diktatur in Portugal. Am 5. Juli 1975 wurde die Unabhängigkeit von Kap Verde ausgerufen. Diesen Tag erlebte Amílcar Cabral nicht mehr. Er war 1973 in Conakry von einem portugiesischen Marineoffizier erschossen worden. Die Hintergründe des Verbrechens wurden nie aufgeklärt.

Kap Verdes Einbindung in internationale Organisationen

ECOWAS (Westafrikanische Wirtschaftsgemeinschaft): Außer Kap Verde sind hier die Länder an der westafrikanischen Küste zwischen Senegal und Nigeria sowie Mali und Niger vertreten. Ziel ist ein möglichst autarker Binnenmarkt und ab 2020 die Einführung einer gemeinsamen Währung (Eco). Die Freizügigkeit innerhalb dieser Ländergruppe wird von vielen Kapverdianern als zwiespältig erlebt, da sie eine starke Zuwanderung und damit Konkurrenz um die Arbeitsplätze im Tourismussektor zur Folge hat.

AU (Afrikanische Union): Die ganz Afrika außer Marokko umfassende Organisation entstand 2002 aus der OAU (Organisation für Afrikanische Einheit). Sie formierte sich nach dem Vorbild der Europäischen Union und schuf u. a. eine Eingreiftruppe, die Konfliktherde auf dem Kontinent – speziell in Ländern mit unrechtmäßigen Regimen – bereinigen soll.

CPLP (Gemeinschaft der Portugiesischsprachigen Länder): Mitglieder sind Portugal sowie seine ehemaligen Kolonien, zu denen außer verschiedenen afrikanischen Ländern (Kap Verde, Guinea-Bissau, Angola, Mosambik, São Tomé, Príncipe und Äquatorialguinea) auch Brasilien und Osttimor zählen. Ziele der 1996 gegründeten CPLP sind die Zusammenarbeit auf politischem und wirtschaftlichem Gebiet sowie die Förderung der portugiesischen Sprache. Seit 2007 besteht eine Partnerschaft mit der EU.

Freikirchen und Mormonen – Alternativen zum Papst

Bis zum Beginn des 20. Jh. gab die römisch-katholische Kirche auf den Kapverden allein den Ton an. Noch heute sind ca. 77% der Inselbewohner katholisch, doch mit rapide sinkender Tendenz. Katholische Priester klagen, seit der Unabhängigkeit von Portugal seien Gläubige in Scharen zu den aus Nordamerika importierten Freikirchen und Sekten abgewandert.

Schätzungsweise 1,7 % der kapverdischen Bevölkerung gehören heute der Freikirche der Nazarener an. Weitere 8 % verteilen sich auf andere Freikirchen, etwa Adventisten und Baptisten, Zeugen Jehovas und auf Mormonen. Bei den praktizierenden Gläubigen dürfte der prozentuale Anteil der neuen Religionsgemeinschaften noch deutlich höher liegen. Vor allem die Mormonen haben regen Zulauf. Über 9000 oft sehr junge Mitglieder sollen es schon sein. Zahlreiche Missionare sind ständig auf den Inseln unterwegs, viele davon wurden hier ausgebildet.

Neue Faszination

Worin besteht die Faszination in den importierten Kulten für die Kapverdi-

Kirchengebäude der Nazarener in Santo Antão

aner? Zum einen gilt die katholische Kirche als Institution der portugiesischen Kolonialherren. Viele Inselbewohner wandten sich aus politischen Gründen von ihr ab. Aber auch die mangelnde Präsenz der katholischen Priester in der Vergangenheit spielt sicher eine Rolle. Mit der Schließung des Seminars von São Nicolau 1931 (s. S. 162) begann ein langsamer, folgenschwerer Niedergang des Klerus auf den Kapverdischen Inseln.

Freikirchen und Mormonen – eine Definition
Bei Freikirchen handelt es sich – vom deutschsprachigen Raum aus betrachtet – um christliche Religionsgemeinschaften, die im Gegensatz zur katholischen und evangelischen Kirche keine Staats- oder Volkskirchen sind und sich nicht aus Kirchensteuern, sondern aus freiwilligen Beiträgen (die oft wesentlich höher liegen) finanzieren. In den USA spalteten sich viele Freikirchen von den reformierten Protestanten oder den Anglikanern ab.
Die 1830 in den USA durch Joseph Smith gegründete Religionsgemeinschaft der Mormonen hat ihren Hauptsitz in Salt Lake City und nennt sich offiziell Kirche Jesu Christi der Heiligen der letzten Tage. Ihre heilige Schrift ist neben der Bibel das Buch Mormon, das Smith angeblich von einem Engel übergeben wurde. Von den traditionellen christlichen Kirchen wird es nicht anerkannt. Die Lebensführung der Mormonen beruht auf strengen moralischen Regeln, die Familie und die Mission spielen zentrale Rollen.

Kirchen verwaisten und die bis dahin in großen Teilen einheimische Priesterschaft starb allmählich aus. Ab den 1940er-Jahren schickte die Salazar-Diktatur europäische Missionare auf die Inseln, darunter viele Kapuzinermönche aus Italien. Doch taten sich die Kapverdianer mit der Akzeptanz der weißen Priester schwer. Erst mit der Ernennung des ersten von den Kapverden stammenden Bischofs kurz vor der Unabhängigkeit der Inselgruppe setzte die katholische Kirche ein Zeichen. Bis heute ist sie jedoch auf ausländisches Personal angewiesen, wozu die antireligiöse Erziehung während der Regierungszeit der sozialistischen Einheitspartei (1975–1991) sicherlich ihren Beitrag lieferte.

Bürgernahe Rückkehrer aus Übersee

Zurückgekehrte Emigranten hingegen stellen häufig den Klerus der neuen Kulte. Die erste nichtkatholische Kirche auf den Kapverden wurde 1909 von João José Diaz in Vila Nova Sintra auf der Insel Brava errichtet. Er war in den USA zur Nazarenerkirche übergetreten. Diaz übersetzte die portugiesischen Kirchenlieder ins Kreolische und gewann damit die Herzen der einfachen Bevölkerung. 1936 kam Reverend Howard aus den USA, um für die Nazarener auch auf anderen Inseln zu missionieren. Bald scharte er eine große Zahl von Anhängern um sich. Heute sind die kräftig türkisblau gestrichenen Nazarenerkirchen auf den Kapverden ein vertrautes Bild. Die Nazarener sprechen gerade auch junge Leute an, denn sie zeichnen sich durch rege Aktivitäten in den Gemeinden aus und treten ausgesprochen bürgernah auf.

Kriolu oder Portugiesisch? Zur Sprache auf den Kapverden

Immer öfter benutzen die Kapverdianer ihre Muttersprache, die bislang dem privaten Bereich vorbehalten war, in der Öffentlichkeit. Ob Kriolu eine Chance zur Schriftsprache und zum Gebrauch in Schulen und Behörden hat, wird die Zukunft zeigen.

1936 gab das Erscheinen der Zeitschrift »Claridade« dem eigenständigen intellektuellen Leben auf den Kapverden entscheidende Impulse, auch wenn viele Themen unter der Kolonialregierung noch behutsam angegangen werden mussten. Zuvor war die Literatur rein portugiesisch bzw. europäisch geprägt gewesen. Jetzt behandelten einheimische Schriftsteller Sujets von den Inseln. So liefern die nur neun Auflagen, die »Claridade« erlebte, heute wertvolle ethnologische Hinweise.

Mündliche Überlieferung – ein afrikanisches Erbe

Erstmals wurde in »Claridade« der Text eines kapverdischen Sprechgesangs (*finaçon*) in der einheimischen Sprache Kriolu publiziert, ohne die Übersetzung ins Portugiesische gleich mitzuliefern. Die Kenntnis des Liedes setzten die Herausgeber bei der Leserschaft also ganz einfach vo-

In den Medien dominiert noch Portugiesisch, als Umgangssprache dient längst Kriolu

raus. Auf der mündlichen Weitergabe von Generation zu Generation basiert in Cabo Verde – wie in weiten Teilen Afrikas – ein Großteil der originären Kultur. Außerdem unterbanden die portugiesischen Kolonialbehörden – separatistische Tendenzen fürchtend – lange Zeit jeglichen schriftlichen Ausdruck in Kriolu. Im 19. Jh. wurde das Benutzen dieser Sprache in öffentlichen Einrichtungen, wie etwa in Schulen, komplett untersagt. Die höheren sozialen Schichten der kapverdischen Gesellschaft schlossen sich der Meinung der Portugiesen an, Kriolu sei ein bäuerlicher Dialekt ohne Grammatik und mit geringem Wortschatz. Dies ging so weit, dass sein Gebrauch in vielen Familien verboten war.

Pidgin als Ursprung

Die afrikanischen Sklaven hatten verschiedene Muttersprachen. Eine Verständigung untereinander und mit den portugiesischen Kolonialherren dürfte zunächst nur mit Hilfe eines Pidgin mit reduziertem Vokabular und einfacher Grammatik möglich gewesen sein. In der zweiten Generation entstand daraus eine Kreolsprache, die komplizierteren Anforderungen genügte und bald zur Alltagssprache wurde. Über 90 % des Wortschatzes leiten sich vom Portugiesischen ab, der Rest von verschiedenen afrikanischen Sprachen. Parallel zum Kriolu blieb Portugiesisch stets in Unterricht, Literatur und Behörden in Gebrauch und machte die gleiche Entwicklung durch wie in Portugal. Hingegen bewahrte das Kriolu, ähnlich wie das brasilianische Portugiesisch, Besonderheiten der portugiesischen Aussprache des 15. bis 17. Jh.

Auf den einzelnen Inseln bildeten sich Varianten heraus, die zu zwei Gruppen zusammengefasst werden. Auf den Barlovento-Inseln (Santiago, Fogo, Brava und Maio) war die Sklaverei ausgeprägter. Speziell auf Santiago sind bei der Aussprache stärkere afrikanische Einflüsse spürbar. Respektvoll wurde dort früher der *senhor* mit *nhô* angeredet (*nhô Pedro, nhô Antão* usw.). Auf den Sotavento-Inseln hingegen bürgerte sich die Anrede *bocê* (von port. *você*, ursprünglich *vossa mercê* = euer Gnaden) ein. Bis heute drückt es die Ehrfurcht dem Höhergestellten gegenüber aus. Auch hierbei handelt es sich um alte Formen des Portugiesischen, die im modernen Portugal verschwunden sind.

Die Sprache der Unabhängigkeit

Junge Intellektuelle und Politiker sehen Portugiesisch heute als aufgepfropfte Kolonialsprache an. Sie möchten Kriolu zur Amtssprache erheben und seinen Gebrauch in den Schulen durchsetzen. Erste Tendenzen dazu gab es schon in den 1930er-Jahren (s. o.). Verstärkt wurden diese durch die Unabhängigkeitsbewegung zwischen 1974 und 1976.

Die Tatsache, dass auf jeder Insel anders gesprochen wird, ist immer noch ein großes Hindernis dabei. Zwischen der Sprache von Santiago und derjenigen von Santo Antão sollen mindestens so große Unterschiede bestehen wie zwischen Portugiesisch und Spanisch. Nach zähen Verhandlungen, die sich seit 1979 über mehrere linguistische Kolloquien hinzogen und von der UNESCO gefördert wurden, konnte zumindest die strittige Frage der Schreibweise des Kriolu geklärt werden. 2005 erkannte die kapverdische Regierung offiziell das ALUPEC (Alfabeto Unificado para a Escrita do Caboverdiano) als gültig an. Es basiert auf dem lateinischen Alphabet. Geschrieben wird – im Gegensatz zum Portugiesischen – wie man spricht, d. h. fast jeder Buchstabe entspricht exakt einem Laut und umgekehrt. Das bedeutet aber auch, dass jeder Kapverdianer – je nach geografischer und sozialer Herkunft sowie individueller Aussprache – unterschiedlich schreibt, jedenfalls solange das Kriolu noch nicht vereinheitlicht ist. Trotz der offiziellen Anerkennung wird ALUPEC bislang nur von Dichtern und Literaten sowie einigen Idealisten benutzt. Ansonsten bleibt Kriolu vorerst auf den mündlichen Gebrauch beschränkt. Als Umgangssprache hat es das Portugiesische inzwischen fast völlig verdrängt.

Zweisprachigkeit als Realität

Kap Verde gilt heute als zweisprachig. Allerdings trifft dies nicht auf alle Bevölkerungsgruppen zu. In Kriolu dürften sich wohl alle Kapverdianer ausdrücken können. Aufgrund der großen Unterschiede zwischen Stadt und Land gibt es allerdings neben denjenigen, die Portugiesisch perfekt in Sprache und Schrift beherrschen, viele, die es zwar verstehen, aber nicht richtig sprechen und schreiben können. Besonders unter den Älteren finden sich noch etliche Analphabeten, die Portugiesisch nur schlecht verstehen und sprechen.

Die Zweisprachigkeit hat zu einer Art doppelter Kultur geführt, sowohl was das Individuum als auch was die Gesellschaft anbetrifft. Dennoch wird sie weiterhin als einzig gangbarer Weg für Kap Verde gesehen. Das Portugiesische erleichtert internationale Kontakte durch die Einbindung in eine Sprachgemeinschaft, die mehrere Kontinente umspannt. Gleichzeitig soll Kriolu als nationale Sprache weiterentwickelt werden, um die verschiedenen Alters- und Bildungsgruppen zusammenzuführen.

ALUPEC und die Aussprache des Kriolu

Den Buchstaben c, der im Portugiesischen unterschiedlich ausgesprochen wird, gibt es im ALUPEC nicht. Ihn ersetzt das k (ausgesprochen wie im Deutschen) oder das s (›scharfes‹ s).

Das portugiesische ch (gesprochen sch) wird durch x ersetzt.

Wörter, die im Portugiesischen mit einem (unbetonten) e enden, enden im Kriolu mit einem ausgeprägten i.

Der Buchstabe h, der im Portugiesischen lautlos und damit eigentlich überflüssig ist, wurde im ALUPEC abgeschafft. Er kommt nur noch in den Kombinationen lh (gesprochen lj) und nh (gesprochen nj) vor.

Afrikanischen Ursprungs sind die im Portugiesischen nicht vorhandenen Doppellaute dj (gesprochen dsch) und tx (gesprochen tsch).

Der Buchstabe y existiert offiziell im ALUPEC nicht. Dennoch sieht man ihn recht häufig, denn er steht für das Wort und (gesprochen i).

Das n am Silbenende wird nicht ausgesprochen. Es zeigt nur an, dass der vorangehende Vokal nasaliert wird.

Endet ein Wort mit einem Vokal, wird meist die vorletzte Silbe betont. Ausnahmen zeigt ein Akzent über der betonten Silbe an. Steht hinten ein Konsonant, wird meist die letzte Silbe betont.

Kreolisches Lebensgefühl – die Musik

Musik ist auf den Kapverden allgegenwärtig. Sie begleitet religiöse Feste ebenso wie Wahlkämpfe. Man hört sie in Kneipen und Geschäften, im Aluguer oder am Strand. Die Palette reicht von der sentimentalen, mit dem portugiesischen Fado verwandten Morna bis hin zum afrikanisch inspirierten Batuko.

Meist ertönen aus den Lautsprechern einheimische Klänge, ist doch die Auswahl an hervorragenden kapverdischen Interpreten riesig. Importierte Popmusik kommt eher aus Brasilien oder der Karibik als aus Nordamerika, Europa oder Afrika. Getanzt wird dazu auch auf den Kapverden nicht überall und spontan. Die viel beschriebenen, teilweise sehr erotischen tänzerischen Ausdrucksformen bekommt man als Tourist in der Regel nur auf organisierten Veranstaltungen, speziell in den großen Hotels, oder in der Diskothek zu sehen, mit viel Glück auch auf einem Volksfest.

Einflüsse aus Europa und Afrika

Die traditionellen Feste haben ihren Ursprung durchweg in Europa. Mittelalterliche Bräuche wurden von den Entdeckungsfahrern und Missionaren im 15. Jh. auf die Kapverden getragen. Dagegen weisen profaner Tanz und Gesang weitaus häufiger auch afrikanische Elemente auf. Sie fanden zunächst Eingang in die Badiu-Kultur auf Santiago. In jüngerer Zeit breiteten sich diese Einflüsse auch auf den anderen Inseln aus, denn sie werden von vielen Kapverdianern als wichtiger Bestandteil einer neuen, stärker auf Afrika ausgerichteten Identität gesehen. Vielfach verschmolzen afrikanische und europäische Elemente zu einer ganz eigenständigen, kreolischen Komposition.

Dem Fado verwandt – die romantische Morna

Durch Cesária Évora (1941–2011) weltberühmt wurde die Morna (von engl. *mourn* = trauern, klagen). Der langsame, sentimentale Gesang ist mit dem portugiesischen Fado verwandt, präsentiert sich aber leichter und weniger dramatisch, ähnlich wie die brasilianische Modinha. Letztere brachten die Besatzungen der Schiffe aus Boa Vista, die Salz nach Brasilien transportierten, auf die Kapverden. Auf Boa Vista entstand daraus Mitte des 19. Jh., also im Zeitalter der europäischen Romantik, die Morna. Dann nahm sich der Dichter und Komponist Eugénio Tavares (1867–1930) auf Brava der Morna an. Er kom-

Morna-Star Cesária Évora

ponierte zahlreiche Lieder, in denen er oft die Emigration thematisierte, und schrieb die Texte in kreolischer Sprache – wohl mit ein Grund für seine enorme Popularität. Um 1930 schließlich schuf der Komponist Beléza (oder B. Leza) in Mindelo die heute noch aktuelle Morna. Zu einem fast bewegungslosen Tanz interpretierte sie seine Nichte Cesária Évora unvergleichlich gut. Aber auch Bana (1932–2013) erfreute sich riesiger Popularität. Bau und Celina Pereira traten in die Fußstapfen dieser unvergessenen Sänger.

Im Rhythmus der Coladeira

Mit der Morna verwandt ist die flottere Coladeira, die von den gleichen Saiteninstrumenten begleitet wird: *rabeça* (eine Violine), *viola* (mit der Gitarre verwandt) und *cavaquinho*

Funaná-Tänzer in Santa Maria auf Sal

(ähnlich der von portugiesischen Emigranten nach Hawaii gebrachten Ukulele). Hinzu können Akkordeon, Piano und Klarinette kommen. Die Texte der Coladeira sind ohne besonderen Anspruch, heiter bis fröhlich, manchmal auch humorvoll. In ihrer heutigen Form entstand sie in den 1960er-Jahren. Ähnlich wie die brasilianische Lambada lädt sie geradezu zum Tanzen oder Mitschwingen ein.

Batuko – Sprechgesang und Trommeltanz

Völlig anderer Herkunft ist der Batuko. In ihm manifestieren sich die afrikanischen Wurzeln der kapverdischen Kultur. Immer seltener zelebrieren ihn die Badius noch anlässlich von Taufen, Hochzeiten und anderen Festen. Ausschließlich Frauen nehmen teil. Zu Beginn trägt eine ältere Frau mit viel Lebenserfahrung einen Sprechgesang vor, den Finaçon. Diese Sängerin gilt als Hüterin der Traditionen. Über Generationen hinweg gaben die Frauen auf Santiago durch den Finaçon Geschichten, Ereignisse und moralische Regeln mündlich weiter, wie es ähnlich auch auf dem afrikanischen Kontinent üblich war. Im Chor oder einzeln antworten andere Frauen, werfen sich improvisierte Verse sozialkritischen oder pikanten Inhalts wie Bälle gegenseitig zu. Für den Außenstehenden sind die Texte auch in Übersetzung nur schwer verständlich, da sich die Sängerinnen in Bildern und Metaphern ausdrücken. 2011 verstarb Nácia Gomi, die »Königin des Finaçon«, hochbetagt. Mit ihr schwand wieder ein Teil der Tradition.

Nach diesem Vortrag, der von der *viola* oder der *cimboa* (einem einsaitigen Instrument afrikanischen Ursprungs) begleitet wird, folgt mit der

Chabetá der Höhepunkt des Batuko. Die im Kreis sitzenden Frauen schlagen mit den Handflächen rhythmisch auf ihre zusammengelegten und zwischen die Beine geklemmten Panos. Die gewebten Stoffstreifen dienen als Ersatz für Trommeln, die den Sklaven früher verboten waren. Eine der Frauen tritt in die Mitte, ihren Pano um die Hüften gebunden, und wiegt lasziv ihren Unterleib, schneller und schneller, bis sie sich in eine Art Trancezustand versetzt hat. Ist sie erschöpft, tritt die nächste Tänzerin in den Ring.

Während der letzten Phase der Kolonialzeit, etwa ab den 1930er-Jahren, wurde der Batuko von weltlichen wie kirchlichen Autoritäten bekämpft. Auch durch Eindringen moderner Sitten und Gebräuche in die Badiu-Gemeinschaften verlor er seine soziale Funktion immer mehr. Seit der Unabhängigkeit der Kapverden erlebte der Batuko eine gewisse Renaissance, doch wird er heute vorwiegend für Touristen vorgetragen, oft in verfälschter Form, mit aus Afrika importierten Trommeln und mit Männern als Tänzern.

Musiktipps

Cesária Évora: Greatest Hits, 2015; Mar Azul, 2015; Cesaria, 2015.
Bana: Bana & Amigos Live, 2011; Best of Bana, 2012.
Bau: Café Musique, 2010; Plays Vasco Martins, 2012.
Celina Pereira: Nôs tradições. 2002.
Kodé di Dona: Cap-Vert. 1996.
Nácia Gomi: Cu sê mocinhos, 2005.
Ferro Gaita: Rei di Funaná. 2002.
Tchala: Aló Aló Mindelo. 2004. Karnevalsmusik aus Mindelo.
Lura: Eclipse. 2009; Best of Lura, 2014; Herança, 2015.
País e fidjus de Montrond: Ratoeiro, 2007. Lieder der Insel Fogo. Bestellungen unter nos-ku-nhos@hotmail.com.

Funaná – ein junger Tanz

Die Wurzeln des ebenfalls sehr afrikanisch wirkenden Funaná reichen nur bis zum Beginn des 20. Jh. zurück, als die *gaita* (ein zweireihiges Akkordeon) erstmals auf den Archipel gelangte. Eigentlich sollte sie das Harmonium in den Kirchen ersetzen, aber die Badiu-Kultur auf Santiago bemächtigte sich des Instruments und kombinierte es mit dem *ferro,* einem Eisenstab, auf dem der Musiker rhythmisch mit einem Messer kratzt. Lange war die flotte, mitreißende Tanzmusik auf die ländlichen Gebiete Santiagos beschränkt, wo sie zu Volksfesten und Hochzeiten nicht fehlen durfte. Den Städtern galt der Funaná als gewöhnlich und ungebührlich erotisch. Auch befürchtete die Kolonialverwaltung, die an den frühen nordamerikanischen Blues erinnernden Texte würden in der für die Portugiesen nur schwer verständlichen Badiu-Sprache zur Rebellion aufrufen.

Kodé di Dona gilt als Vater des heutigen Funaná, der diesen auch während der Diskriminierung unter der Kolonialherrschaft am Leben erhielt. Seit der Unabhängigkeit steht der Funaná symbolisch für die kreolische Identität. In den 1980er-Jahren breitete er sich von Santiago aus auf alle Inseln aus. Inzwischen haben zahlreiche Funaná-Bands die *gaita* durch das Keyboard ersetzt, den *ferro* durch Schlagzeug. Neuerdings kehren allerdings junge Musiker zum traditionellen Funaná zurück, allen voran die Gruppe Ferro Gaita.

Eigenständige Formensprachen – Malerei und Webkunst

Kunst und Kunsthandwerk von den Kapverden haben ihren Preis. Engagierte, um Authentizität bemühte Kreative schaffen wertvolle Einzelstücke.

Die zeitgenössischen Maler auf den Kapverden haben seit der Unabhängigkeit eine eigenständige Formensprache kreiert. Einerseits erinnert sie an naive europäische Malerei, andererseits machen sich Einflüsse aus Afrika sowie abstrakte Elemente bemerkbar. Eine starke Dynamik kennzeichnet ganz allgemein die Arbeiten.

An die Wand Gemaltes

Farbenfrohe, einprägsame Wandmalereien gibt es vielerorts an Hauswänden, aber auch als Dekoration in Restaurants und Geschäften zu entdecken. Symbolisch stellen sie entweder Landschaften oder Impressionen aus der Vergangenheit oder dem gegenwärtigen Alltag der Inselbewohner dar: Frauen mit Wassereimern auf dem Kopf, Fischer und Bauern bei ihrer Tätigkeit, Esel mit Lasten auf dem Rücken, Ochsen die Grogue-Mühlen antreiben, Emigranten bei der Abreise nach Übersee. Letztere thematisierte Domingos Luísa in seinem imposanten, 14 x 4 m großen Wandgemälde in der Abflughalle des Flughafens von Sal. Den von ihm verwendeten Stil beschreibt er als eine Mischung aus Kubismus und Realismus.

Solche und andere Motive findet man – in handlicher Größe zum Mitnehmen – auch auf Batiken, Gemälden und Zeichnungen, die in Galerien und Kneipen zum Verkauf angeboten werden. Weitere bekannte Maler sind die Brüder Manuel und Tchalé Figueira, Maria-Luisa Queirós, Leão Lopes, Kiki Lima, David Levy Lima, Dina Lima und Mito.

Gemusterte Tücher

Die kapverdische Weberei wurde schon vor Jahrhunderten für ihre Panos gerühmt, auf schmalen Webstühlen gefertigte Tuchstreifen mit geometrischen Mustern. Ihren Ursprung hat diese Textilkunst in Westafrika, wo sie heute noch in ähnlicher Form in Guinea-Bissau zu finden ist. Von Sklaven wurde sie im 16. Jh. nach Santiago und Fogo gebracht. Dort ließen die portugiesischen Großgrundbesitzer Baumwolle anbauen, um die Panos als wichtige ›Währung‹ im Sklavenhandel in großer Zahl herstellen zu können.

Die festen, etwa 15 cm breiten Tuchstreifen färbte man mit Indigoblau oder dem Blau der Färberflechte (*urzela*) ein, um die verschiedensten Muster zu erzeugen. Das Weben war den Männern vorbehalten, die Frauen kümmerten sich hingegen um die Ernte, das Auskämmen und das Spinnen der Baumwolle sowie um die Gewinnung der Naturfarben.

Jahrhundertelang wurden Panos nach Westafrika ausgeführt, wo sie traditionell von den Frauen entweder um den Hals oder um die Hüften geschlungen wurden. Oder aber sie trugen ihre Kinder darin auf dem Rücken. Für andere Verwendungszwecke fügte man die Streifen zu breiteren Stoffbahnen zusammen. Heute besinnen sich die Kapverdianer ihrer afrikanischen Wurzeln, damit lebt auch die Herstellung von Panos wieder auf.

Webkunst ganz modern

Auf den alten Techniken fußend hat sich in jüngerer Zeit eine neue Form von Webkunst entwickelt. Nach Bildvorlagen stellen einige Künstler schöne, vielfarbige Wandbehänge aus Schaf- oder Baumwolle her. Ihre Produktion nimmt je nach Größe mehrere Monate in Anspruch, dadurch erklärt sich der hohe Preis dieser Stücke.

Kaufadressen

Die meisten Souvenirläden führen lediglich preislich deutlich günstigeres Kunsthandwerk vom afrikanischen Kontinent (Schmuck, Schnitzereien, Batiken). Kapverdische Gemälde und Webarbeiten sind nur in wenigen, spezialisierten Geschäften zu bekommen.

Auf Sal

L'Alambic, Santa Maria (s. S. 106). Blechspielzeug, Marmeladen, Kaffee, Kräutertees und Badesalz. Außerdem gibt es die Zuckerrohrschnäpse Grogue und Ponche zum Probieren und Kaufen. Alle Produkte stammen von den Kapverdischen Inseln.

Auf Santiago

Espinho Branco (s. S. 234). In dem Vorzeigedorf präsentieren junge Künstler ihre Werke.

Auf São Vicente

Ponta d'Praia Gallery, Mindelo (s. S. 154). Hier arbeitet und verkauft die Künstlerfamilie Figueira.
Centro Nacional de Artesanato, Mindelo (s. S. 153). Aufwendige Web- und Batikarbeiten sowie Wandteppiche.

Unterwegs auf den Kapverdischen Inseln

Das fruchtbare Paúl-Tal auf der grünsten Kapverdischen Insel Santo Antão

Das Beste auf einen Blick

Sal

Highlight!

Praia de Santa Maria: Der lange, glitzernd weiße Sandstrand von Santa Maria lockt Badeurlauber und Wassersportler nach Sal. Trotz einiger angrenzender Hotelanlagen ist er noch lange nicht überfüllt, jeder findet eine ruhige Ecke. S. 95

Auf Entdeckungstour

Zu den Salinenbecken und Salzkratern von Sal: Durch heiße, staubige Landschaft führt ein Spaziergang, um die alten Salinen von Santa Maria zu erkunden. Bei einem Bad in der Sole lässt sich die Salzproduktion im Krater von Pedra de Lume hautnah erleben. S. 100

Kultur & Sehenswertes

Ponta Preta: Die felsige Landzunge an der Westküste von Sal säumen schier endlose Sandstrände. Windsurfer finden sich gerne hier ein, um die kräftig anrollende Brandung zu nutzen. Ein Strandlokal ist der ideale Ort, um den Sonnenuntergang zu genießen. S. 98

Buracona: Vulkanischen Ursprungs sind die bizarren Felsbecken in der Baía de Buracona. Besonders attraktiv wirkt das Olho Azul, das ›blaue Auge‹, ein Loch im Felsen, unter dem das Meer gurgelt. S. 113

Zu Fuß unterwegs

Strände und Dünen: Eine Strandwanderung, kombiniert mit dem Besuch der ehemaligen Salinen von Santa Maria, führt bis zur Costa da Fragata, der Südostspitze von Sal. S. 99

Genießen & Atmosphäre

Cape Fruit: Das Szenelokal hinter der Praia do Leme Bedje in Santa Maria ist von morgens bis abends ideal zum Chillen. Es gibt Fruchtsäfte, vegetarische und vegane Snacks. S. 105

Esplanada Bom Dia: Quicklebendiger zentraler Treff von Espargos ist das Terrassenlokal, wo Einheimische und Touristen gesellig beieinandersitzen. S. 109

Abends & Nachts

Pub Calema: Der Klassiker unter den Nachtlokalen von Santa Maria ist abends immer gut besucht. Surfer wie Nichtsurfer wissen die kommunikative Atmosphäre zu schätzen. S. 107

Pub Q Bar: Im Tanzlokal des Hotels Odjo d'Água in Santa Maria sind auch externe Gäste gern gesehen. Wer Livemusik liebt und dazu eine gediegene Atmosphäre schätzt, ist hier goldrichtig. S. 107

Sal – Passatwind und Strände

Viele Kapverden-Besucher landen auf dem internationalen Flughafen von Sal und bleiben oft auch gleich auf der Insel, denn sie bietet mit die beste touristische Infrastruktur des Archipels.

In die Lebenswelt der Einheimischen taucht ein, wer einen Ausflug durch wüstenhafte Landschaft in die zentral gelegene Stadt Espargos unternimmt, wo es ein paar einfachere Unterkünfte gibt. Praktisch gar nicht vom Tourismus entdeckt wurde der Hafen- und Fischerort Palmeira, dessen Atmosphäre heiter und gelassen wirkt. In der Nähe locken die Felsbecken von Buracona zum Schwimmen und Schauen. Die winzige Fischersiedlung Pedra de Lume an der Ostküste glänzt durch den Salzkrater, in dem man wohltuende Solebäder nehmen kann. Völlig unbesiedelt ist hingegen der Norden der Insel, der sich Jeep- und Quadfahrern auf einsamen Pisten erschließt.

Infobox

Anreise und Weiterkommen

Flüge: Aeroporto do Sal (SID), 1 km südwestl. von Espargos, Flughafeninfo www.asa.cv, TAP-Büro im Flughafen (Tel. 241 11 95). Direkt von verschiedenen Flughäfen in Deutschland und der Schweiz geht es je 1–2 x wöchentlich mit TUIfly sowie saisonal auch Condor nach Sal (z. T. mit Zwischenlandung, etwa auf Gran Canaria). Tägliche Verbindungen mit Umsteigen in Lissabon bietet TAP Portugal (s. S. 22). Per Inlandflug ist Sal durch Propellermaschinen der TACV tgl. mit den Inseln Boa Vista, Santiago und São Vicente verbunden. Am Airport warten Taxis, die Fahrt nach Santa Maria kostet ca. 12 €. Espargos ist vom Flughafen zu Fuß in 15–20 Min. zu erreichen.

Auf der Insel: Aluguers verkehren relativ häufig zwischen Santa Maria und Espargos. Den Rest der Insel kann man per Taxi, Mietwagen (mehrere Anbieter in Santa Maria), Quad, Fahrrad oder im Rahmen von organisierten Ausflügen erkunden.

Santa Maria ▶ Karte 2, R6

Die wichtigste Touristensiedlung der Kapverden ist Santa Maria (ca. 20 000 Einw.). Vom 5-Sterne-Hotel internationalen Zuschnitts bis zur einfachen Pension findet sich hier für jeden Geldbeutel die passende Unterkunft. Mit dem kräftig wehenden Passatwind ist Santa Maria ein Paradies für Wind- und Kitesurfer. Tauchern erschließt sich eine tropische Meeresfauna. Im Ort selbst warten zahlreiche Restaurants und Geschäfte auf Kundschaft. Nirgendwo in Kap Verde halten sich so viele Europäer auf wie hier. Dennoch besteht Gelegenheit, am Lebensrhythmus der Einheimischen teilzuhaben. Trotz reger Bautätigkeit und immer wieder neuer Ferienanlagen kommt hier nicht das Gefühl auf, in seelenlosem Massentourismus zu versinken.

Stadtzentrum

Pontão 1

Zentraler Anlaufpunkt der Stadt ist der alte Hafenkai, der das Zentrum vom Hotelviertel trennt. Hier verkaufen die Fischer am frühen Nachmittag ihren Tagesfang. Hurrikan ›Fred‹ richtete am 31. August 2015 schwere

Zerstörungen am Pontão an, er wurde zur Hälfte vom Meer verschluckt. Gegenüber steht das ehemalige Waagehaus (s. Lieblingsort S. 96).

Museu do Sal 2

Rua 15 de Agosto, Tel. 242 18 86, Mo–Fr 9–19 Uhr
Ein ehrwürdiges, ehemals herrschaftliches Kaufmannshaus beherbergt seit Ende 2015 das Museu do Sal (Salzmuseum). Es befasst sich nicht nur mit der Salzgewinnung, einst dem wichtigsten wirtschaftlichen Standbein der Insel, sondern auch mit den Menschen, die Ende des 18. und verstärkt im 19. Jh. vorwiegend von São Nicolau und Boa Vista auf das bis dahin unbesiedelte Eiland kamen. Aber auch Geschäftsleute aus Europa waren mit von der Partie. Angeschlossen ist das **Centro Cultural,** ein staatliches Kulturzentrum, das Konzerte und andere Veranstaltungen organisiert. Im weiteren Verlauf der Rua 15 de Agosto wurden noch einige andere schöne, alte Stadthäuser renoviert. Hingegen ist der westlich an das Museum grenzende zentrale Platz, die **Praça de Santa Maria** (auch Praça Marcelo Leitão), bis auf Weiteres eine große Baustelle. Hier soll eine Begegnungsstätte für Einheimische und Touristen mit Wasserspiel, futuristischen Sitzbänken und Gartenanlagen entstehen. Nebenan ist ein modernes Einkaufszentrum geplant.

Igreja Santa Maria das Dores 3

Die katholische Kirche mit ihrem hohen Turm erhebt sich an der Rua 1° de Junho, der bedeutendsten Achse von Santa Maria, an der sich auch Geschäfte und Restaurants häufen. Sie stammt aus der Gründungszeit des Ortes (1. Hälfte 19. Jh.) und ist der Schmerzensreichen Muttergottes geweiht. Ihr Inneres ist äußerst schlicht gestaltet. Allerdings erweist sich der Altar als Kleinod der Holzschnitzkunst, und das Allerheiligste ist eine wertvolle Einlegearbeit.

Igreja Nazarena 4

Mit der Nazarenerkirche an der Rua Amílcar Cabral besitzt Santa Maria ein weiteres Gotteshaus jüngeren Datums (20. Jh.). Umrahmungen von Fenstern und Türen sind im für die Nazarener typischen Türkisgrün gehalten. Jenseits der Rua Amílcar Cabral, die als Durchgangsstraße dient, befindet sich ein einheimisches Wohnviertel mit vielen kleinen, einstöckigen Häusern. Hier bieten auf den Straßen Marktfrauen ihre Ware feil und in winzigen Läden und Kneipen lässt sich authentische Atmosphäre schnuppern.

Praia de Santa Maria !

Der breite, helle, insgesamt 2 km lange Sandstrand ist für zahlreiche Urlauber immer noch der Hauptgrund, nach Sal zu reisen. Er ist großenteils durch eine Fußgängerpromenade erschlossen und dahinter locker mit Ferienanlagen bebaut. In Ortsnähe stehen ein paar Restaurants, Surf- und Tauchbasen sowie die Beachclubs mehrerer Hotels unmittelbar am Strand, an dem dennoch reichlich Platz vorhanden ist. Nach dem letzten Hotel, wo die Promenade endet, folgt bis zur **Ponta do Sinó** – der Südwestspitze von Sal mit Leuchtturm – eine Naturstrandzone, hinter der sich flache Dünen und Salzwiesen erstrecken. Baden ist hier meist möglich, denn die Bucht von Santa Maria ist gegen die aus Nordosten heranrollende Brandung gut geschützt. Der Passatwind weht allerdings oft recht heftig über den Strand, sodass viele Urlauber ihr Sonnenbad doch lieber auf der windgeschützten Terrasse ihrer Hotelanlage genießen.

Lieblingsort

Waage für das weiße Gold

Von Land her ›bewacht‹ die alte Casa da Balança den **Pontão** 1. Das attraktiv gestaltete Gebäude, ein Industriedenkmal aus dem 19. Jh., gilt als Wahrzeichen von Santa Maria. Dementsprechend sorgsam wurde es vor einigen Jahren restauriert. Früher wurde hier das Salz gewogen, das im Hafen nach Brasilien verschifft wurde. Heute birgt das Waagehaus einen afrikanischen Souvenirladen und ein kleines Café. Weitere Shops mit Andenken, Dekorationsartikeln und leichter Sommermode finden sich in der dahinter angrenzenden, ehemaligen Lagerhalle.

Praia António de Sousa

Am Ostrand von Santa María beginnt die Praia António de Sousa, sozusagen das Gegenstück zur Praia de Santa María. Mit Letzterer kann sie es an Schönheit nicht ganz aufnehmen, bietet aber hervorragende Bedingungen für Surfer und Taucher mit den dazu passenden Schulen, Basen und Unterkünften. Außerhalb des Ortes geht sie in die flache, felsige Landzunge Ponta do Leme Velho (meist einfach Ponta Leme genannt, s. S. 99) über, die Südostspitze von Sal.

Ponta Preta

Eine weitere kilometerlange Sandstrandzone liegt westlich von Santa Maria beiderseits der felsigen Landzunge Ponta Preta, wohin sich der Ort in jüngerer Zeit ausgedehnt hat. Die dortigen, bisher von der Zahl her noch recht überschaubaren Hotels liegen vom Stadtzentrum etwa 30 bis 45 Fußgängerminuten entfernt. Im unmittelbaren Bereich der Landzunge blieben einige hohe Dünen, Salzwiesen und sogar ein kleiner Salzsee bisher unbebaut. Baden ist an den Stränden der Landspitze oft wegen der kräftig anrollenden Brandung nicht oder nur für geübte Schwimmer möglich (Beflaggung beachten!). Dafür ist die Ponta Preta ein geradezu legendärer Wellenspot für Windsurfer und Wellenreiter. Mehrfach wurden hier bereits im Rahmen des PWA World Cups Wettbewerbe ausgetragen. Die Stelle ist allerdings nur für Surfprofis zu empfehlen. Weniger Geübte sind an den Stränden Praia de Santa Ma-

Santa Maria

Sehenswert
1 Pontão/Casa da Balança
2 Museu do Sal
3 Santa Maria das Dores
4 Igreja Nazarena
5 und 6 Salinen

Übernachten
1 Oásis Atlântico Belorizonte
2 Morabeza
3 Riu Funaná & Riu Garopa
4 Odjo d'Água
5 Dunas de Sal
6 Porto Antigo
7 Aparthotel Ponta Preta
8 Les Alizés
9 Santa Maria Beach
10 Sakaroulé

Essen & Trinken
1 Barracuda
2 Ponta Preta
3 Atlantis
4 Crêtcheu
5 Turifogo
6 Américo's
7 Compad
8 Cape Fruit

Einkaufen
1 Djunta mo Art
2 L'Alambic

Aktiv
1 Pezi Huber
2 Surf Zone
3 Neptunus
4 Ilan Voyager
5 Vista Verde Tours
6 Santa Marilha
7 SOS Tartarugas

Abends & Nachts
1 Pub Calema
2 Buddy Bar
3 Pirata
4 Tam Tam Bar

ria und Praia António de Sousa besser aufgehoben, bei einiger Erfahrung auch an der Ponta do Sinó und der Ponta Leme. Als beste Zeit für das Surfen und Wellenreiten gelten die Monate November bis Mai.

Südlich der Ponta Preta, bei den Riu-Hotels, befindet sich die **Schildkrötenaufzuchtstation** der Organisation SOS Tartarugas 7 (s. S. 60 und S. 107), die vormittags zwischen 10 und 12 Uhr besichtigt werden kann (Eintritt frei).

Wanderung zur Costa da Fragata

Dauer: 2.30 Std.; leicht

Sals windumtoste Südostspitze mit der angrenzenden Costa da Fragata, dem sogenannten Kite-Beach, ist das Ziel dieser Rundwanderung, die in Santa Maria beginnt und endet. Ausgangspunkt ist das **Museu do Sal** 2, das Salzmuseum. Folgen Sie der **Rua 15 de Agosto** nach Osten, vorbei am Hotel Odjo d'Água, und wandern Sie im weiteren Verlauf am Strand entlang. Dieser Abschnitt der **Praia António de Sousa** wird vorwiegend von Surfern genutzt. Der Strand wird immer steiniger und geht schließlich in eine flache Felsküste über. Dort führt eine sandige Piste küstenparallel weiter, zunächst durch struppige Strandvegetation, dann durch eine Steinwüste. Nach einer Dreiviertelstunde umwandert man die **Ponta do Leme Velho** und lässt den dortigen Leuchtturm rechts liegen. Der Weg wendet sich nun in nördliche Richtung, passiert drei kleine **Sandbuchten** und verliert sich dann. Steinmännchen ▷ S. 103

Auf Entdeckungstour: Zu den Salinenbecken und Salzkratern von Sal

Sal, Salz, war früher so sehr gefragt, dass die ganze Insel danach benannt wurde. Diese Tour führt zu den Relikten einer bedeutenden Industrie.

Reisekarte: ▶ Karte 2, R 5/6

Zeit: ein Tag, wegen der großen Nachmittagshitze auch zwei Vormittage

Planung: In die aufgelassenen **Salinen von Santa Maria** gelangt man ab Museu do Sal (Rua 15 de Agosto, Mo–Fr 9–19 Uhr), vom Ort aus zu Fuß. Die Anfahrt zu den östlich von Espargos gelegenen **Salinas de Pedra de Lume** erfolgt per Mietwagen, Taxi oder Aluguer von Santa Maria aus Richtung Espargos.

Am Ausgangspunkt der Tour lohnt zunächst ein Blick in das **Museu do Sal** 2, das die frühere Salzgewinnung in Santa Maria dokumentiert (s. S. 95).

Windräder standen zwischen der Praia de Santa Maria und den angrenzenden **Salinenbecken** 5. Das Wasser wurde aus Brunnen gefördert, die man in die feuchten Salzwiesen hinter dem Sandstrand grub. Diese sind inzwischen komplett mit Hotels bebaut. Nur vor dem Hotel Morabeza erinnert ein restauriertes Windrad noch an die Zeit der Salzgewinnung. Die Salinen westlich von Santa Maria sind mit einiger Fantasie noch auszumachen, doch werden auch sie jetzt zügig mit Ferienanlagen in zweiter Reihe hinter dem Strand bebaut.

Salz für die Neue Welt

Die Salinen von Santa Maria ließ der portugiesische Geschäftsmann Manuel António Martins um das Jahr 1830 anlegen. Martins, der auf Boa Vista lebte, gilt zugleich auch als Gründer des Ortes. Brasilien war bis 1887 Hauptabnehmer des Salzes. Es wurde dort als Beimischung zu Viehfutter sowie für die Haltbarmachung von Fleisch und Fisch benötigt. Hohe Schutzzölle für importiertes Salz ließen diesen Markt dann aber zusammenbrechen. Zu einem erneuten Aufschwung kam es Anfang des 20. Jh., als Belgisch-Kongo als Markt erschlossen wurde, das heutige Zaire. Dieser Abnehmer fiel 1960 mit der Unabhängigkeit Zaires von Belgien weg. In den 1980er-Jahren schließlich kam die Salzproduktion in Santa Maria völlig zum Erliegen. Für die Konservierung von Lebensmitteln war Salz dank der fortgeschrittenen Kühltechnik kaum noch nötig.

Auf Salzkrusten wandern

Vereinzelte private Salzgewinnung findet bis heute in den **Salinas** 6 nördöstlich von Santa Maria statt, und zwar zwischen dem Ort und der Costa da Fragata. Diese Salinen liegen recht weit vom Hafenkai von Santa Maria entfernt. Um zu ihnen zu gelangen, läuft man in Santa Maria zunächst zum Postamt am östlichen Ende der **Rua Amílcar Cabral** und hält sich von dort in nördlicher Richtung auf einer der Straßen und Fahrspuren, die durch ein verwinkeltes **Neubaugebiet** führen. Anschließend lässt man **Wellblechhütten** rechts liegen. Nach etwa 20 Min. Gehzeit sind die ehemaligen Salzpfannen erreicht, die meist so trocken sind, dass man auf den Salzkrusten nach Belieben herumlaufen kann. Tipp: Der Besuch der Salin-en lässt sich auch mit einer dreistündigen Wanderung am Strand entlang kombinieren (s. S. 99).

Da die Haltung von Lasteseln und Maultieren auf Sal wegen des Futtermangels problematisch war, richtete Manuel António Martins 1830 die erste Eisenbahnlinie auf damals noch portugiesischem Territorium ein, um die Entfernung von den Salinen zum Hafenkai zu überwinden. Die Wagen hatten Mast und Segel und wurden durch den stetig kräftig wehenden Passatwind angetrieben. Sie konnten jeweils ein bis zwei Tonnen Salz befördern. Als Segel dienten Jutesäcke. Die Bahn funktionierte bis in die 1950er-Jahre. Dann allerdings übernahmen Traktoren die Aufgabe des Salztransports bis zur Stilllegung der Salinen 1984.

Salzvulkan bei Pedra de Lume

An der Küste östlich von Espargos liegen weitere sehenswerte Salzpfannen in einem Vulkankrater bei **Pedra de Lume.** Sie sind von einem Parkplatz aus durch einen kurzen Fußgängertunnel zugänglich. Dahinter sind etwa 10 Min. auf einem breiten, bequemen Weg abzusteigen. Unterwegs gewinnt man von einem gemauerten Miradouro einen schönen Überblick.

Der Kraterboden befindet sich knapp unter Meeresniveau. Salzwasser dringt durch poröses Gestein in die Salzpfannen. Je nach Wasserstand kann man in der Lake baden, die aufgrund ihres hohen spezifischen Gewichts eine enorme Tragfähigkeit hat. Das Salz bleibt anschließend – wie von Einheimischen empfohlen – am besten auf der Haut, auf die es einen beruhigenden Einfluss hat. Wer mag, kann es aber auch im am Weg liegenden Badehaus abduschen (1 €). Dort werden diverse Thalasso-Anwendungen (9–16 €) mit Salinensalz angeboten, z. B. Peeling oder Massage mit aromatischen Ölen. Anschließend kann man auf einem Sonnendeck im Liegestuhl entspannen oder in der angeschlossenen Bar einen Kräutertee genießen. Ein kleiner Shop hält Salinensalz für Badeanwendungen daheim bereit (Eintritt in den Krater 5 €).

Ruinen aus vergangenen Zeiten

Erschlossen wurden die Salinen von Pedra Lume Ende des 18. Jh. ebenfalls durch Manuel António Martins. 1804 ließ er den Tunnel durch die Kraterwand bohren, um leichter an das Salz zu gelangen. Im Jahr 1919 erwarb die französische Firma Les Salines do Cap-Vert die Salzpfannen. Sie installierte die heute noch vorhandene Lastenseilbahn, die theoretisch 25 t Salz pro Stunde vom Krater zum rund 1 km entfernten Hafen transportieren kann. Seit den 1930er-Jahren nahm der Salzexport jedoch stetig ab. 1984 wurden die Seilbahn und die Verladestation am Hafen schließlich stillgelegt. Letztere ist inzwischen halb verfallen und dient als beliebtes Fotomotiv.

Salzbecken auf dem Kratergrund bei Pedra Lume

weisen weiter an der Küstenlinie entlang. Landeinwärts erstrecken sich Dünen mit zahlreichen versteinerten Muscheln und Würmern. Von einem etwas höheren **Sandhügel** ergibt sich nach rund 1.30 Std. Gehzeit unvermittelt ein erster Blick auf die ehemaligen **Salinen** von Santa Maria (s. S. 100). An der vorgelagerten Küste, der **Costa** da Fragata, tummeln sich die Drachensurfer. Kurz nach dem Sandhügel gilt es auf einen kleinen **Betonpfeiler** zu achten. Hier biegen Sie im spitzen Winkel in eine deutliche Trittspur ein und erreichen bald die **Salzpfannen**, wo sich ein Weg anschließt. An zwei Gabelungen jeweils links und auf Salzkrusten weiter in Richtung Santa María. Einige Wellblechhütten bleiben links liegen. Durch ein **Neubaugebiet** geht es zurück ins Stadtzentrum. Der Kite-Beach ist auch mit Fahrzeugen über eine Piste zu erreichen, die an der Ortszufahrt von Santa Maria gegenüber vom dortigen Gartenzentrum *(viveiro)* beginnt.

Wanderung zur Costa da Fragata

Übernachten

Im Tropenstil – **Oásis Atlântico Belorizonte** **1**: Praia de Santa Maria, Tel. 242 10 45, www.oasisatlantico.com, DZ 150–200 €, über Veranstalter evtl. günstiger. Die schon etwas in die Jahre gekommenen Bungalows in Holzbauweise stehen von Palmen umgeben im Dünensand direkt hinter dem Strand. Man wohnt individuell, was insbesondere Familien zu schätzen wissen. Komfortabler sind die Zimmer im Hauptgebäude mit Blick auf den Pool. Geboten wird ein gutes Halbpensionsbuffet sowie mehrmals abendliche Animation. All-inclusive ist möglich, aber nicht Pflicht.

Der Klassiker – **Morabeza** **2**: Praia de Santa Maria, Tel. 242 10 20, www.hotelmorabeza.com, DZ 130–200 €. Das 4-Sterne-Haus entstand Anfang der 1970er-Jahre als erstes Hotel vor Ort. Nach wie vor besticht es durch seine strandnahe, ruhige und doch relativ zentrale Lage. Alle Zimmer orientieren sich Richtung Meer. Für Wohlbefinden und Unterhaltung sorgen diverse Fitness- und Massageangebote sowie unterschiedliche Animationsprogramme. Die Bar ist am frühen Abend ein beliebter Treffpunkt.

Bewährte Hotelkette – **Riu Funaná & Riu Garopa** **3**: Ponta Preta; Riu Funaná: Tel. 242 90 60; Riu Garopa: Tel. 242 90 40, www.riu.com, nur all-inclusive, DZ ab 150 €. Das mit fünf Sternen dekorierte Doppel-Clubhotel bietet eine ansprechende Architektur. Von Weitem wirkt es wie eine nordafrikanische Stadt mit Türmen, Mauern, Gassen und Palmen. Weitere Pluspunkte sind die zahlreichen Sportmöglichkeiten (Surfstation und Tauchbasis am Strand vor der Hotelanlage) und das gute Essen. Eigener Strandabschnitt mit Liegen und Strandbar (all inclusive, sodass man auch »draußen« kein Geld mitnehmen muss).

Optischer Leckerbissen – **Odjo d'Água** **4**: Rua 15 de Agosto, Tel. 242 14 14, www.odjodagua-hotel.com, DZ ab 84 €. Das zentral gelegene Hotel ist im Stil eines andalusischen Gutshofes gestaltet. Am schönsten sind die Zimmer im Obergeschoss mit Balkon sowie in den Nebengebäuden mit Meerblick. Gebadet wird im begrünten Poolbereich oder am eigenen Strandabschnitt. Spezialitätenrestaurant und Musikbar.

Designhotel – **Dunas de Sal 5**: Ponta Preta, Tel. 242 90 50, www.hoteldunasdesal.com, DZ ca. 120 €. Klassisches Designhotel mit 5 Sternen der Landeskategorie. Der Architekt bevorzugte eine schlicht-elegante Bauweise. Alle Zimmer haben Balkon und sind modern und hell eingerichtet. Schöner Poolbereich, Restaurant und Bar. Angeschlossen ist auch eine Tauchbasis (s. S. 106).

Am alten Hafen – **Porto Antigo 6**: Porto Antigo, Tel. 242 18 15, www.portoantigo.com, DZ 55–80 €. Romantische, mit vielen Blumen und Grünpflanzen geschmückte Apartmentanlage am ehemaligen Fischerhafen. Mit Pool und angrenzendem Strand. Auf Wunsch auch Frühstück oder Halbpension.

Selbstversorger – **Aparthotel Ponta Preta 7**: Zona de Taquinho, östlich des Zentrums in zweiter Reihe, Tel. 242 90 20, www.pontapreta.info, Apartment für 2 Pers. 50–100 €. Großzügige Apartmentanlage mit knapp 60 Einheiten unterschiedlicher Größe. Relativ gut ausgestattete Küchenzeilen. Bei Aufenthalten unter 3 Nächten Zuschlag von 30 %. Frühstück (7,50 €) oder Halbpension (21,50 €) sind zubuchbar.

Mit Flair – **Les Alizés 8**: Rua 1°de Junho, Tel. 242 14 46, www.lesalizescv.com, DZ ab 60 €. Charmante Pension mit nur 10 Zimmern unter französischer Leitung in einem zentral gelegenen alten Handelshaus: wunderschön in klassischem Altrosa gehalten, mit umlaufendem weißem Balkon und Dachterrasse. Wer mitten im Geschehen sein und zugleich stilvoll wohnen möchte, ist hier goldrichtig.

Surfer (fast) unter sich – **Santa Maria Beach 9**: Rua 15 de Agosto, Tel. 242 14 50, santamaria_beach@yahoo.com.br, DZ ab 56 €. Die vorwiegend von Surfern gebuchte Unterkunft liegt hinter der Praia António de Sousa. Am schönsten sind die Zimmer mit Balkon und Meerblick.

Individuell – **Sakaroulé 10**: Rua a Tras, Tel. 242 16 82, www.sakaroulecaboverde.com, DZ 44 €. Von Italienern geführte Pension mit 12 einfachen, aber stimmungsvoll dekorierten Zimmern in einem Wohnviertel abseits vom touristischen Geschehen. Im hübschen Innenhof öffnet von 18 bis 22 Uhr eine Bar.

Essen & Trinken

Schöne Adresse für Fisch – **Barracuda 1**: Praia de Santa Maria, Tel. 242 80 10, www.restaurantebarracuda.com, Di–So 8–24 Uhr, Hauptgerichte um 1500 ECV. Gehobenes Fischrestaurant, das aber auch verschiedene Fleischgerichte anbietet, mit geräumiger, überdachter Terrasse direkt am Strand. Es empfiehlt sich die Reservierung am Vortag bzw. mittags für den Abend.

Surferszene – **Ponta Preta 2**: Tel. 991 86 13, tgl. 10–18 Uhr, Hauptgerichte um 1200 EVC. Einsam steht das schlichte Strandlokal mit schattiger Terrasse an der gleichnamigen Landspitze. Ideal zum Beobachten der Surfkünstler in der nahen Brandungszone, wunderschön zum Sonnenuntergang.

Lecker essen am Strand – **Atlantis 3**: Praia de Santa Maria, Tel. 242 18 79, tgl. 12–22 Uhr, Hauptgerichte ab 1100 ECV. Großzügiges und luftiges Restaurant, direkt am Strand mit schönem Blick, guter Küche und professionellem Service.

Italiener am Meer – **Crêtcheu 4**: Rua Georges Vynckier, Tel. 242 19 16, www.cretcheusal.com, tgl. 11.30–23

Uhr. Hauptgerichte ab 1400 ECV. Auf der luftigen Terrasse neben dem alten Waagehaus genießt man den Meerblick und speist italienisch: Nudelgerichte, Pizza, Carpaccio vom Thunfisch, Antipasti.

Der Klassiker für frischen Fisch – **Turifogo »Zum Fischermann« 5**: Rua Amílcar Cabral, Tel. 991 76 00, www.zum-fischermann.de, tgl. 18–23 Uhr, Hauptgerichte ab 700 ECV, Languste auf Nachfrage 100 g für 500 ECV. Schon seit etlichen Jahren bewährtes Lokal unter deutscher Leitung am westlichen Ortseingang mit großer Auswahl an Fischgerichten und Meeresfrüchten. Kompetente Beratung zu den einzelnen Fischen durch den Chef. Auf der begrünten Terrasse sitzt man in netter Atmosphäre, dreimal wöchentlich gibt es kapverdische Livemusik.

Seit Jahren bewährt – **Américo's 6**: Rua 1° de Junho, Tel. 242 10 11, tgl. geöffnet, Hauptgerichte ca. 900 ECV. Besonderer Beliebtheit erfreut sich die Terrasse im Obergeschoss. Reichhaltiges Angebot an kapverdischen und portugiesischen Gerichten, darunter die berühmte *cataplana*, ein Schmortopf mit Meeresfrüchten.

Einheimisch und günstig – **Compad 7**: Rua 1° de Junho, Tel. 242 19 16, Sa geschl., Hauptgerichte 600–800 ECV. Ein wirklich authentisches kapverdisches Restaurant und dazu ein echter Budget-Tipp. Besonders zu empfehlen sind Thunfisch- und Tintenfischsalat, Meeresfrüchte, Fleischgerichte. Alles frisch zubereitet.

Vegetarisch – **Cape Fruit 8**: Rua 15 de Agosto, Tel. 970 52 27, Do–Di 8–22 Uhr. Szeniges Ambiente, Musik zum Chillen. Es gibt vegetarische Sandwiches und Tapas, Eiergerichte, frisch gepresste Fruchtsäfte/Smoothies und sogar veganen Kuchen. Vom Frühstück bis abends schön zum Essen oder auch nur auf einen Drink.

Wellen und Wind: Einer der besten Surfspots der Welt ist die Ponta Preta

Einkaufen

Inselerzeugnisse – **Djunta mo Art 1:** Rua 1° de Junho, www.facebook.com/djuntamoart. Alles, was hier verkauft wird, wurde garantiert auf den Kapverden hergestellt: modernes, farbenfrohes Kunsthandwerk, Batik-Sommermode, Grogue, Marmeladen und vieles mehr. Freundliche Bedienung.

Einheimische Produkte – **L'Alambic 2:** Rua 1° de Junho, tgl. geöffnet. Gepflegter Laden im Erdgeschoss der Pension Les Alizés. Auch hier stammen alle Souvenirs zu 100 % von den Kapverdischen Inseln: Kunsthandwerk, Grogue, Ponche, Kaffeebohnen, Salz.

Aktiv

Surfen – **Pezi Huber 1:** Praia António de Sousa, Tel. 242 18 80, www.pezi-huber.com, Nov.–April. Die Surfschule unter deutscher Leitung mit dem bewährten Team um Pezi Huber und Willy Klose bietet Boards der Marke Fanatic.

Surfen – **Surf Zone 2:** Praia de Santa Maria, Hotel Morabeza, Beach Club, Tel. 982 79 10, www.surfcaboverde.com. Ableger auch vor den Riu-Hotels, mehrsprachiges Team. Kurse für Anfänger und Fortgeschrittene. Windsurfen, Kitesurfen, SUP und Wellenreiten.

Surfen – **Ion Club:** Praia de Santa Maria, beim Restaurant Atlantis 3, Tel. 0049 881 90 96 010, www.ion-club.net. In vielen Ländern vertretene Gruppe, spezialisiert auf Surf-Urlaube. Vielseitiges Angebot, mehrsprachig.

Tauchen – **Mergulho Dunas de Sal:** Moderne Tauchbasis im Hotel Dunas de Sal 5 (s. S. 104). Anfänger und Fortgeschrittene sind willkommen. Tauchgänge und Kurse.

Tauchen – **Scuba Caribe:** Ponta Preta, www.scubacaribe.com. Die Basis am Strand vor den Clubhotels Riu Funaná & Riu Garopa 3 wird von internationalen Tauchlehrern geführt; englisch- und deutschsprachig.

Tauchen – **Manta Diving Center:** Praia de Santa Maria, Hotel Oásis Atlântico Belorizonte 1, Tel. 242 15 50, www.mantadivingcenter.cv. Kurse für Anfänger und Fortgeschrittene, auch auf Deutsch. Ausfahrten auch nachts.

Glasbodenboot – **Neptunus 3:** Tel. 999 42 00. Einstündige Ausfahrten zur Beobachtung der Meeresfauna an den Schiffswracks ›Santo Antão‹ und ›Bolana‹ ab dem Cais de Pesca, max. 24 Passagiere, pro Person ca. 33 €.

Nach Boa Vista – **Ilan Voyager 4:** www.hotelmorabeza.com. Ganztägige Bootsausflüge zur Nachbarinsel mit dem Trimaran ›Ilan Voyager‹ für max. 8 Passagiere, einschließlich Inselrundfahrt. Überfahrt ca. 1 Std.; es besteht die Chance, Wale oder Delfine zu beobachten. Buchbar im Hotel Morabeza (s. o.), 146 €, Kinder halber Preis, Zahlung per Kreditkarte möglich. Andere Bootsexkursionen auf Anfrage.

Ausflüge – **Vista Verde Tours 5:** in der Fußgängerzone zum Pontão (neben dem blauen Gebäude der Telecom), www.vista-verde.com, Mo–Fr 10–13, 16–19, Sa 10–12 Uhr. Vermittlung von Ausflügen auf Sal und zu anderen Inseln, Bootsausflüge, Tauchen, etc. Kompetentes Team, unter deutscher Leitung. An den Stränden und bei den großen Hotels werben weitere örtliche Anbieter für Tagesausflüge.

Reiten – **Santa Marilha 6:** Tel. 977 37 08, www.horsexcursionsal.com. Geführte, ein- bis zweistündige oder individuell abgestimmte Ausritte (ab 40 €) für Anfänger, Fortgeschrittene und Könner entlang der Strände, durch die Salinen und das Naturschutzgebiet Serra Negra. Die Pferde, sanftmütige Araber-Berber des familiengeführten Unternehmens, stehen beim Gartenzentrum *(viveiro)* an der Zufahrt nach Santa Maria. Mit Transfer ab/bis Hotel.

Schildkröten-Spaziergänge – **SOS Tartarugas** 7: Tel. 974 50 20, www.sostartarugas.org. Während der Eiablagesaison finden jede Nacht zweistündige Lehrspaziergänge mit Rangern statt, die Meeresschildkröten markieren und Daten sammeln. Die Teilnahme ist kostenlos, eine Spende von mind. 20 € wird vom Veranstalter vorgeschlagen.
Spaßfahrzeuge – **No Limits:** Rua 1° de Junho, im Haus der Pension Les Alizés 8, Tel. 582 44 74, www.nolimitsadventure.com. Quadexkursionen, geführte Segway-Touren und Ausflüge mit einem Hummer-Geländewagen durch einsame Landstriche der Insel.

Abends & Nachts

Caipirinha & Co. – **Pub Calema** 1: Rua 1° de Junho. Surfer wie Nichtsurfer wissen die gemütliche, kommunikative Bar zu schätzen. Beliebt sind die Cocktails, allen voran die aus Brasilien ›importierte‹ Caipirinha.
Großartige Musik – **Buddy Bar** 2: Rua 1° de Junho. Jeden Abend Livemusik in einem alten Stadthaus. Hier treffen sich Einheimische und Touristen. Gute Cocktails.
Diskothek – **Pirata** 3: am westlichen Ortseingang, www.todocaboverde.com/pirata, tgl. 21.30–2 Uhr. Der urig gestylte, einer alten Karavelle nachempfundene Disco-Pub bietet jede Menge Events. Junges, kontaktfreudiges Publikum.
Gediegen – **Pub Q Bar:** Rua 15 de Agosto. Das Tanzlokal im Untergeschoss des Hotels Odjo d'Água 4 bietet gepflegte Unterhaltung bei Livemusik. Auch externe Gäste finden sich gern hier ein.
Vielfältig – **Tam Tam Bar** 4: Rua Amílcar Cabral. Eine bunte Mischung von Nationalitäten findet sich auf der Terrasse ein, um den Tag bei einem Drink ausklingen zu lassen, Restaurant mit guter einheimischer Küche.

Infos & Termine

Termine

Festival Santa Maria: www.festi.sapo.cv/santamaria. Zwei Tage und Nächte um den 15. September wird ein Musikfestival am Strand veranstaltet. Von bis zu 20 000 Fans besuchter Höhepunkt der Festivitäten auf Sal mit kapverdischen und internationalen Gruppen.

Verkehr

Aluguer und Taxi: am Ortseingang bei der Bar Lourdes/Parada stehen Aluguers. Taxen kreuzen durch den Ort oder warten vor den Hotels. Preisbeispiel: Taxi Santa Maria–Flughafen 12 €, Santa Maria–Riu-Hotels an der Ponta Preta 3 €.
Mietwagen: Alucar, im Hotel Morabeza, Tel. 242 11 87, alucarslrc@cvtelecom.cv; ab ca. 6500 ECV/60 € pro Tag. Auch in anderen Hotels gibt es Mietwagenstationen.
Fahrräder: Viele Ferienanlagen verleihen gegen Gebühr Fahrräder an ihre Gäste. Auch an der Praia de Santa Maria gibt es Verleihfirmen. Zu bedenken ist der ziemlich starke und stete Wind.

Murdeira ▸ Karte 2, R 5

Die wüstenhafte Landschaft zwischen Santa Maria und Espargos ist kaum besiedelt. Wichtigste Anlaufstelle in diesem Bereich ist die halbkreisförmige Bucht **Baia Jorge Fonseca** mit ihrem durch Felsbarrieren fast komplett vom Meer abgetrennten, schmalen Sandstrand. Sicheres Baden ist hier bei fast jeder Wetterlage möglich. Daher entstand rechts und links der Bucht die kleine Feriensiedlung Murdeira, die nur aus zwei Bungalowkomplexen besteht. Die Wohneinheiten befinden sich großenteils in Privatbesitz, ein kleinerer Teil wird als Aparthotel betrieben.

Übernachten

Einsam in der Bucht – **Murdeira Village:** Tel. 241 16 04, www.murdeiravillage.com, Apartment für 2 Personen 65–80 €. Die in einen Garten eingebettete Bungalowanlage verfügt über einen großen Pool mit Kinderbecken, ein Restaurant und einen Minimarkt für Selbstversorger.

Calheta Funda

Südlich von Murdeira liegt inmitten von Felsriffen die Sandbucht Calheta Funda mit der benachbarten, kleineren Caletilha. Beide sind über eine Piste (von der Hauptstraße Santa Maria–Espargos ausgeschildert) zu erreichen. Durch vorgelagerte Felsen ist der Strand geschützt und für Kinder zum Baden geeignet.

Miradouro Monte Leão

Weit schwingt die Baía da Murdeira vom gleichnamigen Ort Richtung Nordwesten. Sie gliedert sich in zahlreiche kleine Strände, vor denen oft Segeljachten ankern. An der Spitze der Bucht erhebt sich der markante Monte Leão (165 m). Von weitem betrachtet, am schönsten schon auf der Fahrt von Santa Maria nach Murdeira zu sehen, erinnert der Bergrücken tatsächlich an die liegende Gestalt eines Löwen (*leão* = dt. Löwe).

Ein Ausflug per Quad oder Allradfahrzeug führt ab Murdeira, am nördlichen **Bungalowkomplex** vorbei erst auf einer schmalen **Asphaltstraße,** dann bald auf einer **Piste am Meer** entlang, in die Nähe des Monte Leão. Hält man sich am Berg rechts vorbei und dann an einer Gabelung rechts aufwärts, so gelangt man zum **Miradouro Monte Leão** – einer Kuppe mit Panoramablick. Eine Sammlung von Steinmännchen charakterisiert die Stelle, von Besuchern nach und nach errichtet, vielleicht in dem magischen Glauben, irgendwann hierher zurückzukehren. Jetzt geht es auf dem gleichen Weg zurück.

Wer hingegen ab dem Miradouro Monte Leão der Piste weiter folgt, erreicht über die Praia Fontona den Fischerort **Palmeira** (s. S. 112).

Espargos ▸ Karte 2, R 5

In Espargos lässt sich eine authentische Atmosphäre erleben, obwohl viele Angestellte der Tourismusbetriebe von Santa Maria hier leben. Nach den letzten offiziellen Zahlen von 2010 hat die Gemeinde Espargos ca. 17 000 Einwohner. Inzwischen dürften es schon ein paar mehr sein. Zum Vergleich: 1990 lebten auf der gesamten Insel nur knapp 7000 Menschen. Vom Ortseingang führt die breite Rua 5 de Julho Richtung Norden zur Praça 19 de Setembro mit einem kleinen Straßencafé und der wichtigsten Kirche der Stadt, der Igreja do Nazareno. Wie bei den Gotteshäusern der Nazarener üblich, ist sie kräftig türkisblau gestrichen. An der Straße entlang weiter nordwärts und dann schräg links gelangt man zur Pracinha de Quebród, einem dreieckigen Platz. Im Schatten gewaltiger Akazien treffen sich dort Männer zum Kartenspiel oder vertreiben sich mit dem *oril,* dem landestypischen Brettspiel, die Zeit. In den 1970er-Jahren spendeten wohlhabende Stadtbewohner Geld, um den Platz anzulegen. Sie wollten die Pracinha zum Markenzeichen der kapverdischen Lebensart machen, zum Treffpunkt für alle Altersgruppen und sozialen Schichten. Auch wenn dies nicht in dieser Konsequenz gelungen sein mag, so lebt doch die Idee in Rotterdam fort. Die dorthin emigrierten Kapverdianer schufen einen Platz gleichen Namens, auf dem sie sich in Kriolu unterhalten, wo sie ihre Musik hören und Feste feiern.

Namengebend für den Ort war der wilde Spargel (port. *espargos*), der ringsum nach den seltenen sommerlichen Regenfällen aus dem Boden schießt. Espargos ist nur wenige Jahrzehnte alt. Die Siedlung entwickelte sich aus einer Gruppe von Baracken, die in der Nähe des Flughafens gegen Ende des Zweiten Weltkriegs errichtet worden waren. In jüngerer Zeit entstand Richtung Osten ein moderner, relativ wohlhabend wirkender Stadtteil mit Geschäften, Bars und Restaurants. In anderen Wohnvierteln an der Peripherie hingegen leben Einwanderer von anderen Inseln und dem afrikanischen Kontinent unter recht einfachen Bedingungen. Insbesondere am Nordrand Richtung Terra Boa scheint Espargos geradezu aus den Nähten zu platzen.

Unser Tipp

Esplanada Bom Dia
Das unkomplizierte Lokal gegenüber vom (geschlossenen) Hotel Atlântico ist der netteste Treffpunkt in Espargos. Man sitzt bei einem Drink auf der bunt gefliesten Terrasse und isst dazu leckere Kleinigkeiten oder *cachupa* (Rua Albertino Fortes, Tel. 241 14 00, tgl. 7–24 Uhr, kleine Gerichte 650–700 ECV).

Ausflüge

Terra Boa und Atelier Mirage

Nördlich der letzten Ausläufer von Espargos erstreckt sich ein fast menschenleeres Gebiet, das sich Jeepfahrern erschließt. Um auf die dortigen, staubigen Pisten zu gelangen, fährt man durch Espargos auf der Rua 5 de Julho geradeaus, über die Pracinha de Quebrada hinweg zur Rua 8 de Março. Auf ihr geht es nordwärts. Kurz vor einer großen Kreuzung, bei einer öffentlichen Wasserstelle, zweigt links eine Piste ab. Sie schwenkt gleich darauf wieder nach Norden. Im Osten erhebt sich nun weithin sichtbar eine Vulkanreihe, angeführt vom höchsten Berg der Insel, dem Monte Grande (406 m). Im Westen ragt der Monte Leste (263 m) auf. Der breite, in gutem Zustand befindliche Fahrweg führt auf die Oase **Terra Boa** zu. Anbau von Mais, Bohnen und Gemüse, wie früher trotz der geringen Regenmengen üblich, wird hier heute kaum noch betrieben. Bei ein paar wenigen verstreuten Bauernhöfen findet Haltung von Rindern und Geflügel statt. Kuhreiher bevölkern die Viehweiden.

Jenseits von Terra Boa wird die Landschaft abrupt trocken. Je nach Lage der Luftschichten kann es hier zum Phänomen der Fata Morgana kommen. Große Seen scheinen sich vor dem Betrachter auszubreiten, überdimensionale Akazien wiegen sich im Wind, eventuell vorausfahrende Jeeps sehen aus wie doppelstöckige Busse. Hier lädt das einsam gelegene, komplett aus Blättern erbaute **Atelier Mirage** – passend benannt nach dem französischen Begriff für Luftspiegelung – zu einem Halt ein. Kunsthandwerker produzieren vor den Augen der Kunden Puppen aus einheimischen Materialien und verkaufen auch Souvenirs von den anderen Kapverden-Inseln, etwa delfinfreundlich gefangenen Thunfisch von São Nicolau oder Lavasteinhäuschen aus Fogo, sowie Ansichtskarten.

Über den Morrinho de Açúcar zur Küste

Unweit nördlich zweigt links die Piste nach Buracona (s. S. 113) ab. Geradeaus folgt man zunächst der breiten Piste nordwärts. Voraus ist inmitten einer kargen Steinwüste ein kleiner spitzer Berg, der **Morrinho de Açúcar,** zu erkennen.

Bei der Erhebung handelt es sich um einen ehemaligen Vulkanschlot, der in seiner Gesamtheit aus schön herausgebildeten Basaltsäulen besteht. Die Piste gabelt sich hier. Rechts geht es nur zu einem Steinbruch. Halblinks, also eher geradeaus, führt der Fahrweg noch ein Stück weiter, wird aber undeutlicher. Es folgt eine weitere Gabelung. Links gelangt man in Richtung Meer, gleich darauf endet die Piste. Wenige Schritte durch eine Steinwüste sind es noch zur Küste. Bizarres, schwarzes Lavagestein und permanent starker Seegang sind hier die Sehenswürdigkeiten.

Ponta Norte

Nördlich von Terra Boa zweigt von der Hauptpiste ein zunächst undeutlicher sandiger Fahrweg nach rechts (Osten) ab. Zur Orientierung kann ein Windrad dienen, das links der Hauptpiste steht. Der Verlauf des Nebenfahrwegs wird vorübergehend sehr undeutlich, denn der Sand ist hier staubartig fein und wird leicht verweht. An dieser Stelle befand sich einst der Grund eines inzwischen ausgetrockneten Sees. Die Fahrspuren bleiben stets östlich des Morrinho de Açúcar und vereinen sich bald zu einer deutlicheren Piste. Es folgt eine eindeutige Gabelung, beide Spuren treffen aber wieder zusammen.

Kurz vor dem Ziel, der nördlichsten Landspitze Sals, fächern sich die Spuren abermals auf. Hier sucht man sich den besten Weg, bis eine deutliche Schotterpiste erreicht ist, die direkt zum zerfallenen Leuchtturm (*farol*) an der **Ponta Norte** führt. Einsam steht die Ruine in geradezu mystisch anmutender Atmosphäre. Mittlerweile ersetzt den Farol jedoch ein solarbetriebenes modernes Leuchtfeuer. Südöstlich vom Leuchtturm liegt die **Baía de Fiúra.**

Übernachten

Für einen längeren Aufenthalt kommt Espargos kaum in Frage. Wer Sal nur als Zwischenstation für die Weiterreise auf andere Inseln benutzt und den Touristenort Santa Maria meiden möchte, findet hier allerdings eine begrenzte Zahl von Unterkünften. Sie sind vom Flughafen per Taxi (ca. 300 ECV) oder zu Fuß in 15–20 Min. zu erreichen.

Gepflegte Hotelpension – **Residencial Santos:** Rua do Morro Curral, Tel. 241 35 99, residencialsantos@hotmail.com, DZ 4500 ECV. Im modernen Stadtteil, Mittelklasseniveau. Zimmer mit Privatbad, teilweise mit Balkon. Mit Restaurante Grill Panorama im Dachgeschoss.

Für Rundreisende – **Residencial Monte Sintinha:** Travessa Santa Luzia, Tel. 241 14 46, Fax 241 17 20, barviolao@cvtelecom.cv, Preis auf Anfrage. Gut ausgestattete und schön eingerichtete, familiengeführte Pension mit 24-Stunden-Service, also ideal für Flugreisende. Gefrühstückt wird auf der Dachterrasse. Mit Restaurant Amélia und Bar Violão, wo der Hausherr schon einmal live musiziert.

Essen & Trinken

In-Lokal – **Grog's:** Hortelã de Baixo, Tel. 241 43 80, www.todocaboverde.com/grogs, Mo–Do 11.30–24, Fr/Sa 11.30–4, So 11.30–24 Uhr, Tagesgericht

390 ECV, Pizza 450–700 ECV, Hauptgerichte 700–900 ECV. Sports Bar & Grill, *der* Treff für Einheimische wie Touristen, unter tschechischer Leitung. Mit netter Terrasse. Es gibt Pizza, Snacks, Fisch und Fleisch vom Grill. Szeniges Ambiente, abends oft Livemusik.
Am Flughafen – **Américo's:** Aeroporto Internacional Amílcar Cabral, Erdgeschoss, Fisch oder Fleisch mit Beilagen ca. 600 ECV. Ein echter Budget-Tipp. Vom Mittag bis in die frühen Abendstunden bekommt man in dem Selbstbedienungslokal am Flughafen ein günstiges Essen. Hier versorgen sich auch die Flughafenangestellten und die Crews der Inlandflüge.

Abends & Nachts

Kreolische Musik – **Caldera Preta:** Rua Jorge Barbosa, Tel. 241 38 39, Mo–Do 7.30–23, Fr/Sa 7.30–4 Uhr. Der bekannte Morna- und Coladeira-Sänger Mirri Lobo gibt am Wochenende zusammen mit weiteren Musikern von Sal oft Livekonzerte in dem von ihm geführten, stilvollen Pub. Aktuelle Infos bei Facebook.

Infos

Flüge: s. Infobox S. 94
Aluguer/Taxi: Praça Abilio Duarte. Nach Santa Maria *passagem* 120 ECV, Taxi ca. 12 €.

Pedra de Lume

▶ Karte 2, R 5

Der winzige Ort wirkt meist wie ausgestorben. Es gibt allerdings noch einen winzigen, pittoresken Fischerhafen, in dem die kleinen offenen Boote liegen. Ein geplantes Golfresort wird vorerst nicht verwirklicht.

Pedra de Lume ist, wenn man so will, der geschichtsträchtigste Ort auf Sal. Jahrhundertelang verirrten sich kaum mehr als ein paar Schildkrötenfänger auf die wüstenhafte Insel, bis Ende 18./Anfang 19. Jh. die Salzvorkommen von Pedra de Lume erschlossen wurden (s. u.). Von 1835 stammt die kleine weiße Capela Nossa Senhora da Piedade, deren Äußeres seither praktisch unverändert blieb.

Salinarelax Pedra de Lume

Pedra de Lume, www.stefaninagroup.com/crioula, tgl. geöffnet, Eintritt 5 €, Dusche 1 €, Thalasso-Anwendungen gegen Gebühr
Oberhalb der Ansiedlung ragt der berühmte Vulkan von Pedra de Lume auf. Sein Kraterboden ist das touristische Highlight des Ortes. Er wird als Saline genutzt, wohl einzigartig auf der Welt. Heute dient er zugleich, von einer italienischen Hotelgesellschaft geführt, als Wellness-Oase (s. Entdeckungstour S. 102). Hinter der Capela de Nossa Senhora de Piedade führt eine Piste hinauf zu einem Parkplatz mit Kassenhäuschen. Von dort erfolgt der (gebührenpflichtige) Durchgang durch einen kurzen Fußgängertunnel in der Kraterumrandung.

Infos

Aluguer und Taxi: Aluguers verkehren praktisch nicht nach Pedra de Lume. Man nimmt also ab Espargos ein Taxi und bestellt dieses am besten auch gleich für die Rückfahrt (ca. 500 ECV pro Strecke).

Baía da Parda

Die Bucht südlich von Pedra de Lume ist dafür bekannt, dass sich dort regelmäßig in großer Zahl Haie tummeln,

Idealer Badeplatz bei ruhiger See: Felsbecken beim Blauen Auge von Buracona

die von Land aus zu beobachten sind, günstige Witterungsbedingungen vorausgesetzt. Eine Sichtungsgarantie gibt es leider nicht.

Von der Zufahrt nach Pedra de Lume zweigt man vor einer Baufirma rechts, also in südöstlicher Richtung, auf eine Piste ab. Die Stelle ist durch zwei alte **Blechtonnen** gekennzeichnet. Wenig später weist das Schild ›Shark‹ auf den Weiler **Feijol** zu, ein bis heute bewohntes Quartier ehemaliger Salinenarbeiter. Er besteht nur aus einem Langhaus, das in mehrere Wohnungen unterteilt ist. Dahinter links abbiegen zu einer (nicht zum Baden geeigneten) Strandbucht mit türkisgrünem Wasser. Rechts, also südwärts, geht es am Meer entlang weiter, an einem verrosteten **Schiffswrack** vorbei. Etwa 300 m nach dem Wrack ist der beste Beobachtungspunkt erreicht. Die günstigsten Bedingungen herrschen bei Niedrigwasser, wenn am Küstensaum eine Lavafelsbank trockenfällt. Die Haie halten sich dann noch nicht einmal 50 m entfernt am Beginn der Brandungszone im flachen Wasser auf. Nur ihre dunklen, unscheinbaren Finnen sind zu erkennen, die eilig hin- und herkreuzen. Ohne Fernglas ist der Anblick nicht wirklich spektakulär. Allerdings dürfte die Mehrzahl der Leser noch keine Haie in freier Wildbahn gesehen haben. Es soll sich um Zitronenhaie handeln, die bis zu über 3 m Länge erreichen und auch für Menschen gefährlich werden können, wenngleich Unfälle mit Haien auf den Kapverden äußerst selten sind.

Palmeira ▸ Karte 2, R 5

Hier befindet sich der Haupthafen der Insel. Sämtliche Güter, die nicht auf dem Luftweg nach Sal kommen, werden in Palmeira angelandet, insbesondere der Treibstoff für die Fluggesellschaften. So bilden Öltanks den Hintergrund des Strandes. Dennoch besitzt Palmeira (500 Einw.) ein Flair, wie es sonst auf Sal nirgendwo zu finden ist. Jenseits der Tanklager verbirgt sich ein authentischer Hafenort. An der Hauptstraße steht eine kleine Markthalle, in der Dinge des örtlichen Bedarfs – Obst, Gemüse und Kleidung – verkauft werden.

In der Bucht neben dem eigentlichen Haupthafen liegen die Fischerboote. Stets ankern hier auch einige Segeljachten. Oberhalb der Fischereimole steht die hübsche Capela de São José an einem mit Kopfsteinen gepflasterten Platz. Dort kann man sich auf der Mauer über der Bucht niederlassen und die Atmosphäre genießen. Ein Kiosk und eine einfache Bar bieten Erfrischungen an. Palmeira ist auch Station der zahlreichen Inselrundfahrten, die von Santa Maria aus mit Kleinbussen oder Pickups angeboten werden. Einige Straßenhändler versuchen mal mehr, mal weniger aufdringlich ihre Souvenirs zu verkaufen.

Infos & Termine

Termine

Festa de São José: 19. März. Am Tag des hl. Joseph feiert Palmeira ein buntes Volksfest mit Messe in der gleichnamigen Kapelle und Prozession.

Verkehr

Aluguer: Sporadischer Aluguerverkehr von und nach Espargos.

Buracona ▶ Karte 2, Q/R 4

Kaum eine Inselrundfahrt lässt Buracona aus. In Felsbecken vulkanischen Ursprungs haben sich dort kleine Tümpel oberhalb des Meeresspiegels gebildet, deren Wasser bei Flut auf natürliche Weise ausgetauscht wird. Angrenzende Gesteinsflächen bieten sich zum Sonnenbaden an. Buracona ist damit nicht nur ein schöner Badeplatz (vorausgesetzt, die Brandung schwappt nicht zu kräftig in die Becken), sondern besitzt als besondere Attraktion das **Olho Azul** (kriolu: Odjo Azul), das ›blaue Auge‹, ein Loch im Felsen, unter dem der Atlantik gurgelt. Um die Mittagszeit fallen die Sonnenstrahlen bis zum Wasser hinunter, das dadurch türkisblau aufblitzt wie die Iris eines Auges. Komplett ausgeleuchtet ist das Loch allerdings nur in den Sommermonaten. Im Winter ist der Effekt nur in eingeschränktem Ausmaß zu beobachten. Vorausgesetzt man tritt nahe genug an die geöffnete Höhlung heran. Einen Überblick über die Küstenlandschaft hingegen verschafft man sich vom **Café Buracona,** dessen Panoramaterrasse im Rücken der Badebucht schwebt. Es bietet Kaffee, Getränke und Snacks.

Die Unterwasserwelt vor Buracona gilt übrigens als einer der besten Tauchspots weltweit. Die Tauchbasen von Santa Maria fahren ihre Gäste bevorzugt per Boot hierher, um Sandbänke, untermeerische Höhlen und Schiffswracks zu erkunden.

Infos

Verkehr

Mietwagen: Buracona ist nur auf – gut befahrbaren – Pisten zu erreichen. Entweder ab Palmeira (Abzweigung kurz vor der Hafeneinfahrt, ausgeschildert) oder ab Espargos über Terra Boa (s. S. 109). Da es auf dem Parkplatz von Buracona wiederholt zu Autoaufbrüchen gekommen ist, rät die örtliche Polizei, nichts im Mietwagen liegen zu lassen.

Das Beste auf einen Blick

Boa Vista

Highlight!

Praia de Santa Mónica: Viele halten den hellsandigen, praktisch menschenleeren Strand für den schönsten der Kapverden. Schon die Anfahrt per Jeep oder Quad ist ein Erlebnis. Baden gestaltet sich allerdings wegen Brandung und Unterströmungen unmöglich. S. 130

Auf Entdeckungstour

Pistenfahrt zu Lagunen und Dünen: Feuchtgebiete von internationalem Rang sind die Strandseen im Südosten der Insel Boa Vista. Auf einer Geländewagen- oder Quadfahrt durch dieses einsame Gebiet lassen sich Palmenoasen, eine bizarre Salzflora und seltene Vogelarten entdecken. S. 134

Kultur & Sehenswertes

Capela Nossa Senhora de Fátima: Morbider Charme umgibt die auf einer Felskuppe thronende Wallfahrtskapelle, zu der über die Klippen von Sal Rei ein kurzer Spaziergang führt. S. 120

Olarla dl Rabil: Das alte Handwerk der Töpferei wurde in Rabil neu belebt. In der Keramikwerkstatt wird alles von Hand und ohne die Verwendung einer Drehscheibe gefertigt. S. 127

Aktiv unterwegs

Jeeptour: Per Geländewagen gelangt man zum Wrack des spanischen Frachtschiffs Cabo de Santa Maria. S. 120

Turtle-Watching: Einer der weltweit bedeutendsten Eiablageplätze der Unechten Karettschildkröte liegt an Boa Vistas Ostküste. S. 124

Odjo d'Mar: Eine beliebte Wanderung führt zum ›Wasserauge‹, dem einzigen natürlichen See der Kapverden. S. 133

Genießen & Atmosphäre

Beachclubs: Mehrere Terrassenlokale an der Praia do Estoril vermieten windgeschützte Sonnenliegen. Zwischendurch bestellt man einen kühlen Drink oder original italienische Pasta. S. 123

Restaurant Naida in Sal Rei: Hier geht es noch vergleichsweise klassisch zu. In authentischer Atmosphäre kommen traditionelle Fisch- und Fleischgerichte auf den Tisch. S. 123

Abends & Nachts

Kanta Morna Café: Im ehemaligen Domizil eines Salzhändlers, dem Migrante Guest House in Sal Rei, lädt das Café zum Entspannen ein. Die Atmosphäre ist szenig, oft gibt es Livemusik. S. 124

Fon' Banana: Kapverdische Abende mit typischem Essen, begleitet von Livemusik, veranstaltet das ländliche Lokal in Povoação Velha. S. 132

Boa Vista – die Sandinsel

Landschaftlich noch großenteils unberührt, präsentiert sich Boa Vista trotz der rasanten touristischen Entwicklung der letzten Jahre noch immer mit schier endlosen Dünenstränden, Palmenoasen und Steinwüsten. In der geschützten Bucht der Hafen- und Hauptstadt Sal Rei ist das Meer meist spiegelglatt. Das lockt Badende und Surfer an die hellsandige Praia de Estoril, die hier auch eine Reihe sehr sympathischer familiärer Unterkünfte finden können. Nach Süden schließt sich die lange Praia da Chave an, an der einige weitläufige Hotelanlagen stehen. Strandwanderer haben den Küstenstreifen noch auf langen Strecken für sich allein.

Zweiter nennenswerter Ort auf dem dünn besiedelten Boa Vista ist das landeinwärts über einem fruchtbaren Oasental thronende Rabil. Das Leben geht hier noch einen ruhigen Gang, auch wenn der nahe gelegene Besuchermagnet, die weiß glitzernde Wüste von Viana, viele Tagestouristen anlockt.

Sahara ›light‹ bieten Abenteuerfahrten per Jeep oder Quad zu den – von der riesigen Hotelanlage Riu Touareg an der Praia Lacação abgesehen – einsamen Stränden des Südens und Ostens. Hier finden Meeresschildkröten noch ruhige Plätze zur Fortpflanzung, seltene Vogelarten umkreisen Felseilande und Lagunen und eine karge, aber bemerkenswerte Flora macht sich hinter den Dünen breit. Baden ist allerdings wegen oft heftiger Brandung und unberechenbarer Unterströmungen nicht möglich.

Infobox

In Sal Rei gibt es eine Touristeninformationsstelle. Auf der touristischen Internetseite www.boavistaofficial.com findet man interessante Infos auf Deutsch.

Anreise und Weiterkommen

Flüge: Aeroporto da Boa Vista (BVC), 1 km westlich von Rabil und 5 km südlich von Sal Rei, Flughafeninfo www.asa.cv. Ferienflieger der TUIfly steuern Boa Vista von Deutschland und der Schweiz aus an (s. S. 22). Ansonsten ist die Insel per Inlandflug mit Propellermaschinen der TACV zu erreichen (z. B. tgl. ab Praia). Der Flughafen verfügt über eine brauchbare Infrastruktur. So kann man etwa ein verpasstes Frühstück an der Bar nachholen. Ein Restaurant gibt es nicht.

Fähre: Derzeit keine Verbindung. Eine Schnellfähren-Verbindung ist geplant.

Auf der Insel: Am Flughafen warten jeweils genügend Aluguers, die Taxidienste übernehmen, wie auch normale Taxis (ab 10 € Fahrkosten je nach Lage des Hotels, zum Riu Touareg ca. 30 €). Die Insel erkundet man am besten per Mietwagen oder organisiertem Ausflug. Mehrere Mietwagenanbieter in Sal Rei und in den großen Hotels. Mietwagen am Flughafen: Mendes & Mendes, Tel. 251 19 83, mendes&mendes@cvtelecom.cv.

Sal Rei ▸ Karte 2, R 9

Der Tourismusboom der letzten Jahre hat in der Hauptstadt Sal Rei (knapp 6000 Einw.) bereits unübersehbare Spuren hinterlassen. Rings um den recht überschaubaren Ortskern wurde und wird viel gebaut, sowohl Wohnhäuser für die stark wachsende einheimische Bevölkerung als auch einige Hotels und Apartmenthäuser für Touristen. Einige Unterkünfte im Zentrum und an der südlich angrenzenden Praia de Estoril können über Reiseveranstalter gebucht werden. Aber auch Individualtraveller werden hier fündig, denn es gibt einige einfache Pensionen.

Die Bucht von Sal Rei ist durch eine vorgelagerte Insel geschützt. An der Praia de Estoril lässt es sich vergleichsweise gefahrlos baden. Auch Wind- und Kitesurfer sowie Taucher treffen in Sal Rei gute Bedingungen an.

Geschichte

Im 19. Jh. war Sal Rei jahrzehntelang die wirtschaftlich bedeutendste Stadt der Kapverden. Um 1810 entstanden hier große Handelshäuser, zumeist von Engländern geführt, weshalb der damals aufstrebende Ort auch zunächst Porto Inglês, englischer Hafen, genannt wurde. Erst 1820 erfolgte die Umbenennung in Sal Rei. Der Export von Kalk, Salz, Baumwolle, Vieh und dem Naturfarbstoff der Färberflechte (*urzela*) florierte. Doch ab 1860 versandeten die Salinen von Sal Rei und Ende des 19. Jh. lösten künstliche Anilinfarben die Naturfarbstoffe ab. Zu Beginn des 20. Jahrhunderts wurde der Baumwollanbau auf Boa Vista aufgegeben, bedingt durch gefallene Weltmarktpreise. Was blieb, war die Kalkindustrie, deren Niedergang in den 1940er- und 1950er-Jahren Sal Rei in einen Dornröschenschlaf verfallen ließ, aus dem es erst in jüngerer Zeit wieder erwachte.

Largo Santa Isabel 1

Den geräumigen, rechteckigen Platz im Zentrum von Sal Rei zieren zwei Pavillons. Einer, die **Esplanada Municipal Silva** 6, serviert auf einer großen, schattigen Terrasse Getränke und ist ein guter Standort, um das Geschehen

Farbenfroh zeigt sich die katholische Pfarrkirche von Sal Rei

Sal Rei

Sehenswert
1 Largo Santa Isabel
2 Casa Ben Oliel
3 Igreja de Santa Isabel
4 Cais
5 Salinas Antigas
6 Cemitério Judéu
7 Capela Nossa Senhora de Fátima

Übernachten
1 Migrante Guest House
2 A Paz
3 Dunas
4 Estoril
5 Boa Vista
6 Pensão Santa Isabel
7 Residencial Bom Sossego
8 Residencial Boa Esperança

Essen & Trinken
1 Blue Marlin
2 Marésias
3 Cabo Café
4 Naida
5 Porton di nos Ilha
6 Esplanada Silva

Einkaufen
1 Mercado Municipal
2 Loja Ka Tem

Aktiv
1 Boa Vista Wind Club
2 Paradise Kite
3 Submarine Center
4 Morena
5 Maximus

Abends & Nachts
1 Wakan Bar

ringsum in Ruhe zu verfolgen. Am Nordostrand des Largo gibt es einen großzügigen Kinderspielplatz.

An der meerwärtigen Seite erhebt sich gegenüber der Kirche – gut an dem breiten Balkon zu erkennen – die renovierungsbedürftige **Casa Ben Oliel** 2, das ehemalige Haus einer jüdischen Händlerfamilie. Die Ben Oliels flüchteten 1850 aus Rabat nach Boa Vista und investierten vor allem in die Kalkindustrie. Zwei große Frachtschiffe transportierten im Auftrag der Familie regelmäßig Kalk, aber auch Dachziegeln, Fleisch und Ziegenkäse nach Mindelo und Praia.

Die breite Front der **Igreja de Santa Isabel** 3 beherrscht seit 1857 den Largo. Im Kolonialstil mit barocker Fassade erbaut, wirkt die katholische Kirche auf den Betrachter vor allem durch die Bemalung: Ocker kombiniert mit einem strahlenden Hellblau um Fenster und Türen sowie an den Kanten der klotzigen Türme. In den frühen Abendstunden ist das Gotteshaus häufig geöffnet. Sein Inneres wirkt sehr schlicht. Auf der Kanzel erhebt sich eine Figur der Jungfrau von Fátima (s. S. 120), die durch die Familie Ben Oliel höchste Verehrung erfuhr.

Avenida dos Pescadores und Cais

Am Meer entlang verläuft die Avenida dos Pescadores. Von hier aus genießt man den Blick zum vorgelagerten Eiland Ilhéu de Sal Rei (s. S. 121). Der **Cais** 4, der alte Hafenkai aus dem 19. Jh., war der erste seiner Art auf den Kapverden. Nördlich angrenzend befindet sich eine kleine Bootswerft. Die Fischerboote werden dort komplett von Hand mit altertümlich wirkenden Werkzeugen gezimmert. Für Kiel, Planken oder Spanten finden verschiedene Holzsorten Verwendung.

Vom alten Hafenkai aus lohnt es, auf der Avenida Richtung Norden entlang dem Stadtstrand Praia de Diante zu spazieren. Zum Baden ist er kaum geeignet, denn er ist recht schmutzig. Fischer ziehen hier ihre Boote an Land. Dahinter befindet sich die öffentliche Badeanstalt (*balneário*), die vielen Bewohnern der Stadt das private Badezimmer ersetzt. Die Straße macht hier der Bezeichnung ›Avenida‹ alle Ehre: Sie ist breit und wird von hohen Akazien gesäumt, in deren Schatten Frauen frisch gefangenen Fisch verkaufen. Knallbunt sind die meist einstöckigen Häuser der Fischer gestrichen, jedes in einer anderen Farbe.

Vom Ende der Avenida dos Pescadores blickt man hinüber zum modernen Hafen. An seinem Betonkai legen Versorgungsschiffe und Ausflugsboote an.

Praia de Estoril

Schönster Strand von Sal Rei ist die südlich angrenzende Praia de Estoril (auch Praia de Carlota), die nach Süden in die Praia da Chave (s. S. 126) übergeht. Diese Strandzone ist ca. 10 km lang. Mehrere Beach Clubs verleihen in ihren windgeschützten Arealen Strandliegen und sorgen mit Bars und Restaurants fürs leibliche Wohl (s. S. 123).

Hier drängt sich ein Spaziergang am Meer geradezu auf. Unterwegs lassen sich in den angrenzenden Dünen mit etwas Glück versteinerte Korallen entdecken. Nach ca. 2 Std. ist die ehemalige Ziegelei mit dem Hotel Parque das Dunas Village (s. S. 126) erreicht, von wo man entweder umkehren oder sich ein Taxi bestellen kann.

Salinas Antigas 5

Im Nordosten führt eine Straße aus Sal Rei heraus, vorbei an den ehemaligen Salinen. Das vereinzelt hier noch bis 1979 gewonnene Salz war von ›königlicher‹ Qualität, daher der Name der Stadt (port. *sal*, Salz; *rei*, König). Bis zu 600 Arbeiter sollen auf dem Höhepunkt der Salzproduktion im 19. Jh. in den Salinen tätig gewesen sein.

Meerwärts vorgelagert ist die schmale Praia do Cabral. Derzeit werden die Salzpfannen recht zügig mit Apartmenthäusern zugebaut. Die Straße endet am Marine Club, einer Ferienanlage unter italienischer Leitung. Er liegt unterhalb von Sal Reis Hausberg, der Rochinha. An das Hotel grenzt die kleine, öffentlich zugängliche Badebucht Praia d'Cruz.

Cemitério Judéu 6

Unmittelbar vor dem Marine Club, am Parkplatz, befindet sich der von einer Steinmauer umgebene und in einen kleinen Park einbezogene Cemitério Judéu. Auf dem winzigen jüdischen Friedhof ruhen mehrere Mitglieder der Familie Ben Oliel. Mit David Ben Oliel, der 1950 verstarb, endete die Dynastie.

Nebenan steht in einer hufeisenförmigen Anlage der steinerne Sarkophag der an Gelbfieber verstorbenen

Engländerin Julia Maria Louisa Pettingal (1825–1845). Sie war die Tochter von Charles Pettingal, einem Mitglied in der portugiesisch-britischen Kommission zur Abschaffung der Sklaverei. Deren Sitz war ab 1843 Boa Vista. Juden und auch Anglikaner durften damals nicht auf katholischen Friedhöfen beigesetzt werden.

Capela Nossa Senhora de Fátima 7

Nördlich des Marine Clubs erhebt sich oberhalb der Felsküste die Capela Nossa Senhora de Fátima. Man benutzt den gepflasterten Fußweg, der links vor dem (nicht öffentlich zugänglichen) Feriendorf beginnt und an den Klippen entlang die Anlage umgeht. An deren rückwärtigem Ausgang trifft man auf einen deutlich erkennbaren Pfad, dem man parallel zur Küste folgt.

Nach ca. 10 Min. ist die Kapelle erreicht. Sie thront auf einer natürlichen Felskuppe. Eine breite Treppe führt hinauf. Ursprünglich ließen einige zum katholischen Glauben übergetretene Nachkommen der Ben Oliels das Gotteshaus 1930 nach einer Pilgerreise zu dem portugiesischen Wallfahrtsort Fátima erbauen. Doch schon im Jahr 1948, nach dem Aussterben dieses Familienzweigs, wurde die Kapelle nicht mehr weiter genutzt und dem Verfall preisgegeben. Jüngst wurde sie restauriert und 2015 vom Bischof von Mindelo in einer feierlichen Zeremonie neu geweiht. Den schlichten, weiß getünchten Bau umgibt eine Aussichtsterrasse mit Blick über die einsame Küstenlandschaft rundum.

Jeepfahrt zum Wrack der Cabo de Santa Maria

Dauer: hin und zurück 4 Std.; wichtiger Hinweis: In den vergangenen Jahren kam es auf dem Weg zu dem Wrack immer mal wieder zu Überfällen. Deshalb ist es angeraten, den Ausflug im Rahmen einer geführten Tour per Jeep oder Quad zu unternehmen.

Vor der rauen Nordküste von Boa Vista liegt das Wrack der Cabo de Santa Maria

Vor dem Marine Club fährt man auf einer Piste, die Bergkuppe Rochinha zur Linken, am ehemaligen katholischen, jetzt aufgelösten Friedhof von Sal Rei vorbei. Hinter einer Linkskurve hält man sich an einer Gabelung rechts. Links käme man auch hier zur Ruine der **Fátima-Kapelle.** Über eine öde Fläche, auf der nur wenige Ziegen ihr karges Auskommen finden, geht es nordwärts. An einer weiteren Gabelung 3 km ab dem Marine Club – unmittelbar nachdem eine flache Senke durchquert wurde – fährt man rechts auf der undeutlicheren, im weiteren Verlauf recht holprigen Spur. Bald kommt das Wrack des spanischen Frachtschiffs **Cabo de Santa Maria** in Sicht. Es liegt unmittelbar vor dem brandungsumtosten Strand von **Boa Esperança.** Die Piste beschreibt einen Bogen nach rechts und entfernt sich ein wenig von der Küste. Einen mit Flugsand bedeckten Hang hinab geht es dann wieder aufs Meer zu. Kurz vor Erreichen des Strandes passiert die Piste eine lange Mauer, die als Schutz vor Sandaufwehungen errichtet wurde, und endet dann bald (2 km ab der Gabelung). Am Strand entlang läuft man weiter bis zu dem Wrack. Seit 1968 trotzt es hier schon der schäumenden Brandung, auch wenn es 2002 in zwei Teile zerbrochen ist. Mit Konservendosen, Getränkeflaschen und Olivenöl an Bord lief es auf dem Weg nach Brasilien aus unerklärlichen Gründen an der Nordküste Boa Vistas auf Grund, so wie es im 19. Jh. schon Dutzenden anderer Schiffe ergangen war. Warum gerade hier? Man spricht von mangelhaften Seekarten, magnetischen Anomalien, fehlenden Leuchttürmen und ungünstigen Meeresströmungen. In der Vergangenheit sollen aber auch immer wieder die Bewohner Boa Vistas ›nachgeholfen‹ haben, indem sie falsche Leuchtfeuer entzündeten.

Zum Wrack der Cabo de Santa Maria

Ilhéu de Sal Rei

Die kleine, Sal Rei in etwa 1 km Entfernung vorgelagerte Insel ist per Seekajak oder mit dem Segelkatamaran ›Maximus‹ im Rahmen von Tagesausflügen (s. Aktiv S. 124), die auch ein Picknick auf dem Eiland vorsehen, zu erreichen. An der Sal Rei zugewandten Felsküste der flachen, maximal 27 m hohen Insel zieht eine säulenförmige Basaltformation die Blicke auf sich. Im Süden des Ilhéu de Sal Rei gibt es einige kleine, zum Baden geeignete Strände. Dort befinden sich auch die Fundamente des ehemaligen Forte Duque de Bragança mit einigen rostigen Kanonen. Die Festung wurde 1818 angelegt, nachdem es im Jahr zuvor mehrfach Angriffe von südamerikanischen Schiffen gegeben hatte. In Brasilien gab es 1817 eine jedoch bald schon blutig niedergeschlagene Rebellion gegen die portugiesische Kolonialherrschaft, die sich bis zu den Kapverden auswirkte.

Auf dem Höhenrücken des Ilhéu de Sal Rei erhebt sich die Ruine des alten Farol (Leuchtturm) neben einem modernen Leuchtfeuer. Ein Rundweg (45 Min.), für den sich festes

Schuhwerk empfiehlt, verbindet die beiden Sehenswürdigkeiten.

Via Pitoresca

Die alte Straße (Via Pitoresca) zwischen Sal Rei und dem Flughafen durchschneidet ein interessantes Dünengebiet, die sogenannte Oásis. Dort bildet die endemische Kapverden-Dattelpalme (s. S. 135) einen regelrechten Urwald. Bei ihr wachsen aus einem Wurzelstock oft mehrere Stämme, woran sie von der Echten Dattelpalme zu unterscheiden ist. Die Trockenheit zu Beginn des dritten Jahrtausends machte den Bäumen schwer zu schaffen. Viele sind in den letzten Jahren verdorrt. Das Dünengebiet eignet sich gut für Streifzüge zu Fuß, aber auch für Erkundungen per Jeep oder Quad. Von Norden her ist die Via Pitoresca nur schwer zu finden. Aus südlicher Richtung ist sie ab dem Kreisverkehr an der Abzweigung nach Bofareira ausgeschildert. Nach 2,2 km auf der Via Pitoresca zweigt rechts eine sandige Piste ab, die nach gut einem Kilometer die Floresta Clotilde erreicht, eine Baumschule für die Aufzucht von Akazien, die sich auch der Holzkohlegewinnung widmet.

Im Mündungsbereich der Ribeira Grande, den sowohl die Hauptstraße von Sal Rei nach Rabil als auch die Via Pitoresca kurz vor dem Flughafen queren, hat sich eine Brackwasserlagune gebildet. Sie ist ein Eldorado für Wasservögel. Bird-Watcher, die oft speziell zu diesem Zweck nach Boa Vista reisen, haben hier schon zahlreiche interessante Zugvögel gesichtet.

Übernachten

Kolonialer Stil – **Migrante Guest House 1**: Av. Amílcar Cabral, Tel. 251 11 43, www.migrante-guesthouse.com, DZ 80–100 €. In dem gediegenen Stadthaus aus der Kolonialzeit werden vier geschmackvoll im leicht arabisierenden Stil eingerichtete Zimmer (Standard oder Superior) vermietet. Zentraler Treffpunkt ist der idyllische Innenhof.

Für Traveller – **A Paz 2**: Av. 5 de Julho, Tel. 921 11 95, www.apazboavista.com, DZ 40–50 €, EZ 20–30 €. Gepflegte Bed & Breakfast-Pension unter italienischer Leitung, neun Zimmer mit 1–4 Betten, z. T. mit eigenem Balkon, Dachterrasse zur allgemeinen Verfügung. Insbesondere für Einzelreisende eine günstige Option.

Sonnenverwöhnt – **Dunas 3**: Av. Amílcar Cabral, Tel. 251 12 25, saradunashotel@gmail.com, DZ ca. 62 €. Ideal am alten Hafen gelegenes Hotel mit 19 Zimmern, zentral und doch strandnah. Besonders schön sind die Balkonzimmer zum Meer hin. Schöne Sonnenterrase auf dem Dach.

Strandnah – **Estoril 4**: Zona de João Cristóvão, Tel. 251 10 78, www.hotelestorilboavista.com, DZ um 70 €, Apartment ab 75 €. Das Hotel liegt am Südrand von Sal Rei, nahe der Praia de Estoril. Architekturmix mit andalusischen und kapverdischen Elementen. Auch Apartments mit Küchenbereich für bis zu 5 Pers. werden angeboten.

Praktisch – **Boa Vista 5**: Rua 4 de Julho, Tel. 251 11 45, hotelboavista@cvtelecom.cv, DZ ca. 70 €. Das überschaubare Hotel hat kein besonderes Flair, bestìcht dafür jedoch durch die zentrale Lage und einen gewissen Komfort. Die Zimmer sind mit Minibar, WLAN, Safe und Ventilator ausgestattet. Unbedingt Zimmer mit Balkon geben lassen!

Zentraler geht es nicht – **Pensão Santa Isabel 6**: Largo de Santa Isabel, Tel. 251 12 52, Fax 251 16 25, DZ ab 45 €. Das moderne Gästehaus ist schlicht, aber praktikabel eingerichtet.

Einfache Pension – **Residencial Bom Sossego 7**: Rua de Bom Sossego, Tel.

251 11 55, DZ ab 3000 ECV. Die Zimmer des Hauses unter einheimischer Leitung sind unterschiedlich ausgestattet, manche mit eigenem Bad/WC, andere mit Gemeinschaftsbad. Teilweise sind Balkone vorhanden.

Für Traveller – **Residencial Boa Esperança** 8: Rua Tavares Almeida, Tel. 251 11 70, DZ 3000 ECV. Die wohl erschwinglichste Unterkunft in Sal Rei. Auch hier benutzen teilweise mehrere Zimmer ein gemeinsames Bad, auch hier sind Kapverdianer die Besitzer.

Essen & Trinken

Cucina Italiana – **Blue Marlin** 1: Largo de Santa Isabel, Tel. 251 10 99, tgl. geöffnet, Hauptgerichte 8–15 €. Dem winzigen Kneipenrestaurant am Hauptplatz sieht man von außen nicht an, dass hier hervorragende Küche geboten wird, mit Schwerpunkt auf Fisch und Meeresfrüchten.

Freundlich – **Marésias** 2: Av. 5 de Julho, Tel. 251 14 30, Hauptgerichte 700–1200 ECV. Das schlicht, aber nett dekorierte Lokal ist auf Meeresfrüchte spezialisiert. Freundlicher Service und große Portionen!

Lässig – **Cabo Café** 3: Rua do Emigrante, Tel. 599 25 24, Fr–Mi 18–23 Uhr, Hauptgerichte 10–12 €. Noch ein Italiener, witzig gestylt und mit schöner Dachterrasse. Angesichts der wenigen Tische empfiehlt sich Reservierung. Gute Auswahl auch an Mixgetränken. Bei Facebook unter Cabocafèboavista.

Authentisch – **Naida** 4: Largo de Santa Isabel, Tel. 255 11 73, tgl. 12.30–14, 19.30–21.30 Uhr, Hauptgerichte um 1000 ECV. Familiärer Speisesaal mit Wandbildern auf kapverdische Art, diverse einheimische Fisch- und Fleischgerichte.

Auf portugiesische Art – **Porton di nos Ilha** 5: Av. dos Pescadores, Tel. 991 93 31, Di–So 12–22.30 Uhr, Hauptgerichte 700–900 ECV. Wunderbare Dachterrasse mit Ausblick über Strand und alten Hafen, speziell zum Sonnenuntergang ein Erlebnis! Vor allem Fisch- und Meeresfrüchteklassiker der portugiesischen Küche kommen hier auf den Tisch.

Entspannt – **Esplanada Municipal Silva** 6: Largo de Santa Isabel, Tel. 997 12 64, kleine Gerichte ab 300 ECV. Tagsüber ein netter Platz zum Verweilen, an Wochenenden In-Treff mit Musik und Tanz. Gute Getränkeauswahl, Sandwiches, leckere Fisch- und Fleischgerichte, Pasta, Pizza.

Einkaufen

Vom Erzeuger – **Mercado Municipal** 1: Kleine städtische Markthalle für Obst und Gemüse.

Kapverdische Souvenirs – **Loja Ka Tem** 2: Riba d'Olt, www.cabokaitours.com, Mo–Fr 9–12, 14–18, Sa 9–13 Uhr. Alles ist garantiert auf den Inseln gefertigt: hochwertiger Grogue und Ponche, Kräuter und Gewürze, Mu-

Unser Tipp

Angesagte Beachclubs

Wer nicht in einem Hotel mit eigenem Strandclub wohnt, kann an der Praia de Estoril etwa im **Tortuga Beach Club** oder im **Boa Vista Social Club** gepflegt sonnenbaden (Strandliege pro Tag ca. 5 €, für Bar- und Restaurantgäste Rabatt oder gratis). Zwischendurch schmeckt in lockerer Atmosphäre eine *caipirinha* an der Bar und es wird leckeres italienisches und kapverdisches Essen geboten (Hauptgerichte jeweils ab ca. 1000 ECV). Die Clubs öffnen tagsüber von ca. 10–18 Uhr.

schelschmuck, Accessoires. Die handgefertigten Taschen stammen aus einem Nähprojekt auf Boa Vista.

Aktiv

Windsurfing – **Boa Vista Wind Club 1:** Praia de Estoril, Tel. 593 46 41, www.boavistawindclub.com. Alteingesessen und bewährt. Brett- und Segelverleih. Auch Seekajak (Verleih und Exkursionen).
Kitesurfing – **Paradise Kite 2:** Praia de Estoril, Tel. 920 56 44, www.paradisekiteschool.com. Drachensurfschule unter italienischer Leitung.
Tauchen – **Submarine Center 3:** Praia de Estoril, Tel. 992 48 65. Tauchbasis mit Schulung, sehr persönlich geführt, maximal 5 Pers. pro Tauchgang. Auch Schnorchel-Exkursionen. Bei Facebook unter Submarine Center – Dive School.
Bird-Watching – **Morena 4:** Largo de Santa Isabel, Tel. 251 14 45, www.boavistamorena.com. Nach vorheriger Vereinbarung werden Exkursionen zu den besten Vogelbeobachtungsplätzen der Insel unter Leitung eines englischsprachigen Guides organisiert. Darüber hinaus werden Reiten und Inselausflüge angeboten.
Ausflüge und mehr 1 – **Cabo Kai Tours:** Tel. 979 30 90, www.cabokaitours.com. Kai Andrea Sauthoff bietet ein buntes Programm: Inselausflüge im offenen Pick-up, Quadtouren, Whalewatching, Schildkrötenexkursionen und geführte Wanderungen zum Odjo d'Mar (s. S. 133).
Ausflüge und mehr 2 – **Boa Vista Tours:** Tel. 985 72 86, www.boavista-tours.com. Deutschsprachiges Ausflugsprogramm mit Andrea und Frank, u. a. Jeepsafari mit Erläuterungen über Audiosystem und Whalewatching mit eigener Motorjacht.
Quadfahren – **Quad Zone:** Tel. 992 73 06, www.quadzone-boavista.com. Geführte Exkursionen quer über die Insel. Wer einen Quad individuel anmietet, sollte beachten, dass aus Naturschutzgründen, u. a. wegen der Eiablage von Meeresschildkröten, mindestens 80 m Abstand zur Küstenlinie zu halten sind. Zwischen Sal Rei und der Praia da Chave soll die Via Pitoresca und in ihrer Verlängerung der neu angelegte »trilha de moto4« benutzt werden.
Für sportlich Ambitionierte – **Boa Vista Ultramarathon:** www.boavistaultratrail.com. Jedes Jahr Ende November oder Anfang Dezember wird 150 km (oder die kürzeren Varianten 75 km/ 42 km) nonstop über die Insel gelaufen. Die Verpflegung trägt jeder Teilnehmer selbst im Rucksack, nur Wasser gibt es an den 15 Kontrollpunkten. Maximal 60 Stunden stehen zur Verfügung. Schweißtreibend auch für Profis, aber die Stimmung ist großartig. Teilnahmegebühr ab 80 € je nach Streckenlänge und Zeitpunkt der Anmeldung.
Segelkatamaran – **Maximus 5:** Tel. 958 69 50, http://sailingmaximus.com. Exklusive Segelabenteuer in den Gewässern vor Sal Rei, verbunden mit der Gelegenheit zum Schnorcheln und der Chance, fliegende Fische, Delfine oder gar Wale zu beobachten, verspricht der schnittige Katamaran. Halbtägige Ausfahrt (3 Std.) pro Pers. 53 €, ganztägige Ausfahrt (7 Std. mit Picknick auf dem Ilhéu de Sal Rei) pro Pers. 65 €.

Abends & Nachts

In-Treff – **Wakan Bar 1:** Av. dos Pescadores, Tel. 978 26 56, www.facebook.com/wakanbar, Mo–Sa 10.30–20 Uhr. Zum Sonnenuntergang schmeckt in der urigen Strandbar einer der variantenreichen Cocktails, auch alkoholfrei, oder ein Prosecco. Zum Drink

Surfen, Tauchen und Entspannen sind an der Praia de Estoril angesagt

werden sogar noch Gratis-Snacks serviert. Lang wird der Abend hier – wie allgemein in Sal Rei – nicht, denn schon früh werden die Bürgersteige hochgeklappt.

Infos & Termine

Infos

Centro de Informação Turística (CIT): Av. 5 de Julho, keine festen Zeiten.

Termine

Festa de Santa Isabel: 4. Juli. Größtes Inselfest zu Ehren der Schutzheiligen von Sal Rei. Eine Bootsprozession spielt sich in der Bucht vor der Stadt ab, mit Segnung des Meeres. Die Häuser, an denen anschließend die Prozession an Land vorbeiführt, werden mit Palmzweigen und bunten Teppichen geschmückt. Auf die religiösen Festlichkeiten folgen Tanz- und Sportveranstaltungen. Am 5. Juli, dem Tag der Unabhängigkeit, geht die Feier weiter.
Festival Praia d'Cruz: meist am dritten Wochenende im August. Genau eine Woche nach dem berühmten Vorbild an der Baía das Gatas (São Vicente) steigt das Festival an der Praia d'Cruz mit Musikern von den Kapverden und aus Übersee.

Verkehr

Taxi: Largo Santa Isabel. Zum Flughafen bzw. zu den Hotels an der Praia da Chave ca. 10 €, innerorts ca. 2 €.
Mietwagen: mehrere Anbieter am Largo Santa Isabel. Tagesmiete ab ca. 70 €, Kaution 200–300 € oder Reisepass.

Praia da Chave

▶ Karte 2, R 9

An der Praia da Chave westlich vom Flughafen liegen mehrere Ferienanlagen. Dazwischen befinden sich aber immer noch weitläufige, naturbelassene Strandabschnitte. Außerhalb der Hotels gibt es kaum Infrastruktur.

Beim Hotel Parque das Dunas Village steht die Ruine der Fábrica da Chave, einer alten Ziegelei, die wegen des Vorkommens von exzellentem Ton bei Rabil von der Familie Ben Oliel hier am Strand zwischen 1895 und 1899 erbaut wurde. Ihr Turm ist noch weithin sichtbar, doch große Teile der Mauern sind inzwischen von Sand bedeckt. Man produzierte Dachziegel und Backsteine, die auf alle anderen Inseln und sogar nach Afrika verschifft wurden. Die Kohle für den Brennofen kam aus São Vicente. Damals gab es an der Praia da Chave einen Schiffskai (*portinho*), er ist komplett verschwunden. Auch von den Häusern für 50 Mitarbeiter, der Krankenstation und der Bar ist nicht mehr viel zu erkennen. Aus finanziellen Gründen wurde die Produktion 1910 eingestellt. Mit moderneren Maschinen aus Portugal ging die Fabrik zehn Jahre später noch einmal in Betrieb. Doch 1928 war endgültig Schluss. Alle Ziegel aus der Fabrik an der Praia da Chave tragen übrigens als Herkunftszeichen einen eingeprägten Schlüssel (port. *chave*).

Ein wenig weiter nördlich lässt sich landeinwärts ein interessantes Feld mit sichelförmigen Wanderdünen entdecken. Man kann regelrecht zuschauen, wie sie allmählich, aber unaufhaltsam zunächst alles unter sich begraben, um nach einiger Zeit doch wieder alles freizugeben.

Übernachten

Alles inklusive – **Riu Karamboa:** Praia de Salinas, am Nordrand der Praia da Chave, Tel. 251 91 00, www.riu. com, all inclusive, DZ ca. 180 €. Großzügiges Clubhotel mit 750 Zimmern, zahlreichen Restaurants, schöne Poolanlagen, Animation, Sportangebot. Ausflugsangebote über Veranstalter. Günstige Lage direkt am Strand. Ca. 7 km von Sal Rei entfernt.
Für Leute, die Ruhe schätzen – **Parque das Dunas Village:** Praia da Chave, Tel. 251 12 90, www.parquedasdunas.com, DZ 95–135 €. Das Hotel macht seinem Namen alle Ehre. Palmen, Agaven und Hibiskus bevölkern den weitläufigen

Dünenpark zwischen den 28 Reihenbungalows. Diese sind geräumig und angenehm dekoriert. Im Restaurant Halbpension mit Menüwahl (ca. 16 € pro Pers.).

Rabil ▸ Karte 2, R 9

In Flughafennähe thront der Ort Rabil ausgesprochen malerisch auf einem Bergrücken. Kleine alte Häuser säumen die einzige Straße. Kaum ist noch nachvollziehbar, dass dies einst die Hauptstadt von Boa Vista war, bis sie 1810 von Sal Rei in dieser Funktion abgelöst wurde. Seine Schokoladenseite zeigt Rabil von Osten her betrachtet, wo sich das Tal der Ribeira do Rabil tief eingeschnitten hat. In der dadurch entstandenen Steilwand lagert unten dunkler Plateaubasalt, der horizontal wie mit dem Messer abgeschnitten wirkt. Darüber liegt eine helle, 10–15 m dicke Flugsandschicht, ein eindrucksvoller Farbkontrast.

Der Flusslauf ist eine regelrechte Oase, auch wenn es seit einigen Jahren sichtlich an Wasser mangelt. Zahlreiche Kokospalmen ragen hier mit ihren schlanken Stämmen auf und daneben, etwas niedriger, auch Dattelpalmen. Im Talgrund selbst war der Boden stets zu wertvoll, um darauf zu siedeln, daher entstanden die Ortschaften Rabil und das gegenüberliegende Estância de Baixo auf dem trockenen Plateau beiderseits des Tales. Die Zeiten, als die Landwirte in der Oase noch Bananen und Zuckerrohr ernten konnten, sind allerdings vorbei. Ältere Bauern ringen ihren Feldern noch Bohnen ab, doch im Wesentlichen wurde die Landwirtschaft aufgegeben. Nordöstlich von Rabil kommt sogar Saharafeeling auf, hier erstreckt sich das **Deserto de Viana** mit seinen Bilderbuch-Dünen (s. Lieblingsort S. 129).

Igreja São Roque

Am Nordrand des Dorfes, im Ortsteil Boa Ventura, erhebt sich die dem hl. Rochus geweihte katholische Pfarrkirche. Dieses älteste Gotteshaus der Insel wurde 1801 (nach anderen Quellen 1806) erbaut. Mit ihren zwei gedrungenen Türmen wirkt die Igreja São Roque recht klobig, geradezu wehrhaft. Das Innere ist schlicht und in zarten Pastelltönen gehalten. Meist ist die Kirche abgeschlossen, eventuell kann man in der Nachbarschaft nach dem Schlüssel fragen. Rundum stehen einige Lokale. Vom Platz vor der Kirche ergibt sich ein herrlicher Blick auf das üppig grüne Tal der Ribeira do Rabil sowie auf Dünen und Berge.

Olaria di Rabil

Riba Rocha, ausgeschildert »Artesanato«, Tel. 988 74 16, bei Facebook unter Olaria di Rabil, artigianato a Boa Vista, Mo–Sa 8.30–16 Uhr, Eintritt frei

Rabil besitzt eine große Keramiktradition, viele ältere Leute beherrschen noch die Kunst, Gefäße ohne Drehscheibe von Hand aufzubauen. Seit am südlichen Ende des Ortes in einem unscheinbaren Natursteinhaus die Olaria (dt. Töpferei) untergebracht ist, erlernen auch junge Menschen wieder diese in Afrika wurzelnde Technik der Tonbearbeitung. Denn die Keramikherstellung verspricht dank des aufkeimenden Tourismus auf Boa Vista zumindest ein Auskommen, wenn auch keine Reichtümer damit zu verdienen sind.

Vor dem Eingang steht ein traditioneller Steinofen. Er geht jedoch nur selten in Betrieb. Meist findet der moderne Brennofen im Inneren Verwendung, der übrigens allen Bewohnern von Rabil zur Verfügung steht, um ihre in Heimarbeit gefertigten Keramiken zu brennen. Große, mit Seesternen,

Deserto
de Viana

Lieblingsort

Dünen, so weit das Auge reicht – Deserto de Viana ▶ Karte 2, R 9
Wie aus dem Bilderbuch wirkt der weiß glitzernde Deserto de Viana mit seinen hohen, feinsandigen Dünen. Diese hält der Passatwind ständig in Bewegung, und so verwischen die Spuren der Besucher schnell. Pflanzen haben kaum eine Chance, in der Sandwüste Fuß zu fassen, auch wenn einige dürre Akazien und Palmen versuchen, das Gegenteil zu beweisen. Kurz vor Sonnenuntergang ist das Licht übrigens am schönsten. Betreten ist erlaubt, Befahren verboten!

Schildkröten oder Palmen verzierte Schalen, Vasen und Blumentöpfe, bei deren Produktion man in der Werkstatt zuschauen kann, werden auf Bestellung gefertigt. Sie sind nicht nur auf Boa Vista, sondern auch auf anderen Inseln in Hotels, Restaurants und anderen Einrichtungen zu sehen. Aber man kann in der Olaria di Rabil auch nette, für das Handgepäck geeignete Mitbringsel erwerben: Schildkröten, Fische und andere Tiermodelle aus Ton, kleinere Gefäße und mehr.

Essen & Trinken

Für Feinschmecker – **Sodade di nha terra:** Rabil, Av. Almeida Marques, vis-à-vis der Kirche, Tel. 251 10 48, tgl. 11.30–15, 19.30–22 Uhr. Der einheimische Küchenchef Armando hat in der Schweiz gelernt, spricht deutsch und kocht authentisch kapverdisch. Langusten, fangfrischer Fisch und Zicklein stehen auf der Speisekarte, Vorbestellung wird empfohlen. Sehr gut ist auch der Ziegenkäse. Hauptgerichte 7–12 €.

Infos

Aluguer: Regelmäßige Fahrten von und nach Sal Rei, *passagem* 100 ECV, Taxi ca. 10 €.

Povoação Velha

▶ Karte 2, R 10

Die Straße von Rabil nach Povoação Velha lässt den Pico Santo António (379 m) links liegen, einen erodierten Vulkan, dessen Schlot als bizarre Felsformation aus dem Gipfelbereich herausragt. In der Steinwüste in diesem Gebiet lassen sich oft kleine Trupps von sandfarbenen Vögeln beobachten, die flink hin und her laufen: Wüstenläufer. Nach Passieren der Abzweigung Richtung Lacação geht es geradeaus auf der alten Pflasterstraße weiter. In einer wasserreichen Talsenke wird der Poço Ribeira da Pulgueira da Chica passiert, eine imposante Zisterne im Schatten von Akazien. Hierher führen Viehhirten ihre Ziegenherden von weit her zur Tränke.

Povoação Velha, übersetzt alte Siedlung, liegt am südwestlichen Fuß der Rocha Estância (357 m), eines gewaltigen, unter Naturschutz gestellten Felsklotzes, von dessen Hängen sich Vulkanaschefächer in die Ebene erstrecken. Wer ihn erklimmt, hat die Chance, bis nach Maio und São Nicolau zu blicken. Bei Povoação Velha handelt es sich um den ältesten Ort der Insel, der wohl schon vor 500 Jahren gegründet wurde und der um 1720 immerhin etwa 1000 Einwohner hatte, die vor allem von der Ziegenhaltung und dem Export von Salz lebten. Die frühen Siedler wählten diese von der Küste nicht einsehbare Stelle, weil sie hier vor Piratenangriffen sicher waren.

Mittelpunkt des Ortes ist die Praceta de Santo António, eine kleine, mit Blumenbeeten und Bänken ausgestattete Platzanlage. Am südlichen Ortsrand erhebt sich linker Hand etwas abseits die hübsche Igreja Nossa Senhora da Conceição. 1828 wurde die Kirche erbaut, sie steht aber auf den Fundamenten einer Kapelle aus dem Jahre 1680.

Praia de Santa Mónica !

Viele halten diesen einsamen Strand für den schönsten der Kapverdischen Inseln. Ob die Praia de Santa Mónica deshalb nach dem berühmten gleichnamigen Strand von Kalifornien benannt wurde, wie manche behaupten? Von Povoação Velha aus sind dorthin 8 km auf einer Piste zu bewältigen, die einen Geländewagen erfordert. Unterhalb der Kirche hält man sich zunächst auf

Die Praia de Santa Mónica ist weißsandig und noch praktisch menschenleer

dem Fahrweg, der zum Friedhof führt, einem von einer weißen Mauer umgebenen Areal außerhalb des Ortes. Bis zu diesem fahrt man nicht, sondern biegt gleich links in eine Erdpiste ein, wo Santa Mónica ausgeschildert ist.

Eine breite Salzwiese schließt landeinwärts an den fast schneeweißen Traumstrand an. Man kann normalerweise bedenkenlos über die Wiese hinweg fahren. Nur nach starken Regenfällen oder bei Sturmflut steht sie kurzzeitig unter Wasser. Die Praia de Santa Mónica liefert traumhafte Fotomotive. Zum Baden ist sie allerdings wegen der starken Brandung und tückischer Unterströmungen zu gefährlich. Wegen des meist stark wehenden Passatwindes lässt sich noch nicht einmal das Sonnenbaden richtig genießen. Aber hinter der Salzwiese erstreckt sich ein mit Libellen bevölkerter Gürtel von Akazien, die Schatten und Windschutz spenden und zum Aufenthalt einladen.

Zwar führt hinter dem Strand in östlicher Richtung eine Fahrspur weiter, doch sollte man der Versuchung widerstehen, entlang der Küste nach Lacação weiterzufahren. Im weiteren Verlauf ist die Gefahr des Steckenbleibens recht groß.

Praia da Varandinha

Ein weiterer wunderschöner, aber weniger bekannter Strand liegt mit der Praia da Varandinha westlich von Povoação Velha. Er ist am Ortseingang rechts ausgeschildert. Die Piste ist zunächst relativ gut befahrbar, bis zum knapp 2,5 km entfernten Portão Pastor (Hirtenportal), einem breiten Mauerdurchlass, vor dem von links eine weniger deutliche, von der Praia de Santa Mónica kommende Fahrspur einmündet. Nach Passieren des Hirtenportals gabelt sich die Piste, hier hält man sich rechts, bis nach ca. 1 km ein breiter Dünengürtel die Weiterfahrt sehr erschwert.

Am besten lässt man hier den Wagen stehen und läuft ca. 1,5 km Richtung Westen über die Dünen, um den Strand zu erreichen. Auch hier sind zwar Schauen und Fotografieren, nicht aber Baden und Sonnenbaden angesagt. Bizarre Felsformationen gliedern diese Strandzone, durch die Brandung zerfressen und ausgehöhlt. Eine dieser Höhlen (*bracona*) ist so groß, dass sie sogar Schutz vor dem gleißenden Sonnenlicht bietet.

Übernachten

An der Praia Lacação

Fast schon ein Dorf für sich – **Riu Touareg:** Urb. Lacação, östlich der Praia Santa Mónica, Tel. 251 23 40, www.riu.com, nur all inclusive, DZ ca. 180 €. Mit fast 900 Zimmern ist die große Anlage fast ein in sich geschlossenes Dorf. Außer dem weitläufigen Strand ringsum nur menschenleere Landschaft. Großzügige Wohnkomplexe mit mehreren Pools, mehrere Restaurants, Animation, großer Flügel nur für Erwachsene, Familienbereich mit Kinderbecken. Großes Sportangebot wie Tennisplätze, Fitnessraum, Windsurfen, Tauchen. Spa-Bereich ab 18 Jahren (Gebühr). Taxi nach Sal Rei ca. 30 €, Fahrzeit 30 Min., Mietwagenfirma in der Eingangshalle.

Abends & Nachts

Kapverdische Abende – **Fon' Banana:** Povoação Velha, Tel. 251 18 71, http://fon-banana.com, Mi–Fr 10–18, Di, Do, Sa 10–24 Uhr, Mo geschl., Abendessen mit Musik und Transfer ab Hotel ca. 50 €. Cristina Brito und ihr Team machen im familiären Rahmen die kapverdischen Abende (Di, Do, Sa) mit ländlichem Abendessen, von einer einheimischen Folkloregruppe musikalisch begleitet, zu einem echten Erlebnis. Buchbar über Reiseleitungen und Hotelrezeptionen. Auch tagsüber ist das Fon'Banana eine gute Einkehradresse.

Termine

Santo António: 13. Juni. Prozession zu Ehren des hl. Antonius von Padua zur einsam gelegenen Capela Santo António unterhalb des gleichnamigen Berges.

Nossa Senhora da Conceição: 8. Dez. Munteres Dorffest zu Ehren von Mariä Empfängnis, der Schutzheiligen von Povoação Velha.

Norte ▶ Karte 2, S 9

Die Straße nach Norte (Fundo das Figueiras) führt von Rabil durch eine weitläufige, von faustgroßen schwarzen Vulkangesteinsbrocken übersäte Ebene. Diese unfruchtbare, nur schütter mit Kameldorn bewachsene Landschaft ist rundum von einem Gebirgszug umgeben und erinnert an einen großen Kraterboden.

Nach Überqueren einer Passhöhe ist das wesentlich feuchtere Einzugsgebiet der Ribeira do Norte erreicht. Zwar sind auch hier die Flussläufe meist ausgetrocknet, doch es ist immer noch genügend Grundwasser vorhanden, um Palmen am Leben zu erhalten und hier und da ein paar Felder zu bewässern.

Norte besteht aus drei Ortsteilen, die sich kurz hintereinander an der Straße entlang aufreihen: **João Galego, Fundo das Figueiras** und **Cabeço dos Tarafes.** Hauptort ist das mittlere Dorf, Fundo das Figueiras. Hier steht die katholische Pfarrkirche der Gemeinde. Sie ist Johannes dem Täufer (São João Baptista) geweiht und ähnelt im Baustil der Igreja São Roque von Rabil. Errichtet wurde sie zwischen 1850 und 1870. Alle drei Dörfer machen mit ihren sauberen Straßen und schmucken, bunten Häusern einen gepflegten, fast schon wohlhabenden Eindruck. Da sie inzwischen von Touristen mit Mietwagen oder im Rahmen organisierter Ausflüge öfter besucht werden, sind ein paar Souvenirläden und Lokale entstanden. In Cabeço dos Tarafes beginnt eine Geländewagentour in den einsamen Südosten der Insel (s. Entdeckungstour S. 134).

Wanderung zum Odjo d'Mar

Dauer: hin und zurück 1 Std.; leicht

Das am Südrand von Cabeço dos Tarafes, wo die Pflasterstraße endet, ausgeschilderte Naturwunder steht keineswegs in Verbindung zum Meer, wie die Übersetzung des kreolischen Namens (dt. Meeresauge) vermuten lassen könnte. Vielmehr handelt es sich um den einzigen natürlichen Süßwassersee der Kapverden. Während der Regenzeit im Herbst füllt er sich ordentlich mit Wasser. Nicht ganz so spektakulär zeigt er sich während des restlichen Jahres. Er liegt im Inneren eines bis zu 256 m hohen Gebirgszugs, der vergleichweise viel Regen und Nebelfeuchtigkeit abbekommt. Unterirdische Quellen sorgen dafür, dass der See nie austrocknet, sondern stets an der tiefsten Stelle einen Wasserstand von ca. 3,70 m hält. Sogar Baden ist daher möglich.

Die ausgeschilderte **Piste** endet nach der kleinen Siedlung **Lombo da Palha.** Von dort steigt man in den Talgrund der **Ribeira d'Odjo d'Mar** hinab. In dem nur nach starken Regenfällen Wasser führenden Flussbett hält man sich aufwärts und erreicht nach 30 Min. den See. Festes Schuhwerk ist für diesen Abstecher unabdingbar. Die Wanderung steht auch auf dem Programm von örtlichen Ausflugsveranstaltern.

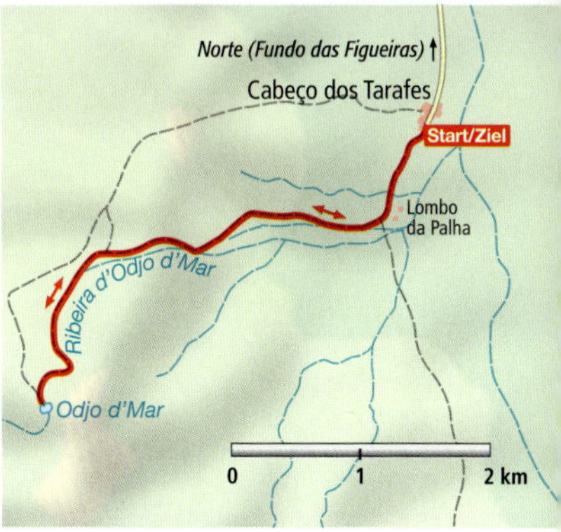

Wanderung zum Odjo d'Mar

Morro Negro

In östlicher Richtung führt eine recht gut befahrbare Piste aus Cabeço dos Tarafes heraus zunächst durch eine flache Steinwüste, dann steiler hinauf zu einem Erdparkplatz auf dem Morro Negro (154 m). Diese Erhebung aus dunklem Basaltgestein markiert praktisch die Ostspitze von Boa Vista und ist damit die Afrika nächstgelegene Stelle der Kapverden. Oben erhebt sich ein 1931 errichteter Leuchtturm. Er ist nicht zu besichtigen, aber der Blick von der Terrasse auf die angrenzende Küstenszenerie ist großartig. Angeblich soll der Erdmagnetismus am Morro Negro so stark sein, dass vor dem Bau des Leuchtturms zahlreiche Schiffe in der Nähe strandeten, weil ihr Kompass nicht mehr funktionierte.

Essen & Trinken

In der Garage – **Nha Terra:** Fundo das Figueiras, Rua Padre Fernando, Tel. 252 11 05, Hauptgerichte 600–700 ECV. Eine Garage dient hier als Speiseraum mit einheimischer Küche. Essen mindestens 2 Std. vorher telefonisch oder persönlich vorbestellen. ▷ S. 137

Auf Entdeckungstour: Pistenfahrt zu den Lagunen und Dünen von Boa Vista

Die Geländewagenfahrt zur Ponta de Ervatão im einsamen Südosten von Boa Vista setzt eine gehörige Portion Unternehmungsgeist voraus. Abenteuerlustige mit Interesse für Ornithologie und Botanik kommen voll auf ihre Kosten.

Reisekarte: ▶ Karte 2, S/9 10

Zeit: Ein Tag. Reine Fahrzeit auf 40 km Pisten ca. 3 Std. Man sollte so viel Zeit einkalkulieren, dass man im Notfall jederzeit umkehren kann und auch nicht in die Dunkelheit kommt.

Planung: Für diese Tour wird ein geländegängiges Fahrzeug benötigt, das in Sal Rei angemietet werden kann (s. S. 126).

Start: Cabeço dos Tarafes

Am südlichen Ortsrand von Cabeço dos Tarafes endet die von Rabil kommende Pflasterstraße. Jetzt folgt man nicht dem Schild rechts (Praia Odjo d'Mar), sondern fährt auf der Piste geradeaus weiter Richtung Süden. Ein komfortables Straßenschild weist in Richtung Ervatão. Was den Besucher jedoch erwartet, fordert ein robustes Fahrzeug und funktionstüchtige Bandscheiben sowie Orientierungsvermögen und einen Blick für Untergrund und Geländeformen. Die Piste gabelt sich nach Durchqueren eines ausgetrockneten Flusstals, man hält sich geradeaus. Links liegt eine begrünte Senke, im Hintergrund ist der **Monte Negro** mit Leuchtturm zu erkennen. Steinmännchen säumen teilweise die Piste, die im weiteren Verlauf deutlicher auszumachen und besser zu befahren ist. Nach ca. 7 km trifft man auf Reste einer ehemaligen Straßenpflasterung. Rechter Hand erhebt sich in einiger Entfernung der spitze **Monte Estância.** Die Fahrt führt jetzt über eine helle Ebene. In dieser Halbwüste macht der sandfarbene Rennvogel Jagd auf Insekten. Er ist an den langen Beinen und dem nach unten gebogenem Schnabel zu erkennen.

Palmenbestandene Oase

Bei Km 7,9 gilt es, auf eine Abzweigung nach links zu achten. Der Abzweig links mündet wenig später wieder in die ehemalige Pflasterstraße. Dann öffnet sich erstmals der Blick auf den Atlantik. Links unten an einer Flussmündung erstreckt sich ein schöner Palmenhain, die Oase von **Ervatão.** Die genügsamen Bäume finden hier, obwohl der Fluss fast immer ausgetrocknet ist, genügend Grundwasser.

Kapverden-Dattelpalme und Echte Dattelpalme bilden, wie so oft auf den Kapverden, einen Mischbestand. Die beiden Arten sind leicht miteinander zu verwechseln. Allerdings sind für die nur etwa 10 m hohe Kapverden-Dattelpalme fünf bis zehn Stämme typisch, die aus demselben Wurzelstock herauskommen. Sie ist eine endemische (also auf die Kapverdischen Inseln beschränkte) Verwandte der nordafrikanischen Dattelpalme. Letztere, die immer nur einen schlanken und hohen Stamm ausbildet, war auf dem Archipel ursprünglich nicht heimisch. Vermutlich führten arabische Seefahrer sie im Mittelalter ein. Zwar wurden Palmen auf den Inseln nie gezielt kultiviert, aber ihre Früchte dienen Mensch und Tier als Nahrung. Die Blätter finden als Viehfutter Verwendung und werden zum Flechten von Körben genutzt.

Rechts an den Palmenhain grenzt die knapp 1 km lange, hellsandige **Praia de Ervatão.** Dieser Strand darf auf keinen Fall befahren werden, da er eine wichtige Kinderstube für Meeresschildkröten ist. Man erkundet ihn also zu Fuß und kehrt dann nach

Cabeço dos Tarafes zurück. Eine Weiterfahrt auf eigene Faust hinter dem Strand Richtung Lacação empfiehlt sich wegen des schlechten Pistenzustands nicht.

Feuchtgebiet Curral Velho

Die Strandzone zwischen der Ponta do Ervatão am Ostrand der gleichnamigen Praia und der Südspitze Boa Vistas bei Curral Velho, der Ponta Pesqueiro Grande, steht als Feuchtgebiet von internationaler Bedeutung seit 2005 im Rahmen der Ramsar-Konvention unter Schutz. Am besten erreicht man das Gebiet zu Fuß vom **Hotel Riu Touareg** aus. Trotz der Nähe des von der Architektur her wie eine nordafrikanische Stadt wirkenden Hotels sind die angrenzenden Strände meist einsam. Man kann vom Hotel aus eine Quad-Tour buchen. Für einen Überblick sicher interessant, jedoch weniger geeignet, um Tiere und Pflanzen zu beobachten. Das von Lagunen und Salzseen durchsetzte Gebiet umfasst 120 ha und stellt einen wichtigen temporären Lebensraum für Wasservögel dar. Da Boa Vista von allen Inseln dem afrikanischen Kontinent am nächsten liegt und hervorragende Voraussetzungen bietet, werden hier besonders viele Zugvögel gesichtet. Rund 25 Arten wurden bisher zwischen der Ponta do Ervatão und Curral Velho gezählt. Vermutlich sind es wesentlich mehr, denn für die gesamten Kapverden sind rund 135 Arten belegt. Die meisten ruhen hier nur vorübergehend aus und gehen auf Nahrungssuche. Etwa 30 Arten verbringen allerdings den gesamten Winter auf den Inseln.

Salz liebende Pflanzen

Unweit östlich der Hotelanlage liegt ein kleiner Strandsee. Im Landesinneren breitet sich eine ausgedehnte Steinwüste mit Ruinen alter Kalköfen aus. Der Strand hier – die **Praia de Curral Velho** – geht in die **Praia de João Barrosa** über. Seine goldgelbe Farbe verdankt der Sand beider Strände winzigen Splittern von Muschel- und Schneckenschalen, die durch die Brandung zerrieben wurden.

Landseitig liegen die zerfallenen Steinhäuser des Weilers **João Barrosa.** Immer wieder trifft man auf Strandseen. Hier gedeiht eine eigenartige Flora aus Arten, die viel Salz im Boden vertragen. Zwei niedrige Büsche bilden stellenweise dichte Bestände: die zu den Gänsefußgewächsen zählende Wurmförmige Sode mit kleinen, fleischigen, graugrünen bis purpurnen Blättern und das Desfontaines-Jochblatt, dessen Blätter ebenfalls fleischig, aber eher eiförmig sind. Bei anhaltender Trockenheit vergilben sie und werden schließlich abgeworfen.

Besonders auffällig sind die attraktiven gelben Blütenkerzen der Senegal-Cistanche, einem Sommerwurzgewächs, das keine eigenen Blätter besitzt, sondern an der Wurmförmigen Sode schmarotzt. Außerdem kommt Brunners Strandflieder vor, dessen kleine, rosafarbene Blüten vor allem im Spätwinter erscheinen.

Vogelparadies

In den Salzlagunen des Gebiets sind häufig zu Dutzenden Brauntölpel (Sula leucogaster) zu beobachten, gänsegroße Seevögel mit dunklem Kopf und Rücken, auffällig kräftigem hellem Schnabel und weißem Bauch. Auf dem der Küste vorgelagerten Felseiland **Ilhéu de Curral Velho** brüten einige Paare des Prachtfregattvogels (kreol. *rabil*). Dieser mit bis zu 2,20 m Spannweite gewaltige, rabenschwarze Vogel zieht zwar zeitweise bis nach Nordeuropa, seinen Nachwuchs zieht er in der Alten Welt aber nur auf den Kapverden auf. Ansonsten ist er an den tropischen Küsten Amerikas – von Baja California bis Ecuador einschließlich der Galápagos-Inseln – verbreitet. Es lohnt sich nach ihm Ausschau zu halten. Curral Velho *(curral,* Stall; *velho,* alt) lautet auch der Name eines landeinwärts gelegenen, von seinen Bewohnern inzwischen verlassenen Dorfs.

Termine

Festa de São João Baptista: 24. Juni. Fest des Ortsheiligen von Fundo das Figueiras, das sich auch auf João Galego erstreckt. Vormittags Messe mit Prozession, anschließend Mittagessen, Pferderennen, festlicher Umzug, Musik und Tanz.

Bofareira ▸ Karte 2, R/S 9

Rund um das kleine Dorf Bofareira häufen sich die Ruinen von Kalköfen. In mehr als 500 Steinöfen wurde früher auf Boa Vista Kalk gebrannt, die meisten davon standen im Norden der Insel. Auf den Nord- und Südinseln des Archipels, wo Kalk von Natur aus selten oder gar nicht vorkommt, gab es viele Abnehmer, als dort etwa 1820 eine enorme Bautätigkeit einsetzte. Sogar bis an die westafrikanische Küste wurde exportiert. Der Niedergang kam in den 1940er-Jahren. Wurden 1939 noch 21 319 t Kalk hergestellt, sank bis 1956 die Produktion auf 685 t und schlief dann ganz ein. Die Konkurrenz von importiertem Zement war zu stark geworden. Was blieb, war eine entwaldete Landschaft. Die Akaziensavanne, die einst den Norden Boa Vistas überzog, war in den Kalköfen verfeuert worden.

Viele Kalköfen sind noch so gut erhalten, dass man sich ein Bild vom Produktionsprozess machen kann. Abwechselnd wurden Lagen von Kalk und Holz in den Ofen geschichtet. Nach erfolgter Befeuerung begann sich das Gestein unter Abgabe von Kohlendioxid zu zersetzen und fiel durch ein Gitter zur Ofentür, wo es noch heiß herausgenommen wurde. Dann breitete man es aus und löschte es mit kaltem Wasser ab, woraufhin es zu Pulver, dem Löschkalk, zerfiel. Dieser wurde gesiebt und für den Verkauf in Säcke abgepackt. Jetzt konnte man ihn zur Herstellung von Mörtel und für Kalkanstriche verwenden.

Bofareira, das zu den ältesten Siedlungen von Boa Vista zählt, verarmte nach Aufgabe der Kalkindustrie. Viele junge Menschen wanderten ab. Jetzt bietet die nahe gelegene Ecolodge Spinguera Arbeit und damit eine Perspektive.

Übernachten

Einsam und exklusiv – **Ecolodge Spinguera:** Tel. 251 19 41, www.spinguera.com, DZ 190–250 €, Apartment für 2 Pers. 240–285 €, Villa für 2 Pers. 280–350 €. An der rauen Nordküste schuf der Italiener Nicola dieses Refugium für stressgeplagte Europäer. Wer einmal abseits vom Rest der Welt entspannen und sich vom lauen Wind umschmeicheln lassen möchte, zahlt den hohen Preis sicher gern. Es gibt weder Fernseher noch Klimaanlage oder helle Beleuchtung. Strom liefert großenteils eine Photovoltaikanlage. Um den Wasserverbrauch in Grenzen zu halten, wurde auf Pool und Gartenbewässerung verzichtet. Nicht nur Umwelt-, sondern auch Sozialverträglichkeit wird groß geschrieben. Die Ecolodge kooperiert eng mit dem Nachbardorf Bofareira. Das kleine, einsam gelegene Feriendorf mit 14 Wohneinheiten für bis zu 4 Pers. entstand aus einer verlassenen Fischersiedlung. Die Tochter des Eigners gestaltete jedes Zimmer individuell und stilvoll. Halbpension (30 € pro Tag u. Person) und Vollpension (50 €) im angeschlossenen Restaurant CáCabra sind möglich. Gekocht wird kapverdisch-mediterran mit möglichst naturbelassenen Zutaten. Auf Wunsch werden alle Sportmöglichkeiten und Ausflüge organisiert, die Boa Vista zu bieten hat. Ein Jeep mit oder ohne Fahrer wird jederzeit bereitgestellt.

Das Beste auf einen Blick

São Vicente und São Nicolau

Highlights!

Mindelo: Die Hafenstadt auf São Vicente zeigt sich mit ihrer reizvollen Mischung aus portugiesischem Kolonialstil und afrikanischem Flair als Kulturmetropole von Kap Verde. S. 140

Baía das Gatas: Als Badewanne von São Vicente gilt die weitläufige Bucht mit ihrem hellen Sandstrand. Jeden Sommer gibt es hier ein großes Musikfestival. S. 155

Dragoeiros de Cachaço: Im zentralen Hochland von São Nicolau dehnt sich der größte weltweit noch existierende Bestand urzeitlich anmutender Drachenbäume aus. S. 169

Auf Entdeckungstour

Dünenwanderung – bizarre Steine am Strand: Kilometerlange Sandstrände und weit ins Meer vorgeschobene Felsen wechseln sich im Nordosten von São Vicente ab. S. 150

Intellektueller Aufbruch in der Kolonialzeit: Bevor das Seminário-Liceu von São Nicolau 1931 die Pforten schloss, schufen diese Intellektuellen die Grundlagen für die spätere Unabhängigkeit des Landes. S. 162

Die Botanik erwandern – vorbei an den Zwillingsfelsen: Die einander so ähnlichen Felsen sind nur eine der Attraktionen, die eine Wanderung quer durch das Bergland von São Nicolau berührt. S. 198

Kultur & Sehenswertes

Torre de Belém: Der Nachbau des ungleich berühmteren, gleichnamigen Turms in Lissabon entstand in Mindelo erst 1937. S. 142

Igreja Nossa Senhora do Rosário: Nur 14 Jahre lang residierte im 18. Jh. ein Bischof in Ribeira Brava auf São Nicolau. Doch bis 1943 behielt die pompöse Rosenkranzkirche den Status einer Kathedrale. S. 160

Zu Fuß unterwegs

Wanderung nach Cachaço: Ein alter Pflasterweg verbindet die Hauptstadt Ribeira Brava mit dem hoch oberhalb gelegenen Aussichtsplatz an der Marienkapelle von Cachaço. S. 161

Ribeira Funda: Ziel der leichten Küstenwanderung ist der nur zu Fuß erreichbare, recht ursprüngliche Weiler Ribeira Funda. Steile Felswände begleiten den Weg. S. 165

Genießen & Atmosphäre

Rua Lisboa: Klassische Cafés reihen sich entlang der Straße in der Altstadt von Mindelo. Hier treffen sich die Einheimischen auf einen Kaffee. S. 147

Tarrafal: In São Nicolaus Hafen- und Strandort ist nur in den Ferienzeiten, also im Sommer, zu Weihnachten und zu Ostern etwas los, wenn die Emigranten aus Übersee ihrer Heimatinsel einen Besuch abstatten. S. 169

Abends & Nachts

Café Mindelo: In dem zeitgemäßen Treffpunkt ist von morgens bis abends etwas los. Nach dem Abendessen lauscht ein buntes Völkchen den Klängen kapverdischer Livemusik und macht Party. S. 147

Esplanada Sodade: Lebhafter abendlicher Treffpunkt in Ribeira Brava auf São Nicolau ist die Terrasse rund um einen schlichten Kiosk in einem Park am Fluss. Manchmal mit Livemusik. S. 166

São Vicente – Hafenstadt und Sandbuchten

Zunächst einmal ist São Vicente praktisch identisch mit Mindelo, der lebhaften Hafenmetropole mit dem legendären Ruf als Zentrum des Nachtlebens der Kapverden, dem sie in schummrigen Musikkneipen noch immer ein wenig gerecht wird. Aber auch tagsüber hat Mindelo urbanes Flair zu bieten. Der ganz überwiegende Teil der Bevölkerung und praktisch alle Unterkünfte konzentrieren sich hier, der Rest der Insel ist Natur pur. Absolute Ruhe und großartige Surfbedingungen bietet der Fischerort São Pedro. Traumhafte, praktisch unerschlossene Strände liegen im Norden und Osten von São Vicente (s. Entdeckungstour S. 150). Das Inselinnere und die felsige Südküste sind karg und nahezu menschenleer.

Mindelo! ▸ Karte 1, D 4

In Mindelo leben knapp 75 000 Menschen, das sind über 98 % der Inselbewohner. Der **Porto Grande** 1 gilt als bester und sicherster Anlegeplatz des Archipels. Früher war er sogar der größte Hafen zwischen Lissabon und dem Kap der Guten Hoffnung. Aber er hat bessere Zeiten gesehen. Im Osten sind die modernen Kaianlagen wenig belebt. Die Westseite der Bucht

Infobox

In Mindelo informiert der privat geführte Pavillon von Lucete Fortes an der Esplanada (s. S. 154).

Anreise und Weiterkommen

Flüge: Aeroporto Internacional Cesária Évora (VXE), Infos s. www.asa.cv. São Vicentes Flughafen wird von Propellermaschinen der TACV im Inlandflugdienst (tgl. nach Sal und Praia/Santiago, 1 x wöchentl. nach São Nicolau) sowie mehrmals wöchentl. von Lissabon aus mit größeren Maschinen angeflogen. Am Airport warten Taxis, die Fahrt nach Mindelo (ca. 8 km) kostet tagsüber 900 ECV, abends/nachts 1000 ECV.
Fähre: Mit Porto Novo auf Santo Antão ist Mindelo mehrmals täglich durch Autofähren verbunden. Vorausbuchung ist nicht erforderlich. Etwa 1 x pro Woche verkehrt eine Personen-Schnellfähre von Praia (Santiago) über São Vicente nach São Nicolau. Außerdem läuft die Autofähre Inter-Ilhas 1 x pro Woche Tarrafal (São Nicolau) ab Mindelo an. Die unbewohnte Insel Santa Luzia ist Naturschutzgebiet und darf derzeit nur mit Genehmigung angefahren werden.
Auf der Insel: Aluguers verkehren sporadisch nach São Pedro und Calhau. Innerhalb von Mindelo fahren Stadtbusse. Ansonsten ist man auf Taxi (wegen der kurzen Fahrstrecken relativ preisgünstig; innerstädtisch 150–180 ECV) oder Mietwagen (mehrere Anbieter in Mindelo) angewiesen. Zentrale Bushaltestelle und Taxistand in Mindelo an der Praça Dr. Regala.

›zieren‹ einige Wrackteile. Es fehlt das Geld, die Schiffe zu verschrotten.

Der Hafen

Angefangen hatte alles 1838, als ein Dekret der damals neu an die Macht gekommenen, liberal orientierten portugiesischen Regierung den Ausbau Mindelos als Handelshafen anordnete. 1850 erhielt der britische Konsul die Erlaubnis zur Einrichtung einer Kohlebunkerstation. Weitere Einrichtungen unter englischer Regie kamen bald hinzu. Großbritannien hatte sich schon 1810 vertraglich von Portugal das Vorrecht auf den Handel mit der portugiesischen Kolonie Brasilien einräumen lassen. Nun wurde São Vicente als Versorgungsstation für Schiffe auf dem Weg von und nach Südamerika ausgebaut. Damit kam ein unverhoffter Aufschwung für die landwirtschaftlich kaum nutzbare Insel. Mindelo erfuhr einen enormen Bevölkerungszuwachs. Die Neubürger kamen von Santo Antão und São Nicolau, die im aufstrebenden Hafen Arbeit fanden. Zwei Drittel der gesamten Einnahmen des Archipels wurden jahrzehntelang hier erwirtschaftet, Portugal verdiente durch die Zolleinnahmen kräftig mit.

Ende des 19. Jh. galt Mindelo als eine der ›verderbtesten‹ Städte der Welt. Damals versorgten sich bis zu 2000 Schiffe pro Jahr im Porto Grande mit Kohle und Wasser. Seeleute aus aller Welt hatten hier Landgang, das Geschäft mit der Prostitution blühte, ein Bordell nach dem anderen eröffnete. Bis heute blieb dieser Ruf erhalten, auch wenn die Realität nicht mehr ganz mithalten kann.

Mit zunehmender Konkurrenz der Häfen von Las Palmas (Gran Canaria) und Dakar (Senegal) ging die Zahl der anlegenden Schiffe ab etwa 1890 und vor allem in den 1920er-Jahren stark zurück. Diesel ersetzte zudem immer mehr die Kohle. In den 1950er-Jahren schlossen sich die letzten britischen Kohlegesellschaften zusammen, um von nun an nur noch Dieselkraftstoff der Marke Shell an die immer seltener in Mindelo vorbeischauenden Ozeanriesen zu verkaufen. Die Antwort des portugiesischen Salazar-Regimes darauf war der Bau der 900 m langen Mole und moderner Hafeneinrichtungen. Portugal versuchte nun den Handel mit den eigenen, verbliebenen Kolonien in Afrika, speziell mit Angola, zu intensivieren. Nach der Unabhängigkeit baute der junge Staat Kap Verde den Hafen weiter aus. Er kann heute Schiffe bis 11,5 m Tiefgang aufnehmen. Doch kam der Porto Grande seither nie mehr so richtig in Schwung.

Zwar ist der Hafen immer noch der wichtigste Arbeitgeber auf São Vicente. Mit 35 % liegt die Arbeitslosigkeit in Mindelo dennoch weit über dem nationalen Durchschnitt (21 %), auch deshalb, weil die Stadt immer noch Zuwanderer von anderen Inseln und aus Westafrika anzieht. Manche haben Erfolg, können sich einen gehobenen Lebensstil leisten. Andere scheitern und leben in ärmlichen Wohnvierteln an der Peripherie. Ausländische Investitionen, z. B. in eine Textilfabrik, haben für eine leichte Entspannung der Situation gesorgt. Auch erfolgte durch den in jüngerer Zeit florierenden Kreuzfahrttourismus eine gewisse Belebung von Stadt und Hafen.

An der Uferpromenade

Mercado de Peixe 2

Avenida da República, offiziell Mo–Sa, So sitzen die Händler vor der Tür

Die Avenida da República, bei den Einheimischen besser als Rua de Praia bekannt, trennt die Hafenbucht von der eigentlich vom Meer seltsam abgewandten Stadt. Im Süden beginnt sie am Mercado de Peixe, dem Fischmarkt. Dessen Ambiente ist ganz und gar afrikanisch. Ständig tragen Fischer ihren Fang in Plastiktüten herein, um die Händler zu beliefern. Unter den feilgebotenen Fängen dominiert der Thunfisch. Daneben liegen zahlreiche andere frische Atlantikfische, etwa die auffällig gestreiften Muränen, aber auch viel Bacalhau (Stockfisch).

Torre de Belém 3

Avenida da República, unregelmäßig geöffnet, Eintritt 100 ECV/1 €

Bei diesem interessanten Turm handelt es sich um eine Nachbildung des gleichnamigen, ungleich berühmteren Vorbilds in Lissabon. Während jener schon Ende des 15. Jh., also im Zeitalter der Entdeckungsfahrer, unter dem legendären König Manuel I. erbaut wurde, stammt die kapverdische Version von 1937. Die bis dahin von den Engländern geprägte Stadt sollte nach dem Willen der Salazar-Regierung ein wenig ›portugiesischer‹ werden.

Bis zur Unabhängigkeit Kap Verdes diente der Torre de Belém, der manchmal auch Torre do Mindelo genannt wird, der Hafenkommandantur als Sitz. Besonders sehenswert sind die pseudomanuelinischen Verzierungen an der Fassade. Verschlungene Schiffstaue aus Stein umrahmen die Fenster. Schmückende Funktion haben auch die zahlreichen Kreuze des Christusritterordens und die für den Emanuelstil typischen Türmchen. Nach einer gründlichen Renovierung dient der Turm heute als Ausstellungsraum für das Centro Cultural de Mindelo. Lohnend ist vor allem der Aufstieg zur Dachterrasse in der dritten Etage wegen der großartigen Sicht über Hafen und Stadt.

Nebenan vertreiben sich Fischer ihre Freizeit beim Kartenspiel an Steintischen. Dort erhebt sich die Bronzebüste von Diogo Afonso, der einen Sextanten in der Hand hält, als Zeichen des Seefahrers. Um die Jahreswende 1461/62 erkundete er von Santiago aus den Norden des Archipels und entdeckte dabei u. a. am 22. Januar 1462 São Vicente. Das Denkmal errichtete man 1955, also ebenfalls in der Zeit der Salazar-Diktatur. Es trägt bis heute das portugiesische Wappen, denn die Regierung von Kap Verde bemüht sich um Bewahrung des kulturellen Erbes aus der Kolonialzeit.

Armazéns de Ingleses 4

Nördlich vom Torre de Belém säumen die Handelshäuser (port. *armazéns)* der englischen und schottischen Kaufleute die Uferstraße, die im 19. und zu Beginn des 20. Jh. in Mindelo lebten und deutliche Spuren in der Stadt hinterließen. Sie eröffneten Geschäfte, gründeten Clubs und Sozialeinrichtungen. Sogar der heute noch existierende Golfplatz wurde damals südöstlich der Stadt angelegt. Charakteristisch für die unverkennbar britischen Gebäude sind schmiedeeiserne Balkongitter, Gauben und mit Schindeln gedeckte Dächer. Die pastellfarbene Häuserzeile blickt auf den Hafenstrand Praia de Bote, wo Fischer ihre bunten, offenen Boote an Land ziehen. Früher befanden sich hier Anlegestege für Dampfschiffe zum Bunkern von Kohle, von denen nichts mehr zu erkennen ist.

Die meisten Briten verließen in den 1950er-Jahren die Insel. Vor einigen Jahren wurden die Häuser saniert. An einem davon, heute ein Nebengebäude der Agência Nacional de Viagens,

Straßenleben vor der Replik des Lissabonner Hafenturms Torre de Belém

Praia da Laginha
Av. Che Guevara
CHE GUEVARA
Av. Dr. Alberto Leite
Av. Dr. Alberto Leite
Rua Angola
Av. 5 de Julho
Rua Argélia
Rua Senegal
ALTO NICOLAU
Rua das Imãs do Amor de Deus
Quiosque
Luís de Camões
Rua Angola
Rua Patrice Lumumba
Rua Senador Vera Cruz
Av. Baltazar Lopes da Silva
Av. Amílcar Cabral (Av. Marginal)
Gare Marítimo
Travessa do Cadamosto
Praça Nhô Roque
Av. 5 de Julho
Av. Unidade Africana
Cais d'Alfândega
Águia do Mindelo
Rua Lisboa
R. Franz Fanon
Marina Mindelo
Café Lisboa
Av. Fernando Ferreira Fortes
Câmara Municipal
Av. da República (Rua de Praia)
Rua Santo António
Pracinha da Igreja
Rua William
Praça Dr. Regala du Bois
Taxi
Porto Grande
Largo do Madeiral
Rua H. Sena
Diogo Afonso
Rua São João
Rua da Mozambique
Rua da Luz
Rua da Moeda
Rua Suburbana
Rua do Côco
Rua Eduardo Mondlane
Rua Guerra Mendes
Rua D. Ramos
Praça Estrela
Rua de Côco
Taxi
Rua Henrique Sena
Rua da Gulbara
Rua de Craca
Rua do Matadouro Velho
Rua D. Ramos
Largo John Millers's
Av. Holanda
Rua do Douro
Estação Meteorológica
MONTES
0
150
300 m
Calhau

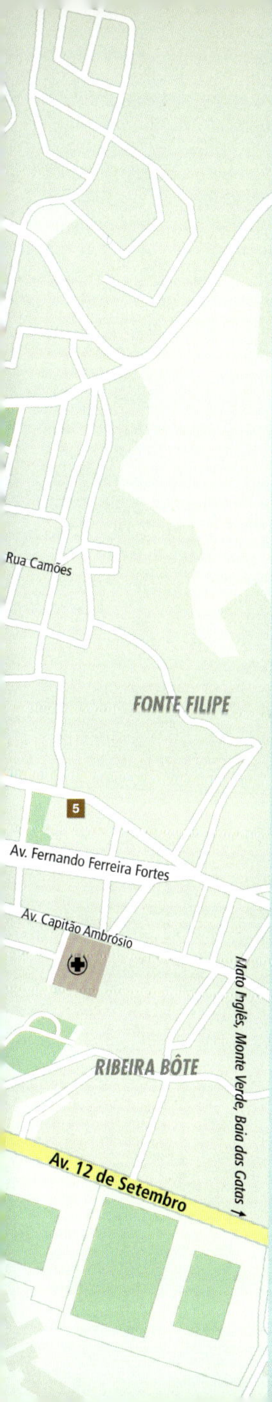

Mindelo

Sehenswert
1 Porto Grande
2 Mercado de Peixe
3 Torre de Belém
4 Armazéns de Ingleses
5 Alfândega Velha/Centro Cultural
6 Esplanada
7 Monumento de Cutileiro
8 Fortim d'El Rei
9 Französisches Kulturzentrum (L'Alliance Française de Mindelo)
10 Mercado Municipal
11 Palácio Presidencial
12 Igreja Nossa Senhora da Luz
13 Praça Estrela
14 Praça Nova

Übernachten
1 Oásis Atlântico Porto Grande
2 Mindelhotel
3 Boutique Hotel Kira's
4 Casa Café Mindelo
5 Residencial Sodade
6 Residencial Jenny
7 Residencial Maravilha
8 Residencial Che Guevara
9 Chez Loutcha
10 Pensão Chave d'Ouro

Essen & Trinken
1 Pont d'Água
2 Cocktail
3 Tradisson e Morabeza
4 Archote
5 Pica Pau

Einkaufen
1 Centro Nacional de Artesanato
2 Coopatec
3 Alternativa
4 Joana Pinto
5 Ponta d'Praia Gallery

Aktiv
1 boatCV
2 Billfish-Club Cabo Verde
3 Cabo Verde Island Tours
4 Dive Tribe

Abends & Nachts
1 Katem Musica
2 Café Del Mar

ist das große zeitgenössische Wandbild »Poema Mindelense« von António Conceição bemerkenswert. Es zeigt typische Szenen aus dem traditionellen Leben der Stadtbewohner: Männer fahren zum Thunfischfang aus, Frauen tragen Lasten auf dem Kopf, gefeiert wird abends in einfachen Kneipen.

Alfândega Velha 5

Avenida Marginal

Im Alten Zollhaus ist das **Centro Cultural de Mindelo** untergebracht, in dem die Kunstgalerie Art d'Cretcheu Ausstellungen und Konzerte veranstaltet, aber auch Musik-CDs und Kunsthandwerk verkauft. Das ehrwürdige Gebäude wurde in der Blütezeit des Porto Grande zwischen 1858 und 1860 errichtet. An der Fassade prangt das portugiesische Wappen mit den sieben Burgen, die repräsentativ für die während der mittelalterlichen Reconquista von den Mauren zurückeroberten Kastelle stehen. Zwei Tafeln mit Inschriften nennen die unter König Pedro V. für den Bau verantwortlichen Beamten.

Gegenüber erstreckt sich an der Spitze des Cais d'Alfândega, des restaurierten alten Zollkais, der im Oktober 2007 eröffnete Jachthafen (www.marinamindelo.net). Bis dahin gab es für Segler nur die Möglichkeit, in der Bucht zu ankern. Neben dem Kai erhebt sich der Águia do Mindelo, ein Fliegerdenkmal mit einem gewaltigen Adler, der zum Flug ansetzt. Es steht auf einem Sockel, der einer Felsnadel nachgebildet wurde. Eine Gedenktafel erinnert an die Zwischenlandung

Kolonialer Charme und afrikanisches Flair kennzeichnen die Altstadt von Mindelo

der Piloten Gago Coutinho und Sacadura Cabral mit dem Flugboot Lusitânia 1922 im Verlauf ihrer Erstüberquerung des Südatlantiks.

Avenida Amílcar Cabral

Im Norden geht die Avenida da República in die Avenida Amílcar Cabral (auch Avenida Marginal) über. Dort liegt die **Esplanada** 6, offiziell Praça Nhô Roque. In diesem sorgfältig angelegten Park mit Kinderspielplatz befindet sich eine private Touristeninformation.

Im weiteren Verlauf der Avenida erhebt sich das **Monumento de Cutileiro** 7, eine Marmorsäule, gekrönt von einem ringförmigen Stein. Das von dem Bildhauer João Cutileiro (geb. 1937) geschaffene Denkmal wurde zum 500. Jahrestag des Vertrags von Tordesillas aufgestellt, mit dem Spanien und Portugal 1494 ihre Einflussgebiete in Übersee absteckten.

Dieser Abschnitt der Uferstraße wird von dem auf einer Anhöhe gelegenen **Fortim d'El Rei** 8 (auch Fortim do Mindelo) ›bewacht‹. 1852 wurde es zur Verteidigung des Hafens errichtet, bis in die 1970er-Jahre hinein diente es noch als Gefängnis. Noch ist die ehemalige Festung eine Ruine, doch es gibt Pläne, sie in einen touristischen Komplex zu verwandeln.

Schließlich ist der **Gare Marítimo** erreicht, das moderne Fährterminal.

Rua Lisboa

An der Rua Lisboa (heute offiziell Rua Libertadores d'África) reihen sich die Cafés aneinander, unter ihnen das Café Pergola im **französischen Kulturzentrum** 9 (s. Unser Tipp S. 148). Absolute Klassiker, deren Existenz schon in Frage stand, die sich aber wieder fest etablieren konnten, sind das Café Lisboa und das Café Royal. Dort trifft man sich seit Jahrzehnten am Vormittag. Um diese Zeit (und nur um diese) tobt das Leben in der Innenstadt. Sehenswert sind die altmodischen Geschäfte mit Holzeinrichtung und klassischem Warensortiment. An Sonn- und Feiertagen schließen alle Läden. Dann machen auch die Cafés ihre Tore dicht und es ist schwierig, in der nun fast unbelebten Innenstadt noch eine Einkehrmöglichkeit zu finden.

Unser Tipp

Café Mindelo

In einem renovierten Stadthaus von 1870 ist dieses schicke Lokal untergebracht, in dem man nicht nur Kaffee trinken, sondern auch lecker Fisch essen kann. Fast jeden Abend wird in dem zeitgemäßen Treff Livemusik geboten (**Casa Café Mindelo** 4, Rua Governador Calheiros 6, Tel. 231 87 31, http://casacafemindelo.com, tgl. 7–2 Uhr, Hauptgerichte um 800 ECV).

Mercado Municipal 10

Rua Lisboa, Mo–Sa vormittags geöffnet

Hauptattraktion in der Rua Lisboa ist die zweistöckige städtische Markthalle. Zu ebener Erde gibt es ein reichhaltiges Angebot an Obst und Gemüse. Aber auch Trockenfisch, Eier, Getreidekörner und Gewürze stehen zum Verkauf. Ein typisches Mitbringsel sind winzige Chilischoten, die zu höllisch scharfem Piri-Piri verarbeitet werden. Im Obergeschoss ist nicht viel los, seit die meisten der einstmals dort vorhandenen kleinen Musikläden und Boutiquen in lukrativere Geschäftslagen außerhalb der Innenstadt umgezogen

Unser Tipp

L'Alliance Française de Mindelo 9

Das französische Kulturzentrum besitzt eine umfangreiche Bibliothek, darunter auch zahlreiche Bände, die sich mit den Kapverdischen Inseln befassen. Der Bookshop verkauft Landkarten und Lokalzeitungen und oft gibt es kulturelle Veranstaltungen. Im Bar-Restaurant La Pergola kann man bei Kaffee oder Fruchtsaft entspannen und auch gepflegt essen. Rua Lisboa/Rua Santo António, Tel. 232 11 49, www.afmindelo.org, Mo–Fr 10–12.30, 15–19, Sa 10–12.30 Uhr; Restaurant La Pergola: Tel. 982 76 75, Mo–Fr 8–19, Sa 8–14 Uhr, Hauptgerichte um 800 ECV.

sind. Am Treppenaufgang lohnt das wandfüllende Fliesenbild einen Blick. Es wurde 1994 in Portugal geschaffen und zeigt eine Gruppe von Frauen, die Gefäße auf dem Kopf tragen, eine typische Szene von Cabo Verde.

Palácio Presidencial 11

Die Rua Lisboa endet im Osten vor dem ehemaligen Gouverneurspalast. Heute nutzt ihn der Präsident von Kap Verde bei seinen Aufenthalten auf São Vicente. Zudem dient der Repräsentativbau als provisorischer Sitz des Inselgerichts. Das imposante Gebäude wurde 1874 von den in Mindelo ansässigen Engländern als Musikhalle genutzt. Der Stil ist klassizistisch mit Anklängen an die damalige britische Kolonie Indien. Erst 1929 kam das Obergeschoss hinzu. Während der Bürozeiten darf man den gepflegten Park betreten.

Altstadt

Igreja Nossa Senhora da Luz 12

An die Rua Lisboa grenzt südlich die Altstadt von Mindelo, deren Mittelpunkt die Pracinha da Igreja darstellt. Ende des 18.Jh. war an dieser Stelle ein kleines, einfaches Dorf namens Nossa Senhora da Luz rund um eine schlichte, der Ortspatronin Maria Lichtmess geweihte Kapelle gegründet worden. Als jedoch die Bevölkerung stark angewachsen war, ersetzte man im Jahr 1862 die Kapelle durch die heutige Igreja Nossa Senhora da Luz. Sie präsentiert sich im Kolonialstil mit einem geschwungenen barockisierenden Giebel und einem Marmorportal. Die zwei Glockentürme weisen maurisch anmutende Hufeisenbögen auf.

Auf dem Kirchplatz verbringen einheimische Familien im Schatten gerne die Mittagszeit oder promenieren hier in den Abendstunden. Neben der Kirche steht das traditionsreiche, modernisierte Kaufhaus Casa Benfica mit der wohl besten Auswahl an Gebrauchsartikeln in der Stadt. Casa Benfica geht auf eine von mehreren Handelsgesellschaften zurück, die in Mindelo während der Salazar-Zeit gegründet wurden, um den Handel von Manufakturprodukten von den Inseln des Archipels nach Portugal zu organisieren. In den schmalen Gassen weiter südlich wird Mindelo ›afrikanischer‹. Das Leben ist weit bunter als am Nordrand der Innenstadt, die Gerüche sind intensiver. Fliegende Händler am Straßenrand bieten die verschiedensten Waren an.

Praça Estrela 13

Auf dem weitläufigen Platz steht ein Pavillon mit gleich mehreren Bars, von deren Tischen aus man das Treiben ringsum verfolgen kann. Für die afrikanischen Händler, die sich zuvor provisorisch hier eingerichtet hatten, wurden im Jahr 2000 mit Hilfe der portugiesischen Partnerstadt Porto feste Marktstände geschaffen.

Sehenswert sind die handgemalten, klassisch blau-weißen Fliesenbilder *(azulejos)* an den Ständen. Sie zeigen Ansichten des alten Mindelo. Das Angebot der Händler umfasst Kleidung, Sonnenbrillen, Sandalen und allerlei Krimskrams. Am meerwärtigen Rand der Praça Estrela bieten Frauen auf einem kleinen, überdachten Marktplatz Obst und Gemüse feil.

Neustadt

Ende der 1920er-Jahre entstand das noble Stadtviertel rund um die großzügige **Praça Nova** 14. Am Platz und in seiner Nähe stehen heute die wichtigsten Hotels der Stadt. Inmitten der gepflegten Anlage erhebt sich der **Quiosque Praça Nova,** ein viel fotografierter Jugendstil-Pavillon mit Café. Tische im Freien laden zur Rast ein. In der Architektur des Pavillons spiegelt sich der angelsächsische Geschmack wider.

Dahinter steht das **Monumento Luis de Camões,** ein Denkmal für den wohl berühmtesten portugiesischen Dichter, der zwischen 1524 (oder 1525) und 1580 lebte. Seine Büste thront auf einem Sockel, den das Kreuz des Christusritterordens ziert. Ganz unten ist sein berühmtes Epos »Os Luziados« in Form eines Buches in Stein gefasst. Camões beschreibt darin in 10 Gesängen (nach dem Vorbild von Vergils »Aeneis«) die Fahrt Vasco da Gamas nach Indien. Das Denkmal wurde nach der Unabhängigkeit der Republik Kap Verde zunächst entfernt, kehrte aber inzwischen an seinen Platz zurück.

In den nördlich anschließenden Straßenzügen wohnen die wohlhabenderen Bürger Mindelos in gepflegten, pastellfarbenen Villen aus der Kolonialzeit mit schmiedeeisernen Gittern an Fenstern, Türen und Balkonen sowie oft mit Stuck verzierten Balustraden. Vielfach sind die Häuser durch Wachhunde und hohe, mit einzementierten Glasscherben versehene Mauern gegen unerwünschte Eindringlinge gesichert. Restaurants und Geschäfte im europäischen Stil rechnen hier mit relativ zahlungskräftiger Kundschaft.

Ausflüge

Mato Inglês

Die holprige Nebenstrecke nach Mato Inglês zweigt einen guten Kilometer außerhalb von Mindelo von der Straße nach Baía das Gatas rechts ab. Abschnittsweise wird die Fahrbahn zur ausgewaschenen Piste. Man kann von der Abzweigung aus Mato Inglês aber auch in 45 Min. zu Fuß erreichen.

Der Name der Gegend, ›Busch der Engländer‹, deutet an, dass hier früher einige der in Mindelo ansässigen britischen Händler einen Zweitwohnsitz besaßen. Heute fällt zwischen den zahlreichen Ruinen von Bauernhöfen nur hier und da ein gepflegtes Wochenendhaus auf. Einen Ortskern gibt es nicht. Recht einsam steht die der Jungfrau von Fátima geweihte Kirche von Mato Inglês am Straßenrand.

Monte Verde

Das Inselinnere von São Vicente präsentiert sich heute weithin öde. Vor Jahrzehnten soll es mehr Regen und eine blühende Landwirtschaft gegeben haben. Davon ahnt man noch etwas in den Bewässerungsoasen mit Palmen bei Madeiral und vor allem auf dem breiten Gipfelplateau des höchsten Berges der Insel, dem Monte Verde (750 m). Eine Pflasterstraße führt hinauf. Sie zweigt etwa 3 km ▷ S. 152

Auf Entdeckungstour: Dünenwanderung – bizarre Steine am Strand

Den schier endlosen Stränden im Nordosten von São Vicente folgt diese Wanderung, bei der es seltsame Erosionsformen im Dünensand zu entdecken gibt.

Reisekarte: ▶ Karte 1, D/E 4

Zeit: 5 Std., kurze Variante bis Baía das Gatas 2 Std.

Planung: An- und Abfahrt erfolgen per Taxi, Radio-Taxi Mindelo, Tel. 232 20 00, für die Rückfahrt mit dem Fahrer der Anfahrt einen Zeitpunkt/ Ort verabreden.

Start: Das Fischerdorf Salamansa an der Nordküste von São Vicente. Mit dem Taxi auf der Pflasterstraße bis in die Nähe des Strandes fahren.

Eine Sandpiste führt von Salamansa ostwärts an der Küste entlang durch eine karge Steinwüste. Sie passiert eine Bucht (10 Min.), in der die Fischer des Ortes ihre Boote ans Ufer ziehen. Die Piste beschreibt dann eine Kurve um ein mit Solarzellen betriebenes Leuchtfeuer herum und überquert eine kleine Landzunge. Danach ist wieder das Meer erreicht (30 Min.).

Mittagessen am Strand

Weiter geht es entlang der Küstenlinie. Wieder wird eine Landzunge abgeschnitten, die **Ponta de Doca.**

Hier befindet sich links ein Feld von Basaltsäulen. Im weiteren Verlauf der Wanderung gilt es, sich so nahe wie möglich an der Küste zu halten und landeinwärts abzweigende, mehr oder weniger gut erkennbare Fahrspuren zu ignorieren. Dann geht es an einem **Meerwassertümpel** (1 Std.) vorbei und danach eher landeinwärts, auf einer deutlichen Fahrspur über ein Geröllfeld. Es schließt eine sandige Ebene an, wo sich die Piste gabelt (1.30 Std.). Hier hält man sich links und an der nächsten Einmündung wiederum links. Dann kommen voraus schon die Häuser von **Baía das Gatas** in Sicht, wo sich die Einkehr im Restaurant Esplanada am Strand anbietet (2 Std.).

Dünenversteinerungen an der Baía do Norte

Vom Esplanada geht es auf der Straße Richtung Mindelo an einigen Ferienhäusern und dem Strand von Baía das Gatas vorbei. Jetzt lässt sich die gesamte **Baía do Norte** überblicken.

Am Ende der Siedlung, an einer ehemaligen **Fischfabrik** (2.10 Std.), biegt man links in eine Straße ein, die an der Küste entlang bis nach Calhau führt. Sie ist allerdings so wenig befahren, dass man relativ ungestört am Strand entlang wandern kann. Ein deutlicher Pfad verläuft entlang der Küstenlinie durch den Sand. Wenig später wird ein einsamer **Torbogen** aus Natursteinen passiert. Voraus liegt ein breites, mit schwarzem Lavagestein gefülltes Tal. Je nach Wasserstand wandert man mehr oder weniger weit vom Meer entfernt weiter.

Noch ein Tal zieht sich durch die sandige Landschaft (3.15 Std.). Hier sind im Kalksandstein interessante Erosionsformen, vom stetig wehenden Passatwind gebildet, zu sehen. Mit der **Ribeira da Baleia** (3.30 Std.) folgt ein breiteres, flacheres Tal, dessen Grund schwarzes Geröll bedeckt. Ausgedehnte helle Flugsandflächen überziehen den Westhang des Einschnitts. Nach Durchqueren einiger weiterer flacher Täler befinden sich rechts auf einer Düne besonders bizarre Erosionsformen (4.10 Std.). Es handelt sich um verhärtete Auskristallisierungen in Rissen in der Düne. Härter als der sie umgebende Sand, leisten sie der Abtragung durch den Wind hartnäckig Widerstand.

Ein weiterer rostiger Turm wird passiert, dann ist der Strand von **Calhau** erreicht (4.40 Std.). Baden ist hier sehr gefährlich, da die Küste der aus Norden anrollenden Brandung ungeschützt ausgesetzt ist. An einem Warnschild wendet man sich rechts ins Inselinnere und schneidet somit die Landzunge **Ponta do Calhau** ab, auf der sich der Monte Calhau erhebt. Seine Südseite ist von Höhlen durchsetzt, mühselig von Hand abgebaute Steinbrüche. Nach Überquerung der Landzunge ist voraus wieder das Meer zu sehen. Das ehemalige Fischerdorf Calhau hat sich in den letzten Jahren zu einem beliebten Ausflugsziel insbesondere am Wochenende entwickelt (5 Std.).

außerhalb vom Mindelo beim Restaurant Casa Velha von der Hauptstraße nach Baía das Gatas rechts ab.

Übernachten

Internationaler Standard – **Oásis Atlântico Porto Grande** 1: Praça Nova, Tel. 232 31 90, 232 11 76, www.oasisatlantico.com, DZ 120–140 €. Die 48 Zimmer und zwei Suiten des ersten Hauses am Platz sind großzügig ausgestattet, alle verfügen über einen Balkon mit Blick auf die Praça oder zum Pool. Manchmal findet abendliche Animation auf der Terrasse statt. Die hauseigene Diskothek Syrius bietet Mi–So, jeweils 23–6 Uhr, Unterhaltung.

Oben mit Aussicht – **Mindelhotel** 2: Av. 5 de Julho, Tel. 232 88 81, mihotel@cvtelecom.cv, DZ ab 75 €, Listenpreise vor Ort deutlich teurer. Das himmelblaue 4-Sterne-Hotel steht unter italienischer Leitung. Zwar bieten die Zimmer keinen Balkon, aber in den oberen Stockwerken einen wunderbaren Blick über die Stadt. Wer unten wohnt, kann ihn von der Dachterrasse genießen. Die Lobbybar steht auch Nicht-Hotelgäste für einen gepflegten Drink offen.

Gepflegtes Stadthaus – **Boutique Hotel Kira's** 3: Rua de Argélia 24, Tel. 230 02 74/-75, www.kirashotel.com, DZ ab 81 €. Zentrumsnahe Unterkunft in einem ehemaligen Wohnhaus. Renoviert und 2013 als Hotel eröffnet. 11 unterschiedlich stilvoll eingerichtete Zimmer. Den Gästen stehen Aufenthalts- und Rückzugsräume wie Dachterrasse und Innenhof zur Verfügung.

Kommunikatives Haus – **Casa Café Mindelo** 4: Rua Governador Calheiros 6, Tel. 231 87 31, www.casacafemindelo.com, DZ 6500 ECV. Das renovierte Stadthaus in der Altstadt bietet stilvolle, große Gästezimmer, wobei sich Bad und WC allerdings auf dem Gang befinden. Dafür gibt es großzügige Aufenthaltsräume und die Gäste dürfen die offene Küche benutzen wie auch auf der Terrasse selber grillen. Hier wohnt man sehr kommunikativ. Im Erdgeschoss befindet sich ein beliebtes Café mit Restaurantbetrieb am Abend.

Pension auf Hotelniveau – **Residencial Sodade** 5: Rua Franz Fanon 38, Tel. 230 32 00, www.residencialsodade.com, DZ 3000–7000 ECV. Die komfortable Pension liegt am Rand der Innenstadt. Die Zimmer sind sehr unterschiedlich ausgestattet, die einfachen und preisgünstigeren liegen in den unteren Etagen. Das sehr gute Restaurant bietet auch einen schönen Blick über Stadt und Hafen.

Hafenblick – **Residencial Jenny** 6: Alto São Nicolau, Tel. 232 89 69, www.jenny-mindelo.com, DZ ab knapp 50 €. Die ansprechende Unterkunft bietet 20 ordentliche Zimmer, alle mit warmem Wasser, Klimaanlage und Balkon. Das Besondere ist der wunderbare Ausblick über den Hafen. Im Frühstücksraum besteht Internetanschluss.

Gepflegte historische Villa – **Residencial Maravilha** 7: Rua Angola, Alto São Nicolau, Tel. 232 22 03, gabs@cvtelecom.cv, DZ 4700 ECV, Suite 5500 ECV. In einem der schickeren Stadtteile von Mindelo liegt diese gut ausgestattete Pension. Das palastartige Haus war früher ein herrschaftliches Anwesen. Entsprechend geschmackvoll eingerichtet und geräumig sind die Zimmer.

Ruhig gelegen – **Residencial Che Guevara** 8: Rua Che Guevara, Tel. 232 24 49, cheguevara@cvtelecom.cv, DZ ab 4000 ECV. Oberhalb der Praia da Laginha, des Stadtstrandes, liegt diese Unterkunft. Neben der ruhigen Lage sind auch die großen Zimmer ein weiteres Plus. Bis ins Stadtzentrum sind es nur wenige Minuten.

Klassiker – **Chez Loutcha** 9: Rua do Côco, Tel. 232 16 36, mdll-chezloutcha@cvtelecom.cv, DZ 3700–4400 ECV.

Bei Rucksackreisenden und Wanderern ist diese familiär geführte Pension sehr beliebt. Am besten lässt man sich ein Zimmer mit Fenster zur Außenseite geben. Das gemütliche Restaurant im Haus wird auch gern von externen Gästen aufgesucht, denn es bietet schmackhafte französisch-senegalesische Küche mit Riesenportionen sowie am Freitag meist Morna live (Hauptgerichte ab 600 ECV).

Kolonialer Charme – **Pensão Chave d'Ouro** 10: Av. 5 de Julho, Tel. 232 70 50, DZ 2500 ECV. Seit der Kolonialzeit scheinbar unverändert wirkt diese einfache Pension mit dem gewissen Etwas. Die Qualität der Zimmer präsentiert sich sehr unterschiedlich, allen gemeinsam ist das Etagenbad. Sehr empfehlenswert, auch für auswärtige Gäste, ist das Restaurant in der erste Etage. Klassische portugiesisch-kapverdische Küche wird in entsprechendem Ambiente serviert, was auch viele Einheimische zu schätzen wissen (Hauptgerichte um 1000 ECV).

Essen & Trinken

Neuer Schick – **Pont d'Água** 1: Avenida da República, Tel. 231 01 12, Hauptgerichte um 1000 ECV. Edles Restaurant im neuen Touristenkomplex direkt am Hafen. Umgeben von Boutiquen, Geschäften, einer Poolanlage und Ruhezonen. Gehobene, kreative Küche. Oft auch Livemusik.

Gegrilltes auf der Terrasse – **Cocktail** 2: Av. 5 de Julho, Tel. 232 72 75, Hauptgerichte um 800 ECV. Angenehm sitzt es sich auf der Dachterrasse eines Einkaufszentrums (gegenüber Aparthotel Avenida). Serviert werden Grillgerichte und Fisch. Samstags und sonntags wird meist Livemusik geboten.

Traditionsadresse – **Tradisson e Morabeza** 3: Av. da República (über der Tankstelle), Tel. 232 48 41, Hauptgerichte um 800 ECV. Das Lokal pflegt ein gehobenes Niveau und besitzt eine schöne Terrasse mit Blick über die Hafenbucht. Musikabende werden recht häufig veranstaltet.

Im schicken Viertel – **Archote** 4: Rua Irmãs do Amor de Deus, Alto São Nicolau, Tel. 232 39 16, www.restaurantearchote.com, Hauptgerichte ab 700 ECV. Hier speist man recht edel, abends auch gern auf der Terrasse. Samstags spielt eine Folkloregruppe auf, dienstags die Band Porto Grande.

Typisches Altstadtlokal – **Pica Pau** 5: Rua Santo António, Fischgerichte um 700 ECV. Bei Travellern ist diese urige ›Institution‹ mit nur sieben Tischen äußerst beliebt. Angenehm kurz zeigt sich die Speisekarte, auf der vorwiegend Fisch, Languste und andere Meeresfrüchte stehen. Der Wirt bemüht sich in englischer Sprache persönlich um seine Gäste. Dankesschreiben aus aller Welt zieren die Wände.

Gut isst man zudem in den Restaurants der Unterkünfte **Casa Café Mindelo** 4 (s. Unser Tipp, S. 147), **Chez Loutcha** 9 und **Pensão Chave D'Ouro** 10.

Einkaufen

Kunsthandwerk – **Centro Nacional de Artesanato** 1: Praça Nova. Nach der Unabhängigkeit wurde das Kunsthandwerkszentrum von der Künstlergruppe Resistência gegründet, um die kapverdische Kultur und die Herstellung der berühmten *panos* zu fördern. Heute ist hier ein Museum untergebracht, das schöne Wandmalereien, Batiken und Wandteppiche zeigt.

Keramik – **Coopatec** 2: Rua Angola, Alto São Nicolau, Tel. 231 47 04. Im ehemaligen britischen Konsulat, einem der ältesten Gebäude von Mindelo (Anfang 19. Jh.), arbeitet ein Team von Keramikern unter der Leitung von

Tito, einst Mitglied der Künstlergruppe Resistência.
Souvenirs – **Alternativa 3**: Av. 5 de Julho. Hochwertiges einheimisches Kunsthandwerk, von der Gruppe Atelier Mar geschaffen, offeriert der Laden neben dem Mindelhotel.
Batik und Kunst – **Joana Pinto 4**: Rua Senegal. Hinter dem Cinema Eden Park verkauft Joana Pinto in ihrem kleinen Atelier ihre Kreationen.
Malerei – **Ponta d'Praia Gallery 5**: Av. da República, www.facebook.com/pontadpraia, Di–Sa 15–20 Uhr. Der einheimische Künstler Tchalé Figueira betrieb hier früher sein Atelier. Jetzt verkauft er in der schicken Galerie nicht nur seine Werke, sondern auch die seines Bruders Manuel Figueira sowie dessen Frau Luisa Queiros und organisiert wechselnde Ausstellungen.

Aktiv

Segeln – **boatCV 1**: Av. Amílcar Cabral, Tel. 232 67 72, www.boatcv.com. Kompletter Jachtservice, Charter, Mitsegeln. Repräsentant der Kreuzer-Abteilung des Deutschen Segler Verbandes e.V. (www.kreuzer-abteilung.org).
Hochseefischen – **Billfish-Club Cabo Verde 2**: Marina Mindelo, Tel. 231 53 26, www.billfish-club-caboverde.com. Unter deutscher Leitung.
Auf Panoramatour – **Cabo Verde Island Tours 3**: Porto Grande, Tel. 925 12 81, www.caboverdeislandtours.cv. Kommentierte Inselrundfahrten im Doppeldeckerbus. Richtet sich vorwiegend, aber nicht nur an Kreuzfahrtpassagiere.
Tauchen – **Dive Tribe 4**: Marina Mindelo, Tel. 982 94 98, www.dive-tribe.com. Nett geführte portugiesisch- und englischsprachige PADI-Basis, die Tauchgänge etwa bei der vorgelagerten Felsinsel Ilhéu dos Pássaros organisiert und Kurse anbietet.

Abends & Nachts

Morna und andere kapverdische Musik, aber auch afrikanische Klänge erlebt man an manchen Wochentagen live in vielen Restaurants sowie im Café Mindelo in der gleichnamigen Casa 4 (s. S. 147).
›Das‹ Musikcafé – **Katem Musica 1**: Rua Lisboa, So geschl. Ab ca. 23 Uhr gibt es häufig Livemusik, oft mit landesweit bekannten Künstlern. Ehemals bekannt unter Café le Musique.
Immer für einen Drink gut – **Café Del Mar 2**: Av. 5 de Julho, Tel. 973 79 39, www.facebook.com/delmarmindelo, tgl. 6–24 Uhr. Der internationale Treffpunkt bietet nicht nur Kaffee, Smoothies, Fruchtsäfte und Snacks. Er eignet sich auch gut für einen Absacker, z. B. einen Mojito. WLAN ist vorhanden.

Infos & Termine

Infos

Informação Turística – Lucete Fortes: Av. Amílcar Cabral, Tel./Fax 232 42 67, www.bela-vista.net. Pavillon in der Esplanada. Verkauf von guten Wanderkarten und Stadtplänen.
Internet: Unter www.mindelo.info gibt es auf Französisch jede Menge aktuelle Hinweise auf Kulturveranstaltungen, Musik, Kunst, Unterkünfte, Sport.

Termine

Festa de São Vicente: 22. Jan. Zum Jahrestag der Entdeckung der Insel zieht am Nachmittag eine Prozession mit der Statue des hl. Vincentius durch die Stadt, begleitet von Blasmusik und einer begeisterten Menschenmenge.
Carnaval: Frühjahr. Fast so schön wie in Rio, s. S. 34.

Verkehr

Flüge: TACV-Büro: Av. 5 de Julho, Tel. 232 37 21, Fax 232 37 19. Internatio-

naler Flughafen Cesária Évora beim Fischerdorf São Pedro. Von und nach Lissabon mit TAP Portugal.
Fähre nach Santo Antão: Autofähren Mar d'Canal (Armas) und Inter-Ilhas (Polaris), je 1–2 x tgl.; Tickets jeweils am Hafen, einfache Fahrt 800 ECV, Fahrtzeit jeweils 45–60 Min. Aktueller Fahrplan (keine Gewähr!) unter www.bela-vista.net.
Fähre nach Santiago und São Nicolau: Schnellfähre ›Liberdadi‹, www.cvfastferry.com, jeweils 1 x pro Woche, ca. 6000 bzw. 2100 ECV; Autofähre Inter-Ilhas (Polaris), Av. Baltazar Lopes da Silva, Tel. 232 31 75; 1 x wöchentlich nach Tarrafal (São Nicolau), unregelmäßige Abfahrtszeiten, nur für flexible Reisende zu empfehlen.
Taxi: Radio-Taxi Mindelo, Tel. 232 20 00 (24-Stunden-Service). Preisbeispiele: Mindelo–Flughafen 900–1000 ECV, Mindelo–Fährhafen 200–300 ECV. Taxistände: Praça Dr. Regala und Praça Estrela.
Aluguer: Sammeltaxi. Richtung São Pedro und Calhau ab Südrand der Praça Estrela.
Stadtbus: Mehrere private Busgesellschaften, zentraler Verkehrsknotenpunkt ist die Praça Dr. Regala, sehr häufig in alle Stadtteile, Einheitsfahrschein 43 ECV.
Mietwagen: Alucar, Monte Dji d'Sal, Tel. 232 51 94, www.facebook.com/alucarcv.

São Pedro ▶ Karte 1, D 4

São Pedro ist trotz der Flughafennähe noch immer ein ruhiger, beschaulicher Fischerort. Die Bewohner beschäftigen sich mit dem Putzen ihres Fangs und der Reparatur der Netze. An der dunkelsandigen Praia de São Pedro ziehen sie die bunten Boote an Land. Am westlichen Ende des Strandes steht gut einen Kilometer vom Dorf entfernt das Foya Branca Resort Hotel (s. rechts). Von hier aus ist der Leuchtturm an der Ponta do Farol zu sehen, den man auf einem alten Verbindungsweg auch zu Fuß erreichen kann.

Übernachten

Erholung pur – **Hotel Foya Branca:** Baia de São Pedro, Tel. 230 74 00, www.foyabranca.com, Website auch auf Deutsch, DZ ab 110 €, s. Lieblingsort S. 157.

Baía das Gatas !

▶ Karte 1, E 4

Wunderschön ist die langgezogene, helle Strandzone im Nordosten von São Vicente. Der Sand wurde vom Wind weit ins Inselinnere getragen und hat so gewaltige Dünenfelder geschaffen. Beim Strandspaziergang entlang der Baía do Norte kann man sich einmal so richtig ›durchblasen‹ lassen (s. S. 151).

Am Nordrand der Baía do Norte liegt der Fischer- und Ferienort Baía das Gatas. Gleich am Ortseingang steht die ehemalige Fischfabrik, dort werden die bunten Fischerboote an Land gezogen. Sie laufen zu den als besonders fischreich geltenden Fanggründen vor der unbewohnten Nachbarinsel Santa Luzia aus.

Baía das Gatas besitzt eine kleine, durch ein Felsriff geschützte Strandbucht, wo auch Kinder normalerweise gefahrlos ins Wasser gehen können. Es gibt sogar eine kleine Wasserrutsche. Samstags und sonntags kommen viele Familien aus Mindelo hierher; die Wohlhabenderen unter ihnen leisten sich einen Zweitwohnsitz in Baía das Gatas.

Lieblingsort

Relaxen am Pool – Hotel Foya Branca in São Pedro

▶ Karte 1, D 4

Abseits des Fischerortes São Pedro steht an der gleichnamigen Praia das Hotel Foya Branca vor einer bizarren Felskulisse. Noch ist es hier erstaunlich einsam, vielleicht wegen des starken Windes, der am Strand ständig Sand aufwirbelt. So stellt zum Baden und Sonnenbaden die Poollandschaft des Hotels eine gute Alternative dar. Die Zimmer sind äußerst ansprechend und man möchte sie so lange wie möglich genießen. Andererseits locken Fitnessraum, Tennisplatz und zwei nette Restaurants, eines davon mit Terrasse über dem Strand. Für Aktivitäten außerhalb der Anlage stehen gegen Gebühr Fahrräder zur Verfügung (s. S. 155).

Südlich schließen die Praia do Norte und die noch einsamere Praia Grande an. Beide Strände sind der Brandung des Atlantik wesentlich stärker ausgesetzt als der ›Hausstrand‹ von Baía das Gatas und daher zum Baden nicht geeignet. Von Anglern werden sie hingegen gern aufgesucht.

Essen & Trinken

Fleisch und Fisch – **Le Goût de Grills:** Rua da Praia, Tel. 232 61 12, Hauptgerichte ca. 700 ECV. Etwas abseits vom Strand liegt dieses bei einheimischen Wochenendausflüglern sehr beliebte Grillrestaurant (*churrasqueira*) mit kleiner Terrasse und luftigem Speiseraum.
Ungezwungen – **Esplanada Baía das Gatas/Take away Atlanta:** Hauptgerichte um 600 ECV. Die Atmosphäre in dem einfachen Strandlokal ist locker, man sitzt auf der schattigen Terrasse und genießt gegrillten Fisch. Am Wochenende meist sehr gut besucht.

Termine

Festival Baía das Gatas: am Vollmond-Wochenende im August. Bands aus Cabo Verde, Portugal, Westafrika, Brasilien und den Vereinigten Staaten spielen die Nächte durch. Außerdem Pferderennen, Wassersportwettbewerbe und Wahl der Miss Baía. Jedes Jahr kommen etwa 15 000 Zuschauer. Zahlreiche Emigranten reisen eigens zu dem Mega-Event an, der sich seit 1984 aus einem spontanen Treffen einiger Musiker entwickelte. Weitere Infos unter www.mindelo.info und www.fest.sapo.cv.

Calhau ▶ E 4

Eine weitere von den Einheimischen gern am Samstag und Sonntag aufgesuchte Feriensiedlung ist Calhau. Während der Woche geht es in dem Fischerdorf hingegen äußerst ruhig zu. Mit der Praia Grande do Calhau am Südostende der Baía do Norte, einen guten Kilometer (30 Min. zu Fuß) vom Ort entfernt, verfügt Calhau über einen einigermaßen gut zum Baden geeigneten Strand.

Ausflug übers Meer nach Santa Luzia

Die unbewohnte Insel Santa Luzia ist der Ostspitze von São Vicente in gut 10 km Entfernung vorgelagert. Sie steht als Reserva Natural Parcial unter Schutz. Die Überfahrt ist nur mit Genehmigung der Umweltbehörde der Kapverden erlaubt. Ökotouristische Ausflugsfahrten werden derzeit noch

Ein Platz zum Träumen: Strand von Baía das Gatas

nicht angeboten, sind aber geplant. Santa Luzia ist 12 km lang und etwas über 5 km breit. Mit einer Fläche von 39 km² ist sie das zehntgrößte Eiland des Archipels. Das Inselinnere beherrschen einige prägnante Vulkankegel, der höchste von ihnen ist der Monte Grande mit immerhin 395 m. Doch damit ist Santa Luzia zu flach für die Bildung von Passatwolken. Und so fehlt es an Wasser, weshalb die Landschaft wüstenhaft ist. Während der Norden sich durch raue Felsküsten und Dünen auszeichnet, dehnen sich an der Südküste lange, einsame Sandstrände aus.

Nicht immer war Santa Luzia menschenleer. Im Auftrag eines Großgrundbesitzers, der die gesamte Insel gepachtet hatte, lebten im 19. Jh. Hirten hier, die Ziegen und Schafe für die Produktion von Käse und Wolle hielten. Auch züchteten sie Maultiere, die u. a. bis nach Lateinamerika exportiert wurden. In Trockenperioden musste Santa Luzia allerdings immer wieder aufgegeben werden, endgültig dann zu Beginn des 20. Jh.

Übernachten

Modernes Design – **Residencial Goa:** Tel./Fax 232 93 55, www.goa-mindelo.com, DZ 80 €, Suite 90 €, ab 3 Nächten 10 % Preisnachlass. Die moderne Pension unter französischer Leitung pflegt einen gehobenen Standard. Alle Wohneinheiten sind zur Baía do Calhau hin orientiert, sehr geräumig und mit privaten Patios ausgestattet. Zum Frühstück gibt es Ziegenkäse, Papaya und exotische Marmeladen aus kapverdischer Produktion.

São Nicolau – vom Tourismus kaum berührt

Eine grandiose Berglandschaft macht den besonderen Charme der Insel aus. Auf alten Saumpfaden wandert man zwischen urweltlichen Drachenbäumen und bizarren Felsformationen. Durchaus auch historisch interessant ist die beschauliche Hauptstadt Ribeira Brava, in der sich einige einfache Unterkünfte befinden. Ebenfalls zum Übernachten empfehlen sich die Hafenorte Tarrafal, dessen Strand sich in den Sommerferien mit Emigranten auf Heimaturlaub belebt, und das vom Klima begünstigte Preguiça. Einsam präsentiert sich die langgestreckte Landzunge im Osten, die sich großenteils nur Jeepfahrern oder Wanderern erschließt.

Infobox

Anreise und Weiterkommen

Flüge: Aeródromo de São Nicolau (SNE), Infos unter www.asa.cv. Der Aeródromo de São Nicolau wird von der TACV ab Sal und São Vicente (jeweils 2 x wöchentl.), z. T. auch ab Praia angeflogen. Der Flughafen liegt bei Preguiça, etwa 3 km südlich von Ribeira Brava. Für Ankommende stehen Aluguers bereit.

Fähre: Die Autofähre Inter-Ilhas (Polaris) verbindet einmal wöchentlich Tarrafal (São Nicolau) mit Mindelo (São Vicente). Einmal pro Woche verkehrt auch eine Personen-Schnellfähre von Praia (Santiago) über São Vicente nach São Nicolau. Die Verbindungen sind nicht immer zuverlässig. Vgl. auch S. 171.

Auf der Insel: Aluguers verkehren mehrmals täglich zwischen Ribeira Brava und Tarrafal. Unregelmäßig, meist nur einmal am Tag, geht es in die entlegenen Orte im Nordwesten und Osten der Insel. Die Aluguers übernehmen auch Taxidienste.

Ribeira Brava

▶ Karte 1, H 6

Die Hauptstadt Ribeira Brava (2000 Einw.) liegt eingebettet in eine herrliche Gebirgskulisse. Nachmittags und am Wochenende wirkt die Stadt dörflich. An Werktagen vormittags aber öffnen die kleinen Geschäfte und Mercearias ihre Holzverschläge und die wenigen schmalen Pflasterstraßen füllen sich mit Menschen. Bewohner der umliegenden Dörfer und Siedlungen kommen, um ihre Einkäufe oder Behördengänge zu erledigen. Dann kommt Leben in die Stadt.

Igreja Nossa Senhora do Rosário

An der zentralen Praça do Terreiro erhebt sich die Rosenkranzkirche. Für kapverdische Verhältnisse wirkt sie von außen pompös. Sie kann auf eine glorreiche Vergangenheit zurückblicken. Vom Bischof Cristóvão de São Boaventura, der 1784 bis 1798 auf São Nicolau residierte, wurde sie zur Kathedrale erhoben. Diesen Status behielt sie de facto bis 1943, als der Bischofssitz endgültig nach Praia verlegt wurde. Von 1891 bis 1898 wurde das Gotteshaus gründlich erneuert. Damals schuf ein portugiesischer Baumeister den neobarocken Altar. Ansonsten ist die Inneneinrichtung eher spartanisch. Sonntags sitzen die fein zurechtgemachten Gläubigen auf einfachen Holzbänken.

Denkmal für Dr. Júlio José Dias

In der Escola histórica, der ehemaligen Schule von 1947 über der Praça do Terreiro, ist heute die städtische Bibliothek untergebracht. Die Büste des populären Arztes Dr. Júlio José Dias (1805–1873) vor dem Gebäude wurde elf Jahre nach seinem Tod von den Inselbewohnern gestiftet. Er studierte in Paris, kehrte aber – für die damalige Zeit ungewöhnlich – auf seine Heimatinsel zurück, um hier zu praktizieren (s. Entdeckungstour S. 162).

Wanderungen

Nach Cachaço

Rote Strecke in der Karte rechts
Dauer: hin und zurück 4 Std.; mittelschwer, 600 Höhenmeter im Aufstieg; man spart 200 Höhenmeter, wenn man bis Água das Patas fährt

Richtung Westen aus Ribeira Brava heraus führt die **Rua Amílcar Cabral.** Sie endet nach ca. 30 Gehminuten im Ortsteil **Água das Patas.** Der weitere Anstieg im oberen Bereich des Tals der Ribeira Brava ist nur zu Fuß zu bewältigen. In Serpentinen geht es auf einem alten, gepflasterten Verbindungsweg immer steiler aufwärts. Insgesamt sind ab Ribeira Brava über 600 Höhenmeter zu bewältigen, von denen man sich knapp 200 ersparen kann, wenn man sich bis Água das Patas fahren lässt. Nach rund 2 Std. (ab Ribeira Brava) ist das Dorf **Cachaço** erreicht (s. S. 168). Wer den Rückweg nicht auf demselben Weg antreten möchte, kann hier auf einen Aluguer warten. Als Anschlusswanderung bietet sich die Besteigung des Monte Gordo an (s. S. 169)

Zum Buraco Azul

Grüne Strecke in der Karte unten
Dauer: 2.30 Std.; Rückfahrt mit einem der Aluguers, die die Straße Ribeira Brava–Tarrafal befahren

Beim Buraco Azul, dem ›blauen Loch‹, handelt es sich um eine bizarre Öffnung in einem Felsen, der aus flüssiger Lava entstand und nach Erstarren von der Brandung unterspült wurde. Je nach Seegang und Wasserstand spritzt die Gischt als wilde Fontäne wie ein Geysir aus dem Loch empor. Der Buraco Azul ist ab Ribeira Brava zu Fuß zu erreichen. Dazu läuft man zunächst bis **Água das Patas** und biegt dort nach einer öffentlichen Wasserstelle, etwa 50 m vor dem ▷ S. 165

Wanderungen in der Umgebung von Ribeira Brava

Auf Entdeckungstour: Intellektueller Aufbruch in der Kolonialzeit

Im Jahr 1866 nahm das Seminário de São Nicolau seine Arbeit auf. Damit stand Priestern und Laien auf den Kapverden die Möglichkeit offen, die gleichen Studien wie im damaligen ›Mutterland‹ Portugal durchzuführen. Zwei halb verfallene Seminargebäude erinnern an diese Zeit.

Reisekarte: ▶ Karte 1, H 6

Planung: Diese Tour kann zu Fuß (ca. 2 Std.) oder per Mietwagen/Taxi durchgeführt werden.

Start: Ribeira Brava (São Nicolau), Rua Seminário

An der Südseite des für die Hauptstadt von São Nicolau namengebenden Flusses, der Ribeira Brava, verläuft die Rua Seminário auf den westlichen Ortsrand zu. Dort befindet sich neben einer Kapelle, versteckt hinter hohen Mauern, das ehemalige Priesterseminar und Lyzeum **Seminário-Liceu de São Nicolau.** 1866 wurde es auf Initiative des damaligen Bischofs José Luis Alves Feifó hin gegründet. Er hatte der portugiesischen Regierung den Vorschlag unterbreitet, eine gemeinsame Institution zu schaffen, in der sowohl Priester als auch Kandidaten für eine gehobene weltliche Laufbahn in der Kolonialverwaltung ausgebildet werden konnten. Der berühmte einheimische Arzt Dr. Júlio José Dias stellte sein Haus dafür zur Verfügung und zog sich nach Cachaço zurück. Den Lehrbetrieb nahmen im Dezember des Jahres 1866 zwei Gelehrte aus Portugal und zwei weitere Professoren vom Lyzeum in Praia auf.

Ausbildungsstätte der Inselelite

Die Abgänger dieser Schule waren ein wichtiges Bindeglied zwischen Portugal und seinen afrikanischen Kolonien, nicht zuletzt deshalb, weil auch zahlreiche Priesteranwärter aus Guinea-Bissau in São Nicolau studierten. Aus dem Seminário-Liceu de São Nicolau gingen die meisten Intellektuellen hervor, die Ende des 19. und zu Beginn des 20. Jh. den Weg für die spätere Unabhängigkeit der portugiesischen Kolonien bereiteten, u. a. der in Calejão geborene Dichter Baltasar Lopes (1907–1989). Schwierigkeiten zwischen Kirche und neuen republikanischen, antiklerikal eingestellten Regierungen in Lissabon führten ab 1910 zu einer Aufspaltung des Lehrangebots. Für weiterführende Studien mussten die Schüler nun nach Mindelo auf São Vicente übersiedeln. 1917 wurde das Seminar gar vorübergehend geschlossen. Erst sechs Jahre später konnte wieder Unterricht stattfinden. Damals wurde der Lehrer Juvenal Cabral, Vater des Revolutionsführers Amílcar Cabral, hier ausgebildet.

Umwandlung in ein Gefängnis

1931 landete in Preguiça das Regiment Mandinga mit über 50 Soldaten, die vom afrikanischen Kontinent hierher verlegt wurden. Das Seminário-Liceu de São Nicolau wurde endgültig aufgelöst und in ein Gefängnis für 200 politisch Verbannte aus Madeira umgewandelt, die dort die sogenannte Hungerrevolte gegen die Militärdiktatur in Lissabon angeführt hatten. Zu ihrer Bewachung wurde das Regiment abgestellt. Zu Beginn war es der Bevölkerung verboten, sich dem ehemaligen Seminar nach 21 Uhr zu nähern. Später erhielten die Exilanten gewisse Freiheiten und übernahmen soziale Funktionen. Sie integrierten sich in das Gemeinwesen, einige blieben für immer. Die berühmte Bibliothek des Seminars ging übrigens im Verlauf dieser Ereignisse spurlos verloren.

Zu Beginn des 3. Jt. wurde das Seminário-Liceu renoviert und 2004 von der Regierung feierlich an die Katholische Kirche zurückgegeben. Derzeit dient es als Pfarrhaus. Kritiker würden es lieber in ein der Öffentlichkeit zugängliches Museum für Kirchenkunst umgewandelt sehen. Ob es dazu kommt, ist angesichts der geringen Anzahl potentieller Exponate noch offen.

Schöne Aussicht

Gegenüber vom Priesterseminar erhebt sich oberhalb der Kapelle der **Cruzeiro de Penedo** (Felsenkreuz). Das Kreuz ragt auf dem obersten

Eine romantische Ruine – das Seminargebäude in Calejão

von einigen imposanten Basaltfelsen auf. Einen direkten Weg dorthin gibt es nicht. Man muss entlang einiger Schweinepferche und Hühnerställe hochsteigen. Von oben ergibt sich Richtung Osten ein schöner Blick über die verwinkelten Gassen des Stadtteils São João. Neben mit Stroh gedeckten alten Natursteinhäusern stehen improvisierte Bauten aus Zementbacksteinen und einige neue, große Häuser von aus Übersee zurückgekehrten Emigranten.

Ein kleines Bergdorf

In dem kleinen Ort **Calejão,** südlich von Ribeira Brava, entstand Ende des 19. Jh. ein zweiter Trakt des Seminário-Liceus. Calejão ist vom Flughafen über eine Pflasterstraße zu erreichen. Von Ribeira Brava gelangt man in ca. einer Stunde zu Fuß in das gepflegte, noch sehr ursprüngliche Dorf. Hierzu läuft man am Felsenkreuz vorbei auf einer staubigen Piste aus der Stadt heraus. Nach einigen Kurven erreicht man einen Pass mit Sendeanlage, von dem die Häuser von Calejão schon zu sehen sind. Am nördlichen Ortsrand von Calejão, wo der von Ribeira Brava kommende Fußweg in die gepflasterte Dorfstraße übergeht, steht die ehemals zum Seminar gehörige Kapelle.

Das auffallend breite Seminargebäude selbst erhebt sich etwas weiter oberhalb. Es war nur wenige Jahre in Betrieb. 1911 wurde dieser (weltliche) Teil der Schule nach Praia verlegt. Die Regierung richtete in dem Gebäude zunächst ein Waisenhaus mit Hilfe zweier portugiesischer und fünf spanischer Nonnen ein. 1945 lebten dort 150 Kinder. Das Waisenhaus wurde aber im Jahr 1968 geschlossen und seither steht das ehemalige Seminar praktisch leer. Niemand weiß, was mit dem allmählich verfallenden Bau geschehen soll.

darauf folgenden Talgrund, rechts in einen zu Beginn von Mauern gesäumten **Fußweg** ein (30 Min.). Dieser ist mit weißen Markierungen versehen. Nach Passieren einer Häusergruppe und eines einzeln stehenden Hauses ist nach 50 Min. ein verlassener **Bauernhof** erreicht. Etwa 100 m weiter trifft man auf einen breiten Pflasterweg, auf diesem geht es aufwärts in engen Serpentinen. Über eine **Passhöhe** hinweg (1.10 Std.) senkt sich der Weg zu dem Ort **Queimada de Cima** ab, der rechter Hand liegen bleibt. Am unteren Rand des Dorfes wandert man an einer Gabelung links hinab. Durch weitere Ortsteile von Queimada gelangt man nach 2 Std. an eine Straße und hält sich auf dieser rechts. Eine Viertelstunde später mündet sie in die **Hauptstraße** Ribeira Brava–Tarrafal, auf der es nach links nur 30 m bis zu der oben beschriebenen Zufahrtspiste zum **Buraco Azul** sind. Das Ziel ist nach 2.30 Std. erreicht. Man kann das ›blaue Loch‹ auch per Auto erreichen. Dafür fährt man auf der Straße von Ribeira Brava nach Tarrafal über den Ort Carvoeiros, der auf einer felsigen Anhöhe über der Nordküste der Insel liegt. In der Umgebung gedeihen Bananen. Wenig weiter ist das Tal der Ribeira de Queimadas erreicht. Dort führt eine Piste, die unmittelbar im Talgrund rechts abzweigt, zum Meer und zum Buraco Azul.

Nach Ribeira Funda

Gelbe Strecke in der Karte S. 161
Dauer: hin und zurück 2 Std., leicht, Anfahrt zum Startpunkt per Aluguer
Der noch ganz aus strohgedeckten kleinen Häusern bestehende Weiler Ribeira Funda ist nur zu Fuß zu erreichen. Ausgangspunkt ist die Straße Ribeira Brava–Tarrafal an einer der beiden Abzweigungen nach **Estância Brás** (bis dorthin per Aluguer). Dieser kleine Ort liegt etwas abseits der Hauptstraße und besteht im Wesentlichen aus den Ferien- oder Altersruhesitzen von Emigranten. Vom Dorf führt ein alter Pflasterpfad entlang der Küste weiter Richtung Westen zur Mündung der **Ribeira Camarões.** In dem angrenzenden Tal gibt es selbst in der trockenen Jahreszeit Wasser. So ist es üppig begrünt und mit exotischen Früchten und Gemüsen bepflanzt. Ein schmaler, steiler Bergrücken trennt die Ribeira Camarões von der **Ribeira Funda** mit der gleichnamigen Siedlung. Abenteuerlich wurde der Weg dorthin durch die Felswand an der Küste geführt. (Hinweis: In Ausnahmefällen kann dieser Abschnitt durch Erdrutsche verschüttet sein. Dann muss man vorzeitig umkehren.) Auf dem gleichen Weg geht es zurück.

Übernachten

Sehr gepflegt – **Bela Sombra:** Rua Baltazar Lopes, Tel. 235 18 30, http://belasombra.wix.com/bela, DZ um 4000 ECV. Im Zentrum (nahe der Tankstelle) liegt diese durchaus komfortable Unterkunft. Die Zimmer verfügen über Bad, warmes Wasser, Kühlschrank und TV. Außerdem bietet das Haus Internetzugang und Wäscheservice.

Traveller-Treff – **Pensão Residencial Jardim:** Chãzinha, Tel. 235 11 17, pensaoresidencialjardim@hotmail.com, DZ um 4000 ECV. Am Hang im Stadtteil Chãzinha liegt diese bewährte und beliebte Pension. Von der Gemeinschaftsterrasse bietet sich ein schöner Blick über die Stadt. Die Zimmer sind groß, sauber und bieten allesamt Duschen mit warmem Wasser. Im angeschlossenen Restaurant auf dem Dach wird gute einheimische Küche geboten (vormittags vorbestellen, Hauptgerichte ab 800 ECV). Wanderer können für ihre Touren auch Lunchpakete bestellen.

Unser Tipp

Mercado Municipal
Allerlei Leckeres bieten die Händler an den Ständen der städtischen Markthalle an: Bananen, Papayas, Kartoffeln, Mais, Maniok, Süßkartoffeln und Fisch bilden die Grundlage für die Ernährung der Inselbewohner. Aber auch Chilischoten, Tabakblätter und sogar Kleidung werden offeriert.

Essen & Trinken

Solide – **Residencial Jardim:** s. Übernachten. Gute einheimische Küche auch für externe Gäste. Wer nicht dort wohnt, sollte einen Tag vorher oder vormittags für abends bestellen.
Traditionsküche – **Bela Sombra:** Rua Baltazar Lopes, Tel. 235 12 98, tgl. 11–23 Uhr, Hauptgerichte um 600 ECV. Gute traditionelle Gerichte werden in dem Restaurant, das zur gleichnamigen Unterkunft (s. S. 165) gehört, in sympathischem Ambiente serviert. Auch für Gäste, die nicht hier wohnen.

Abends & Nachts

Bunt – **Esplanada Sodade:** Praça Cónego Bouças, Tel. 235 17 27, Mo 19–24, Di–So 9–24 Uhr. In der parkähnlichen Praça am Flussbett der Ribeira Brava nahe Stadtzentrum liegt dieser abendliche Treffpunkt. Manchmal gibt es hier Livemusik. Auch tagsüber ist das Terrassenlokal gut für einen kühlen Drink.

Infos & Termine

Termine

Carnaval: Der Karneval wird fast so ausgelassen gefeiert wie in Mindelo. Von Sonntag bis Fastnachtsdienstag finden Umzüge, Bälle und die Wahl der Karnevalskönigin statt.
Festa São Nicolau: 6. Dez. Zu Ehren des Inselpatrons Sankt Nikolaus feiert ganz Ribeira Brava. Am 6. Dez.1461 soll die Insel erstmals von portugiesischen Seefahrern betreten worden sein.

Verkehr

Flug: Der Flughafen von São Nicolau liegt an der Straße von Ribeira Brava nach Preguiça. Er wird von der TACV jeweils 2 x wöchentlich ab Sal und São Vicente (z. T. ab Praia mit oder ohne Zwischenlandung auf São Vicente) angeflogen. Nur bei Ankünften und Abflügen geöffnet. TACV-Stadtbüro: Ribeira Brava, Praça do Terreiro, Tel. 235 11 61 (Mo–Fr 8–12.30 und 14.30–18 Uhr). Zentrales Call Center von 8 bis 18 Uhr, Tel. 260 82 60.
Aluguer: Ab Praça do Terreiro tagsüber mehrere Fahrten nach Tarrafal (ca. 1 Std. Fahrzeit, 350 ECV); nach Juncalinho nur an Werktagen (meist nur 1x tgl., also morgens in die Stadt und nachmittags wieder heraus, 250 ECV); nach Preguiça mehrmals täglich.
Taxi: Preisbeispiele: Ribeira Brava–Flughafen 600 ECV, Ribeira Brava–Tarrafal 2500 ECV, Ribeira Brava–Juncalinho 2500 ECV (100 ECV).

Preguiça ▸ Karte 1, J 6

Südlich des Flughafens liegt das Fischerdorf Preguiça. Nach Ribeira Grande (heute Cidade Velha bzw. Cidade de Santiago) auf der Insel Santiago ist Preguiça nachweislich der älteste Hafen des Archipels. Am 22. März 1500 kam hier die Flotte des Seefahrers Pedro Álvares Cabral vorbei, der einen Monat später Brasilien entdecken sollte.

Bis 1986 wurden Waren aus Portugal angelandet. Bananen und anderes

Obst gingen nach Lissabon. Darüber hinaus war Preguiça auch Walfangstation. Der Kai war einst mit Marmor gepflastert, wie heute noch zu erkennen ist. Inzwischen wird jeglicher nennenswerte Schiffsverkehr von und nach São Nicolau über Tarrafal (s. S. 169) abgewickelt. Heute leben die knapp 600 Bewohner von Preguiça vom Fisch- und Langustenfang. Ihre Boote liegen in einer steinigen Bucht neben dem Hafen.

Alfândega velha

Am Beginn der Kaimauer befindet sich die Ruine des alten Zollhauses (*alfândega*) von 1890. Bis zum Ende der portugiesischen Herrschaft 1975 war es in Betrieb. Nahebei stehen direkt am Meer drei große ehemalige englische und französische Handels- und Lagerhäuser. Sie stammen aus der Zeit um 1870. Ausländische Kaufleute bauten damals den Hafen aus und exportierten Leder, Orangen und Zuckerrohr. Heute bieten die Gebäude einigen Fischerfamilien ein einfaches Zuhause.

Essen & Trinken

Maria do Céu, die in Italien als Köchin gearbeitet hat, bekocht in der **Casa Maria do Céu** die Gäste aller drei Häuser hervorragend auf ihrer schattigen Terrasse (Halbpension 9 €). Nach vorheriger Anmeldung können auch Tagesausflügler bei Maria essen.

Infos

Aluguer: Mehrmals täglich nach Ribeira Brava.
Boot: Zu dem entlegenen Ort Carriçal im Osten der Insel bestehen sporadische Verbindungen (nur Personen), ca. 3 x wöchentlich. Außerdem kann man auf Anfrage Ausflüge per Fischerboot dorthin unternehmen.

Juncalinho

▶ Karte 1, J 6

Der lang gestreckte Ostteil von São Nicolau ist dünn besiedelt – nur etwa 400 Menschen leben hier. Steile Täler, Steinwüsten und bizarre Gebirgsformationen beherrschen die Szenerie. Von Ribeira Brava führt eine holprige Pflasterstraße an der Nordküste entlang durch ein landschaftlich schönes Gebiet nach Juncalinho. Zunächst geht es durch eine Steinwüste vorbei am Monte de Joaquím und dem Monte Bissau mit seinen gleichmäßigen Flanken. Auf der Ebene Chã de Norte stehen verstreut einige Häuser. Eine größere Häuseransammlung ist der Weiler Belém mit etwa 100 Bewohnern. In Zeiten großer Trockenheit leben sie von der Viehhaltung. Schweine, Hühner und Ziegen laufen frei herum. Lassen es die Niederschläge zu, werden Mais und Bohnen angepflanzt.

Hinter der Ponte Coruja wird der Blick auf bizarre Gebirgsformationen frei. Schmale steile Täler ziehen sich von den Bergen ins Meer hinab. Häufig fällt an wenigen Tagen die gesamte Jahresniederschlagsmenge. Die intensive tropische Erosion führt zu der Steilheit der Täler und zu den riesigen Gesteinsblöcken, die auf den Schuttfächern liegen.

In Juncalinho selbst sind einige traditionelle, strohgedeckte Häuser noch sehr gut erhalten. Hübsch herausgeputzt ist die Capela da Sagrada Família, 1960 auf Initiative des italienischen Kapuzinermönchs Gesualdo Fiorini unter schwersten Bedingungen errichtet. Da es noch keine Straßenverbindung gab, musste sämtliches Material auf dem Rücken von Eseln herbeigeschafft werden oder Frauen trugen es in Körben auf dem Kopf.

Ausflug nach Carriçal

Von Juncalinho aus ist Carriçal, der östlichste Ort von São Nicolau, auf einer Piste zu erreichen, die speziell für Mountainbiker eine Herausforderung darstellt (hin und zurück 34 km). Mit geländegängigen Leihwagen ist sie mehr schlecht als recht zu befahren. Sie verläuft zunächst entlang der Küste und passiert vier geologisch noch recht junge Vulkankegel, die in einer Reihe angeordnet sind. Vor der Ribeira Alta biegt der Fahrweg ins Landesinnere ab und überquert dann die wüstenhafte östliche Landzunge über einen 490 m hohen Pass. Carriçal liegt an der Mündung zweier ausgetrockneter Flüsse in einer Oase mit Bananenplantagen. Der dunkelsandige, von Kokospalmen gesäumte Strand von Carriçal gilt als der schönste von São Nicolau. Wegen der umständlichen Anfahrt finden dennoch nur wenige Badegäste den Weg hierher. Alternativ kann man Carriçal auch gut per Boot erreichen.

Übernachten

Ableger – **Casa Amália Jardim:** Reservierung über Pensão Residencial Jardim in Ribeira Brava (Tel. 235 11 17). Vier Zimmer. Erkundigen kann man sich auch im Restaurant von Amália Jardim am zentralen Dorfplatz Juncalinhos.

Ruhe pur – **Casa Tartaruga und Casa Perdal:** Ponta do Cruz/Carriçal, info@saonicolau.de, www.saonicolau.de, Preise auf Anfrage. Zwei typische Steinhäuser direkt am Meer bieten Ruhesuchenden einen abgeschiedenen Urlaub.

Infos

Aluguer: Sporadischer Verkehr von Juncalinho nach Ribeira Brava (meist morgens in die Stadt, nachmittags wieder zurück), *passagem* 250 ECV.

Fajã und Cachaço

▶ Karte 1, H 6

Die Ebene Fajã ist der fruchtbarste Landstrich der Insel. Im tiefer gelegenen und somit wärmeren Ortsteil **Fajã de Baixo** gedeihen Bananen, Zuckerrohr, Papaya und Brotfruchtbäume. Entlang der Straße gibt es kleine Mercearias, in denen man gekühlte Getränke und Verpflegung für unterwegs erstehen kann. Weiter oben, in **Fajã de Cima,** wird es dann merklich frischer. Für tropische Früchte ist das Klima hier zu rau. Die Landwirte kultivieren deshalb in diesem Teil der Ebene vorwiegend Mais und Bohnen. Während der portugiesischen Herrschaft ließen die Großgrundbesitzer hier Kaffee produzieren. Die überalterten Stauden dienen heute nur noch den Bohnen als Rankgerüst. Die Kaffeeernte lohnt schon seit Jahrzehnten nicht mehr. Eine große betonierte Fläche nördlich von Fajã de Cima dient zum Sammeln von Wasser. In der Mitte wurde beim Bau der Anlage für einen Drachenbaum, um diesen nicht abholzen zu müssen, eine Lücke ausgespart.

Kapelle und Miradouro

Am Ostrand des Dorfes **Cachaço** erhebt sich die **Capela Nossa Senhora do Monte Cintinha** im Schatten des gleichnamigen spitzen Berges. Vom Vorplatz der im Jahr 1919 errichteten Kapelle kann man in aller Ruhe die herrliche Aussicht genießen. Vor der Kirche beginnt im Ort der anfangs steile Abstieg auf einem Pflasterweg nach Ribeira Brava (s. S. 160).

Ein weiterer ausgesprochen schöner **Miradouro** lädt einen halben Kilometer südlich von Cachaço an der Straße Richtung Tarrafal zum Genießen der Aussicht auf die tief unterhalb gelegene Stadt Ribeira Brava ein. Der

Blick wird als einer der prächtigsten des Archipels gelobt. Ein mächtiges Betonkreuz markiert die Stelle.

Dragoeiros de Cachaço !

Oberhalb von Cachaço ragt der Monte Gordo (1312 m) auf, der höchste Berg von São Nicolau. An seinen Abhängen gedeiht der größte noch vorhandene Bestand der urweltlichen Drachenbäume, die mit den Agaven und Liliengewächsen verwandt sind und auf den Kapverden bis zu 10 m hoch werden. Sie kommen auf den Inseln von Natur aus vor, ebenso wie auf den Kanaren, Madeira und den Azoren, wurden aber überall schon vor Jahrhunderten wegen ihres Harzes, das einen wertvollen roten Naturfarbstoff lieferte, stark dezimiert.

Der Drachenbaumwald wie auch die gesamte Umgebung des Gipfels wurden als Parque Natural Monte Gordo unter Schutz gestellt. Vom südlichen Ortsrand von Cachaço führt eine Piste hinauf in den Naturpark, der eine Fläche von 952 ha umfasst.

Wanderung auf den Monte Gordo

Anspruch: 700 Höhenmeter
Dauer: 3 Std. ohne Pausen
Start/Ende: Besucherzentrum

Der Parque Natural de Monte Gordo gehört zu den sieben offiziellen **Maravilhas de Cabo Verde** (Naturschönheiten der Kapverden). Den Gipfel und seine botanisch interessanten Flanken kann man auf einem gut markierten Weg erwandern.

In Cachaço führt eine Pflasterstraße zum futuristisch wirkenden **Besucherzentrum**. Hier muss man sich anmelden und eine Gebühr von 100 ECV zahlen. Es gibt ein Kartenfaltblatt mit einer Übersicht der Wege. Die umfassendste Route ist der »gelbe Weg«, unterwegs markiert mit »Percurso Pedestre Principal«. Nicht immer sind genügend Karten vorhanden, dann am besten die Karte fotografieren.

Vom Besucherzentrum folgt man der Pflasterstraße aufwärts. Nach gut 20 Min. und etwa 200 hm ist ein **Forsthaus** erreicht. Von dort steigt man ca. 15 Min. und 100 hm weiter auf bis zu einer Gabelung im Wald. Hier den breiten Weg nach links (in südlicher Richtung) verlassen. Auf einem angelegten Pfad erreicht man (trotz der auf einem Pfosten angegebenen 50 Min.) in ca. 30 Min. den Gipfel mit Sendemasten.

Dann auf demselben Weg zurück zur Gabelung im Wald absteigen und weiter dem breiten Forstweg in nordwestlicher Richtung folgen. Nach 15 Min. passiert man einen neu angelegten Botanischen Garten mit endemischen Gewächsen. Etwa 10 Min. nach dem Garten gelangt man an eine x-förmige Wegekreuzung. Dort den unscheinbarsten Pfad wählen, der in nordwestlicher Richtung abzweigt. Der schmale Pfad zieht sich mit einigen Zwischenanstiegen hinab zur Pflasterstraße beim **Besucherzentrum**, das man in einer Stunde erreicht hat.

Termine

Pascoela: Eine Woche nach Ostern feiert man in Fajã den Weißen Sonntag (*Pascoela*) mit Prozessionen, Spiel und Spaß. Pferderennen und Tabanka-Umzüge begleiten das Fest.

Tarrafal ▸ Karte 1, H 6

Unter portugiesischer Herrschaft war Tarrafal (5000 Einw.) lange Zeit nur ein unbedeutendes Fischerdorf. Der italienische Kapuzinermönch Gesualdo Fiorini (1923–2007), der 1955 nach São Nicolau kam, nahm sich des Ortes und seiner Bewohner an. Er sammelte in Rom Geld, ließ Häuser bauen und schuf Arbeitsplätze. Ein Denkmal würdigt jetzt den von der Bevölkerung hoch geschätzten Mann.

Heute befindet sich der Fähr- und Handelshafen von São Nicolau in Tarrafal. Zudem besitzt der Ort eine Thunfischfangflotte und mit der SUCLA (Sociedade Ultramarina de Conservas) eine moderne Fabrik, in der 200 Mitarbeiter den Fang für den Export eindosen. Dennoch ist in der Nebensaison so gut wie nichts los. Die Esplanada am Strand ist dann geschlossen, leere Bars warten auf Kundschaft und die Betreiber der Pensionen sind froh um jeden Gast. Aber in der Zeit um Weihnachten, Ostern und vor allem im Sommer belebt sich die Szenerie. Emigranten besuchen ihre Verwandten und verbringen in Tarrafal ihren Urlaub, aber auch Touristen aus Europa sind dann häufiger anzutreffen.

Igreja São Francisco

Gesualdo Fiorini initiierte auch den Bau der Pfarrkirche und sorgte dafür, dass der gleichnamige Platz davor zum Mittelpunkt des wachsenden Ortes wurde. Über dem Altar des Gotteshauses ist der hl. Franzikus auf einem Gemälde von 1984 dargestellt, das zeigt wie er zu den Tieren predigt.

Praia da Luz

Der weitläufige Strand nordwestlich der Stadt ist nicht nur der einzige wirkliche Badeplatz der Insel. Dem schwarzen Sand, der reichlich Titan und Jod enthält, wird auch lindernde Wirkung bei Gelenkbeschwerden und Rheuma nachgesagt. Zu diesem Zweck bedecken die Einheimischen die erkrankten Körperstellen mit Tüchern und schütten auf diese den von der Sonne erwärmten Sand.

Carberinho

An der Westküste zwischen Barril und Praia Branca, etwa 12 km von Tarrafal entfernt, zweigt eine Piste (Schild:

Von der Erosion geformtes Naturwunder: die bizarre Küste des Carberinho

»Carberinho«) durch wüstenhafte Landschaft zur Küste ab. Nach etwa 2 km Pistenfahrt wird das Gelände steiler und es geht zu Fuß weiter. Direkt am Meer erwarten den Besucher bizarre Erosionsformen in den unterschiedlichsten Ockertönen im Tuff. Dieser Küstenabschnitt zählt zu den sieben Naturwundern (7 Maravilhas) der Kapverden.

Übernachten

Ruhig – **Edifício Magico:** Av. Assis Cadorio, Tel. 982 03 01, DZ ca. 5000 EVC. Apartments und Zimmer mit Balkon über der Bucht südlich des Hafens. Transferservice vom Flughafen.

Strandnah – **Pensão Aquário:** Alto Calheta, Tel. 236 10 99, www.casa-aquario.nl, DZ mit Halbpension ca. 5000 ECV/ 45 €. Die ruhige Pension ca. 10 Gehminuten südlich vom Zentrum hat einen kleinen weißen Sandstrand vor der Tür. Unter Leitung des Niederländers Henny Kusters ist hier familiäres Wohnen garantiert. Im Speiseraum serviert der gelernte Koch ausgezeichnete kapverdische und internationale Küche. Reservieren!

Nicht weit vom Hafen – **Residencial Tonecas Tocely:** Telha, Tel. 236 12 20, Fax 236 12 30/-40, tonecas1959@hotmail.com, DZ ca. 45 €. Das Haus an der Hafeneinfahrt bietet freien Blick auf die wenigen Schiffe, die Tarrafal anlaufen. Die recht großen Zimmer entsprechen mittlerer Kategorie. Außerdem werden zwei Apartments für Selbstversorger vermietet.

Der Klassiker – **Residencial Alice:** Praia da Luz, Tel. 236 11 87, Fax 236 16 93, DZ ca. 3000 ECV. Die einfache, bei Travellern beliebte Pension war einer der ersten Beherbergungsbetriebe im Ort und wird nach wie vor familiär geführt. Einige Zimmer wurden renoviert. Kleiner Supermarkt im Haus.

Essen & Trinken

Recht gemütlich – **Casa de Pasto Alice:** in der gleichnamigen Pension (s. o.), Hauptgerichte um 800 ECV. Um das einfache, aber angenehme Lokal kommt man in Tarrafal kaum herum. Die Küche wird sehr gelobt.

Beliebter Treff – **Golphin Bar:** Tel. 236 10 46, tgl. 8 Uhr bis spät abends geöffnet. Das Lokal am kleinen Platz an der Hauptstraße unterhalb der Shell-Tankstelle ist zugleich Musikbar und Restaurant. Oft wird im Freien gegrillt.

Aktiv

Ausflüge und Mietwagen – **Rotxa Skribida:** Tel. 236 18 27, 994 51 46, www.hikingsaonicolau.com. Das Programm bietet außer Wanderungen auch Mietwagen und Flughafentransfer.

Infos

Fähre: Autofähre Inter-Ilhas (Polaris, Tel. 232 31 75) 1 x/Woche nach Mindelo (São Vicente), Personen-Schnellfähre Liberdadi, www.cvfastferry.com, 1 x/Woche nach São Vicente/Praia (Santiago). Verbindungen sind nicht sehr zuverlässig.

Aluguer: täglich mehrere Fahrten nach Ribeira Brava (*passagem* 350 ECV); sporadisch nach Praia Branca und Ribeira da Prata (meist morgens von dort nach Tarrafal, mittags wieder zurück).

Praia Branca und Ribeira da Prata

▶ Karte 1, H 5/6

Abseits des Geschehens im Nordwesten der Insel liegt Praia Branca geschützt in einem Tal. Unterhalb des Dorfes in Richtung Westen erstreckt ▷ S. 175

Auf Entdeckungstour: Die Botanik erwandern – vorbei an den Zwillingsfelsen

Ein alter Pflasterweg führt über das zentrale Gebirge von São Nicolau. Maultiere transportieren auf ihm die Feldfrüchte der feuchten Fajã-Ebene in den trockeneren Teil der Insel. Am Wegrand wechseln interessante Vegetationszonen mit der Höhenlage.

Reisekarte: ▶ Karte 1, H 5/6

Zeit: 3 Std., viele An- und Abstiege

Anspruch: Mittelschwere Wanderung

Planung: Die An- und Abfahrt erfolgt per Aluguer/Taxi.

Start: An der Kirche von Praia Branca (São Nicolau)

Natürliche Savannen, die einst die Küstenebenen der Kapverden bis etwa 300 m Höhe bedeckten, gibt es nur noch wenige. Eine davon, die Chã de Curralin, dehnt sich im Westen von São Nicolau bei Praia Branca aus. In dem schütteren Wald gibt die 10–20 m hohe Acacia albida den Ton an, einer der wenigen einheimischen Bäume. Andernorts wurde sie bei der Wiederaufforstung ehemals abgeholzter Bestände oft durch aus Afrika oder Australien importierte Akazienarten ersetzt. Die Wanderung beginnt an der Kirche von **Praia Branca.** Man folgt der gepflasterten Dorfstraße aufwärts, überquert bald einen kleinen Platz und biegt nach einer Linkskurve in die nächste Pflasterstraße rechts ein. Voraus erheben sich die markanten Zwillingsfelsen Tope de Matim (links) und Tope de Moca (rechts).

Die Zwillingsfelsen

Die Hänge am Fuß der Zwillingsfelsen sind mit Felsterrassen überzogen und leuchten je nach Jahreszeit in sattem Grün. Dies verdanken sie der Passatbewölkung, die den Nordhängen der Kapverdischen Inseln oberhalb von 300 m regelmäßig eine gewisse Feuchtigkeit bringt. Bauern aus Praia Branca nutzen die kleinen Felder für den Anbau von Mais und Bohnen. An unzugänglichen Stellen gedeiht noch der Federbusch, eine Vegetationsform, die mit der Flora der Kanaren und des Mittelmeerraums verwandt ist. Häufigster Strauch im Federbusch ist die Kapverden-Wolfsmilch, ein Endemit der sonst nirgendwo auf der Welt vorkommt. Der Weg schwenkt nach links, quert ein Seitental, das seinen Ursprung am Tope de Moca hat, und steigt dann bald steiler an. Auf einem schmalen Bergrücken links unterhalb der Zwillingsfelsen führen enge Serpentinen aufwärts. Nach 45 Min. ist eine **Passhöhe** (630 m) erreicht. Beeindruckende Blicke zurück nach Praia Branca und voraus auf zerklüftete Landschaft sind der Lohn für rund 400 anstrengende Höhenmeter Anstieg.

Felswände zwischen zwei Pässen

Auf dem Pass hält man sich rechts. Der Weg verläuft nun fast höhenparallel unterhalb der Steilwand des **Tope de Matim.** An den nach Norden orientierten Felsen gedeihen dekorative Blütenpflanzen wie die an einen überdimensionalen Löwenzahn erin-

nernde Gänsedistel, die Kapverdische Glockenblume und das Dickblattgewächs Aeonium gorgoneum. Links unten sitzen kleine Dörfer auf schmalen Felssvorsprüngen. Voraus erkennt man schon das nächste Ziel, den Weiler **Fregat.** Doch zunächst geht es bergab bis zu einer T-Kreuzung (1.15 Std.). Dort läuft man rechts hinunter und durchschreitet einen Talgrund. Ab hier steigt der Weg wieder steil bergan und passiert kurz vor Fregat eine Kuppe. Das Dorf passiert der Pflasterweg am oberen Rand, senkt sich noch einmal in ein steiles Tal ab und steigt dann zu einer zweiten Passhöhe an (2.15 Std.).

Drachenbäume in der Ebene

Nach Überschreiten des Passes öffnet sich voraus die flache, ackerbaulich genutzte **Senke von Fajã.** Zahlreiche Drachenbäume gedeihen hier. Diese bis zu 10 m hohen, skurrilen, entfernt mit den Lilien verwandten Bäume gehören von Natur aus der Vegetationszone des Federbuschs an. Ihre harzige Ausscheidungen lieferten einst einen begehrten roten Farbstoff – lange Zeit ein wichtiger Ausfuhrartikel der Kapverden. Durch übermäßige Nutzung wurden die Bäume regelrecht ausgeblutet und starben früher oder später ab. Einen größeren Bestand gibt es nur noch auf São Nicolau, zwischen Fajã und Cachaço.

Nach Passieren zweier Gehöfte wird der Weg zu einer befahrbaren Piste. Diese führt durch Felder und an immer mehr Häusern vorbei. An einer T-Einmündung wandert man links hinunter. Bevor die Piste wieder beginnt anzusteigen, schlägt man rechts eine Pflasterstraße ein. Bald endet die Pflasterdecke. Eine von rechts einmündende Sandpiste bleibt unbeachtet. An der nächsten T-Einmündung geht es rechts aufwärts. Jetzt ist nach wenigen Metern die Hauptstraße bei dem Ortsteil **Pico Agudo Canto Fajã** erreicht (3 Std.). Sie führt links nach Ribeira Brava, rechts nach Tarrafal.

Als lebendes Fossil gedeiht der Drachenbaum fast nur noch auf São Nicolau

sich die savannenartige Ebene Chã de Curralin. Akazien stehen in der flimmernden Hitze. Im 200 bis 300 m hoch gelegenen Ort selbst ist es vergleichsweise kühl, die Vegetation ist hier dichter und auffällig grün. Einfache Läden und Bars bieten das Notwendigste an. Die Bewohner leben von der spärlichen Landwirtschaft auf kleinen Feldterrassen und dem Handel mit der fruchtbaren Ebene von Fajã. Um diese zu erreichen, müsste man mit dem Wagen um die halbe Insel kurven. Zu Fuß ist es nur ein Katzensprung vorbei an den Zwillingsfelsen Tope de Matim (1057 m) und Tope de Moca (939 m, s. Entdeckungstour S. 198).

Die Straße nach Ribeira da Prata ähnelt mehr einer Piste. Ein Schlagloch folgt dem nächsten. Die Häuser des abgelegenen Dorfes an der Nordküste verteilen sich entlang des gleichnamigen Flusses. Straßen gibt es keine, nur Pflasterwege und staubige Pfade. Beeindruckend wirkt die Gebirgslandschaft über Ribeira da Prata. Auf bizarren Felsspitzen hängen wie Adlernester kleine Häusergruppen. Ein teils stark zugewachsener, alter Verbindungsweg führt über einen rund 800 m hohen Pass in ca. 4 Std. nach Fajã.

Rocha Scribida

Im unteren Teil des Tals von Ribeira da Prata gibt es eine sogenannte Rocha Scribida (Schreibfelsen). Ob es sich bei den im Gestein sichtbaren Linien wirklich um prähistorische Felsritzungen (Petroglyphen) handelt oder ob sie auf natürliche Weise durch Verwitterung und Erosion entstanden sind, ist wissenschaftlich nicht gesichert. Eindeutig nachgewiesene Petroglyphen finden sich nur auf Santo Antão (s. S. 202).

Die Bewohner von Ribeira da Prata weisen jedoch gerne Touristen zu ihrem mystischen Stein, der nur zwei Gehminuten vom Straßenende entfernt auf der anderen Seite des Flussbetts liegt. Eine willkommene Abwechslung, denn ansonsten passiert nicht viel im Dorf.

Übernachten

Ruhig – **Farinha do Pau:** Praia Branca, Tel. 915 39 16, www.farinhadepau.com, DZ ab 60 €. Am westlichen Ortseingang, entspannte ländliche Unterkunft für kontaktfreudige Menschen.

Infos

Aluguer: s. Tarrafal
Taxi: Tarrafal–Praia Branca 1200 ECV, Tarrafal–Ribeira da Prata 2500 ECV.

Ilhéu Branco und Ilhéu Razo ▶ Karte 1, F/G 6

Die beiden unbewohnten Eilande sind São Nicolau westlich vorgelagert. Sie stehen seit 2003 unter strengem Naturschutz, wurden von BirdLife International zu IBA's (Important Bird Areas) erklärt und dürfen nur mit Sondergenehmigung, die ausschließlich Wissenschaftlern erteilt wird, betreten werden. Auch Privatjachten müssen zu den kleinen Inseln einen genau festgelegten Abstand halten.

Die kleine Ilhéu Branco (3 km^2) ist ein wichtiges Rückzugsgebiet für bedrohte Seevögel. Auch auf Razo (7 km^2) brüten einige seltene Vogelarten, u. a. die Razo-Lerche (Alauda razae), deren Bestand durch Nachstellungen, insbesondere der Jungvögel, bis auf wenige Exemplare dezimiert wurde. Ein interessantes Reptil kommt ebenfalls nur auf den beiden Inseln vor, der 30 cm lange Riesen-Gecko (Tarentola gigas).

Das Beste auf einen Blick

Santo Antão

Highlight!

Ribeira das Patas: Der heute meist ausgetrocknete Fluss Ribeira das Patas hat im zentralen Teil von Santo Antão eine bizarre Schlucht mit völlig senkrechten Wänden in festes Basaltgestein gegraben. S. 184

Auf Entdeckungstour

Auf Pflasterwegen von Ponta do Sol nach Cruzinha da Garça: Der Küstenweg von Ponta do Sol nach Cruzinha da Garça wurde abenteuerlich, aber gekonnt in die Felswand gebaut. Ein Kunstwerk der Landschaftsarchitektur sind auch die Feldterrassen der kleinen Küstendörfer. S. 192

Aus Zuckerrohr wird Grogue: Bei einer Wanderung durch das fruchtbare Tal von Paúl werden Bewässerungsrinnen und Plantagen passiert, kann Zuckerrohrschnaps probiert und seine traditionelle Produktion nachvollzogen werden. S. 198

Kultur & Sehenswertes

Praia dos Curraletes: Hinter dem beliebten Badestrand liegen die Steinbrüche, in denen früher Puzollanerde abgebaut wurde: heller, federleichter Vulkantuff, der zahlreiche fossile Muscheln und Meerestiere enthält. S. 179

Pedra de Nossa Senhora: Bei Janela steht ein großer Felsen mit eingeritzten Inschriften. Viele Mythen ranken sich um ihn und er gilt seit jeher als magisch. S. 202

Zu Fuß unterwegs

Besteigung des Tope de Coroa: Weithin praktisch menschenleer ist das Gebiet um den mit 1982 m höchsten Berg von Santo Antão. S. 184

Oase von Figueiral: Das üppig mit Kokospalmen, Bananen und Zuckerrohr bewachsene Tal bei Ribeira Grande erschließt sich durch eine Wanderung auf einem alten Pflasterweg. S. 188

Genießen & Atmosphäre

Bar Restaurante Sereia: Bei Ankunft der Fähren in Porto Novo ist die gemütliche Terrasse des kleinen Lokals ein beliebter Treffpunkt, um dem hektischen Treiben zuzuschauen. Aber auch zu anderen Zeiten genießt man einen schönen Blick. S. 180

Ziegenkäse: In Espongeiro warten die Frauen des Bergdorfes auf Durchreisende, um leckeren selbst gemachten Ziegenkäse zu verkaufen. Sie verpacken ihn appetitlich in handgeflochtenen Körben. S. 182

Abends & Nachts

Caleta: In dem kleinen Restaurant in Ponta do Sol finden sich oft junge Musiker aus dem Ort spontan zu Livemusik-Sessions zusammen. S. 196

Santo Antão – Paradies für Wanderer

Trekking ist auf Santo Antão angesagt, der grünsten der Kapverdischen Inseln. Kunstvoll angelegte Pflasterwege führen durch schroffe Täler, über steile Bergrücken, vorbei an bizarren Felsen. Aber nur der Norden ist von tropischer und subtropischer Vegetation überzogen. Dort sind Ponta do Sol, Ribeira Grande und Vila das Pombas Treffpunkte der europäischen Wandergemeinde. Ihren relativen Wohlstand verdanken diese Orte nicht nur dem bescheidenen Tourismus, sondern auch dem Anbau tropischer Kulturen wie Zuckerrohr und Bananen. Ein ausgeklügeltes Bewässerungssystem macht es möglich.

Trocken und karg, jedoch nicht weniger reizvoll, präsentieren sich der Süden und der dünn besiedelte Westen der Insel. Das Leben spielt sich in dem Teil von Santo Antão vorwiegend in der Hafenstadt Porto Novo ab, die mit täglichen Fährverbindungen nach São Vicente den Kontakt zur Außenwelt aufrechterhält. Immer mehr verlagert sich der Übernachtungstourismus hierher, obwohl es die meisten Besucher in den grünen Norden zieht. Bessere Straßenverbindungen werden in Zukunft auch den bislang noch sehr entlegenen Westen der Insel ins Blickfeld der Besucher rücken. Grandiose Landschaften bieten dort die Ribeira das Patas und das Gebiet um den Tope de Coroa. Den auf dem Landweg nur durch eine holprige Piste angeschlossenen, sehr ursprünglichen Fischer- und Strandort Tarrafal erreichen Reisende meist per Segeljacht. Etwa 45 000 Einwohner hat die Insel zu verzeichnen, wobei etwa 28 000 im ländlichen Bereich leben.

Infobox

In Porto Novo unterhält Lucete Fortes einen privaten Touristen-Informationskiosk. Die Gemeinde Ribeira Grande betreibt in Ponta do Sol ebenfalls eine kleine Informationsstelle (s. S. 197).

Anreise und Weiterkommen

Flüge: Der Flughafen von Santo Antão wird im Linienverkehr nicht angeflogen. Daher ist die Insel für Touristen nur per Schiff zu erreichen.

Fähren: Zwischen Mindelo (São Vicente) und Porto Novo (Santo Antão) pendeln je 2 x tgl. (So jeweils nur 1 x) die Autofähren ›Mar d'Canal‹ der Gesellschaft Armas sowie ›Inter-Ilhas‹ der Gesellschaft Polaris. Tickets bekommt man in Porto Novo an der Hafenzufahrt.

Auf der Insel: Bei Fährankunft warten Aluguers am Hafen von Porto Novo, um Passagiere in alle Inselteile zu bringen. Ansonsten gibt es nur auf den beiden Strecken von Porto Novo nach Ribeira Grande/Ponta do Sol häufigere Verbindungen. Für andere Strecken kommt man oft nicht umhin, einen Aluguer komplett anzumieten (*freite*). Mietwagen werden in Porto Novo angeboten.

Porto Novo ▶ Karte 1, D 3

Porto Novo (knapp 10 000 Einw.) ist Haupt- und Hafenstadt der Insel. Trotz der für kapverdische Verhältnisse hohen Einwohnerzahl ist der Charakter der Stadt eher ländlich. Morgens kommen viele Bewohner des Berglandes in den Ort, um sich mit dem Nötigsten zu versorgen. Nachmittags und am Wochenende hinterlässt Porto Novo einen verschlafenen Eindruck.

Oberhalb des Hafens verkaufen Frauen Orangen, Bananen, *grogue* und frischen Ziegenkäse. Die Avenida Amílcar Cabral führt im Bogen in die Stadt. In einem Kolonialhaus mit gepflegtem Garten sind nicht weit vom Hafen die Paços do Concelho (Gemeindeverwaltung) untergebracht. Auf der anderen Straßenseite steht die große Metallstatue einer kapverdischen Mutter mit ihrem Sohn. Das Denkmal ist den Frauen gewidmet, die meist in der Heimat blieben, während ihre Männer das Glück in der Emigration suchten.

An der städtischen Praia do Bote liegen die Boote der Fischer. Die Männer sitzen nach beendeter Arbeit im Schatten hoher Akazien und spielen Karten oder Oril (s. S. 44). Ihre Frauen putzen den Fisch in bunten Plastikeimern und bieten ihn gleich vor Ort am Mercado de Peixe, rund um einen Pavillon, zum Verkauf an.

Alles Wesentliche ist im weiteren Verlauf der Avenida Amílcar Cabral zu finden: Mercearias, Mercado Municipal, Bank, Bars und eine Bäckerei. Auch einige ehemals herrschaftliche Häuser und die hübsche kleine Igreja Nazarena (Nazarenerkirche) säumen die Hauptstraße. Sie überquert zwei meist ausgetrocknete Flussläufe. Nach dem zweiten Talgrund zweigt die Gebirgsstraße Richtung Ribeira Grande ab. Geradeaus hingegen geht es in den kargen westlichen Teil der Insel.

Praia dos Curraletes

Der beste Badestrand von Porto Novo liegt 3 km bzw. 30 Fußgängerminuten östlich der Stadt. Drei kleine Sandstrände, getrennt durch Felsnasen, haben sich in der relativ geschützten Bucht von Curraletes gebildet. Hinter den beiden östlichen wurde früher Puzollanerde abgebaut. Daran erinnern die Ruinen der ehemaligen Steinbruchgebäude. Bei Puzollanerde handelt es sich um helle, zu federleichtem Trachyttuff verfestigte vulkanische Aschen. Diese wurden untermeerisch abgelagert und enthalten zahlreiche Kalkskelette von Muscheln und anderen Meerestieren. Puzollanerde (nach der Stadt Pozzuoli im Golf von Neapel, wo solche Aschen ebenfalls zu finden sind) dient als Bindemittel für Zement. Nachdem Ende der 1950er-Jahre der Hafen von Porto Novo den heutigen, 133 m langen Kai erhalten hatte und auf 7 m Wassertiefe ausgebaggert worden war, begann ein schwunghafter Export von Puzollanerde. Diesem hatte Porto Novo in den folgenden Jahren einen enormen Aufschwung zu verdanken. Allerdings wurde der Export schon 1970 wieder eingestellt.

Übernachten

Das Spitzenhaus der Insel – **Santantao Art Resort:** Av. do Abufadouro, südwestlicher Ortsausgang von Porto Novo, Tel. 222 26 75/6/7, www.santantaoresort.com, DZ 6500–12 000 ECV. Das 4-Sterne-Hotel bietet 73 geschmackvolle Zimmer unterschiedlicher Größe, eine schöne Poolanlage, Tennisplätze und auf Wunsch geführte Wanderungen, Klettertouren und Canyoning. Außerdem finden wechselnde Kunstausstellungen und häufig auch Auftritte einheimischer Musiker statt.

Kunstvoll angelegt schlängeln sich alte Pflasterwege über die zerklüftete Insel

Angeschlossen ist ein Spezialitätenrestaurant mit italienischer, französischer und kapverdischer Küche.
Komfortabel – **Residencial Pôr do Sol:** Fundo de Lombo Branco (westl. der Abzweigung nach Ribeira Grande), Tel. 222 21 79, pordosolpn@cvtelecom.cv, DZ 45 €. Das Haus hat fast Hotelniveau, mit recht komfortablen Zimmern. Auf der schattigen Dachterrasse wurde das Restaurant mit Blick über die Stadt eingerichtet. Anmietung eines Autos über den Besitzer möglich.
Hafenblick – **Residencial Antilhas:** Alto Peixinho, Tel. 222 11 93, residencialantilhas@hotmail.com, DZ ca. 3500 ECV. Die Zimmer der Pension über dem Hafen sind schlicht, verfügen aber über Balkon, nur teilweise warmes Wasser. Ein Restaurant befindet sich im Haus (Hauptgerichte 700–800 ECV). Günstige Lage für frühe Fährabfahrten.

Essen & Trinken

Traditionell – **Paraíso:** Alto do Peixinho (in einer Seitenstraße gegenüber den Paços do Concelho), Tel. 222 12 18, Hauptgerichte ab ca. 500 ECV. Hier gibt es das übliche Angebot einheimischer Küche, wobei Thunfisch und Stockfisch besondere Erwähnung verdienen.
Portugiesisch-Kapverdisch – **Felicidade:** Av. 5 de Julho, Tel. 222 11 67, Hauptgerichte um 600 ECV. Solide Küche schräg gegenüber vom Rathaus.
Mit Ausblick – **Sereia:** am Hafen, Tel. 222 11 31, Hauptgerichte ab ca. 500 ECV. Von der angenehmen Terrasse genießt man den Blick über den Canal

de São Vicente bis hin zur Nachbarinsel. Zur Fährankunft füllt sich das Lokal mit Abholern und Neugierigen.

Kaffee & Co – **Lanchonete Chave de Ouro:** Avenida Amílcar Cabral, Tel. 222 11 62. In dem kleinen Café wird nicht nur der beste Kaffee von Porto Novo serviert, sondern auch Eis und Snacks. Die wenigen Tische auf der winzigen Terrasse an der Hauptstraße sind äußerst begehrt. Auf Bestellung kann man sich hier Lunchpakete für Ausflüge zusammenstellen lassen.

Infos & Termine

Infos

Informação Turística Lucete Fortes: kleiner privat geführter Info-Schalter im Fährterminal, Tel. 222 25 17. Gut ausgestattet, Verkauf von Wanderkarten, Büchern, auch Briefmarken.

Termine

Festa de São João: 24. Juni. Zum Johannisfest tanzen die Ortsbewohner die rituelle Colá. Der Vortänzer stellt sich, mit bunt geschmücktem ›Segelboot‹ kostümiert, als imaginäres Schiff Wellen und widrigen Winden (s. S. 36).

Verkehr

Fähre nach Mindelo (São Vicente): Autofähren Mar d'Canal (Armas) und Inter-Ilhas (Polaris), je 2 x tgl., So nur je 1 x, aktueller Fahrplan (ohne Gewähr!) unter www.bela-vista.net. Tickets jeweils am Hafeneingang, einfache Fahrt 800 ECV, Fahrtzeit 45–60 Min.

Aluguer: Sammeltaxis tgl. mehrmals nach Ribeira Grande (*passagem* 500 ECV, bis Cova de Paúl 250 ECV); in den Westteil der Insel weniger Verbindungen; Abfahrt jeweils an der Avenida Amílcar Cabral. Bei Fährankunft warten zahlreiche Aluguers am Hafen. Manche Fahrer behaupten, es führen keine öffentlichen Aluguers mehr, weil sie den Wagen komplett als Taxi vermieten möchten. Hier sollte man Geduld bewahren, eine Taxifahrt ist immer noch möglich.

Mietwagen: Pégaso, Alto Peixinho, Tel. 222 24 60, www.pegaso.cv. Geländegängige Fahrzeuge von Suzuki, Isuzu oder Ford.

Cova de Paúl und Lagoa

▶ Karte 1, D 2/3–C 3

Der zentrale Gebirgszug mit den Bergen Morro do Vento (1409 m) und Pico da Cruz (1585 m) trennt den kargen Süden vom grünen Norden. Die Gebirgsstraße PN RG führt in Serpentinen hinauf. Am unbesiedelten, wie ein Am-

Unser Tipp

Queijo Santo Antão
Der Ziegenkäse von Santo Antão, der an den italienischen Mozzarella erinnert, wird nach traditioneller Art von Landwirten auf dem Hochland der Insel aus der Milch von Tieren gewonnen, deren Vorfahren vor Jahrhunderten mit den portugiesischen Entdeckungsfahrern auf die Kapverden kamen. Verkauft wird er direkt von den Erzeugern etwa in Espongeiro (s. S. 182). Viele Hotels und Restaurants auf der Insel servieren ihn ihren Gästen. Am begehrtesten ist er als Dessert, kombiniert mit *doce de Papaya* (Papayagelee). Natürlich bekommt man ihn auch im örtlichen Lebensmittelhandel. Ein Projekt der Universität von Turin fördert seine Herstellung. In Bolona, einem winzigen Ort im westlichen Hochland von Santo Antão, produziert eine kleine Fabrik mit italienischer Unterstützung Joghurt und demnächst auch andere als die traditionellen Käsesorten.

phitheater geformten Südabhang des Berglands haben sich helle vulkanische Aschen als Hangschleppe im Windschatten von Vulkankegeln gesammelt. Weiter oben, wo es feuchter wird, hat man die Hänge sorgfältig terrassiert, um sie mit Akazien zu bepflanzen. Die Aufforstung ist hier eine mühselige Angelegenheit, von einem Wald kann daher noch keine Rede sein. Immerhin wird versucht, der Erosion Einhalt zu gebieten und den seltenen Regen dem Grundwasser zuzuführen. Rechts der Straße liegt auf einem benachbarten Bergrücken das regierungseigene Versuchsgut Mesa, eine gepflegte Anlage, die wie eine Oase inmitten einer Wüste wirkt.

Das Hochland ist relativ dicht besiedelt. Mit **Lombo de Figueira** wird das erste einer Reihe von Dörfern erreicht. Bald könnte man rechts nach Cova abzweigen. Die Hauptstraße führt aber links weiter und dann unmittelbar am Westrand des eindrucksvollen Vulkankessels **Cova de Paúl** entlang. Steile Felswände, die dicht mit Nadelbäumen bewachsen sind, begrenzen ihn. Sein Grund wird intensiv landwirtschaftlich genutzt, mit Mais- und Bohnenanbau sowie Viehhaltung. Eine Wanderung durch Zuckerrohrplantagen führt aus dem Krater ins Tal von Paúl (s. Entdeckungstour S. 198).

Hinter dem folgenden Ort **Água das Caldeiras** bieten sich prächtige Ausblicke zur Nordostküste, hinab in die Gegend von Paúl. In **Espongeiro** befindet sich eine wichtige Aluguerhaltestelle. Dort stehen meist Frauen, die in geflochtenen Körben Ziegenkäse aus örtlicher Produktion zum Verkauf bereithalten. Von hier aus lässt sich – links an einem sechseckigen Wasserhaus abzweigend – auf einer recht gut befahrbaren Piste ein Abstecher in die fast 1500 m hoch gelegene, mittelgebirgsähnliche Hügellandschaft von **Lagoa** unternehmen. Nach Westen wird dieses Hochland rasch karger. Bald ergeben sich Panoramablicke über das zentrale Gebirge von Santo Antão, später auch zur Küstenebene bei Porto Novo und zur Nachbarinsel São Vicente. Hier und da stehen Bauernhäuser einsam in der eher dünn besiedelten Gegend. Der Ort Lagoa besteht nur aus ein paar traditionellen Bauernkaten mit Strohdach. Hier bietet sich die Umkehr an.

Pico da Cruz ▶ Karte 1, D 3
Der Ausflug zur Cova de Paúl lässt sich auch mit einem Abstecher zum Pico da Cruz verbinden, der mit

1585 m höchsten Erhebung im Osten von Santo Antão. Eine schmale Pflasterstraße zweigt rechts vor dem Krater ab und führt zu dem kleinen Ort Pico da Cruz (ca. 4 km ab Abzweigung). Dessen ›Zentrum‹ markiert eine x-förmige Kreuzung. Zwischen den hier rechts und links führenden Straßen beginnt mit ein paar Treppenstufen der Fußweg zum gleichnamigen Gipfel, zu dem es 75 Höhenmeter anzusteigen gilt (hin und zurück etwa 30 Min.). Eine niedrige Säule markiert den Aussichtspunkt. Von hier bietet sich ein fantastischer Blick über den Süden von Santo Antão.

Tarrafal de Monte Trigo ▶ Karte 1, B 3

Die einsame Siedlung im kargen Westen von Santo Antão liegt in einer malerischen Bucht mit breitem, dunklem Strand, dem mit Abstand attraktivsten der Insel. Im Ortsteil Praia – direkt am Strand – leben lediglich ca. 150 Personen ständig. Die restlichen der ca. 850 Einwohner der Gemeinde wohnen locker verteilt in der Umbebung. Das noch sehr ursprüngliche Fischer- und Bauerndorf ist in eine Palmenoase eingebettet, in der Brotfrüchte, Mangos und Papayas gedeihen. Eine ergiebige Quelle im Tal der Ribeira de Tarrafal macht es möglich. Das Klima ist dank der geschützten Lage besonders mild und das Meer meist spiegelglatt. Meeresschildkröten legen im Spätsommer ihre Eier am Strand ab und im Frühjahr ziehen Buckelwale in der Bucht ihren Nachwuchs auf. Dennoch nehmen nur wenige Reisende die Fahrt dorthin auf sich. Auf dem Landweg ist Tarrafal de Monte Trigo bislang nur auf einer sehr anstrengenden und nach stärkeren Regenfällen gar nicht befahrbaren Piste zu erreichen. Man fährt per Aluguer oder mit einem sehr robusten Mietfahrzeug zunächst bis zur Straßengabelung in Ponte Sul (westlich von Porto Novo) und hält sich dort links Richtung Norte. Die Straße geht bald in eine Piste über. Nach 20 km ab Ponte Sul zweigt der holprige Fahrweg Richtung Tarrafal links ab. Bis dorthin sind es dann noch einmal gut 20 km. Die wenigen Besucher kommen meist per Boot oder Segeljacht nach Tarrafal de Monte Trigo. In der Regel sind die Dorfbewohner fast unter sich.

Übernachten

Begehrtes Paradies – **Residencial Mar Tranquilidade:** Tel. 227 60 12, www.martranquilidade.com, Haus für 2 Pers. 4200 ECV, Möglichkeit zum Langzeitaufenthalt, günstige Angebote dann auf Anfrage (Woche mit VP für 2 Pers. um 400 €). Das deutsch-amerikanische Paar Susi und Frank vermietet in Meeresnähe gemütliche, strohgedeckte Steinhäuser mit Dusche und WC inklusive Frühstück. Mittags kann man Snacks bestellen (300 ECV), zum Abendessen wird ein Buffet aufgebaut (1000 ECV). Abgesehen von Relaxen, Baden und Sonnenbaden sind hier Schnorcheln, Tauchen und Angeln angesagt (Tauchausrüstung vorhanden). Unbedingt reservieren, denn es gibt im Ort außer Privatzimmern kaum Alternativen zu dieser Unterkunft.

Infos

Aluguer: Meist nur Mo–Sa frühmorgens ab Tarrafal nach Porto Novo ein Pick-up zur Ankunft der Fähre und ca. am späteren Vormittag wieder zurück (*passagem* 700 ECV, Fahrzeit 2,5 Std.).
Jeep-Taxi: Von Porto Novo 7000 ECV.

Ribeira das Patas!

▶ Karte 1, C 3

Von Porto Novo zieht sich eine relativ komfortable Pflasterstraße in Richtung Westen. Die Landschaft ist karg, die Hänge sind von der Erosion zernagt. Die meist ausgetrockneten Flüsse hinterließen bizarre Täler. Eine interessante Landschaftsform bildet die Ribeira das Patas. Senkrecht fallen die Talwände zum meist ausgetrockneten Flussbett ab. Am besten ist dieses Phänomen im Gebiet um **Lagedos** zu sehen. Etwas größere Ortsteile der Gemeinde Ribeira das Patas im Landesinneren sind mit je etwa 200 Einwohnern **Chã de Morte** und **Curral das Vacas**, ansonsten gibt es nur wenige kleine Weiler.

Die Wanderung auf einem alten, kunstvoll angelegten Pflasterweg in unzähligen Serpentinen durch die **Bordeira de Norte,** die Felswand oberhalb der Ribeira das Patas, ist überaus eindrucksvoll. Bis heute stellt er für die Bevölkerung eine wichtige Verbindung über den Hauptkamm der Insel dar. Man startet in Curral das Vacas und erreicht nach gut 2 Std. und 700 Höhenmetern Anstieg bei einem Wegkreuz die Hochebene von Norte. Hier bietet sich dann die Umkehr an. Wer ausgedehntere Wanderungen in diesem Gebiet unternehmen möchte, schließt sich am besten einer geführten Tour an.

Übernachten

Familiär – **Casa Santos Pinto:** Curral das Vacas, Tel. 227 20 00, mobil 995 18 04, Infos auch bei Facebook unter Casa Santos Pinto, DZ ca. 3500 ECV. Funktionale Zimmer unterschiedlicher Größe teilweise mit privatem Bad und Balkon. Frühstück und Abendessen kann man im Haus (solide deftige Hausmannskost), da die touristische Infrastruktur im Ort eher dürftig ist. Gelegentlich steigen Wandergruppen ab. Wer den südwestlichen Teil der Insel erkunden möchte, ist hier gut aufgehoben. Kleiner Supermarkt ist angeschlossen.

Infos

Aluguer: selten zwischen Chã de Morte und Porto Novo.

Norte ▶ Karte 1, B 3/C 2

Vom Tal der Ribeira das Patas führt eine wenig befahrene Pflasterstraße in vielen Kurven weiter Richtung Norden. Sie überwindet die Selada de Alto Mira, einen 1150 m hohen Pass, der nicht nur Süden und Norden, sondern auch Westen und Osten der Insel voneinander trennt. Unterwegs ergeben sich grandiose Ausblicke. An der Selada de Alto Mira zweigt rechts eine Stichstraße nach Alto Mira ab. Links geht es zur Nordküste hinab, zu den in Oasentäler eingebetteten Orten Ribeira da Cruz und Chã de Norte. Eine schmalere Straße führt wieder hinauf ins Gebirge, in das Gebiet von Norte. Einen eigentlichen Ort dieses Namens gibt es jedoch nicht, vielmehr liegen Gehöfte und winzige Weiler zerstreut auf einer hügeligen Hochfläche. Ihre Bewohner widmen sich der Ziegenhaltung. Der hier hergestellte Käse ist von besonderer Qualität (s. S. 182).

Besteigung des Tope de Coroa

Die Tour sollte nur in Begleitung eines ortskundigen Führers durchgeführt werden. Sie dauert hin und zurück ca. 6 Std. und ist anspruchsvoll, da 1000 Höhenmeter im Auf- und Abstieg bewältigt werden müssen. Norte wird vom Vulkan Coroa (1982 m) überragt, dem höchsten Berg von Santo Antão. In seinem Krater entstand bei einer späteren Eruption der kleinere Vulkankegel Tope de Coroa. Dieser wurde lange Zeit für den höchsten Gipfel der Barlavento-Inseln gehalten und wird auch heute noch oft als solcher genannt. Erst 1971 stellte sich bei genaueren Vermessungen heraus, dass der Kraterrand des Coroa an einer Stelle geringfügig höher ist als der Tope de Coroa.

Ein fast menschenleerer und auch vegetationsloser Landstrich umgibt die beiden Vulkane, aus der weitere Vulkankegel als Hügel herausragen. Vulkanaschen und Lapilli, entweder locker oder zu Tuff verfestigt, sind die vorherrschenden Gesteine. Sie nehmen die verschiedensten Brauntöne an und lassen die Landschaft regelrecht bunt wirken. Der lange und sehr anstrengende Anmarsch zum Tope de Coroa beginnt an der Straßengabelung Tampa Caminho. Da es keine Markierungen gibt, der Weg sich immer wieder in Pfade aufspaltet, die in die Irre führen können, und bei aufsteigender Passatbewölkung (Nebel!) die Orientierung erheblich erschwert ist, sollte man den Aufstieg zum Gipfel nur in Begleitung eines ortskundigen Führers unternehmen.

Unser Tipp

Märkte

In Ribeira Grande werden zwei Märkte abgehalten: Ein Kleider- und Krimskramsmarkt befindet sich am nördlichen Rand der Innenstadt gegenüber der Abzweigung nach Ponta do Sol. In derselben Straße, weiter stadteinwärts, liegt die kleine Markthalle (Mercado Municipal). Hier sind Obst, Gemüse, Stockfisch, Eier und Gewürze im Angebot. Die Auswahl insbesondere an Obst ist begrenzt, doch kann man sich nirgendwo sonst auf Santo Antão so gut mit vitaminreichem Proviant eindecken wie hier.

Ribeira Grande

▶ Karte 1, D 2

Ribeira Grande (2500 Einw.) ist eine lebendige Stadt, doch nicht unbedingt schön. Hier wird zu schnell zu viel gebaut. Manches bleibt unfertig oder kann aus Geldmangel nicht verschönert werden. Betonbauten ohne Anstrich bestimmen das Stadtbild. Das Flussbett der Ribeira da Torre begrenzt Ribeira Grande im Osten. Im Unterlauf ist es kanalisiert, um die Stadt vor den seltenen, dann aber kräftigen Fluten zu schützen. Die breite Av. 5 de Julho führt gegenüber der Abzweigung nach Paúl ins Ortszentrum – rechter Hand die Bank, linker Hand die Post. Bald öffnet sich links die Praça Nossa Senhora do Rosário, ein kleiner mit Palmen und Hibiskus bestandener Platz mit schattigen Bänken, Treffpunkt der Einheimischen.

Im weiteren Verlauf der Hauptstraße trifft man auf die **Igreja Nossa Senhora do Rosário** (Rosenkranzkirche). Für kapverdische Verhältnisse ist sie recht groß, insbesondere relativ lang. Bischof Pedro Valente, der den Bau Mitte des 18. Jh. in Auftrag gab, wollte sie zur Kathedrale der Kapverden machen. Mit seinem Tod 1774 starb auch das Projekt. Stattdessen wurde der Bischofssitz damals nach São Nicolau verlegt. Die ›Kathedrale‹ von Ribeira Grande verfiel, wurde im 19. Jh. restauriert und in der heuti-

Lieblingsort

Engstelle mit Tiefblick – Delgadim ▶ Karte 1, D 2
An der Route von dem kleinen Bauerndorf Corda hinab nach Ribeira Grande liegt der wohl meistfotografierte Straßenabschnitt von Santo Antão, der sogenannte Delgadim. Dramatischer geht es kaum. Die in den 1950er-Jahren mühselig in Handarbeit geschaffene Fahrbahn nimmt einen schmalen Berggrat völlig ein. Zu beiden Seiten stürzen schroffe Felswände Hunderte von Metern fast senkrecht in die Tiefe. Eine zweite, fast ebenso bizarre Engstelle folgt kurz darauf. Hier muss man einfach anhalten und den schwindelerregenden Blick in die tiefen Täler zu beiden Seiten auf sich wirken lassen.

gen, etwas verkleinerten Form 1884 fertiggestellt. Ein monumentaler Hauptaltar dominiert das Innere des Gotteshauses. Er birgt einen Christus am Kreuz. Schöner sind die schlichten, aber geschmackvollen Seitenaltäre, von denen der vordere links der Rosenkranzmadonna geweiht ist. Wer die Straße nach Ribeira Grande über den Höhenkamm mit dem Bergdorf Corda wählt, sollte schwindelfrei sein (s. Lieblingsort S. 186).

Ribeira de Figueiral und Chã de Igreja

Die Ribeira Grande, die bei der gleichnamigen Stadt in den Atlantik mündet, hat eines der gewaltigsten Täler von Santo Antão geschaffen. Während es nach Norden durch einen fast ungegliederten Bergkamm zur Nordküste hin abgeschottet ist, ziehen sich von Süden, vom Hauptkamm der Insel, zahlreiche steile Seitentäler hinunter. Die meisten sind genügend wasserreich, um auf steilen Terrassenfeldern Landwirtschaft betreiben zu können. Im ersten größeren Seitental, dem der **Ribeira de Figueiral,** gedeihen sogar Bananen und Zuckerrohr. Hier bietet sich eine schöne Wanderung an (s. rechts).

Abstieg ins Tal von Figueiral

Weiter oben im Tal der Ribeira Grande wird der Aqueduto Ponte do Canal passiert, ein nicht mehr genutzter Aquädukt. Bei Boca de Ambas as Ribeiras verlässt die Piste das Tal und führt auf die Passhöhe bei Garça. Von dort kann man Richtung Norden entlang der Ribeira Garça bis nach **Chã de Igreja** fahren. Dieses hübsche Dorf liegt in einer Talsenke, von Feldern umgeben. Der Fluss hat hier eine Schlucht 50 m tief fast senkrecht eingeschnitten. Auch deren breiten Grund nutzen die Ortsbewohner ackerbaulich. Im Dorf selbst leben keine 100 Menschen. Schmale Gassen durchziehen das Dorf, die gepflegten Häuser sind mit Blumen geschmückt. Als Treffpunkte dienen den Einheimischen der schattige Platz vor der weißen Kirche und die Mercearia gegenüber.

Abstieg ins Tal von Figueiral

Dauer: 3 Std.; mittelschwer; per Aluguer Anfahrt nach Corda und Rückfahrt ab Ribeira Grande

Rund um Ribeira Grande gibt es zahlreiche Wandermöglichkeiten. Vielleicht am schönsten ist die Tour von Corda durch den oasenhaften Ort Figueiral und das malerische Dorf Coculí. Ausgangspunkt ist die Dorfmitte von **Corda,** wo man bei einer betonierten Fläche die Hauptstraße nach rechts (von Ribeira Grande kommend) auf einem breiten Pfad verlässt und sogleich auf eine Piste gelangt. Dort wiederum nach rechts wenden und an der nächsten Gabelung, bei der Dorfschule, links auf einem breiten Pflasterweg in ein Flusstal hinabgehen.

Bei einer Staumauer beschreibt der Weg eine Rechtskurve und führt an der rechten Talseite bergab, vorbei an weiteren Staustufen. Im weiteren Verlauf quert der Pflasterweg den Talgrund, auf der linken Talseite geht es weiter abwärts. Jetzt sind bereits die Täler von **Ribeira de Figueiral** und Ribeira Grande zu sehen. Der Weg führt an einer Felswand entlang (bei starkem Wind oder nach Regenfällen Vorsicht wegen Steinschlag!) und schlängelt sich dann in Serpentinen steiler abwärts. An einer Reihe vorwiegend verlassener Häuser vorbei wird eine T-Kreuzung erreicht (1.15 Std.), dort rechts weiter.

Bei einer Wasserstelle mit Waschplatz gelangen Sie schließlich in den Ort **Figueiral** (1.45 Std.), wo Sie einer Pflasterstraße nach rechts folgen, durch Bananen- und Zuckerrohrplantagen. Im feuchten Talgrund gedeihen auch zahlreiche Kokospalmen. Das Figueiral-Tal mündet in das Tal der Ribeira Grande bei dem Ort **Coculí** (2 Std.), in dem einige Häuser im Kolonialstil erhalten geblieben sind. Sofern sich jetzt eine Mitfahrgelegenheit per Aluguer anbietet, kann die Wanderung hier beendet werden. Ansonsten geht man auf der wenig befahrenen Straße rechts weiter bis **Ribeira Grande.**

Übernachten

Traumblick – **Pedracin Village:** Boca de Coruja, Tel. 224 20 20, pedracin@cvtelecom.cv, DZ 60–70 €. Hoch über dem Tal der Ribeira Grande, vom Stadtzentrum etwa 7 km landeinwärts, liegt diese Unterkunft mit bestechendem Ausblick und Pool. Das 14 ha große Gelände wird nach wie vor landwirtschaftlich genutzt: für den Anbau von Zuckerrohr, Bananen, Papayas und Mangos. Im Hausrestaurant finden vorwiegend Obst und Gemüse aus eigenem Anbau Verwendung. Die Zimmer sind auf 10 Steinhäuser im traditionellen Stil verteilt. Umweltfreundliche Warmwassererzeugung mit Solarenergie.

In der Stadt die erste Wahl – **Residencial Tropical:** Rua Povoação 11, Tel. 221 11 29, residencial_tropical@hotmail.com, DZ 5000 ECV. Der Neubau befindet sich am Nordrand der Innenstadt in ruhiger Lage nahe dem Flussbett der Ribeira Grande. Die Zimmer sind ordentlich ausgestattet. Einziger Wermutstropfen: Nicht alle haben ein Fenster nach außen. Im Haus befindet sich ein Restaurant mit schöner Terrasse und freundlichem Innenraum, dessen Spezialität Stockfisch ist (Hauptgerichte ab 800 ECV).

Ferienhäuser – **Casa no Caminho:** Chã de Igreja, Tel. 953 10 72, www.hausamweg.com, DZ 55–70 € je nach Aufenthaltsdauer. Marcus und Diane aus Deutschland vermieten drei einfache Ferienhäuser mit unverstelltem Blick in die Natur. Frühstück und Abendessen (8 € pro Person) werden in einem Gemeinschaftshaus eingenommen, im Garten laden Ruhezonen zum Entspannen ein.

Funktional – **Residencial 5 de Julho:** Av. 5 de Julho, Tel. 221 13 45, DZ um 3500 ECV. Die einfache Unterkunft liegt in der Hauptstraße bei der Kirche und verfügt über Zimmer mit und ohne Bad. Zum Frühstück wird ordentliche Cachupa serviert, abends gibt es kapverdische Küche.

Einfach und gut – **Residencial Lagoa Verde:** Av. 5 de Julho, Tel./Fax 221 12 46, DZ ca. 3500 ECV. Annehmbare Unterkunft in der Nähe der Praça Nossa Senhora do Rosário. Mit Restaurant.

Für Traveller – **Pensão Dona Biby:** Ribeira Grande, nördlich der katholischen Kirche, Tel. 221 11 49, DZ ca. 2200 ECV. Einfache Privatunterkunft, aber saubere Zimmer mit privatem Bad. Zugehörig ist ein kleiner Laden.

In der Dorfidylle – **Augusta Delgado Pires:** Chã da Igreja, Tel. 226 10 05, DZ ca. 1500 ECV. Emigranten, die gut französisch sprechen, vermieten Privatzimmer. Kontakt vor Ort im Dorfladen *(mercearia)* bei der Kirche hergestellt.

Essen & Trinken

Eher eine Bar – **Cantinho de Amizade:** Rua Terreiro, Tel. 221 13 92, wechselnde Tagesgerichte um 500 ECV. In dem urigen Lokal sitzt man im Innenhof auf rustikalen Holzbänken. Es werden auch Zimmer vermietet.

Solide Hausmannskost – **Restaurant 5 Julho:** im gleichnamigen Residencial, s. Übernachten. Hier können auch Nicht-Gäste essen.

Infos & Termine

Internet

Cyber-Café: ›Internet.com‹, Av. 5 de Julho (neben der Post).

Termine

Dia do Município: 17. Jan. Das Gemeindefest erinnert an den 17. Januar 1462,

Küstenjogging bei Ribeira Grande

als Santo Antão von portugiesischen Seefahrern entdeckt wurde. Damit ist es zugleich das Fest des Namenspatrons der Insel, des hl. Antonius Eremita. Am Vorabend Musikveranstaltungen, am Haupttag Prozession und durch die Straßen ziehende Musikgruppen, auch in den zur Gemeinde gehörenden Ortsteilen Ponta do Sol und Chã de Igreja.

Verkehr

Flüge: TACV-Büro zur Rückbestätigung von Inlandsflügen (z. B. ab São Vicente), Praça Nossa Senhora do Rosário, Tel./Fax 221 11 84.

Aluguer: Richtung Porto Novo *(passagem* 500 ECV) ab Praça Nossa Senhora do Rosário; die Fahrer sammeln ihre Kunden auch entlang der Durchgangsstraße ein. Nach Ponta do Sol *(passagem* 60 ECV) ab Straßenkreuzung westlich der Ribeira de Torre. Richtung Paúl/Pontinha da Janela *(passagem* nach Paúl 120 ECV) östlich der Ribeira de Torre an der Straße. Richtung Coculí/Chã de Igreja *(passagem* nach Coculí 120 ECV) an der Ribeira Grande am Westrand der Stadt. Nach Porto Novo, Ponta do Sol, Paúl und Coculí mehrmals täglich, bis Pontinha da Janela und Chã de Igreja nur wenige Verbindungen.

Ponta do Sol

▶ Karte 1, D 2

Wichtigster Standort für Traveller und Wandertouristen ist nach wie vor Ponta do Sol (ca. 2000 Einw.), das ein besonders angenehmes Klima besitzt, da stets ein leichter Wind weht. Auch ist das Angebot an Unterkünften und Restaurants verhältnismäßig gut. Schon die Fahrt in den Ort ist ein Erlebnis für sich. Kühn wurde die Küstenstraße zwischen Ribeira Grande und Ponta do Sol in die Steilwand geschlagen. Kaum vorstellbar, dass sich hier an der rauen Nordostecke von Santo Antão noch ein Ort befindet. Doch Ponta do Sol wurde auf einer flachen Landzunge erbaut, die weit ins Meer vorgeschoben ist. An ihrer Spitze erstreckt sich die Landebahn des Flughafens von Santo Antão, die wie auf einen Flugzeugträger montiert wirkt. Aus Sicherheitsgründen wird er im Linienverkehr seit Jahren nicht mehr angeflogen. Nur auf einem schmalen Serpentinen-Fahrweg zu erreichen, liegt hinter dem nächsten Bergrücken noch ein weiterer Weiler an der Küste, **Fontainhas** (s. Entdeckungstour S. 192).

▷ S. 194

Auf Entdeckungstour: Auf Pflasterwegen von Ponta do Sol nach Cruzinha da Garça

Faszinierende Ausblicke bietet die Wanderung entlang der Steilküste im Norden von Santo Antão. Höhepunkt ist der Besuch des malerischen Dorfes Fontainhas mit seinen übereinander gestaffelten Feldterrassen.

Reisekarte: ▶ Karte 1, C–D 2

Strecke/Dauer: 18 km, 4.30–5 Std., 900 Höhenmeter im Auf- und Abstieg.

Planung: Start in Ponta do Sol, am östlichen Ortseingang, Anfahrt/Abfahrt per Aluguer bzw. verabredetem Taxi.

Essen & Trinken: Tchu Bar in Fontainhas, Bar Mar Vila in Forminguinhas, Restaurant Sonafish in Cruzinha da Garça, Tel. 226 10 27

Von der Hauptstraße in Ponta do Sol zweigt die Pflasterstraße Richtung Westen nach Fontainhas ab. Sie passiert zunächst den ehemaligen **jüdischen Friedhof** oberhalb von Ponta do Sol. Hier wurden die Mitglieder der Händlerfamilie Benjamin Cohen beigesetzt, die im 19. Jh. aus Marokko nach Santo Antão gekommen war und von Ponta do Sol aus Kaffee exportierte.

Fontainhas – das Terrassendorf

Vorbei an Schweineställen, die im Hang angelegt wurden, steigt die Straße an der bizarren Steilküste empor, um sich später in Serpentinen zu dem malerischen, auf einem Felsrücken angelegten Ort **Fontainhas** abzusenken (1 Std.). Mit seinen türkis- oder rosafarbenen alten Häusern ist Fontainhas eines der reizvollsten Dörfer der Kapverden. Levadas leiten Wasser aus Quellen im hinteren Talbereich in Zisternen, aus denen Bananenplantagen und Zuckerrohrfelder bewässert werden. Diese drängen sich auf Dutzenden schmalen, übereinander gestaffelten Terrassen. Die Poios wurden nicht etwa in den Fels hineingeschlagen, sondern wie Vogelnester regelrecht an den Hang ›geklebt‹, indem man zunächst eine Stützmauer errichtete und dann die Terrasse mit fruchtbarem Schwemmmaterial aus dem Talgrund auffüllte.

Kunstvoller Pflasterweg in der Steilwand

In Fontainhas endet die Straße. Es geht ein paar Treppenstufen aufwärts, dann verlässt ein gepflasterter Fußweg die Ansiedlung, um durch den Talgrund und dann weiter an der Steilküste entlangzuführen. Er überquert einen **Felsgrat** (1.30 Std), aus dem eine hohe Gesteinsmauer wie eine Wand emporragt. Danach schlängeln sich Kurven ins nächste, schmalere Tal hinab, wo der kleine Ort **Corvo** liegt (1.45 Std.). Anschließend verläuft der Weg wieder in der Steilwand über dem Meer bis zu dem winzigen Dorf **Forminguinhas** (2.15 Std.). Hier kann man in der Bar Mar Vila einkehren. Etwa 90 Einwohner leben in Corvo und 50 in Forminguinhas, in den beiden Dörfern ist das Wissen über den Bau der Bergwege noch präsent, denn nach Erdrutschen müssen immer wieder Teilstücke ausgebessert werden. Auch die Wege wurden oft nicht in den Steilhang gehauen, sondern man mauerte an flacheren Felspartien oder über kleine Täler hinweg oft etliche Meter hoch auf und füllte die Zwischenräume mit Erdmaterial.

Lange, steile Küste

Hinter Forminguinhas führt der Pflasterweg lange Zeit entlang einer durch wenige, steile, unbesiedelte Täler gegliederten Felswand. Nur ein paar **Häuserruinen** (3 Std.) erinnern daran, dass sich im Talgrund der Ribeira das Aranhas früher der Weiler Chã de Mar befand. Zwischen Forminguinhas und der Ribeira das Aranhas kommt es nach Regenfällen immer wieder zu Erdrutschen. Bis die Schäden beseitigt sind, kann der Weg in diesem Abschnitt vorübergehend unpassierbar sein. Ansonsten wird schließlich das auf einer flachen Landzunge gelegene **Cruzinha da Garça** erreicht (4.30 Std.).

Palácio Rochteau-Sierra

Ponta do Sol war während der Kolonialzeit eine wichtige Handels- und Verwaltungsstadt. Vom Hafen wurde die Produktion des fruchtbaren Nordostens von Santo Antão exportiert: vor allem Kaffee, aber auch Bananen und Leder. Einige Jahrzehnte lang diente Ponta do Sol sogar als administratives Zentrum der Barlavento-Inseln, bis Mindelo auf São Vicente 1935 diese Funktion übernahm. Bis 1960 blieb es noch Hauptstadt von Santo Antão, wurde dann aber von Porto Novo abgelöst. Der Kaffeeanbau war damals wegen gesunkener Weltmarktpreise praktisch zum Erliegen gekommen. Die einstige wirtschaftliche Bedeutung ist noch an einigen repräsentativen Bauten abzulesen. So steht an der Einfallstraße in den Ort linker Hand der von einem prächtigen Garten umgebene Palácio Rochteau-Sierra. Die Villa wurde um 1880 von der Familie Rochteau-Sierra erbaut und dient heute dem Präsidenten der Kapverden als Wohnsitz, wenn er sich auf Santo Antão aufhält. Neugierige dürfen das Haus aus der Ferne bewundern.

Vorwiegend lag der Export in den Händen einiger ortsansässiger jüdischer Kaufleute, die im 19. und Anfang des 20. Jh. aus Marokko auf die Kapverden gekommen waren. Weitere herrschaftliche Häuser in Ponta do Sol stammen von der Familie Benjamin Cohen, die das größte Handelshaus der Barlavento-Inseln leitete. Eines ihrer Gebäude wird mit Luxemburger Entwicklungshilfe in ein Hotel verwandelt.

Praça Municipal

Mittelpunkt von Ponta do Sol ist ein geräumiger, quadratischer Platz, auf dem verschiedene Palmen und reichlich Hibiskus gedeihen. Gewaltige Steinbänke laden zur Rast ein. Eine Seite der Praça nimmt die breite Fassade der Câmara Municipal, des Rathauses von 1882 ein. Heute wird von hier aus nur noch die Gemeinde Ribeira Grande verwaltet.

Auffällig groß ist die weiß getünchte, katholische Igreja Paroquial (Pfarrkirche) an der meerwärtigen Seite des Platzes mit ihrem geschwungenen Giebel im Stil des Kolonialbarocks. Nur einen Turm hat man linker Hand errichtet. Vis-à-vis befindet sich eine Einkaufszeile mit Supermarkt, Souvenirgeschäft und Bank. Von der Praça Municipal führen zwei parallele Straßen hinab zum Porto, dem Fischerhafen. Die Einfahrt gestaltet sich für die hier üblichen, kleinen Boote abenteuerlich. Nur notdürftig schützt die Kaimauer das enge Hafenbecken gegen die heranrollende Brandung. Oft schwappen hohe Wellen in die schmale Bucht, und so liegen die Boote, sofern sie nicht unterwegs sind, zur Sicherheit stets an Land.

Übernachten

Praktikabel – **Hotel Coração da Ponta do Sol:** am Ortseingang links, Tel. 225 10 48, www.hotelsantoantao.com, hildevangelder@gmail.com. Das Haus liegt am Ortseingang. Trotz des names eher Pension als Hotel. Zum Meer braucht man gut 10 Min. Solide funktionale Zimmer. Unter belgischer Leitung. Zimmerpreise auf Anfrage, sie variieren, liegen aber auf dem ortsüblichen Niveau.

Zentral gelegen – **Hotel Blue Bell:** Praça Municipal, Tel. 225 12 15, Fax 225 13 08, DZ ca. 5400 ECV, Suite 8000 ECV. Das einzige als Hotel klassifizierte Haus im Ort. Es liegt direkt am zentralen Platz. Einige Zimmer mit Balkon, alle mit Bad und Kühlschrank. Einige weniger schöne »hinten raus«. Restaurant mit Bar im Haus.

Imposante Weite charakterisiert den Hauptplatz von Ponta do Sol

Solide – **Residencial Ponta do Sol:** Chã de Ponta do Sol, am Ortseingang rechts, Tel. 225 12 38, residencialpsol@cvtelecom.cv, DZ 30–45 €. Die moderne Pension bietet ordentlichen Standard. In den Zimmern sind jeweils warmes Wasser und Balkon vorhanden.

Überm Dorf – **Residencial Kolina do Sol:** Tel. 971 26 88, kolinadosol@gmail.com, DZ ca. 4000 ECV. Am östlichen Ortseingang. 10 ordentliche Zimmer, schöne Terrasse mit Blick über Ponta do Sol.

Beliebter Klassiker – **Residencial A Beira Mar (Chez Fátima):** in Hafennähe, Tel. 225 10 08, DZ ca. 4000 ECV. Eine der ältesten Pensionen von Ponta do Sol, aber das Haus wurde renoviert und sehr freundlich hergerichtet. Alle Zimmer verfügen über Balkon und Bad mit warmem Wasser. Das Abendessen (Hauptgerichte um 600 ECV) sollte spätestens 2 Std. vorher bestellt werden. Gekocht wird einheimisch, die Portionen sind groß, auch beim Frühstück. Der eigene Aluguer fährt Gäste zum Taxipreis zu Wanderausgangspunkten.

Einfacher Klassiker – **Residencial Lela Leite:** nahe Praça Municipal an der Straße zum Hafen, Tel. 225 10 56, nayleite@hotmail.com, DZ 3000 ECV. Einige Zimmer des eher einfachen Hauses haben einen eigenen Balkon, ansonsten trifft man sich auf der gemeinschaftlichen Dachterrasse. Das kleine Restaurant bietet Tische im kleinen Innenraum und an der Straße (Hauptgerichte um 500 ECV).

Familiär – **Cecilio:** direkt am Meer, Tel. 225 14 75, DZ ca. 3000 ECV. Sechs vernünftige Zimmer mit Meerblick, solide geführt. Cecilio ist zudem zuverlässiger Bus- und Aluguerfahrer und kann Kontakte zu Wanderführern herstellen.

Essen & Trinken

Gemütlich – **Cantinho do Gato Preto:** Av. da Escola Primária, Tel. 225 15 39, Hauptgerichte um 800 ECV. Freundlich eingerichtetes Lokal in warmen

Farbtönen an der Straße zum Hafen. Einheimische Küche, gegrillter Fisch, Cachupa, aber auch Spaghetti. Oft gute Livemusik.

Kommunikativ – **Caleta:** an der Uferstraße südl. des Hafens, Hauptgerichte um 900 ECV. Im Erdgeschoss und vor dem Haus gemütliches, kommunikatives Zusammensitzen. Im Obergeschoss gibt es noch eine Terrasse. Sehr gute, kreative einheimische Küche. Oft treffen sich örtliche Musiker zur Session.

Smart – **Bukinha Salgod:** Av. da Escola Primária, Tel. 999 54 52, Hauptgerichte um 900 ECV, Langusten und Meeresfrüchte um 1800 ECV. Frische einfallsreiche Küche. Die Betreiberin Betty hat jahrelange Erfahrung im Tourismus und kennt die Wünsche ihrer Kunden.

Aktiv

Wandern – **Jean Jaques Neves:** Tel. 225 13 86 und 999 54 52 oder im Residencial Ponta do Sol nachfragen. Jean Jaques Neves bietet geführte Wanderungen an. Er spricht englisch und französisch. Kontakte zu Wanderführern bekommt man in den meisten Unterkünften oder im Bukinha Salgod.

Abends & Nachts

Auf ein Glas Wein – **Bistro Housi's-Place:** in der zweiten Parallelstraße

Der Küstenweg hinter Fontainhas bietet spektakuläre Ausblicke

zum Flughafen gelegen. Der schattige, sorgfältig begrünte Innenhof mit den urigen Holztischen hat sich mittlerweile zum beliebten Treffpunkt der Traveller entwickelt.
Livemusik – **Caleta:** s. S. 196. An den Tischen und Stühlen vor dem Restaurant treffen sich regelmäßig die Musiker des Ortes.

Infos

Infos
Núcleo de Informação Turística: Praça Municipal, in einem schmucken Stadthaus der Jahrhundertwende mit Holzgiebeln und Ziegeldach. Auch Verkauf von Kunsthandwerk und Landkarten.
Internetcafé: an der Praça Municipal (beim Rathaus), Mo–Sa 9–22 Uhr. Wenige Computer, aber recht schnelle Verbindung. Dazu werden Drinks serviert und am Freitag spielt oft Livemusik.

Verkehr
Aluguer: Nach Ribeira Grande ab Praça Municipal mehrmals täglich (*passagem* 60 ECV).

Paúl ▶ Karte 1, D 2

Die Gemeinde Paúl (port. Sumpf) wurde nach der Ribeira de Paúl benannt und erstreckt sich mit mehreren Ortsteilen im Wesentlichen über deren (teilweise) sumpfiges Tal. Einen Ort mit dem Namen Paúl gibt es nicht, manchmal wird aber der am Meer, bei der Flussmündung, gelegene Hauptort **Pombas** (oder Cidade das Pombas) so genannt. Dieser erstreckt sich über einen relativ geschützten Küstenabschnitt. Daher reihen sich die pastellfarbigen Häuser auf gut 1,5 km Länge unmittelbar hinter dem Strand, eine Konstellation, die man wegen der hohen Atlantikbrandung andernorts auf den Kapverden kaum finden wird. Dahinter dehnen sich Zuckerrohrfelder aus, gesäumt von hohen schlanken Kokospalmen. Sie verleihen dem Ort ein charakteristisches, beinahe karibisches Gepräge. In der Nähe der Mündung der Ribeira de Paúl verläuft eine Uferpromenade mit Kinderspielplatz und einem Pavillon für Veranstaltungen.

Sinagoga

Die Anfahrt von Ribeira Grande nach Pombas erfolgt über eine Küstenstraße, die kaum weniger eindrucksvoll ist als ihr Pendant Richtung Ponta do Sol. Unterwegs wird Sinagoga passiert, wo nichts mehr daran erinnert, dass hier einst eine Synagoge stand, der religiöse Mittelpunkt der Mitglieder der jüdischen Gemeinde, die von Paúl und Ponta do Sol aus Handel betrieben. Am westlichen Ortsrand von Sinagoga steht auf einer Landspitze am Meer die Ruine einer ehemaligenLeprastation. Ansonsten gibt es wenig von Interesse, außer vielleicht der kleinen ›ambulanten‹ Holzbootwerft am Straßenrand, wo bei Bedarf die winzigen Boote der örtlichen Fischer repariert werden. Wenn dort kein Boot liegt, ist die Werft nur schwer als solche zu erkennen. Die Bucht von Sinagoga diente immer wieder Piraten als Stützpunkt für Überfälle auf die benachbarten, einstmals wohlhabenden Küstenorte.

Vale do Paúl

Von der Küstenstraße zweigt nördlich des Zentrums von Pombas die Avenida Januário Leite entlang der Ribeira de Paúl ab. Rechts auf einem Hügel thront eine Statue des Ortsheiligen Santo António das Pombas. ▷ S. 201

Auf Entdeckungstour: Aus Zuckerrohr wird Grogue – im Tal von Paúl

Grogue, ein klarer Zuckerrohrschnaps, ist ein Traditionsprodukt von Kap Verde. Der vielleicht beste wird auf Santo Antão gebrannt, wo die typischen Grogue-Mühlen zum Alltagsbild gehören. Die Tour führt 1200 Höhenmeter zu Fuß abwärts durch das Anbau- und Produktionsgebiet von Paúl.

Reisekarte: ▶ Karte 1, D 2/3

Zeit: ein ganzer Tag (4 Std. reine Gehzeit)

Planung: Anfahrt per Taxi in den Krater von Cova de Paúl oder per Aluguer. Rückfahrt per Aluguer von Pombas (Paúl) nach Ribeira Grande.

Start: Häusergruppe am Straßenende im Krater von Cova de Paúl

Von der Häusergruppe im Krater **Cova de Paúl** folgt man der Straße noch ein kurzes Stück und passiert ein Haus mit Wasserbecken. Dann hält man sich an einer Gabelung rechts auf dem breiten Schotterweg. Dieser endet an einem gepflasterten Saumpfad, dort geht es links hinauf und an der nächsten T-Kreuzung rechts. Wenig später zweigt der schmalere Wanderweg in einer Linkskurve, die der breite Weg beschreibt, geradeaus ab. Bald beginnt ein allmählicher Anstieg zum **Kraterrand** (20 Min.). Von nun an läuft man praktisch nur noch bergab, ins Tal von Paúl. Kunstvoll angelegt, führt der alte Verbindungsweg in Serpentinen an der steilen Außenwand des Kraters hinab. Unten am Meer ist schon Vila das Pombas zu erkennen, das Ziel der Wanderung. Ein lichter Eukalyptuswald wird durchquert. Dieser weicht einer Graslandschaft mit Akazienbewuchs. Dann liegen die ersten Häuser von Paúl schon ganz nah.

Kostbares Ackerland

Nach ersten Bananenfeldern kreuzt eine Levada den Weg (1.15 Std.), eine schmale Bewässerungsrinne. Anscheinend gelangte die Kenntnis des Levadabaus über die zu Portugal gehörige Insel Madeira, wo diese Kanäle äußerst zahlreich sind, nach Kap Verde. Sie transportieren das aus Quellen aufgefangene Wasser mit geringstmöglichem Gefälle an den Hängen entlang, wo es dann für die Bewässerung der unterhalb gelegenen Felder, speziell die Zuckerrohrplantagen, genutzt werden kann. Für Landwirte, die über sogenannte Wasserstunden verfügen, die also zu bestimmten Zeiten aus den Levadas das kostbare Nass entnehmen dürfen, lohnt sich die Landwirtschaft sogar dann, wenn sie nur über 0,5 oder 1 ha bewässerungsfähiges Land verfügen. Dieses bebauen sie meist noch nicht einmal selbst. Vielmehr lebt der größte Teil von ihnen in Mindelo oder gar in Lissabon und lässt die Felder von Pächtern bewirtschaften. Einmal im Jahr kommen diese ›Großgrundbesitzer‹ nach Santo Antão, um den Pachtzins in Höhe von 50 % des Ernteertrags von den von ihnen abhängigen Bauern zu kassieren.

Das süße Rohr

Je weiter hinunter man kommt, umso dichter sind die Hänge mit Kaffee- und Bananenpflanzungen, vor allem aber mit Zuckerrohrplantagen überzogen. Unvergesslich ist die Zuckerrohrblüte, die man im Winter im Tal von Paúl erle-

ben kann. Die Anbaufläche von Zuckerrohr nahm in den vergangenen Jahren auf Kosten der anderen Bewässerungskulturen zu, denn das Geschäft ist vergleichsweise risikofrei. Aus dem Rohr wird übrigens kein Zucker gewonnen. Vielmehr produzieren die Kapverden schon seit dem 16. Jh. *grogue*, einen hochprozentigen Zuckerrohrschnaps. Früher ließ sich dieser mit hohem Gewinn an die Besatzungen der Schiffe verkaufen, die über den Atlantik nach Südamerika, Südafrika oder Asien unterwegs waren. Heute werden pro Jahr 1,7 Mio. l *grogue* hergestellt. Er findet auf allen Inseln und sogar in Übersee, wo kapverdische Emigranten leben, reichlich Abnehmer.

Auf zum Probieren!

Oberhalb eines **Fußballfeldes** wird eine Abzweigung erreicht (1.45 Std.). Geradeaus stößt man sogleich auf einen befahrbaren Pflasterweg, der weiter talabwärts führt. Bald liegt die **Bar O Curral** (Tel. 223 12 13, www.grogue.de) am Wegrand. Das urige Lokal mit Holzbänken serviert Kleinigkeiten wie Omelettes, belegte Brote, Käse aus eigener Produktion und Obst aus eigenem Anbau (zum Mitnehmen auf Tour auch getrocknet). Vor allem aber ist alles Spezialität, was sich aus Zuckerrohr herstellen lässt. Der Betreiber Alfred Mandl produziert u. a. verschiedene hochwertige *grogue*-Sorten, auch zum Mitnehmen.

Nach der Einkehr geht es durch den Ort **Lombinho** (2.30 Std.). Einige alte Kolonialhäuser sind hier noch recht gut erhalten. Im Talgrund stehen vereinzelt Hütten mit Strohdächern, wie sie früher überall auf den Kapverden der ärmeren Mehrheit der Bevölkerung als Behausung dienten. Über zwei Straßenabzweigungen hinweg wandert man stets geradeaus weiter. Auch hier ist fast das ganze Tal mit Zuckerrohr bepflanzt. Außerdem gedeihen Avocados, Papayas und Brotfruchtbäume. Nach ca. 3.15 Std. überschreitet man die Ribeira de Paúl auf einer Brücke. Auch in der trockenen Jahreszeit führt der Fluss gelegentlich Wasser. Jenseits des Flussbetts steigt der Fahrweg zu dem Ort **Eito** an (3.30 Std.). Dann geht es steil abwärts, bis die Piste schließlich im Flussbett verläuft.

Wie in alten Zeiten

An der Mündung der Ribeira de Paúl in **Pombas,** dem Hauptort der Gemeinde Paúl, arbeitet linker Hand neben der Enacol-Tankstelle eine Grogue-Mühle *(trapiche).* Eine unscheinbare Holztür führt in den geräumigen Innenhof. Ochsen sorgen für den Antrieb, indem sie die gebogenen, hölzernen Hebel im Kreis herumtragen – ein auch auf den Kapverden inzwischen seltenes Bild, denn die meisten Trapiches setzen heute Motormühlen ein, um das Zuckerrohr zu zerquetschen. Beim Mahlen fließt Sirup aus, der etwa fünf Tage in Fässern gelagert wird, wobei eine Fermentation stattfindet. Geschmacksstoffe werden so freigesetzt. In einem kupfernen Destillierapparat wird der Sirup anschließend gekocht. Nach einer Stunde beginnt die eigentliche Destillation. Zunächst ist der Brandy noch zu stark, er kann nur für medizinische Zwecke verwendet werden. Ein erfahrener *grogue*-Brenner weiß genau, wann der Schnaps Trinkstärke erreicht hat. Gegen Ende der Destillation bleibt eine wenig Alkohol enthaltende Flüssigkeit zurück, die dem nächsten zu brennenden Sirup wieder beigegeben wird.

Um ins Ortszentrum zu gelangen, hält man sich auf der Küstenstraße rechts und trifft dort auf einen Markt und einfache Bars (4 Std.)

Die Straße ins Paúl-Tal hinein überquert dann wenig weiter den Fluss, wo Bananen, Papayas und Zuckerrohr gedeihen. Bei einer Wanderung von der Cova de Paúl in das Tal passiert man Zuckerrohrplantagen und Schnapsbrennereien (s. Entdeckungstour S. 198). Hier und da sieht man einen riesigen Brotfruchtbaum. Im nun immer enger werdenden Tal steigt die Straße an, um durch verschiedene Ortsteile von Paúl zu führen. Voraus sieht man schon die gewaltigen Felswände, die den Talkessel begrenzen. Man erreicht die Abzweigung nach Figueiral, rechts geht es auf der breiteren Route weiter.

Dann gabelt sich die Straße erneut. Links fährt man an der Snackbar Vale do Paúl an Terrassenfeldern vorbei steil abwärts in den Talgrund und trifft dort auf das Schwimmbad von Passagem, das in rund 250 m Höhe über dem Meer wie eine kleine Oase auf mehreren Ebenen angelegt ist. Pool und Kinderplanschbecken sind in eine parkähnliche Anlage eingebettet. Ein Freibad im europäischen Stil darf man freilich nicht erwarten. Ungeübte Augen mögen die Anlage für eine landwirtschaftliche Zisterne halten. Tropische Bäume spenden Schatten. Das Bad ist nur im Juli und August in Betrieb. In den Sommerferien ist Passagem für die Einheimischen und vor allem für die zahlreichen Emigranten ein wichtiger Anziehungspunkt.

Übernachten

Ausspannen auf dem Land – **Aldeia Manga:** Tal der Ribeira de Paúl, Lombo Comprido zwischen Eito und Passagem, Tel. 223 18 80 (mehrsprachig, u. a. auch deutsch), www.aldeiamanga.com, Ferienhaus für 2 Pers. 45–69 €. Die Anlage mit sechs Ferienhäusern (traditionelle Natursteinhäuser und Bungalows in Lehmbauweise) für bis zu 5 Personen befindet sich ca. 10 Min. abseits der Straße und ist nur zu Fuß zu erreichen. Gut ausgestattet, u. a. mit bequemen Betten. Umgeben von herrlichem Panorama und üppigem Grün. Ein Schwimmteich lädt zur erfrischenden Abkühlung ein. Für Gepäcktransfer wird gesorgt. Auf Wunsch Abendessen (Buffet) 10 € pro Person.

Schlicht, aber gut – **Casa Sabine:** Eito (Vale do Paúl), Tel. 223 15 44, www.casasabine.com, DZ ab 2500 ECV. Die schon lange auf Santo Antão lebende Deutsche Sabine Jähnel vermietet einfache, aber nette Zimmer mit Gemeinschaftsbad. Alles ist liebevoll mit schönen Stoffdrucken dekoriert, die Atmosphäre ist gemütlich und familiär. Auf Wunsch gibt es Abendessen (1000 ECV).

Meeresrauschen – **Paúl Mar:** Pombas, Tel. 223 23 00, st.hotelpaulmar@gmail.com, DZ um 60 €. Das zentrumsnahe Hotel liegt schräg gegenüber vom Rathaus, direkt am Meer. Komfortable große Zimmer, teilweise mit Balkon, darunter 4 Suiten. Schöne Terrasse.

Hüttenatmosphäre – **Chez Sandro (Lacerenza):** Cabo de Ribeira, Tel. 223 19 41 oder 981 24 78, sandro_lacerenza@yahoo.fr, Info auf Facebook unter Pension Chez Sandro, pro Person mit Frühstück 25 € (2 Pers. 35 €, 3 Pers. 50 €, 4 Pers. 60 €, im Familienzimmer). Die einfache Unterkunft am Ende der Straße, die durch das Tal von Paúl führt, verfügt über zwei Zimmer: eines mit sechs, das andere mit neun Schlafplätzen. Ein Bad (kaltes Wasser) wird gemeinsam benutzt. Abendessen organisiert der Betreiber in der Nachbarschaft bei Honorine. Eine kleine Bar und ein Kunsthandwerksladen sind angeschlossen.

Essen und Trinken

Am Ende des Tals – **Bar O Curral:** in Chã de João Vaz, Tel. 223 12 13, www.grogue.de, s. Entdeckungstour S. 198. Ökologisch einwandfreie Gerichte, das meiste aus eigener Herstellung. Wer ein aufwendigeres Mittag- oder Abendessen haben möchte, sollte sich anmelden (auf Deutsch möglich).

Tapas und Musik – **Casa Maracuja:** Cidade das Pombas, am nördl. Ortseingang, www.facebook.com/CasaMaracuja. Ungezwungene Bar mit Restaurantbetrieb, oft mit spontaner Livemusik. Fungiert auch als Infostelle für Wanderungen und Unternehmungen auf der Insel.

Infos & Termine

Santo Antão: 13. Juni. Der Tag des hl. Antonius von Padua ist in Pombas Anlass zu einem sehr schönen Gemeindefest. Es gibt einen bunten Umzug und Stände mit reichem kulinarischen Angebot, Getränken und Glücksspielen. Höhepunkt und Besonderheit sind jedoch die Eselrennen, wohl weil der Esel eines der Attribute des gefeierten Franziskanerheiligen ist. Dieser ließ, als ein Ungläubiger die Gegenwart Christi im Sakrament anzweifelte, einen Esel bringen, der drei Tage nichts gefressen hatte. Ohne das gereichte Futter anzurühren, will es die Legende, sei das Tier vor Antonius niedergefallen.

Aluguer: tgl. mehrmals nach Ribeira Grande und Porto Novo ab der Küstenstraße.

Janela ▸ D 2

Der über mehrere Täler und Bergrücken verteilte Ort im Osten von Santo Antão, in dem insgesamt rund 1600 Menschen leben, ist erst seit dem Jahr 1989 über eine Straße ab Paúl zu erreichen, die damals mit italienischer Entwicklungshilfe gebaut wurde. Jetzt führt auch die moderne Küstenstraße zwischen Ribeira Grande und Porto Novo durch Janela. Einer ihrer Tunnel durchsticht eine Landzunge, auf der mit dem kleinen Fischerhafen Pontinha da Janela so etwas wie das Zentrum des Ortes liegt (zu erreichen über die alte Straße, die den Tunnel umgeht). Hier werden Muscheln und andere Meeresfrüchte angelandet. Ein paar kleine Läden und Bars dienen als Treffpunkt für Einheimische und Wanderer.

Pedra de Nossa Senhora (auch Pedra Scrivida)

Etwa 500 m im Tal der bei Janela mündenden Ribeira de Penede aufwärts trifft man auf einen großen frei stehenden Fels mit eingeritzten Zeichen. Bei einem davon handelt es sich um ein sogenanntes Portugiesisches Kreuz. Wahrscheinlich haben es die Entdeckungsfahrer angebracht, um die Inbesitznahme der Insel zu symbolisieren. Dazu passen die gotischen Lettern in der Nähe des Kreuzes, die der österreichische Anthropologe Dominik Josef Wölfel ins 15. Jh. einstufte und aus denen er »ANT° MATEO a fez« (das machte António Mateo) herauslas. Doch der ›Schreibfelsen‹ weist auch noch in eine weit fernere Vergangenheit. Vielleicht haben sich hier Seefahrer verewigt, die schon lange vor den Portugiesen den Archipel der Kapverden betraten. Das Kreuz verdeckt zum Teil andere alphabetische Zeichen, die älter zu sein scheinen. Sie sind mit der libysch-berberischen Schrift verwandt, die im römischen Nordafrika um die Zeitenwende in Gebrauch war, sowie mit der Tifinagh-Schrift der heutigen

Über Janela schweift der Blick die Nordostküste von Santo Antão entlang

Tuareg. Ähnliche Felsritzungen gibt es auch auf den Kanarischen Inseln, eine Deutung war dort bisher nur in Einzelfällen möglich.

In Janela heißt der Schreibfelsen Pedra de Nossa Senhora (Stein unserer Lieben Frau). Die Muttergottes persönlich soll die Inschrift eingeritzt haben. Manche Dorfbewohner behaupten sogar, sie könnten die Handabdrücke der Madonna auf dem Stein erkennen. Wie es heißt, ist man im Umkreis des Steins vor Naturkatastrophen wie Vulkanausbrüchen, Sturmfluten und herunterstürzenden Kometen sicher. Wobei allerdings Kometeneinschläge an dieser Stelle höchst unwahrscheinlich sind …

Farol Fontes Pereira de Melo

Der auch als Farol de Boi bekannte Leuchtturm an einer Landspitze östlich von Janela (1886) liegt 160 m über dem Meer und war der erste mit Petroleum betriebene auf den Kapverden. Er besaß große Bedeutung als Orientierungspunkt auf der Atlantikroute nach Brasilien. Östlich von Janela folgt ein weiterer Schnellstraßentunnel. Von seinem Westeingang gelangt man über eine Treppe zu einem Pfad, der zum Leuchtturm führt. Seit 2006 ist er außer Betrieb. Jetzt soll das unter Denkmalschutz gestellte, aber schon halb verfallene Gebäude restauriert und in ein ethnografisches Museum mit Panoramarestaurant verwandelt werden.

Infos

Aluguer: Relativ häufig passieren Aluguers den Ort auf dem Weg nach Porto Novo oder Ribeira Grande.

Das Beste auf einen Blick

Santiago und Maio

Highlights!

Praia: In der Hauptstadt von Kap Verde vereinen sich europäische Einflüsse und afrikanisches Flair. Hier gedeihen bunte Märkte, es treffen sich kreative Musiker und Künstler, dazu gibt es eine ambitionierte Gastronomie. S. 207

Mercado de Assomada: Der wohl bunteste Markt der Kapverden wird in einem ehrwürdigen Gebäude im Zentrum von Assomada abgehalten. Auf dem benachbarten Kleidermarkt umfasst das Angebot auch Hausrat und Möbel. S. 228

Auf Entdeckungstour

Aus den Zeiten der Seefahrer – Zeugnisse der ersten Siedler: In Cidade Velha zeugen altehrwürdige Bauten aus dem 15. und 16. Jh. von den Ursprüngen der kapverdischen Gesellschaft. S. 222

Rätsel um die Rabelados von Santiago: Während der Kolonialzeiten mussten sich die ›Rebellen‹ von Santiago in der Serra Malagueta versteckt halten. Heute ist eines ihrer Dörfer zu besichtigen. S. 232

Kultur & Sehenswertes

Museu da Tabanca: Dem traditionellen Tanz Tabanca, einem allegorischen Umzug, den die Sklaven in früheren Jahrhunderten ›erfanden‹, widmet sich das Museum in Assomada. S. 229

Morrinho: Auf Maio war einst das Köhlergewerbe mit für die Waldvernichtung verantwortlich. Heute ist in Morrinho zu besichtigen, wie Holzkohle nachhaltig aus wachsenden Akazienwäldern gewonnen wird. S. 248

Zu Fuß unterwegs

Auf den Monte Tschopa: Die leichte Wanderung erschließt einen grandiosen Aussichtsgipfel in der Serra de Pico de Antónia, Santiagos höchstem Gebirge. S. 226

Praia Ponta Preta: Goldgelber Sand auf 6 km Länge lädt auf Maio zur Strandwanderung ein. S. 244

Genießen & Atmosphäre

Mercado Municipal de Praia: Die Markthalle auf dem zentralen Platô befindet sich zur Zeit im Umbau, wird aber bald wieder ein exotisches Angebot an Obst und Gewürzen sowie jetzt auch einheimisches Kunsthandwerk bieten. S. 212

Pastelaria Pão Quente: In Lokalen wie dieser netten Konditorei in Assomada trifft sich bei Kaffee und ausgezeichnetem Kuchen die aufstrebende Mittelschicht der Kapverden. S. 230

Abends & Nachts

Achada Santo António: Praias Ausgehviertel liegt auf einem Bergrücken vis-à-vis vom Platô und in unmittelbarer Nähe der ausländischen Botschaften und Konsulate. S. 202

Santiago – die afrikanischste der Inseln

In Praia gibt es bunte Märkte, die man sich auch in Dakar oder Lagos vorstellen könnte. Doch die andere Seite der Hauptstadt ist quirlig und modern im globalen Sinn. Praia bietet schicke Hotels an der Küste, deren Publikum sich aus Diplomaten, Geschäftsleuten und gut betuchten Urlaubern speziell aus Portugal zusammensetzt. Immer mehr nord- und mitteleuropäische Reiseveranstalter haben diese Hotels im Angebot. Wer einfacher übernachten möchte, kann dies in Hotels und Pensionen auf dem Platô, dem zentralen Teil der Stadt, oder im Ausgehviertel Santo António tun. Nirgendwo lässt sich besser in die Geschichte der Kapverden eintauchen als in der historischen Hauptstadt Cidade Velha mit ihren Monumenten aus der Zeit der Entdeckungsfahrer. Die Atmosphäre hier im Ort ist ländlich-beschaulich.

Als größte der Kapverdischen Inseln bietet Santiago die abwechslungsreichste Landschaft. Zwei Gebirgsmassive – das Gebiet um den höchsten Berg Pico de Antónia (1394 m) im zentralen Bereich und die bizarre Serra

Infobox

Praia: Städtischer Info-Kiosk auf der Praça Alexandre de Albuquerque (Platô).

Ribeira Grande: Infostelle in der Rua Banana.

Anreise und Weiterkommen

Flüge: Der Flughafen von Praia (RAI), der Aeroporto Internacional Nelson Mandela (Flughafeninfo www.asa.cv), wird im internationalen Liniendienst ab Lissabon von der TACV und der TAP Portugal je nach Saison täglich oder mehrmals wöchentlich angeflogen. Für innerkapverdische Linienflüge dient Praia der TACV als Drehkreuz. Täglich bestehen Verbindungen nach Sal, Boa Vista, São Vicente und Fogo, mehrmals wöchentlich nach Maio und São Nicolau (z. T. über São Vicente).

Fähre: Tgl. am Nachmittag relativ zuverlässige Verbindung mit der Schnellfähre ›Kriola‹ (www.cvfastferry.com) zu den Inseln Fogo und Brava, Rückfahrt vormittags, einmal pro Woche auch Schnellfähre ›Liberdadi‹ nach São Vicente und São Nicolau. Nach Maio verkehrt das Frachtschiff ›Sotavento‹, das auch Personen mitnimmt (s. S. 220).

Auf der Insel: In Praia Stadtbusse und Taxis. Aluguers verkehren häufig auf der Strecke Praia–Assomada–Tarrafal, seltener auf den Strecken Praia–Pedra Badejo–Calheta de São Miguel–Tarrafal sowie Praia–Cidade Velha. Mietwagen bekommt man in Praia (mehrere Anbieter am Flughafen und im Hotelviertel). Die Hauptverbindungen, etwa von Praia über Assomada bis kurz vor Tarrafal, sind asphaltiert. Bei Praia wurde die Umgehungsstraße Richtung Flughafen sogar autobahnähnlich ausgebaut. Nebenstrecken sind gepflastert und können recht holprig sein.

Praias Gassen sind lebendig

Malagueta im Norden der Insel – laden zum Wandern ein. Dazwischen liegt die sehenswerte Stadt Assomada, ein wichtiges landwirtschaftliches Zentrum mit bunten Wochenmärkten, das dank einiger Unterkünfte als Standort für Wanderer infrage kommt.

Die Westküste von Santiago ist karg und unwegsam. Erst ganz im Norden gibt es mit Tarrafal einen kleinen Ferienort, dessen heller Sandstrand von Kokospalmen gesäumt wird. An der Ostküste hingegen reiht sich ein grundwasserreiches Flusstal ans andere. Unter Palmen dehnen sich hier Zuckerrohr- und Bananenplantagen aus und mit Pedra Badejo gibt es einen lebhaften Ort. Strände und Fischerdorfatmosphäre sowie eingeschränkte Übernachtungsmöglichkeiten bieten Praia Baixo und Calheta de São Miguel.

Praia ! ▶ Karte 3, N 17

Praia ist Hauptstadt und mit rund 130 000 Einwohnern auch größte Stadt von Kap Verde. Parlament und Regierung haben hier ihren Sitz. Verwaltet wird Praia vom Platô aus. Dieser Stadtteil wirkt beinahe europäisch, wären da nicht der sehenswerte Gemüsemarkt mit afrikanischem Flair und nordwestlich unterhalb des Platô der Mercado de Sucupira, ein Markt, auf dem es alle Artikel des persönlichen Bedarfs zu kaufen gibt. Die ausländischen Botschaften und die schicken Villen der Oberschicht von Kap Verde reihen sich entlang der Praia Prainha auf. Oberhalb davon geht es fast rund um die Uhr im Ausgehviertel Achada Santo António lebhaft zu. Der Stadtteil ist mit der am dichtest besiedelte. Hier lebt fast die Hälfte der Stadtbevölkerung. Weiter westlich, vornehmlich im angrenzenden Stadtteil Palmajero, sind in den letzten Jahren viele moderne Apartmentblocks für die wohlhabende Schicht entstanden. Den weniger vermögenden Bevölkerungsgruppen vorbehalten ist die Peripherie der Stadt, die von Rohbauten aus Zement dominiert wird. Einziger Farbtupfer in diesem grau-braunen Gebiet ist die Wäsche, die zum Trock-

0
200
400 m
Assomada, Tarrafal
ACHADINHA DO MEIO
BAIRRIO
5
2
Parque 5 de Julho
Praça Domingos Ramos
TERRA BRANCA
Cemetério da Várzea
Av. Cidade de Lisboa
Av. Amílcar Cabral
PLATÔ
Praça Luís de Camões
Av. Machado Santos
Praça Alexandre de Albuquerque
Rua Andrade Corvo
Av. Combatentes de Liberdade de Patria
siehe Detailkarte
Cidade Velha
VÁRZEA
Estádio da Várzea
Palácio do Governo
CHÃ DE AREIA
Av. Combatentes de Liberdade de Patria
Porto da Praia
Praia Gambôa
Av. Liberdade e Democracia
ACHADA SANTO ANTÓNIO
3
Rua 13 de Janeiro
Rua Uccla
9
Ilhéu Santa Maria
Av. Figueira da Foz
7
4
Rua Dr. Manuel Duarte
2
Av. Europa
Palácio da Assembléia Nacional Popular
3
Rua O.U.A.
PRAINHA
Av. Rotary International
Avenida Jorge Barbosa
2
1
Rua do Mar
Prainha
Praia Quebra Canela
1
3
3
8
Rua do Farol
Ponta Temoroso

Praia

Sehenswert

1 Praça Alexandre Albuquerque
2 Câmara Municipal
3 Igreja Nossa Senhora da Graça
4 Palácio Presidencial
5 Miradouro Diogo Gomes
6 Igreja Nazarena
7 Museu Etnográfico da Praia

Übernachten

1 Oásis Atlântico Praiamar
2 Pestana Trópico
3 Hotel Residencial Pérola
4 Hotel Santa Maria
5 Residencial Rosymar

Essen & Trinken

1 Ipanema
2 Avis
3 Chef Teresa
4 O Poeta
5 Punto d'Incontro
6 Flôr de Lis
7 Tia Irene
8 Mirage
9 Pão Quente
10 Café Sofia

Einkaufen

1 Mercado Municipal
2 Mercado de Sucupira
3 Praia Shopping

Abends & Nachts

1 5al (Quintal) da Música
2 Kebra Kabana
3 Panorama Bar

Praias klassizistische Pfarrkirche: Igreja Nossa Senhora da Graça

nen an den Häusern hängt. Bei einem kürzeren Aufenthalt auf Santiago bietet es sich an, Praia als Standort zu wählen und von hier aus die Insel auf Tagesausflügen zu erkunden, was dank des recht guten Straßenzustands per Mietwagen, Taxi oder Sammeltaxi (Aluguer) ohne weiteres möglich ist.

Geschichte

Die ersten portugiesischen Siedler auf Santiago hatten ihre Hauptstadt an der Mündung der Ribeira Grande gegründet. Doch stellte sich bald heraus, dass das benachbarte Praia den besseren Naturhafen besaß. Überdies unterlag dieser noch kaum einer behördlichen Kontrolle. So richteten sich nicht nur sogenannte Neuchristen (getaufte Juden und Mauren) hier ein, die vor der Inquisition in Portugal geflüchtet waren, sondern es blühte auch der illegale Handel. Beides wirkte sich belebend auf die Entwicklung Praias aus.

Obwohl die Todesstrafe darauf stand, begann in Praia um 1687 ein schwunghafter illegaler Handel mit Baumwollstoffen *(panos)*, die auf Santiago hergestellt und an englische Kapitäne verkauft wurden. Diese wiederum trieben an der afrikanischen Küste Handel damit. Der lukrative Schmuggel war den portugiesischen Autoritäten ein Dorn im Auge. Doch erst 1757 versuchten sie, durch die Übertragung des Monopols auf den Außenhandel der Kapverden an die Companhia do Pará e Maranhão diesem Einhalt zu gebieten. Die Gesellschaft verstärkte die Verteidigungseinrichtungen und bestand darauf, dass der Gouverneur der Kapverden seinen Sitz von Ribeira Grande nach Praia verlegte, um den getroffenen Maßnahmen mehr Gewicht zu verleihen. Bald taten es ihm weitere Institutionen und viele Privatleute gleich, und 1858 wurde Praia zur Hauptstadt des Archipels erklärt.

Das südliche Platô

Noch zu Beginn des 19. Jh. nahm Praia lediglich den Südteil des Platô unmittelbar oberhalb des alten Hafens ein. Von der Altstadt blieb allerdings nichts erhalten, denn ab 1808 nahm die Kolonialverwaltung eine grundlegende Neustrukturierung der Stadt in Angriff, mit breiten Straßenzügen und großzügigen Plätzen. Heute leben etwa 1000 Menschen auf dem gesamten Platô.

Mittelpunkt des Platô ist seither die riesige **Praça Alexandre Albuquerque** 1. Ein Pavillon auf dem Platz dient als Bühne für Veranstaltungen, das Café Esplanada Morabeza lädt zum Verweilen ein. Ein Springbrunnen mit einem großen Wasserbecken sowie Blumenrabatten und -kübel dekorieren die Anlage. Am Südrand des Platzes steht die ehemalige **Câmara Municipal** (Rathaus) 2 von Praia mit klassizistischer Fassade und zentralem, quadratischem Glockenturm.

Igreja Nossa Senhora da Graça 3

Die ebenfalls im klassizistischen Baustil gehaltene katholische Pfarrkirche, die der Gnadenmadonna geweiht ist, beherrscht den Südostrand der Praça Alexandre Albuquerque. Sie ersetzte im 19. Jh. die kleine Igreja de Santa Maria da Praia (1526). Die Inneneinrichtung ist sehr schlicht. Die Rückwand des Hauptaltars ist eine schöne Stuckarbeit, in Nischen stehen ein paar wenige Heiligenfiguren. Hinter der Kirche verläuft eine kurze Stichstraße Richtung Meer. Diese wird von einer interessanten, wenn auch baufälligen Häuserzeile aus dem ausgehenden 19. Jh. gesäumt.

Palácio Presidencial 4

Abseits vom Trubel steht am Ende der Rua Serpa Pinto der Präsidentenpalast. Das prächtige, Ende des 19. Jh. für den Gouverneur der Kapverden errichtete Gebäude ist von einer gepflegten Gartenanlage umgeben. Wachen stehen an den Eingängen vor Schildhäuschen im englischen Stil und achten darauf, dass sich Fotografen weder Palast noch Park allzu sehr nähern.

Hinter dem Präsidentenpalast beginnt die ruhige Rua Andrade Corvo, wo in einer alten Festung das Bataillon Soldaten untergebracht ist, das den Präsidenten bewacht. Hier herrscht ebenfalls absolutes Fotografierverbot.

Miradouro Diogo Gomes 5

Neben dem Präsidentenpalast erhebt sich an dem Aussichtspunkt an der Küstenpromenade ein Bronzedenkmal. Es würdigt den Seefahrer Diogo Gomes mit Schwert und Sextant in der Hand. Gomes gilt heute als eigentlicher Entdecker Santiagos. Er soll die Insel im Jahr 1460 noch vor dem Italiener António de Noli betreten haben. Die Flotte der beiden bestand aus zwei Karavellen. Auf der Rückfahrt wurde das von Gomes befehligte Schiff angeblich durch widrige Winde weit nach Westen abgetrieben. De Noli traf zuerst in Lissabon ein, sonnte sich im Entdeckerruhm und bekam das Legatskapitanat über den Süden Santiagos zugesprochen. Gomes erhielt den Norden der Insel und gründete beim heutigen Praia Baixo seine Hauptstadt namens Alcatrazes, von der jegliche Überreste verschwunden sind. Stattdessen florierte Praia, das Alcatrazes ursprünglich lediglich als Hafen diente.

Vom Denkmal aus schaut man über die Praia Gambôa vor dem alten Hafen mit den beiden heute kaum noch genutzten Bootsanlegern und dahinter auf den Stadtteil Prainha mit dem Leuchtturm. Linker Hand befindet sich der neue Hafen, der geschäftigste der Kapverdischen Inseln. In der Bucht liegt die kleine Ilhéu Santa Maria. Das Eiland ist unbesiedelt und von Land aus allenfalls mit dem eigenen oder einem gecharterten Boot zu erreichen. Früher befand sich hier ein Lazarett für die unter Quarantäne gestellten Besatzungsmitglieder der Schiffe, die Praia anliefen. 40 Tage *(quarenta dias)* mussten sie warten, bevor sie, sofern es keine Anzeichen für gefährliche Erkrankungen gab, an Land gehen durften.

Mercado Municipal 1

Avenida Amílcar Cabral, Mo–So

Hauptgeschäftsstraße von Praia ist die Avenida Amílcar Cabral. Hier liegt auch der lebhafte Gemüse-, Gewürz- und Obstmarkt. Im Frühjahr/Sommer 2016 war er im Umbau begriffen. Den weiteren Verlauf der Avenida Amílcar Cabral säumen ehemals prächtige Handelshäuser aus dem 19. Jh. Es gibt Geschäfte für den gehobeneren Bedarf und von Asiaten geführte Warenhäuser mit Konsumartikeln aller Art. Außerdem haben hier einige Reiseagenturen ihren Sitz.

Das nördliche Platô

Mittelpunkt des ruhigeren Nordens des Platô ist die gepflegte, parkähnliche Praça Luís de Camões. An ihrem Südostrand steht Kap Verdes Außenministerium. Zwei Parallelstraßen weiter nördlich erhebt sich die türkisblaue **Igreja Nazarena** 6 (Nazarenerkirche), das zweite große Gotteshaus des Platô. Am Nordrand des Stadtteils befindet sich das Lyzeum. Davor, auf der bepflanzten Praça Domingos Ramos, erinnert ein segelförmiges Flachrelief mit zwei Karavellen an die portugiesischen Entdecker. Im Halbrund gruppieren sich einige geschmackvoll renovierte Wohnhäuser aus der Kolonialzeit. Rechts am Lyzeum vorbei gelangt man zu einer Mauer über einer Steilwand. An ihrem Fuß liegt das meist ausgetrocknete Bett der Ribeira Filipe. Man blickt hinüber zur Achada Grande, einer dicht bebauten Hochfläche mit dem Flughafen von Praia.

Museu Etnográfico da Praia 7

Av. 5 de Julho 45, Mo–Fr 8–12, 14–18 Uhr, Eintritt 100 ECV

In einem restaurierten Stadthaus, das bis ins 20. Jh. hinein als Handelshaus diente, ist das kleine, aber feine Ethnografische Museum untergebracht. Zu sehen sind alte bäuerliche Gebrauchsgegenstände aus Keramik und Holz, z. B. Mörser zum Zerstoßen des Getreides. Außerdem wird die Herstellung der berühmten *panos* dokumentiert, ca. 15 cm breite Tuchstreifen. Schöne historische Exemplare sind ausgestellt, dazu ein typischer Webstuhl.

Prainha

Im Stadtteil Prainha befinden sich Botschaften, Konsulate und die Wohnhäuser von Diplomaten und gut verdienenden Kapverdianern. Villenartige Häuser und gepflegte Gärten hinter hohen Zäunen säumen die Hauptstraße Rua 19 de Maio. Vor den Botschaften stehen Wachleute. Touristen, die ein etwas größeres Budget haben, finden hier mehrere Hotels. Die wenigen Restaurants und Bars passen zum Publikum, wobei die Atmosphäre entspannt und eher locker ist. Einsam steht ein Leuchtturm auf der Ponta Temoroso, einer Landzunge, die im Süden die große Bucht von Praia abschließt.

Achada Santo António

Der Stadtteil Achada Santo António ist mit einer der bevölkerungsreichsten Stadtteile. Er liegt auf einer Hochebene im Westen Praias. Hier reihen sich zahlreiche Bars aneinander und nicht viel weniger Friseure bieten ihre Dienste an. Restaurants sorgen für das leibliche Wohl. Wenn abends und am Wochenende auf dem Platô die Bürgersteige hochgeklappt werden, geht es auf der Achada Santo António erst richtig los. Dort wo die Straße von Prainha heraufführt, erhebt sich das moderne gigantische Parlamentsgebäude, mit Finanzhilfe Chinas erbaut.

Strände

Praia Gambôa und Prainha

Die dunkle **Praia Gambôa** in Hafennähe zwischen den Stadtteilen Platô und Prainha ist weder besonders sauber noch zum Baden einladend. Fischer ziehen hier ihre Boote an Land. Im gleichnamigen Stadtteil liegt in einer von Felsen eingerahmten Bucht die schöne, zwar nicht sonderlich breite, aber saubere und bewachte **Prainha.** Am Wochenende wird es allerdings etwas eng.

Praia Quebra Canela

Am Westrand der Stadt vergnügen sich vorwiegend junge Leute an diesem größeren, während der Badesaison bewachten Sandstrand. Die Praia Quebra Canela füllt sich speziell am Wochenende und in Ferienzeiten. In den letzten Jahren hat die Umgebung deutlich vom wirtschaftlichen Aufschwung profitiert. Westlich davon wurde Ende 2012 das erste Einkaufszentrum im europäischen Stil eröffnet. Auch eine Reihe von Strandbars hat sich angesiedelt.

Übernachten

Viel Komfort – **Oásis Atlântico Praiamar** **1**: Prainha, Tel. 260 84 40, www.oasisatlantico.com, DZ 100–150 €, über Veranstalter im Paket oft günstiger. Schon etwas älteres 4-Sterne-Hotel mit Standard- und Superiorzimmern sowie Suiten. Außer den üblichen Einrichtungen dieser Kategorie ist auch ein Health-Club vorhanden.

Luxusklasse – **Pestana Trópico** **2**: Prainha, Tel. 261 42 00, www.pestana.com, DZ ab 100 €, evtl. günstigere Angebote über Reiseveranstalter. Das Hotel gehört einer bekannten portugiesischen Kette an. Schön ist der Blick von der Hotelbar Honório auf den Pool im Innenhof. Das Restaurant gilt als das vielleicht beste der Insel. Autovermietung und Souvenirshop im Haus.

Modern – **Hotel Residencial Pérola** **3**: Chã de Areia, Tel. 260 14 40, 260 14 44, www.hotelperola.cv, DZ um 6500 ECV. Modernes, familiär geführtes Hotel. Helle Zimmer, einige mit Balkon. Drahtloses Internet in den Aufenthaltsbereichen.

Nah zum Shopping – **Hotel Santa Maria** **4**: Platô, Av. 5 de Julho, Tel. 261 43 37, reservas@girassol.cv, Infos bei Facebook, DZ ab 6500 ECV. Sauberes, solides Stadthotel mit 3 Sternen in der zentralen Fußgängerzone. Die

Lieblingsort

Markterlebnis pur – Mercado de Sucupira in Praia 2

Der Mercado de Sucupira in Praia ist befestigt wie eine Burg, nur wenige Eingänge führen hinein. Innen verirrt man sich in einem Labyrinth von schmalen Gängen. Die Händler schützen ihre Stände durch Markisen gegen die gleißende Sonne. In verschlossenen Fässern lagert über Nacht die Ware. Ausgepackt wird allmorgendlich aufs Neue und gegen 10 Uhr geht der Handel richtig los. Über afrikanische Kleidung, Modeschmuck und Schuhe hinaus gibt es alle erdenklichen Non-Food-Artikel: Drogerieartikel, Kochgeschirr, Bettwäsche, Koffer und sogar Möbel. Im Zentrum des Marktes servieren mehrere kleine Restaurants leckere Kleinigkeiten.

ansprechenden Zimmer haben guten Standard (Klimaanlage, Kühlschrank/ Minibar). Komfortable Bäder. Allerdings ist das Haus recht hellhörig. Es gibt keinen Aufzug, manchmal hilft ein Gepäckträger beim Schleppen. Café/Bar im Erdgeschoss.

Am Rand des Platô – **Residencial Rosymar** 5: Platô, Rua Tenente Valadim 32, Tel. 261 63 45, www.accommoda tioncapeverde.com, DZ 3000 ECV. Die ordentlichen Zimmer haben zwar keinen Balkon, aber Privatbad und warmes Wasser, was in dieser Preiskategorie nicht selbstverständlich ist. Schön ist der begrünte Patio mit Terrasse.

Essen & Trinken

Schöne Aussicht – **Ipanema** 1: Av. Jorge Barbosa, Tel. 262 26 00, Infos auf Facebook, Hauptgerichte um 1000 ECV, Fr meist Menü für 550 ECV. Das Restaurant liegt in unmittelbarer Nähe vom Hotel Praia Mar über einer kleinen Bucht, Terrasse, guter Service und hochwertige kapverdische, portugiesische und brasilianische Küche.

Gute Adresse in der Innenstadt – **Avis** 2: Platô, Av. 5 de Julho 36 (Fußgängerzone), Tel. 261 30 79, Hauptgerichte um 1000–1400 ECV. Im kleinen, mit Paravents von der Fußgängerzone abgetrennten Außenbereich sitzt man angenehm. Drinnen vorne Bar, hinten ein einfacher Speiseraum. Durchgehend warme Küche, kapverdisch.

Europäischer Stil – **Chef Teresa** 3: Rua da Prainha, Tel. 263 86 32, tgl. mittags und abends geöffnet, Hauptgerichte um 1000 ECV. Gepflegtes Restaurant in der Nähe des Hotels Pestana Trópico, von einem portugiesischen Paar geführt, das sich in der Küche abwechselt und Köstlichkeiten wie Tintenfischreis mit Gambas oder Filet Mignon mit drei Pfeffersorten zaubert. Besonderer Wert wird auf die Weinkarte gelegt, die neben einheimischen Tropfen aus Fogo Weine aus verschiedenen Ländern umfasst.

Unter Diplomaten – **O Poeta** 4: Rua Achada Santo António, Tel. 261 38 00, Hauptgerichte ab 900 ECV. Die Küche ist gehoben, der Service aufmerksam. Entsprechend wird das Restaurant viel von Diplomaten, Regierungsmitgliedern und Geschäftsleuten besucht. Aber auch Touristen sind willkommene Gäste. Von der großen Terrasse bietet sich ein Superausblick. Seit Dez. 2015 unter neuer Leitung. Zum Angebot war zum Zeitpunkt der Recherche noch nichts zu sagen.

Beim Markt – **Punto d'Incontro** 5: Av. Cidade de Lisboa, Tel. 261 70 90, Pizza ab 800 ECV. Der ›Treffpunkt‹ (so die wörtliche Übersetzung des Namens), trotz verkehrsreicher Lage mit dem gemütlichen Ambiente, liegt gegenüber vom **Mercado de Sucupira** 2. Hervorzuheben sind die Pizzen, ansonsten kommen aus der Küche kapverdische Spezialitäten.

Innen eine Offenbarung – **Flôr de Lis** 6: Platô, Av. 5 de Julho 43, Tel. 261 25 98, Hauptgerichte um 800 ECV. Tische vorne draußen in der Fußgängerzone. Innen im vorderen Bereich Café/Bar. Das eigentliche Restaurant ist weiter hinten im Tiefparterre. Solide portugiesisch-kapverdische Küche zu angemessenen Preisen. Meist gut besucht von den Angestellten, die auf dem Platô arbeiten.

Große Portionen – **Tia Irene** 7: Achada Santo António, Av. Europa, Tel. 262 21 26, Hauptgerichte um 1200 ECV. Gute reichhaltige einheimische Küche. Der Schwerpunkt liegt auf Fisch und Meeresfrüchten. Einfache, aber geschmackvolle Einrichtung. Beliebt bei zahlungskräftigen Einheimischen.

Szenig – **Mirage** 8: Av. Jorge Barbosa, Tel. 262 36 76, westlich der Praia Quebra Canela im Einkaufszentrum

Praia Shopping, Hauptgerichte ab 700 ECV. Moderne Einrichtung und schöne luftige Terrasse. Mischung aus Bar, Musikkneipe und Restaurant. Portugiesische und kapverdische Küche.
Am Mittag gut besucht – **Pão Quente 9**: Rua 13 de Janeiro/Av. Liberdade Democracia. Bei Einheimischen beliebte Bäckerei mit Sitzgelegenheit für ein Frühstück oder einen Mittagssnack. Mit Filiale auf dem Platô, Av. Andrade Corvo/ Ecke Rua Patrice Lumumba.
An der Praça Camões – **Café Sofia 10**: Tel. 261 88 11, s. Unser Tipp rechts.

Einkaufen

Frisch & Exotisch – **Mercado Municipal 1**: s. S. 212.
Trödel aller Art – **Mercado de Sucupira 2**: im Stadtteil Várzea (s. Lieblingsort S. 215).
Modern – **Praia Shopping 3**: Av. Jorge Barbosa, Praia Quebra Canela. 2012 eröffnetes Einkaufszentrum im europäischen Stil, das sich bei der Stadtbevölkerung großer Beliebtheit erfreut. Zeigt es doch den zunehmenden Wohlstand der Inseln. Mit Restaurants, Bar, Kino, Boutiquen und Supermarkt.

Abends & Nachts

Ausgehviertel ist der Stadtteil **Achada Santo António** mit zahlreichen Bars, Musik- und Tanzveranstaltungen.
Musikkneipe – **Quintal da Música 1**: Avenida Amílcar Cabral 70, Tel. 261 16 79, https://de-de.facebook.com/quintaldamusica, Mo–Sa 10–24 Uhr, Hauptgerichte um 800 ECV (s. Lieblingsort S. 218). Am frühen Abend bis ca. 22 Uhr eher Speiserestaurant mit guter einheimischer Küche.
Strandbar – **Kebra Kabana 2**: Av. Jorge Barbosa/Quebra Canela, Tel. 262 63 60, www.facebook.com/kebracabana.

Unser Tipp

Café Sofia 10
Das Café stellt Tische auf die Praça Luís de Camões. Riesige Sonnenschirme spenden Schatten. Hier treffen sich die in Praia lebenden ausländischen Diplomaten. Aber auch ›normale‹ Leute können hier im Internet surfen oder sich über kulturelle Veranstaltungen informieren. Nebenan steht ein Zeitschriftenkiosk, wo man mit etwas Glück internationale Magazine ergattern kann.

Beliebte Strandbar mit Terrasse, oft Livemusik. Gute einheimische Küche.
Edel-Bar – **Panorama Bar 3**: Prainha, Hotel Oásis Atlântico Praiamar. Ein schickes Publikum besucht diese Bar, speziell an den Wochenenden zu einem Cocktail. Auf gepflegte Kleidung wird wert gelegt.
Für abends – **Praia Shopping 3**: Restaurants, Bars und Kino, s. Einkaufen

Infos & Termine

Infos

Städtischer Informationskiosk auf der Praça Alexandre Albuquerque.

Termine

Carnaval: Der Karnevalsfreitag ist in Praia für die Kinder reserviert, die auf der Praça Alexandre Albuquerque ihre Kostüme präsentieren.
Festival Gambôa: Mai, www.festivais.sapo.cv. Großes Musikfestival mit internationaler Beteiligung, das seit 1993 veranstaltet wird und drei Nächte lang Zehntausende an die Praia Gambôa lockt – eine Konkurrenz zum wohl noch berühmteren Festival an der Baía das Gatas auf São Vicente (s. S. 155).

Lieblingsort

Heiße Rhythmen – Musikkneipe Quintal da Música in Praia 1

In Praia ist auf dem Platô das 5al (Quintal) da Música eine heiße Adresse. Hier trifft sich die Szene der Hauptstadt. Am frühen Abend fungiert der große, überdachte Innenhof als Restaurant, die Küche ist kapverdisch und, dem Anspruch des Lokals entsprechend, ambitioniert. Ab 21 oder 22 Uhr schauen viele Gäste auch einfach auf einen Drink vorbei. Dann beweisen täglich wechselnde einheimische Künstler hier ihr Können. Das Quintal mutiert so wahlweise zur Musikkneipe oder zum Kleinkunsttheater. Der Eintritt ist frei, Konsum aber obligatorisch.

Verkehr

Fähre: Die Schnellfähre ›Kriola‹ (www.cvfastferry.com) fährt tgl. nach Fogo (3.30 Std. Fahrtzeit) und weiter nach Brava (40 Min.). Von derselben Gesellschaft verkehrt die Schnellfähre ›Liberdadi‹ einmal pro Woche nach São Vicente und São Nicolau. Nach Maio gelangt man mit dem Frachtschiff ›Sotavento‹, das auch Personen befördert, ca. 2 x pro Woche (Tel. 231 85 75). Eine Schnellfährenverbindung nach Maio und Boa Vista ist in Planung.

Flug: Büros der TACV am internationalen Flughafen und auf dem Platô (Rua Serpio Pinto 5). Callcenter für Flugrückbestätigungen, Tel. 260 82 60 (8–18 Uhr), www.flytacv.com. Büro der TAP Portugal: am internationalen Flughafen, Tel. 261 58 26, www.flytap.com.

Bus: Großenteils moderne Stadtbusse der Firma Solatlântico (www.solatlantico.cv) bedienen das gesamte Stadtgebiet mit neun Linien. Die meisten steuern u. a. das Platô an. Gezahlt wird beim Fahrer. Einheitsticket 44 ECV.

Aluguer: Richtung São Domingos/São Jorge dos Órgãos/Assomada/Tarrafal (häufig) und Calheta (seltener) ab Südrand des Mercado de Sucupira, *passagem* Praia–Tarrafal 700 ECV. Nach Ribeira Grande de Santiago (Cidade Velha) ab Stadtteil Terra Branca (nördlich Achada Santo António), *passagem* 120 ECV. Nach Einbruch der Dunkelheit starten kaum noch Aluguers.

Taxi: innerstädtische Fahrten um 500 ECV, Tagestour 8000–10 000 ECV.

Mietwagen: Alucar (Chã de Areia, bei der Shell-Tankstelle, Tel. 261 58 01 oder 261 45 20, alucarst@cvtelecom.cv). Autobraza (Fazenda, Av. Cidade Lisboa, Tel. 261 63 25, edna_freire@hotmail.com). Hertz (www.hertz.de) und Intercidades (www.intercidadesrentacar.cv) unterhalten Büros am internationalen Flughafen.

Cidade Velha

▶ Karte 3, N17

Unter dem Namen Ribeira Grande wurde das heutige Cidade Velha als erster Ort der Kapverden gegründet. Im Jahr 1462 ließen sich hier portugiesische Siedler nieder. Daher findet man noch Baudenkmäler, die auf das 15. und 16. Jh. zurückgehen (s. Entdeckungstour S. 222). Ribeira Grande entwickelte sich bald zu einer wichtigen Anlaufstelle für die Entdeckungsfahrer. So machten hier 1497 Vasco da Gama auf seiner Rückkehr aus Indien und 1498 Christoph Kolumbus auf seiner dritten Reise Station. Wenig später wurde die Stadt Drehscheibe des Sklavenhandels im Atlantik. 1533 wurde hier der Bischofssitz der Kapverden eingerichtet, gleichzeitig erfolgte die Ernennung zur Cidade (etwa mit Großstadt zu übersetzen). Mit der Schließung des Sklavenmarkts begann Mitte des 17. Jh. ein unaufhaltsamer Niedergang, besiegelt durch die Verlegung des Bischofssitzes 1754 und den Umzug des Gouverneurs der Kapverden nach Praia 1769. Die Repräsentativbauten verfielen und allmählich bürgerte sich statt Ribeira Grande der Ortsname Cidade Velha (alte Stadt) ein. Diese von den Bewohnern als Makel empfundene Bezeichnung wurde inzwischen zumindest insofern rückgängig gemacht, als sich die Gemeinde heute offiziell Ribeira Grande de Santiago nennt. Für den historischen Ortsteil, der 2009 von der UNESCO zum Weltkulturerbe ernannt wurde, blieb es belm Namen Cidade Velha. Wegen der romantischen, geradezu mittelalterlich anmutenden Atmosphäre lohnt die alte Hauptstadt, die heute eher den Charakter eines Fischer- und Bauerndorfes hat, unbedingt einen Besuch.

Einst zum Schutz vor Korsaren errichtet: Fortaleza Real de São Filipe

Fortaleza Real de São Filipe

Tgl. ab ca. 10 Uhr, keine festen Zeiten; Eintritt 600 ECV

Die imposante Festung, seit 1999 der Öffentlichkeit zugänglich, wird über eine Stichstraße erreicht, die schon vor Cidade Velha rechts abzweigt. Ziegen weiden auf der steinigen Ebene, an deren Rand sich das Fort erhebt und die Stadt weit überragt. Gegenüber vom Eingang wurde ein modernes Informationszentrum (Centro Interpretativo) in den Boden eingelassen. Es wirkt wie ein Nachbau einer Behausung kanarischer Ureinwohner im Stil des Künstlers César Manrique von Lanzarote. Hier zeigt sich die Handschrift der spanischen Entwicklungshilfe, die bei der Restaurierung verschiedener Baudenkmäler in Ribeira Grande assistierte. Bei einem Besuch 2006 sagte die damalige Königin Sophia von Spanien weitere Unterstützung zu.

Im Centro Interpretativo kann man sich über die Geschichte der Festung kundig machen und die Eintrittskarten lösen. Außerdem läuft hier regelmäßig ein Film (mehrsprachig) über die Geschichte von Ribeira Grande. In einem hübschen Innenhof werden Getränke angeboten. Der Museumsshop verkauft gute CDs und geschmackvolle Postkarten.

Zwischen 1580 und 1640 gehörte Portugal zu Spanien. In dieser Zeit wurde 1593 die Fortaleza Real de São Filipe fertiggestellt, benannt nach dem Namenspatron König Philipp II. von Spanien. Anlass war ein Überfall des englischen Korsaren Francis Drake im Jahr 1585, der mit 25 Schiffen und mehr als 1000 Mann die Stadt geplündert hatte. Künftige Angriffe des spanischen Erzfeindes England wollte man auf diese Weise verhindern. Auch richtete der Gouverneur in der Festung ▷ S. 225

Auf Entdeckungstour: Aus den Zeiten der Seefahrer – Zeugnisse der ersten Siedler

In Cidade Velha (dem früheren Ribeira Grande) begann die Besiedlung der Kapverden. Hier stehen die ältesten erhaltenen Baudenkmäler der Inseln. Heute werden sie sorgfältig restauriert.

Zeit: ein halber oder ganzer Tag

Planung: Anfahrt ab Praia per Mietwagen, Taxi oder Aluguer

Start: Cidade Velha, Largo do Pelourinho

Im Zentrum von Ribeira Grande de Santiago mündet die Ribeira Grande ins Meer, die dem Ort seinen ursprünglichen Namen gab. Der wasserreiche Fluss machte die Stelle für die portugiesischen Siedler des 15. Jh. besonders attraktiv. So wurde Cidade Velha die erste von Europäern erbaute Stadt südlich der Sahara. Das heute meist ausgetrocknete Flussbett säumen hohe Mauern, die bei kräftigen Regenfällen Überschwemmungen verhindern. Einem gänzlich anderen Zweck, nämlich der Sicherung gegen Angreifer, diente die Stadtmauer am Meer (16. Jh.), von der Reste noch zu erkennen sind.

Am Pranger

Auf dem mit Strandgeröll gepflasterten Platz neben der Flussmündung erhebt sich unter Kokospalmen der **Pelourinho.** Einen solchen Schandpfahl oder Pranger gab es früher in jeder Stadt auf portugiesischem Territorium als Symbol der königlichen Justiz und der örtlichen Verwaltung. Denjenigen von Ribeira Grande ließen die Autoritäten in der ersten Hälfte des 16. Jh. errichten. Er wurde in Portugal aus Marmor gefertigt und im damals üblichen, verspielten manuelinischen Stil dekoriert, benannt nach König Manuel I. (1495–1521). ›Aufsässige‹ Sklaven oder freie Kriminelle wurden hier festgebunden, ausgepeitscht und dem Unmut des Volkes ausgesetzt. Auch stellten Sklavenhändler am Pelourinho Menschen zur Schau, die verkauft werden sollten.

Im 19. Jh. galt der Pelourinho als nicht mehr zeitgemäß. Doch im 20. Jh, während der Salazar-Diktatur, sandte ihn die Kolonialbehörde zur Restaurierung nach Portugal. Nach der Unabhängigkeit Cabo Verdes wurde der Pelourinho als Symbol der verhassten Kolonialzeit wiederum teilweise zerstört. So fehlte ihm lange Zeit die krönende Armillarsphäre, eine Bänderkugel, die im 16. Jh. Insignium von König Manuel I. und zugleich Sinnbild der portugiesischen Entdeckungsfahrten war. Inzwischen akzeptieren die Kapverdianer den Pelourinho als Teil ihrer Geschichte und damit als bewahrenswert.

Die erste Kathedrale

Jenseits des Flusses gelangt man durch die zweite Gasse rechts (Rua Carrera, s. S. 225) zur **Igreja Nossa Senhora do Rosário** (Rosenkranzkirche). Ihr Baubeginn datiert auf das Jahr 1495. Ursprünglich wurde die Kirche im Stil der sogenannten Atlantischen Gotik wehrhaft mit dicken Strebepfeilern errichtet. Sie diente als erste Kathedrale, nachdem Ribeira Grande 1533 zum Bischofssitz für die Kapverden und die angrenzende afrikanische Küste avanciert war. 1693 verlor sie diese Würde und dient seither als Pfarrkirche des Ortes. Alte Marmorgrabplatten, einige vom Anfang des 17. Jh., die jüngsten aus den 1930er-Jahren, zieren den Kirchhof und wurden auch teilweise als Stufen für die Außentreppe zweckentfremdet. Ebenso fallen im Inneren der Kirche Grabplatten aus Marmor auf, die älteste von 1543. Einige zeigen Adelswappen, eine sogar eine Bischofsmütze. In der Barockzeit, im 17. Jh., erfolgten einige Umbauten an der Rosenkranzkirche. Damals entstanden das Hauptportal und der Fries aus blauen, gelben und weißen Azulejos (Fliesen), der sich rings um den Innenraum zieht. Die handgemalten Fliesen wurden ebenso wie der Marmor aus Portugal importiert.

Beide Seitenkapellen links weisen noch gedrungen wirkende gotische Spitzbögen auf, die zu den wenigen Beispielen für diesen Baustil in Subsahara-Afrika zählen. Gotisch ist auch das Netzgewölbe in der vorderen, der

Taufkapelle. In seinen Schlussstein wurde das Kreuz des Christusritterordens eingemeißelt. Dieser war in Portugal aus dem 1312 verbotenen Templerorden hervorgegangen, hatte die Entdeckungsfahrten der Portugiesen im 15. Jh. geleitet und war für die frühe Besiedelung von Santiago und Fogo zuständig. Links neben der Frontfassade ragt der klobige, quadratische Turm auf, der fast genauso breit ist wie die Kirche selbst.

Sklaven sollten Christen werden

Oberhalb der Rosenkranzkirche erhebt sich die Kirche des ehemaligen Franziskanerklosters **Convento Santo Francisco.** Dorthin fährt oder läuft man vom Hauptplatz aus zunächst im Flussbett aufwärts, verlässt dieses nach ca. 100 m links auf einem von hohen Mauern gesäumten Fahrweg und biegt an der nächsten Abzweigung rechts ein. Dort steht eine restaurierte, früher von Tieren angetriebene Mühle für die *grogue*-Herstellung.

Nebenan führt ein Treppenaufgang zur Kirche mit dem schlichten kleinen Glockengiebel an der Fassade. Die ersten Franziskanermönche kamen schon 1466 nach Ribeira Grande, um die afrikanischen Sklaven zu christianisieren. Allerdings stammt die heutige Kirche erst von 1657. Ihre aufwendig im Mudéjar-Stil geschnitzte Holzdecke wurde vor einigen Jahren restauriert. Diese auf die Mauren der Iberischen Halbinsel zurückgehende Dekorationskunst wurde von Portugiesen und Spaniern im 16. Jh. auf alle von ihnen besiedelten Inselgruppen im Atlantik gebracht.

Es gibt noch Reste von Nebengebäuden, in denen sich früher Zellen für zwölf Mönche befanden. Ein Aquädukt versorgte den Konvent und seine Obstplantagen mit Wasser. 1834 ließ Königin Maria II. alle Klöster auf portugiesischem Territorium auflösen. Die Anlage wurde verlassen und verfiel.

Die zweite Kathedrale

Auf einer Anhöhe am östlichen Ortseingang steht die Ruine der ab 1556 errichteten **Sé Catedral,** die 1693 die Rosenkranzkirche als Kathedrale ablöste, obwohl sie erst 1705 fertiggestellt werden konnte. Die Dimensionen des Bauwerks wirken im heutigen Umfeld gewaltig. Doch entsprachen die Ausmaße (63 m lang, 31 m breit) durchaus denen anderer Bischofskirchen der damaligen Zeit. Die Sé wurde im Mudéjar-Stil errichtet. Ihre Holzdecke blieb nicht erhalten. Große Teile des Gebäudes wurden von der Bevölkerung abgetragen und als Baumaterial für Häuser benutzt. Nur die bis über 1 m dicken Außenmauern stehen noch. Wie für den Mudéjar charakteristisch, bestehen sie aus Lehmmauerwerk, denn Bruchstein war auf den Kapverden kaum vorhanden. Lediglich für die Fundamente sowie für Einfassungen von Fenstern und Türen fand helles, festes Trachytgestein Verwendung.

Die lange Bauzeit der Sé erklärt sich durch geringes Interesse der meisten Bischöfe. Manche ließen sich während ihrer Amtszeit nie auf den Kapverden blicken. Zwischen 1646 und 1672 war die Diözese gar vakant. Diese Umstände wirkten sich verheerend auf die Moral des örtlichen Klerus aus. Die Priester widmeten sich mehr der Geschäftemacherei als der Seelsorge, und von der Einhaltung des Zölibats konnte keine Rede mehr sein. Zwar gab es noch einmal eine Initiative durch Bischof Vitoriano do Porto, während dessen Amtszeit die Kathedrale endlich eingeweiht werden konnte. Doch schließlich gab Bischof Pedro Valente den Sitz in Ribeira Grande endgültig auf und zog sich nach Santo Antão zurück.

seine neue nunmehr gut gesicherte Residenz ein.

Lediglich die zentrale Zisterne – sie wurde in der heutigen Form im Jahr 1720 erbaut – befindet sich in gutem Erhaltungszustand. Tausende von Ziegelsteinen wurden für ihren Bau aus Lissabon importiert. Ein restaurierter Wasserkanal *(levada)* demonstriert, wie das im Hof eingefangene Regenwasser in die Zisterne geleitet wurde. Außerdem sind die Grundmauern der ehemaligen Kasernen zu besichtigen. Links vorn wohnte der Gouverneur, rechts vorn befand sich der Pulverturm. Beeindruckend ist der Blick von der Festungsmauer über die Stadt und das canyonartige Tal der Ribeira Grande.

Rua Banana und Rua Carrera

Bei den beiden Gassen, die im Zentrum von Ribeira Grande westlich der Flussmündung landeinwärts führen, handelt es sich um die erste europäische Siedlung in Subsahara-Afrika. Die Rua Banana wird noch vorwiegend von niedrigen, langgestreckten Steinhäusern mit Strohdach gesäumt. Etwa zwei Drittel dieses Ensembles wurden mit Hilfe der UNESCO restauriert. Einige der Häuser sind noch bewohnt, in anderen befinden sich Werkstätten oder einfache Unterkünfte. Eine ähnliche Bauweise findet man auch im Norden Portugals, sie dürfte mit den frühen Siedlern nach Santiago gekommen sein.

Von diesem Siedlungskern lohnt ein Spaziergang am Meer entlang Richtung Westen. Die schmale Straße passiert zunächst einen Miradouro mit Blick über Cidade Velha und bald darauf einen gewaltigen Baobab, dessen Stamm wie ein Altar geschmückt ist. In Afrika gilt dieser Baum als heilig und ihm werden magische Kräfte zugeschrieben. Um seine ungewöhnliche Form zu erklären, wird gesagt, er sei bei der Erschaffung der Welt umgekehrt herum – also mit den Wurzeln nach oben – gepflanzt worden. Im weiteren Verlauf gelangt man durch das ehemalige westliche Stadttor *(portão)* aus dem 16. Jh., von dem allerdings nur einige Mauerreste erhalten blieben, nach einer Viertelstunde in ein fruchtbares Nachbartal, wo – wie auch im Tal der Ribeira Grande – Kokospalmen, Zuckerrohr und tropische Obstbäume gedeihen. Hier gibt es einen kleinen Strand und einige Unterkünfte.

Unser Tipp

Esplanadas

Direkt am Meer, beim Largo do Pelourinho, laden mehrere Bars *(esplanadas)* dazu ein, zentral und doch ungestört unter einem Strohdach zu sitzen und einen Drink mit Blick auf die Wellen zu nehmen oder frischen gegrillten Fisch zu genießen.

Übernachten

Angenehm – **Espaço Pôr do Sol:** Santa Marta, Tel. 267 16 22, DZ ca. 6000 ECV. 2 km außerhalb von Ribeira Grande auf einer Landzunge befindet sich die familiäre, komfortable Unterkunft. Sie verfügt über 5 Zimmer, eine schöne Terrasse mit Pool und Restaurant.

Neuer Komfort – **Limeira:** Santa Marta/Cidade Velha, Tel. 267 11 03/04, www.hotellimeira.cv, DZ 7000–7800 ECV. Neues Hotel mit schöner Poolterrasse, sowie gepflegter Gartenanlage. 33 Zimmer mit europäischem Komfort. Pool und Terrasse können gegen Gebühr (500 ECV) auch von Tagesgästen benutzt werden, an der Rezeption anmelden. Ca. 500 m außerhalb.

Essen & Trinken

Sundowner – Auf den **Esplanadas** (s. Unser Tipp S. 225) und um den **Largo do Pelourinho** gibt es einige einfache Bars, gehobene Küche direkt am Strand im Restaurante Tereru di Kultura.

Infos

Touristeninformationsstelle in der Rua Banana. **Bank** mit Automat im Zentrum.

Aluguer: Ab Largo do Pelourinho tgl. mehrmals nach Praia, 150 ECV.

São Domingos und Rui Vaz ▸ Karte 3, N 16

Nördlich von Praia dehnt sich ein weitläufiges und verhältnismäßig dünn besiedeltes Savannengebiet aus. Erst am Fuß des zentralen Gebirgsmassivs gibt es – dank des hier reichlicher vorhandenen Wassers – auch wieder größere Ansiedlungen. São Domingos, in gut 300 m Höhe gelegen, ist die südlichste Ortschaft davon. Rund um dieses landwirtschaftliche Zentrum werden neben Zuckerrohr und Bananen auch andere tropische Früchte angebaut. Das São Domingo unmittelbar benachbarte und ruhige Dorf Rui Vaz liegt ca. 900 m hoch am Abhang des Pico de Antónia, des mit immerhin 1394 m höchsten Berges von Santiago. Rui Vaz ist ein guter Ausgangspunkt für unterschiedliche Wanderungen in diesem Gebiet, das als Parque Natural Rui Vaz e Serra de Pico de Antónia unter Schutz gestellt wurde.

Auf den Gipfel des Monte Tschopa

Wanderung auf den Gipfel des Monte Tschopa

Dauer: hin und zurück 1.30 Std. ab Rui Vaz; Anspruch: leicht; 200 Höhenmeter im Auf- und Abstieg

Rui Vaz ist Ausgangspunkt dieser Tour, die zum Aussichtsgipfel Monte Tschopa (1060 m) führt. Der erste Teil der Strecke ist als Forststraße ausgebaut und wäre auch gut mit dem Pkw zu bewältigen, doch sollten Privatfahrzeuge hier nach Möglichkeit nicht fahren. Man läuft also auf der Straße nach oben aus dem Ort heraus und betritt bald das Gebiet des Naturparks. Etwa 1 km oberhalb von Rui Vaz wird ein Bauernhof passiert, der linker Hand liegt.

Weiter aufwärts geht es bis zu einem Forsthaus. An diesem hält man sich links und an der nächsten, sogleich folgenden Gabelung rechts. Nach rund 40 Gehminuten ab der zweiten Schranke steht man vor dem verschlossenen Tor der **Sendeanlage** am Monte Tschopa. Wenige Meter davor, am Beginn einer Mauer, zweigen links zwei Pfade ab. Den rechten, schmaleren nehmen. Er führt an der Mauer entlang zur Rückseite der Sendeanlage. Dort geht es auf einer Fahrspur am Kamm weiter zum nahegelegenen Gipfel des Monte Tschopa mit großartigem Ausblick über die Serra de Pico de Antónia, das höchste Gebirge von Santiago. Gegenüber ist die schroffe Bergspitze des Pico de Antónia (1394 m) zu erkennen, der nur auf undeutlichen Pfaden zu erreichen wäre und dessen Erklimmung geübten Bergsteigern mit einiger Klettererfahrung vorbehalten bleibt. Wir kehren also zurück zur Sendeanlage und gehen auf demselben Weg zurück zum Ausgangspunkt.

Übernachten

Komfortables Wanderquartier – **Quinta da Montanha:** Rui Vaz, Tel. 268 50 02/03, Mobil 992 40 13 (Lindorfo Ortet, spricht portugiesisch und englisch und ist nebenbei noch Musiker), quinta montanha@cvtelecom.cv, DZ ca. 60 €. In dem westlich von São Domingos auf etwa 900 m Höhe gelegenen ruhigen Dorf Rui Vaz befindet sich in einem traditionellen Gutshof diese angenehme Unterkunft. Im älteren Gebäude werden zehn ordentliche Zimmer geboten, alle mit warmem Wasser. Ein neuerer Anbau beherbergt weitere komfortable Zimmer mit Balkon. Die große überdachte Terrasse vor dem Haus bietet einen schönen Blick. Gute Gerichte mit Produkten aus eigenem, biologischem (!) Anbau werden im Restaurant serviert. Geführte Wanderungen können organisiert werden.

São Jorge dos Órgãos ▸ Karte 3, N 16

São Jorge dos Órgãos liegt etwas abseits der Hauptstraße Praia–Assomada, mitten im Gebirge. Im fruchtbaren Talgrund vor dem Ort betreiben die Bewohner Landwirtschaft: Bananen, Kartoffeln, Süßkartoffeln, Papayas und Zuckerrohr gedeihen prächtig. Zur Bewässerung dienen *levadas* (schmale, offene Kanäle). Das Zuckerrohr wird direkt vor Ort zu *grogue* verarbeitet. Die von Ruß geschwärzten Öfen der Brennanlage und die Fässer sind von der Straße aus auf der gegenüberliegenden Talseite zu erkennen.

Jardim Botânico Grandvaux Barbosa

Mo–Fr 8–15 Uhr, Eintritt frei

Der Botanische Garten bei São Jorge dos Órgãos wurde von der INIDA (Instituto Nacional de Investigação Agrária) angelegt, einem landwirtschaftlichen Versuchsinstitut, das hier seinen Sitz hat. Der Jardim Botânico ist ab der Kirche des Ortes ausgeschildert. Nach einer Schranke geht es geradeaus und an der nächsten Abzweigung links. Die schmale Pflasterstraße führt bis vor das Eingangstor des Gartens, der in eine herrliche Bergkulisse eingebettet ist. Rechts erhebt sich der Monte Tchopa (1060 m) mit Sendeanlagen, links thronen bizarre Gipfel über dem Tal. Der kapverdische Eisvogel (Graukopfliest) ist hier in großer Zahl zu beobachten.

Auf Terrassenfeldern wachsen heimische, teils endemische, also nur auf den Kapverden vorkommende Pflanzen. Letzteren gilt das besondere Interesse der Gartenverwaltung. Für diese Arten, die z. T. an ihren natürlichen Standorten bedroht sind, dient der Jardim Botânico nicht zuletzt auch als Samenbank für künftige Nachzuchten.

Museu de São Lourenço dos Órgãos

São Lourenço dos Órgãos, Estrada Praia–Assomada, Tel. 271 11 24, Di–Sa 8.30–18.30, So 10.30–17 Uhr, Eintritt 200 ECV

Im Ortsteil São Lourenço dos Orgãos an der Hauptstraße zwischen

Praia und Assomada dokumentiert das kleine ethnografische Museum den Lebensstil der Bewohner der Gemeinde von den Anfängen der Besiedelung Santiagos bis heute. Besondere Bedeutung wird dem Mais zuteil, der über Jahrhunderte hinweg wichtigsten Nahrungsgrundlage der Bevölkerung. Darüber hinaus sind Alltagsgegenstände, Trachten und Musikinstrumente zu sehen.

Essen & Trinken

Neben der Kirche von São Jorge dos Órgãos bietet ein Kiosk Erfrischungen.

Infos & Termine

Infos

Die INIDA (s. o) betreibt ein Informationsbüro in der Nähe der Kirche von São Jorge dos Órgãos (unregelmäßig geöffnet). Dort gibt es Material über Flora und Fauna der Kapverden.

Termine

Festa de Nhô São Jorge: zweite Aprilhälfte. Das Fest für den Ortspatron, Georg (Jorge) den Drachentöter, dauert über eine Woche. Die Aktivitäten umfassen Sportveranstaltungen, kulturelle Events und ein buntes Unterhaltungsprogramm. Höhepunkt ist die Prozession am Ehrentag des Heiligen (23. April), bei der Vertreter der verschiedenen Ortsteile, die sogenannte *juízes* (Richter), eine Statue des Drachentöters Georg auf ihren Schultern tragen.

Assomada ▸ Karte 3, M 16

Assomada (ca. 45 000 Einw.) ist eigentlich der Name der gesamten Gemeinde, die Stadt heißt **Santa Catarina** (ca. 12 000 Einw.). Dennoch wird meist auch die Stadt Assomada genannt. Wer Taxi- oder Aluguer-Fahrern Assomada als Ziel nennt, wird in Santa Catarina abgesetzt, das fernab vom Meer etwa in der Inselmitte liegt. Im Norden und Süden ragen Gebirgszüge auf, aus denen der Ebene von Assomada eine gewisse Feuchtigkeit zufließt. So wird das Gebiet, wenn auch nicht für tropische Bewässerungskulturen, so doch intensiv für den Maisanbau genutzt. Schon kurz nach der Erstbesiedlung von Santiago im 15. Jh. entwickelte sich Assomada zum wichtigen landwirtschaftlichen Zentrum. Teilweise wohnten hier mehr Menschen als in der damaligen Hauptstadt Ribeira Grande. Für Wanderer ist Assomada ein geeigneter Standort für Abstecher in die Serra Malagueta.

Südlich der Stadt steht an der alten Landstraße ein großes Betonkreuz auf einem **Miradouro.** Hier eröffnet sich ein hervorragender Blick über die Stadt sowie nach Süden auf den charakteristischen Pico do António. Assomada besticht nicht durch Schönheit. An der Peripherie dominieren gesichtslose Wohnblöcke das Bild. Recht angenehm und fast schon urban zeigt sich jedoch der Innenstadtbereich rund um den **Largo Gustavo Monteiro.**

Mercado de Assomada !

Av. dos Combatentes, Mo/Di und Do/Fr 7–18, Mi und Sa 6–18 Uhr; am meisten los ist am Mi und Sa

Assomada lohnt den Besuch speziell wegen des bunten Obst- und Gemüsemarkts, des vielleicht vielseitigsten der Kapverden, der in einer ehrwürdigen, jüngst renovierten Markthalle abgehalten wird. Eng drängen sich die Stände. Die feilgebotenen Früchte, Chilischoten, Bohnen, Mais, aber auch so ungewöhnliche Sorten wie

Kochbananen oder Stachelannonen, liefern unzählige Fotomotive. Auch Fleisch, Würste, Schwarten und lebende Hühner sind im Angebot. An den Seiten der Halle wird in schmalen Nischen gekocht: Reis mit Fleisch- oder Fischeinlage, *cachupa.* Wer sich traut, kommt hier zu günstigem Preis zu einem landestypischen Mittagessen. Außerhalb der Markthalle wird kaum noch Ware angeboten. Der einstmals berühmte Wochenmarkt für Möbel und Kleider wurde an den Südrand der Innenstadt in die Nähe des dortigen, für kapverdische Verhältnisse riesigen Supermarkts verlegt und präsentiert sich gegenüber früheren Jahren als geschrumpft und in ›geordnete‹ Bahnen gelenkt.

Museu da Tabanca

Chã de Tanque, Mo–Sa 8–17 Uhr, Eintritt 100 ECV

In der sehenswerten Casa do Morgado, einem ehemals herrschaftlichen Landhaus im 5 km westlich von Assomada gelegenen Ortsteil Chã de Tanque, ist heute das Tabanca-Museum untergebracht. Selbstfahrer biegen von Praia kommend nach der Enacol-Tankstelle links (nach Westen) ab. Man lässt das Zentrum links liegen und verlässt Assomada dann nach Westen. Bei der für Santiago typischen Tabanca (oder Tabanka) handelt es sich um ein traditionelles, satirisches Ritual mit Theaterdarstellungen, Tanz und Musik. Dem *roubo do santo* (Raub einer Kreuzreliquie) folgen – mit einem Augenzwin-

Der Wochenmarkt von Assomada ist der bunteste der Kapverdischen Inseln

kern versehen – die Befragung und Bestrafung des ›Diebs‹. In wechselnden, jeweils ein Jahr lang präsentierten Ausstellungen sind Kostüme und Musikinstrumente zu sehen, Fotos demonstrieren den Ablauf der Tabanca.

Poilão da Boa Entrada

Nördlich von Assomada steht im oasenartigen Talgrund der Ribeira da Boa Entrada der höchste und älteste Baum von Santiago. Eine 1,5 km lange Pflasterstraße führt von Nhagar (nördlich von Assomada an der EN 01) hinab. Da sie sehr schmal und steil ist, geht man am besten zu Fuß.

Bei dem 25 m hohen Poilão oder Pie de Palão (Entenfuß) handelt es sich um einen ursprünglich aus Südamerika stammenden Kapokbaum, der vermutlich schon im 15. Jh. hier angepflanzt wurde. Charakteristisch für ihn sind die Stacheln am dicken Stamm. Seine großen lederartigen Früchte liefern baumwollartige Fasern, die früher als Matratzenfüllungen sehr begehrt waren. Sie dienen heute noch zur Herstellung von Schwimmringen und Rettungswesten. Die Wolle hat eine zehnfach höhere Tragfähigkeit als Kork.

Mit etwas Glück kann man auf den ausladenden Ästen des Poilão den nur noch auf Santiago lebenden Kapverdischen Purpurreiher sitzen sehen. In der Baumkrone befindet sich einer seiner zwei verbliebenen Brutplätze. Die Vogelschutzorganisation BirdLife International nahm diese Tatsache zum Anlass, hier eine IBA (Important Bird Area) auszuweisen. Bislang ist ein Schutz jedoch nicht garantiert. Während vor 15 bis 20 Jahren immerhin noch vier bis sechs Reiherpaare im Poilão brüteten, sind es heute nur noch eines oder höchstens zwei pro Jahr. Stressfaktoren sind der Abschuss von anderen Vögeln in unmittelbarer Nachbarschaft und nicht zuletzt das Einsammeln von Eiern durch Kinder. Die Aufklärungsarbeit vor Ort hat begonnen. Dennoch wird nach wie vor gern unter dem Baum gepicknickt und ein Aufkauf des in Privatbesitz befindlichen Geländes durch den Staat zwecks verbesserter Schutzmaßnahmen erfolgte bisher nicht.

In der Nähe des Poilão arbeitet eine traditionelle *trapiche* (Zuckermühle) noch wie in alten Zeiten, von Tieren angetrieben. Besucher dürfen gerne zuschauen. Nur am Samstag, wenn die Grogue-Produktion zum Markt nach Assomada gebracht wird, ist nichts los.

Übernachten

Guter Standort – **Avenida:** Avenida da Liberdade, Tel. 265 34 62, Fax 265 34 69, DZ ab 4000 ECV. Das solide Hotel hat ordentliche Zimmer, meist mit Balkon, und ein gutes Restaurant im Dachgeschoss. Abendessen sollte man jedoch vorbestellen.

Städtisch – **Residencial Cosmos:** Av. Amílcar Cabral, Tel. 977 62 32 od. 992 49 14, DZ ca. 4000 ECV. Direkt im Zentrum schräg gegenüber vom Marktgelände gelegen. Das Hochhaus sieht eher wie ein Bürogebäude aus. Funktionale, ordentliche Einrichtung. Café im Erdgeschoss, Restaurant im Dachgeschoss.

Essen & Trinken

Konditorei – **Pastelaria Pão Quente:** Av. dos Combatentes, tgl. 6.30–21.30 Uhr, kleine Gerichte 200–500 ECV. Das gepflegte, hell eingerichtete Café schräg gegenüber der Markthalle zeichnet sich durch eine gute Auswahl an Kuchen, Quiches und pikanten Teigtaschen aus. Auch gut für eine kleine Mahlzeit, etwa *cachupa*.

Infos

Flug: TACV-Büro: Rua Vila Franca de Xira, zentrales Call Center, Tel. 260 82 60.
Aluguer: Täglich mehrmals von und nach Praia und Tarrafal (je 250 ECV). Nach Praia auch noch spät abends.
Mietwagen: Veiga Car, Av. da Liberdade, Tel. 265 47 51, www.veigacar.cv.

Serra Malagueta

▶ Karte 3, M 15

Der zweite große Gebirgszug Santiagos erhebt sich nördlich von Assomada. In wenigen Spitzkehren windet sich die Nationalstraße EN 01 (auch ST 01) in die Serra Malagueta hinauf. Oben ergeben sich Blicke nach Osten und nach Westen. Bei klarer Wetterlage erkennt man die Nachbarinsel Fogo mit dem Pico. Steile, fast unzugängliche Täler zerschneiden das Gebirge. Die tropische Erosion ließ beeindruckende Felsformen entstehen. Viele der winzigen Dörfer, oft auch nur einzelne Gehöfte, die an den Bergrücken ›kleben‹, sind lediglich über schmale Pfade zu erreichen.

Seit 2003 steht ein 774 ha großes Gebiet, das im Wesentlichen den etwa in West-Ost-Richtung verlaufenden Hauptkamm des Gebirges abdeckt, als **Parque Natural Serra Malagueta** unter Schutz. Hier sind die meisten endemischen Pflanzen Santiagos (26 Arten, von denen 18 auf der Roten Liste der gefährdeten Arten von Kap Verde stehen) zu finden. Auch wenn schon seit Beginn der Besiedlung die Vegetation vom Menschen kontinuierlich verändert wurde. Daher sind die auffallendsten Bäume des Parks die angepflanzten Eukalyptusbäume und Kiefern. Außerdem leben im Park einige gefährdete Vogelarten sowie endemische Reptilien. Ziel der Parkverwaltung ist es, bei der Erhaltung der Biodiversität die Bevölkerung einzubeziehen und die Entwicklung der Dorfgemeinschaften innerhalb des Gebiets zu fördern. Ökotouristische Maßnahmen sehen etwa die Vermittlung von Wanderführern oder Einladungen zum Mittagessen bei einheimischen Familien vor. Jährlich werden im Naturpark zwischen 3000 und 5000 Besuchern registriert.

Der Eintritt in den Park ist gebührenpflichtig (200 ECV pro Person, zu entrichten im Centro de Visitantes, s. u.). Quittung aufbewahren, sie ist unterwegs eventuell vorzuzeigen. Neun sehr unterschiedlich lange Spaziergänge und Wanderwege sind ausgewiesen (Gratis-Plan im Centro de Visitantes). Die 4 km lange **rote Route** (Curral de Asno) beginnt unmittelbar am Besucherzentrum bei einer Informationstafel und führt als Rundweg in ein Tal westlich der Nationalstraße, wo Grüne Meerkatzen zu beobachten sind. Diese ursprünglich vom afrikanischen Kontinent stammenden Affen wurden im 18. Jh. auf Santiago eingeführt und leben heute in einigen versteckten Gebirgsgegenden wild.

Wer wenig Zeit mitbringt, ist mit der knapp 1 km langen, **dunkelblauen Route** (Ambiental) gut bedient. Sie beginnt an der Straße südlich des Informationszentrums, gegenüber von einem Picknickplatz, bei dem kleinen Jardim do Marmulano – einem frisch gepflanzten Bestand des seltenen *marmulano* (Sideroxilon marginata), einem Reliktstrauch der kapverdischen Gebirgsvegetation, die mit der Flora der Kanarischen Inseln und Madeiras verwandt ist. Weitere Vertreter dieser rar gewordenen Vegetationsform, etwa der Drachenbaum (Dracaena draco), sind im ▷ S. 236

Auf Entdeckungstour:

Rätsel um die Rabelados von Santiago

Rätselhaft und oft romantisiert: die Rabelados (kriolu: Rebellen). Sie leben in relativ abgeschlossenen Gemeinschaften nach eigenen religiösen Vorstellungen. Eine fünfstündige Wanderung führt durch die Serra Malagueta, in der sich die Rabelados in der Vergangenheit verstecken mussten.

Reisekarte: ▶ Karte 3, M 15

Zeit: ein ganzer Tag einschließlich Besichtigungen, Wanderung 5 Std.

Planung: Anfahrt per Aluguer über die EN 01 Assomada–Tarrafal bis zum Centro de Visitantes Serra Malagueta. Vom Endpunkt der Wanderung an der Nordostküstenstraße Praia–Tarrafal per Aluguer bis Espinho Branco, weiter per Aluguer Richtung Praia bzw. Tarrafal. Einkehr nur vor der Tour oder gegen Ende, daher genügend Proviant und Wasser mitnehmen. Der Zustand der Wege ist gut, an einigen Stellen ist allerdings Schwindelfreiheit erforderlich und es sind 1000 Höhenmeter Abstieg zu bewältigen.

Start: Centro de Visitantes Serra Malagueta. Eintritt für den Naturpark 200 ECV (Quittung aufheben, um sie unterwegs vorzeigen zu können). Manchmal ist auch das Kassenhäuschen am Wegbeginn besetzt.

Heute stehen die Rabelados als Symbol für den kapverdischen Widerstand gegen die Kolonialregierung und leben unbehelligt in ihren Dörfern rund um die Serra und im Norden der Insel. So gibt es in Fundura, einem Ort am südlichen Fuß der Serra Malagueta, den die Straße von Assomada passiert, eine lebendige Gemeinschaft der Rabelados. In den 1940er- bis 1960er-Jahren allerdings, als die Rabelados politisch verfolgt wurden, diente ihnen der schroffe und schwer zugängliche Gebirgszug der Serra Malagueta als Rückzugsgebiet.

Über den Monte Malagueta

Vom **Centro de Visitantes** geht es die Nationalstraße Richtung Assomada aufwärts, an einem Picknickplatz vorbei. Nach ca. 100 m zweigt links bei einem Kassenhäuschen und einer Infotafel ein breiter Pflasterweg ab, der eigentliche Beginn der Wanderung. Es geht bergan bis zu einem Kamm (10 Min.) und dann in sanftem Auf und Ab weiter. Bizarre Blicke auf steile Felsspitzen eröffnen sich unterwegs. An einer Gabelung wandert man rechts weiter, jetzt steiler bergauf. Dann passiert der Weg den **Monte Malagueta** (1064 m). Hier grenzt eine Steinmauer an die Piste (45 Min.). Bald darauf zweigt ein Pfad links ab (der offiziell markierte Weg), der je nach Jahreszeit sehr zugewachsen sein kann. Er trifft wenig später wieder auf die Piste. Es werden zwei Rohbauten passiert (1 Std.). Bald beginnt der Weg über einen Bergrücken allmählich abzusteigen. Bei einem Sendemast für das Mobilfunknetz (1.15 Std.) endet die breite Piste. Man passiert eine Infotafel und steigt auf einem schmalen Pfad ab. Voraus, weiter unten, ist ein einzelnes Gehöft zu sehen. An diesem führt der weitere Weg vorbei.

Sobald linker Hand einige zerfallene Häuser und wenige Meter voraus der Rest einer alten Mauer zu sehen sind (1.45 Std.), verlässt man den Bergrücken nach links. Zwei Pfade führen dort abwärts, der rechte ist der richtige. Spitzblättrige Agaven säumen ihn. Es handelt sich dabei um Sisal-Agaven, die einst von den Portugiesen aus Amerika in andere Kontinente gebracht wurden, so auch auf die Kapverdischen Inseln. Aus ihren Fasern wurden Seile gedreht, auf den Kapverden werden aber keine Sisalseile mehr hergestellt. Da die Pflanze zur Verwilderung neigt, sieht man sie nach wie vor an vielen Stellen auf den Inseln.

Nach steilem Abstieg geht es links auf zwei zerfallene Ställe zu, hinter denen der Hang gequert wird. Es folgt ein weiterer Abstieg, an zwei Hüttenruinen vorbei, bis ein bewohntes Gehöft erreicht ist (2 Std.), das von oben schon zu sehen war. Man hält sich rechts, quert einen Talgrund und wendet sich dann bei einem zweiten Gehöft links abwärts. Der jetzt mit Steinen gesäumte Weg hält in Serpentinen auf **Cabeçeira Gongon** (2.40 Std.) zu, das oberste Dorf des Gongon-Tales.

Gongon: mystisch und rätselhaft

Das Wort Gongon hat auf Kriolu zwei Bedeutungen. Zum einen bezeichnet es den in der Serra Malagueta vorkommenden Kapverdensturmvogel, der auf den Kapverden endemisch ist und noch auf Fogo in der Caldeira vorkommt. Es kann aber auch so viel wie mystisch oder rätselhaft heißen. Mythen ranken sich ja auch um die Rabelados, die aber nicht (mehr?) hier leben. Als ihnen die Katholische Kirche in vergangenen Jahrzehnten vorwarf, Häretiker zu sein, mussten ihre spirituellen Führer ins Gebirge flüchten. Wo genau sie sich versteckt hielten, ist nicht bekannt. Ursächlich war das Eintreffen weißer, von der Salazar-Regierung geschickter Priester ab 1941 gewesen. Sie sollten in Abstimmung mit Papst Pius XII. die ›wahre‹ katholische Lehre unter der Bevölkerung Santiagos verbreiten. Zuvor hatten einheimische Priester die Badiu-Kultur geduldet. Die Badius waren Christen, die jedoch ihre afrikanisch inspirierten religiösen Bräuche weiterhin pflegten. Viele Badius fügten sich. Andere zogen sich unter der Führung von Nhonhá Landim zurück und nahmen eine ablehnende Haltung den Autoritäten gegenüber ein. Aus ihnen entwickelte sich die Gemeinschaft der Rabelados. Die Kolonialbehörden warfen den Rabelados nun vor, Separatismus zu betreiben und eine kommunistische Revolte zu planen. Um ihren Zusammenhalt zu zerstören, wurden viele auf andere Inseln verbannt und die führenden Familien im Konzentrationslager von Tarrafal (s. S. 236) interniert, sofern es ihnen nicht gelang, sich zu verstecken.

Weiter ins Tal der Ribeira Principal

In Cabeçeira Gongon hält man sich links und wandert hoch über dem Tal weiter. Es folgen einige Kurven und ein Abzweig nach rechts, der nicht beachtet wird. Geradeaus geht es in ein steiles Seitental mit Bananenpflanzungen hinein und dann auf der linken Talflanke wieder hinaus. Hinter der nächsten Häusergruppe wendet man sich links und dann auf einen Sattel rechts unterhalb zu. Dort stehen ebenfalls einige Häuser, an denen der Weg vorbeiführt. Direkt dahinter schwenkt der Weg nach rechts. Links unterhalb liegt nun das Tal der Ribeira Principal. (3.30 Std.). Zunächst verläuft er im Hang leicht abwärts. Über einige Felsstufen steigt er dann bei einer Häusergruppe abwärts und mündet in eine breite Piste im Tal der **Ribeira Principal** (4 Std.) bei Hortelão. Etwas nach rechts befindet sich gegenüber einer Grogue-Brennerei eine kleine Bar. Nach einer eventuellen Rast folgt man der Piste weiter talauswärts, bis sie zu einer Häusergruppe abbiegt. Dort geht es geradeaus auf einem breiten, steinigen Weg im Talgrund weiter. Schließlich klettert man zu einer parallel zum Bachbett verlaufenden Pflasterstraße hinauf und setzt auf dieser die Wanderung bis zur **Küstenstraße** fort (5 Std.). Mit dem Taxi, das zu einer vereinbarten Zeit hierher kommt, geht es weiter nach **Espinho Branco.**

Vorzeigedorf Espinho Branco

Heute gibt es noch ca. 2000 Rabelados auf Santiago. Sie bilden seit dem Tod von Nhonhá Landim keine geschlossene Gemeinschaft mehr, sondern verteilen sich auf mehrere Gruppen in verschiedenen Orten. In Espinho Branco (kriolu: Rabu Spinhu Branku), an der Küstenstraße 10 km nördlich von Calheta, lebt mit rund 300 Menschen die größte Rabelado-Gemeinde. Dank der Initiative der bekannten kapverdischen Künstlerin Mizá, die ihre Wurzeln in der Kultur der Rabelados ›wiederentdeckt‹ hat, entwickelte sich Espinho Branco zu einem Vorzeigedorf. Besucher finden das Kunsthandwerkszentrum Rabelarte mit einem kleinen Museumsbereich und Laden vor.

Außerdem gibt es Ateliers, in denen junge Künstler aus dem Ort ihre ausdrucksstarken Arbeiten präsentieren. Zu ihnen zählt Josefa (geb. 1991), die sich der kreolischen Bildersprache bedient, um ihre ganz spezielle Sichtweise vom Alltagsleben der Menschen in ihrem Dorf zu Papier zu bringen. Weitere bekannte Namen sind Fico,

Kanhubai, Ney, Sabino und Tchetcho. Sie malen auf Ziegeln, Schilfrohr und Bananenblättern.

Der 2006 verstorbene Korbmacher Nho Agostinho Gonçálves war viele Jahre lang der spirituelle Führer der Gemeinschaft, der einzige von den Älteren, der lesen und schreiben konnte und auch eine Menge von althergebrachter Pflanzenheilkunde verstand. Jetzt ist Moisés Lopes Pereira als spirituelles Oberhaupt an seine Stelle getreten. Eine Schulpflicht für ihre Kinder lehnten die Rabelados bis vor wenigen Jahren ab. Auch waren sie nicht bereit, für den Staat zu arbeiten oder Abgaben zu entrichten. Sie leben von der Landwirtschaft und Viehzucht sowie von der Produktion kunsthandwerklicher Artikel (Keramik, Flechtarbeiten, Weberei). Auch ihre Häuser – in Gemeinschaftsarbeit gebaut – sind Flechtwerk. Strohmatten bilden Wände und Dächer. Letztere werden aber auch oft mit Palmwedeln gedeckt. Der Fußboden besteht schlicht und einfach aus gestampftem Lehm.

Die Lebensführung der Rabelados ist bescheiden, nach dem Vorbild Jesu Christi. Ihr Zeichen ist ein Kreuz, an einer Halskette getragen. Daneben hängen Amulette an der Kette, die gegen den bösen Blick schützen sollen. Am Samstag und Sonntag wird nicht gearbeitet. Dann trifft sich die Gemeinschaft in einem Versammlungshaus, wo Senior Lopes Pereiraaus der Bibel liest. Er ist auch für die Rechtsprechung zuständig. Die traditionsbewussten Mitglieder seiner Gemeinde akzeptieren die Entscheidungen klaglos.

Die Moderne hält Einzug

Zivilisatorische Neuerungen lehnten die Rabelados bis vor wenigen Jahren noch gänzlich ab. Medizinische Eingriffe wie etwa Impfen, Spritzen oder Blutabnahme werden nach wie vor vermieden. Nur im äußersten Notfall konsultiert ein Rabelado einen Arzt. Aber Fernsehen, Radio und Autofahren sind bei aller Strenge heute nicht mehr tabu. Junge Leute versuchen im-

mer öfter, aus der Gemeinschaft mit ihren strengen Regeln auszubrechen und in die Städte abzuwandern. Viele von ihnen bringen kaum Verständnis für das verbissene Festhalten ihrer Eltern an den alten religiösen Regeln auf. So scheinen die Tage der Rabelados gezählt.

weiteren Verlauf des Weges zu sehen. Im Rahmen eines Wiedereinführungsprojekts wurden sie ausgepflanzt und mit ihren wissenschaftlichen Namen beschildert. Unterwegs sind zahlreiche Eisvögel zu beobachten.

Der Ambiental-Weg quert die **violette Route** (Eixo Oriental), die über den zentralen Kamm der Serra Malagueta hinweg nach Osten zum Gongon-Tal führt (s. Entdeckungstour S. 233).

Infos

Centro de Visitantes Serra da Malagueta: EN 01, Tel. 265 12 11, Mo–Sa 8–15.30, So 8.30–14.30 Uhr, Zeiten können wechseln, Infos bei Facebook. Plan mit 9 Wanderungen gratis, Verkauf von Infobroschüren zu Flora und Fauna des Naturparks (port.). Mit Snackbar.

Aluguer: Auf der EN 01 (auch ST 01) verkehren zahlreiche Aluguers von Assomada über die Serra Malagueta nach Tarrafal. Passagem nach Assomada 100 ECV, nach Tarrafal 150 ECV.

Tarrafal ▸ Karte 3, M 15

Tarrafal (offiziell Cidade de Mangui, ca. 6500 Einw.) ist berühmt für seinen geradezu karibisch anmutenden, hellen Sandstrand. Dieser liegt in einer geschützten Bucht. Dahinter erstreckt sich ein Schatten spendender Kokospalmenhain. Bei einer kleinen Fischmarkthalle ziehen die Fischer ihre Boote an Land. Ein farbenfrohes Wandbild am Hallengebäude zeigt die traditionelle Rollenverteilung in Tarrafal: Die Männer sind Fischer *(pescadores)*, die Frauen Fischverkäuferinnen *(peixeiras)*, die ihre Ware bis zum Markt in Assomada bringen. Neben der Halle servieren zwei einfache, meist gut besuchte Strandlokale Getränke und inseltypische Mahlzeiten. Unter Akazien stehen ein paar Picknicktische. Westlich vom Hafenbereich grenzt eine zweite, kleinere Strandbucht an, die von Felsen gerahmte **Praia do Mar de Baixo**. Am Wochenende ist der Strand von Tarrafal mit seinen Unterkünften und Lokalen Ausflugsziel der wohlhabenderen Bewohner von Praia.

Von den für kapverdische Verhältnisse großstädtischen Bevölkerungszahlen merkt man im Ort selbst nichts. Mittelpunkt von Tarrafal ist die weitläufige **Praça Central,** wo am Vormittag reges Treiben herrscht. Rund um den Platz wie auch in den staubigen Seitenstraßen finden sich diverse Geschäfte für den täglichen Bedarf, Bars und kleine Restaurants. Die alte Markthalle am Südrand des Platzes beherbergt einige Kunsthandwerksstände. Der eigentliche Lebensmittel- und Kleidermarkt befindet sich in einer modernen Halle weiter südlich an der Ortseinfahrt, neben der Abfahrtsstelle für Aluguers.

Museu da Resistência (Campo de Concentração)

Chão Bom, tgl. 8–18 Uhr, 100 ECV

An der Nationalstraße EN 01 (auch ST 01) nach Assomada liegt 1,5 km außerhalb von Tarrafal, vor dem Ort Chão Bom das berüchtigte ehemalige Konzentrationslager. Heute steht es unter Denkmalschutz und wurde mit Unterstützung der portugiesischen Regierung in ein Museum des Widerstands gegen den Faschismus umgewandelt. Die ersten 152 Gefangenen trafen 1936 in Tarrafal ein. Darunter befanden sich 37 Marinesoldaten, die am Aufstand vom 18. Januar 1934 gegen das Salazar-Regime in Portugal beteiligt gewesen waren. Bei den anderen handelte es sich um portugiesische Antifaschisten aus den unterschiedlichsten Bevölkerungsgruppen: Intellektuelle, Studenten, Arbeiter, Bauern. Zeitweise saßen um die 300 Personen in Tarrafal ein. 32 von ihnen wurden im Lager hingerichtet oder starben einen langsamen, grausamen Tod durch Aushungerung und nicht behandelte Krankheiten.

1954 wurde das bis dahin offiziell als Colónia Penal (Strafkolonie) bezeichnete Lager von Tarrafal geschlossen, allerdings schon 1961 wieder in Funktion versetzt, jetzt unter dem unverfänglicheren Namen Campo do Chão Bom. Einen Unterschied machte dies allerdings kaum. Bei den neuen Gefangenen handelte es sich um Widerständler aus den afrikanischen Kolonien Portugals, die um ihre Unabhängigkeit kämpften. 1971 waren 147 Angolaner in Tarrafal inhaftiert, neben 17 Kapverdianern. Mit der Nelkenrevolution in Portugal 1974 kam auch die Befreiung der Häftlinge. Während die Zeit, als portugiesische Antifaschisten in Tarrafal einsaßen, sehr gut dokumentiert ist, fehlt es für die Phase nach 1961 noch an entsprechenden Forschungsarbeiten.

Eine Ausstellung in den ehemaligen Lagerräumlichkeiten zeigt Fotos und Berichte von Gefangenen sowie weitere Dokumente und Schautafeln zum Thema (Beschriftung nur port.). Außerdem sind Zellen, Latrinen und die Krankenstation zu sehen. Im Eingangsbereich kann man auf die Mauer steigen, die das Gelände abschottete, und sich einen Überblick verschaffen.

Übernachten

Atlantikblick – **King Fisher Resort:** Ponta de Atum, Tel. 266 11 07, www.king-fisher.de, Haus für 2 Personen 80–95 €. Kleines, exklusives Ferienresort in einem tropischen Garten am

Karibikstimmung: Palmen säumen den Strand von Tarrafal

Westrand von Tarrafal, unter deutscher Leitung. Alle zehn Ferienhäuser komfortabel ausgestattet und mit Liebe zum Detail eingerichtet, mit Bädern und Küche für 2 und 4 Personen. Die Lage in einer Bucht südlich der felsigen Landspitze Ponta de Atum unmittelbar am Atlantik ist traumhaft. Alle Häuser verfügen über Terrassen mit Meerblick. Die Wohneinheiten sind für Selbstversorger gedacht, auf Wunsch ist aber auch Frühstück buchbar. Der Mindestaufenthalt beträgt vier Tage. Kleine, öffentlich zugängliche Felsbadezone vor dem Haus. Eigene Tauchbasis (s. u.).

Bungalowhotel – **Baía Verde:** Praia de Tarrafal, Tel. 266 11 28, baiaverde@cvtelecom.cv, Bungalow für 2 Pers. ca. 5000 ECV. Im Palmenhain hinter dem Strand verteilen sich die einfachen Bungalows mit Wohneinheiten für 2–7 Pers. Das hauseigene Restaurant, das auch von externen Gästen gerne aufgesucht wird, befindet sich etwas oberhalb. Es bietet gute kapverdisch-portugiesische Küche (Hauptgerichte ab 900 ECV).

Praktikabel – **Sol Marina:** Praia de Tarrafal, Tel. 266 12 19, hotelsolmarinacv@hotmail.com, DZ 3000 ECV. Nicht unmittelbar am Strand, aber in dessen Nähe steht das funktionale Hotel. Alle Zimmer verfügen über einen Balkon. Im Ergeschoss eine geräumige Cafeteria mit Selbstbedienung, die über eine gut bestückte Kuchentheke verfügt (auch für externe Gäste).

Zentrale Pension – **Residencial La Marea:** Centro da Vila, Tel. 920 35 56, residencial.lamarea@sapo.cv, DZ 4000 ECV. Im italienischen Stil, nur wenige Zimmer, Gemeinschaftsbalkon. Im EG angenehmes Restaurant, in dem Pastagerichte wie auch kapverdische Küche, vor allem Fisch, aufgetischt werden. Weitere Infos bei Facebook.

Individuell – **Casa Strela:** Ponta de Atum, Tel. 266 10 71, www.casastrela.cv, DZ 40–45 €. Noch recht neue, einladende Pension unter Leitung des Schweizers Andreas. Nur vier Zimmer, zwar einfach, aber farbenfroh und gemütlich eingerichtet, eines mit Privatbad, drei mit Gemeinschaftsbad. Der Clou ist die Dachterrasse mit weitem Meerblick, auf der auch das Frühstück eingenommen wird. Gratis-WLAN überall im Haus. Verleih von Mountainbikes, Surfbrettern und Schnorchelausrüstung, Hilfe bei der Organisation von Ausflügen.

Essen & Trinken

Gemütlich – **Alto Mira**: Rua Macaco, Tel. 996 38 65, Mo–Sa 18.30–23 Uhr, Hauptgerichte ca. 800 ECV. Im lauschigen Innenhof nördlich des Hauptplatzes werden hervorragende Pizzen und frischer Fisch serviert. Französische Leitung. Spontan und unregelmäßig gibt es auch mal Livemusik.

Aktiv

Tauchen – **King Bay:** im King Fisher Resort (Kontakt s. o.). Die Tauchbasis wird von einem kapverdischen und einem deutschen Tauchlehrer nach den PADI-Richtlinien professionell geführt. In unmittelbarer Nähe der Basis liegen zahlreiche interessante Tauchspots, die schon auf kurzen Bootsfahrten erreicht werden.

Infos

Aluguer: Offizieller Stand an der neuen Markthalle, südliche Ortseinfahrt (Straße nach Assomada). Nach Assomada/Praia häufige Fahrten (nach Chão Bom 40 ECV, Serra Malagueta 150 ECV, Assomada 250 ECV, Praia 700 ECV). Seltener nach Calheta (250 ECV). Die Aluguers kreisen auf der Suche

Am Strand von Pedra Badejo liegen am Abend die Fischerboote

nach Fahrgästen auch um die Praça Central. Taxis für Rundfahrten werden von den Hotelrezeptionen vermittelt.

Praia Baixo ▸ Karte 3, N 16

Das einst ärmliche Fischerdorf an der Ostküste Santiagos hat sich zur Wochenendidylle für Besserverdienende aus Praia entwickelt. Der Ort besitzt einen halbmondförmigen, gegen die Brandung durch vorgelagerte Felsen gut geschützten Sandstrand, der wohl empfehlenswerteste und auch für Kinder geeignete Badeplatz auf Santiago.

Übernachten

Strandnah – **Praiabaixo:** Tel. 268 71 05, www.praiabaixo.com, Apartment für 2 Pers. ca. 55 €. Das Aparthotel bietet nett eingerichtete und gut ausgestattete Wohneinheiten für Selbstversorger mit ein oder zwei Schlafzimmern. Es steht unmittelbar am Strand, die kleinen bunten Fischerboote liegen direkt vor der Tür. Das hauseigene Restaurant ist derzeit geschlossen.

Infos

Aluguer: Einen regelmäßigen Aluguer-Verkehr nach Praia Baixo gibt es nicht. Man ist also auf Taxi oder Mietwagen angewiesen.

Pedra Badejo

▸ Karte 3, N 16

Am Rand von Kokospalmenoasen, die sich in den Mündungsgebieten zweier relativ wasserreicher Flüsse ausdehnen, liegen Pedra Badejo und der benachbarte Ort **Achada Fazenda,** wo sich mehrere Ausflugslokale entlang der Hauptstraße reihen. In den feuchten Talgründen erstrecken sich Zuckerrohrfelder, Bananenplantagen und Gemüsebeete. Am Wochenende bieten am Straßenrand Bauern frisch geerntete Kokosnüsse zum Kauf an.

Pedra Badejo (knapp 10 000 Einw.) ist eine lebhafte Kleinstadt, ein zentraler Ort im Osten der Insel. An der südlichen Einfahrt heißt ein breites Wandgemälde Besucher willkommen. Rechts geht es zum lang gestreckten Hauptplatz, um den sich Geschäfte gruppieren. Vor Pedra Badejo erstreckt sich eine recht lange, durch mehrere Felsnasen gegliederte Strandzone. Zum Baden am besten geeignet ist der Abschnitt südöstlich des Ortes. Zum belebteren Stadtstrand gelangt man vom zentralen Platz aus geradeaus. Im Sommer und am Wochenende klagen einige Cafés oberhalb der Strandbuchten nicht über Mangel an Kundschaft. Am Straßenende liegt der winzige Hafen, wo die bescheidene Fischereiflotte von Pedra Badejo mit Hilfe einer Winde bei Schlechtwetter an Land gehoben wird.

Seit 1983 verbindet eine Städtefreundschaft Pedra Badejo mit dem österreichischen Leibnitz (Infos: www.pedrabadejo-leibnitz.at). Seither wurden eine Reihe von gemeinsamen Projekten erfolgreich durchgeführt, um die Infrastruktur und Wohnsituation in Pedra Badejo zu verbessern und Arbeitsplätze zu schaffen. Eines der jüngsten Vorhaben sieht eine nachhaltige touristische Entwicklung für Pedra Badejo vor, die Ausbildung von jungen Einheimischen zum Nature Guide (Naturführer) trägt erste Früchte.

Ribeira Santa Cruz

Das Tal der Ribeira Santa Cruz nordwestlich von Pedra Badejo ist ein landschaftlicher Höhepunkt. Der von bizarren Felsformationen gesäumte, mit Kokospalmen bestandene Mündungsbereich ist mehr als ein Foto wert.

Übernachten

Designerlook – **Palm Beach Resort:** Pedra Badejo, Tel. 995 69 42, www.capeverdehotel.no, DZ etwa 7000 ECV. Unter norwegischer Leitung steht das noch sehr neue Strandhotel in der Nähe der Stadt, die zu Fuß erreichbar ist (400 m). Die 16 im Designstil eingerichteten Zimmer bieten große Terrassen mit Meerblick. Nettes Restaurant. Auf Wunsch werden Wanderungen, Radtouren, Vogelbeobachtungen oder Bootsfahrten arrangiert.

Ökoprojekt – **Casa Ecotec:** Achada Igreja, Tel. (in Österreich) 0043 34 54 64 82, http://geo-vision.blogspot.de, DZ ab 4000 ECV. Das Projekthaus am Strand des Fischerdorfs Achada Igreja entstand im Rahmen der Städtepartnerschaft von Pedra Badejo mit Leibnitz (s. o.). Ökologisch betrieben mit Sonnenkollektoren für Warmwasser, Müllrecycling, Verwendung von Lebensmitteln aus regionaler Produktion.

Gästehaus – **Quintal dos Amigos:** Achada Fazenda, Tel. 269 29 25, gunterheid@yahoo.fr, Apt. 50–80 €/Nacht, bei längerem Aufenthalt Sonderkonditionen. Freundliche Unterkunft unter Leitung einer deutsch-kapverdischen Familie, in Strandnähe. Es werden Apartments und Ferienwohnungen, jeweils mit Kochgelegenheit, vermietet. Garten, Pool, schattige Innenhöfe und Hausbar vorhanden.

Aktiv

Bird-Watching und mehr – **Geovision:** Tel. 989 59 14, http://geo-vision.blogspot.de. Mit einheimischen Nature-Guides werden sehr interessante Exkursionen mit naturkundlichem Hintergrund unternommen. Im Angebot sind etwa Strandspaziergänge mit Vogelbeobachtung an zwei Lagunen, eine vierstündige Wanderung durch eine Schlucht südlich des Ortes zur Beobachtung der Grünen Meerkatze, einer im 18. Jh. auf Santiago eingeführten Affenart, und ein Besuch einer der beiden verbliebenen Brutkolonien des Kapverdischen Purpurreihers.

Einkaufen

Sonntag wird in Pedra Badejo ein bunter **Straßenmarkt** abgehalten, der sich fast über den gesamten Ort hin ausbreitet.

Calheta de São Miguel ▸ Karte 3, N 15

Um Calheta de São Miguel (ca. 4000 Einw.) ist die Landschaft merklich trockener als bei den weiter südlich gelegenen Orten der Ostküste. Malerische Buchten mit groben Kiesstränden prägen den Meeressaum. Calheta selbst besitzt am Südrand sogar einen längeren Sandstrand. Ansonsten ist der Ort nicht wirklich attraktiv. Die lockere Bebauung besteht oft noch aus halb fertigen Betonbauten. Aber der Bezirk São Miguel mit rund 16 000 Bewohnern, die von traditioneller Landwirtschaft, der Herstellung von Ziegenkäse und Zuckerrohrschnaps sowie der Fischerei leben, wird von hier aus verwaltet.

Auch Calheta wird, ähnlich wie Pedra Badejo, nach dem Motto ›Hilfe zur Selbstentwicklung‹ im Rahmen privater österreichischer Entwicklungshilfe gefördert. Seit 1989 besteht die Städtefreundschaft zwischen Calheta und Deutsch-Wagram (Niederösterreich). Unterstützt wird vor allem eine verbesserte Schulbildung. So kann Calheta heute stolz darauf sein, in 11 Grundschulen, einer Privatschule und einem Gymnasium Plätze für insgesamt 1700 Schüler zur Verfügung zu haben. Außerdem gibt es 23 Kindergärten mit rund 1200 Plätzen. Besonderer Wert wird auch darauf gelegt, den Jugendlichen verschiedene sinnvolle Möglichkeiten zur Freizeitgestaltung zu eröffnen.

Capela Nossa Senhora do Socorro
Lohnend ist ein Abstecher zu dem weithin sichtbaren Gotteshaus am südlichen Ortsrand. Eine gepflasterte Nebenstraße führt durch ein Wohnviertel bis in die Nähe der weißen Kapelle mit dem arabisch wirkenden Kuppeldach. Es ist gewöhnlich verschlossen. Schön ist aber der Panoramablick über das angrenzende Tal der Ribeira dos Flamengos und über Calheta.

Übernachten

Gepflegt – **Villa Morgana:** Achada Batalha Calheta, Tel. 996 93 56, villamorgana@gmail.com, DZ um 6000 ECV. Ferienressort mit schönem tropischen Garten und Pool, um den sich die Bungalows reihen. Restaurant mit guter Küche. Beste Unterkunft im Ort.

Essen & Trinken

Entspannt – **Esplanada Silibell:** Ponta Calhetona, am südl. Ortsrand an der Durchgangsstraße, Tel. 273 20 78, www.silibell.de, Di–So ab 12 Uhr. Einheimische Küche, auch vegetarische Gerichte.

Aktiv

Wanderungen, Ausflüge – **Esplanada Silibel** (s.o.) bietet auch Touren an.

Termine

Festival de Batuko e Funaná: 29. September. Festival für die traditionellen Musikrichtungen von Kap Verde am Tag des Ortspatrons Sankt Michael.

Maio – noch ein Geheimtipp

Auf Maio geht es bescheidener zu als auf den bekannteren Nachbarinseln. Rund um den Hauptort Vila do Maio erstrecken sich allerdings schöne Strände. Der Norden und Osten des staubigen Eilands, wo es einige sehr abgeschiedene Siedlungen von Ziegenhirten gibt, erschließen sich nur dem Jeepfahrer. Wer Einsamkeit, Ruhe und Natur pur liebt, kommt auf Maio auf seine Kosten. Meeresschildkröten und zahlreiche Vogelarten beleben die Szenerie. Für die Zukunft bestehen allerdings große Pläne. In überschaubar großen Resorts sollen insgesamt 6500 Gästebetten entstehen, wobei ein Teil davon nicht vermietet, sondern verkauft werden soll, an Europäer, die auf Maio einen Zweitwohnsitz einrichten wollen. Erste Objekte wurden bereits fertiggestellt.

Infobox

Internet
Die Seiten www.maio.es/de (Deutsch) und www.maiocv.com (Englisch) bieten Fotos bzw. eine Reihe nützlicher und interessanter Infos über Maio. Auf Portugiesisch informiert die offizielle Seite www.municipiodomaio.cv.

Anreise und Weiterkommen
Flug: Aeródromo do Maio (MMO), am Stadtrand von Porto Inglês, www.asa.cv, nur für Inlandsflüge. Die TACV fliegt ihn im Liniendienst mit Propellermaschinen mehrmals wöchentlich von Praia (Santiago) an. Aluguers bringen Ankommende ins Zentrum von Porto Inglês.
Fähre: Das Frachtschiff ›Sotavento‹, läuft Maio ab Praia 1–2 x/Woche an- und nimmt Passagiere mit (Tel. 261 52 23). Eine Schnellfähren-Verbindung nach Praia und Boa Vista ist geplant.
Auf der Insel: Aluguers verkehren meist nur morgens von den verschiedenen Dörfern Richtung Porto Inglês und mittags zurück. Zu anderen Zeiten muss man einen Aluguer komplett mieten. Außerdem gibt es in Porto Inglês Mietwagenanbieter (s. S. 245).

Porto Inglês

▶ Karte 3, P 16

In Porto Inglês (Name der Gesamtgemeinde offiziell Cidade do Maio) lebt mit rund 3000 Einwohnern fast die Hälfte der Inselbevölkerung. Mit ihren farbenfroh angestrichenen, blumengeschmückten Häusern wirkt die kleine Hauptstadt sympathisch. Viel los ist hier nicht. Bei den wenigen Urlaubern handelt es sich bislang meist um Traveller, die ihren ganzen Ehrgeiz daran setzen, alle Inseln gesehen zu haben. Allerdings entsteht derzeit am Nordrand der Stadt, hinter den dortigen Salinen, mit der Urbanisation Fontona ein auf dem Reißbrett geplanter Stadtteil völlig neu. Erste Europäer, vor allem Deutsche und Italiener, haben sich dort eingekauft, um einen Teil des Jahres oder ständig auf Maio zu leben.

Igreja Nossa Senhora da Luz

Die Praça Fina, den zentralen quadratischen Platz, wo zwischen Blumenrabatten Bänke im Schatten hoher Bäume zur Rast einladen, dominiert die katholische Kirche, die Maria Lichtmess geweiht ist. Der Bau wurde 1872 aus einer eigens eingeführten Salzsteuer

Einst von der Salzsteuer finanziert: Igreja Nossa Senhora da Luz

finanziert. Heute zieht er die Blicke automatisch auf sich, wegen der farbenfrohen Bemalung, die allgemein auf Maio sehr verbreitet ist. Ein breiter Treppenaufgang führt zu dem von zwei Türmen flankierten Eingang. Der Frontgiebel weist barocke Elemente auf, wie sie für den portugiesischen Kolonialstil typisch sind. Innen ist die Kirche schlicht, aber sehr gepflegt.

Praça Évora

Oberhalb der Kirche erstreckt sich Richtung Süden die weitläufige Praça Évora. An ihrem oberen Rand erhebt sich die Casa L. A. Cardoso, einstmals das wohl schönste Haus von Porto Inglês, im Stil eines Sobrados errichtet. Bauherr war António Évora, der zu Beginn des 20. Jh. faktisch über das Salzmonopol auf Maio verfügte. Auch den Handel mit getrocknetem Ziegenfleisch *(tchassina)*, das in England reißenden Absatz fand, kontrollierte er. Nach der Unabhängigkeit Kap Verdes transferierten die Erben das Familienvermögen nach Amerika.

Passeio dos Ingleses

An der Uferstraße steht auf einem Sockel aus Marmor ein steinernes Kreuz von 1955 mit einer Christusfigur (Cristo Rei). Die Straße heißt seit der Unabhängigkeit Avenida Amílcar Cabral. Viele Einheimische sprechen aber immer noch vom Passeio dos Ingleses (Promenade der Engländer). Denn vom 17. bis ins 19. Jh. hinein kamen jährlich etwa 80 Fischereiboote aus England, um Salz an Bord zu nehmen, das Esel von den Salinen herbeischleppten. Anschließend fuhren sie nach Neufundland, um dort Kabeljau zu fangen und mit Hilfe des Salzes zu Stockfisch zu verarbeiten. Auch der Ortsname Porto Inglês erinnert an diese Zeit. Nach 1975 wurde versucht ihn abzuschaffen, doch die neuen Namen Vila do Maio und später Cidade do Maio konnten sich nicht durchsetzen. So heißt die Stadt heute wieder offiziell Porto Inglês.

Forte de São José

Am Südwestrand der Stadt stehen am Meer die Reste der Festung aus dem 18. Jh. Die Außenmauer wurde restauriert, der Putz bröckelt jedoch schon wieder ab. Um die englischen Interessen zu wahren, war lange Zeit eine englische Garnison in der Festung stationiert. 1887 richtete man einen bis heute aktiven Leuchtturm *(farol)* im Forte de São José ein. Das Leuchtfeuer steht auf einem Turm der Festung, der weithin sichtbar weiß angestrichen ist.

Salinas

Die Praia Bitche Rotcha zieht sich von der Stadt aus nach Norden bis zum Hafen. Hinter der Kaimauer dehnt sich bis zum Flughafen ein riesiger Strandsee mit Salinenbecken aus. In geringen Mengen wird heute noch Salz gewonnen. Die Produktion soll nun ausgeweitet werden, um etwa auch das bei Touristen beliebte *flor de sal* (Salzblüte) anbieten zu können. Die Salinen sind ein Eldorado für Vogelbeobachter, häufig finden sich hier vor allem Seeschwalben und verschiedene Watvögel ein. Ein rund 535 ha großes Schutzgebiet wurde geschaffen, das auch einen Meeresstreifen einschließt. Es zählt seit 2005 zu den Feuchtgebieten der internationalen Ramsar-Konvention.

Strände

Praia Bitche Rotcha

Der sehr feinsandige Stadtstrand ist sauber und durchaus zum Baden zu empfehlen. Hier werden die kleinen Fischerboote an Land gezogen. Wenn die Männer mit dem Fang zurückkehren, findet am Strand der spontane Fischmarkt statt.

Praia Ponta Preta

Der Strand an der Ponta Preta ist der landschaftlich vielleicht beeindruckendste Teil Maios, zum Baden ist er jedoch wegen gefährlicher Strömungen eher nicht geeignet. Von Porto Inglês aus ist die Praia schnell zu erreichen (per Leihwagen oder in 15 Min. zu Fuß). Dazu wendet man sich am Kreisverkehr oberhalb der Kirche rechts, dann auf der nächsten größeren Straße links. Man kommt am Kuppelgebäude der Verbrauchergenossenschaft vorbei. Hier werden Gasflaschen gelagert und an die Mitglieder günstig abgegeben.

Im Bogen führt die Pflasterstraße aus der Stadt heraus zu dem von einer hohen weißen Mauer umgebenen Friedhof. Noch vor diesem biegt man rechts in eine breite Piste ein. Zwischen steinernen Ziegenpferchen führt die Piste Richtung Meer und hinab zum Westrand der Praia Ponta Preta. Dort wird sie von der gleichnamigen Landzunge begrenzt, die ihren Namen auffällig dunklem Lavagestein verdankt, das der Küste in Form von Felsriffen unmittelbar vorgelagert ist. Einen Großteil der Landzunge nimmt die Ferienanlage Stella Maris ein.

Der schöne gelbsandige und sehr einsame Strand erstreckt sich von hier aus etwa 6 km Richtung Osten. Infrastruktur ist noch keine vorhanden, was sich jedoch ändern soll, denn weitere Anlagen sind geplant. Noch können auf dem Küstenplateau Ziegen hier und da weiden. Zum Strand hin fällt die Ebene ein paar Meter steil ab. Hier tritt rötliches Gestein zutage, es handelt sich um verwitterten Kalk. Weiter im Osten wird der Strand breiter, dahinter dehnt sich bald eine riesige Salzwiese aus. Dieser Abschnitt bleibt vorerst Fußgängern vorbehalten.

Übernachten

Feriendorf – **Stella Maris Village:** Ponta Preta, Tel. 955 96 75, buchbar über Internetportale, Studio für 2 Pers. ab ca. 30 €. Gepflegte Apartmentanlage mit Wohneinheiten unterschiedlicher Größe auf einem Felsplateau südlich der Stadt. Gute Ausstattung, mit Infinity-Pool und Blick über den Atlantik. Die Verwalter geben gute Tipps für Inselerkundungen.

Kreativ – **Casita Verde:** Fontona, Tel. 996 06 33, www.casita-verde.de, DZ 60 €. Von einem hübsch gestalteten Garten umgeben, liegt das kleine Haus (zwei Gästezimmer) nur fünf Gehminuten vom Strand. Die Besitzerin Waltraud Elisabeth Herdtweck bemüht sich sehr um ihre Gäste, serviert ein reichhaltiges Frühstück mit kapverdischen Produkten und gibt Ausflugstipps.

Essen & Trinken

Französisch – **Kulor Café:** Tel. 981 13 03, Rua 3 de Maio, am südlichen Ortsrand, schon mittags geöffnet, Hauptgerichte ca. 600 ECV. Lokale, frische hochwertige Speisen werden auf einer schönen Terrasse serviert. Gute hausgemachte Cocktails.

Einkaufen

Kunsthandwerk – **Atelier de Artes São José:** Forte de São José. Neben der Festung hält der moderne Laden alles bereit, was die Kunsthandwerker auf Maio erzeugen: Keramik, Holz- und Flechtarbeiten, Fischskulpturen aus Altmetall, Muschelschmuck, farbenfrohe Landschaftsbilder.

Obst, Gemüse – **Mercado Municipal:** Rua da Liberdade, tgl. 8–17 Uhr. In einer Seitenstraße, die südwärts von der Praça Fina abzweigt, steht die kleine Markthalle. Hier gibt es alles für den täglichen Bedarf, so etwa auch den schmackhaften Ziegen-Frischkäse von Maio.

Infos & Termine

Termine

Festa de Santa Cruz: 1.–3. Mai. Das Kreuzerhebungsfest am 3. Mai (s. S. 35) fällt mit den Feierlichkeiten zum Gedenken an die Entdeckung der Insel am 1. Mai 1460 zusammen, der Maio seinen Namen verdankt. So wird tagelang kräftig gefeiert.

Festa São João: 24. Juni. In der Johannisnacht gibt es traditionelle Tabanka-Tänze (s. S. 36). Anschließend wird ein großes Feuer entzündet. Die Feierlichkeiten dauern bis zum 26. Juni.

Festa do Cristo Rei: 21. Nov. Das Fest wird zu Ehren von Jesus Christus mit traditionellen Tänzen und Gesängen gefeiert.

Verkehr

Fähre: s. S. 242.

Aluguer: Abfahrt am Ortsausgang Richtung Figueira. Morgens fahren die Wagen in die Stadt und am frühen Nachmittag wieder zurück in die Dörfer (*passagem* nach Morro 60 ECV).

Mietwagen: Maio Car, Av. Amílcar Cabral (Straße Richtung Flughafen), Tel. 255 17 00, maiocar@cvtelecom.cv. Verschiedene Wagen mit Vierradantrieb (ca. 70 €).

Morro ▶ Karte 3, P 15

Kleine Kokospalmenhaine umstehen den nördlich des Flughafens etwas landeinwärts gelegenen, noch sehr ruhigen Ort Morro. Die Bewohner halten Kühe, Schweine, Ziegen und Hühner. Aus dem Meer holen sie Langusten und Tintenfisch. Rund 1 km westlich von Morro liegt ein schöner, hellsandiger Badestrand, dem ein großes touristisches Potenzial nachgesagt wird. Investoren beginnen mit der Errichtung von Zweitwohnsitzen für den Verkauf an zahlungskräftige Kunden. Am Meeressaum entlang kann man bis zum rund 6 km entfernten Ort Calheta laufen.

Wanderung auf den Monte Batalha

Im Nordosten von Morro erhebt sich der Monte Batalha, mit seinen 294 m doch ein markanter Berg innerhalb eines lang gestreckten Höhenzugs. Der Gipfel mit großartiger Aussicht ist von Morro aus zu Fuß zu erreichen (hin und zurück 4–5 Std.), der Weg be-

Ein häufiger Gast der Küste: der Fischadler

ginnt an der Hauptstraße nördlich der Kirche. Am besten unternimmt man diese Wanderung mit einem Führer (z. B. über Casita Verde).

Bird-Watching

Die Westküste von Maio bei Morro bietet beste Bedingungen für die Vogelbeobachtung. Der Aufwand für eine solche Expedition hält sich in Grenzen, denn sogar vom Auto aus sind an der Straße Richtung Calheta die verschiedensten exotischen Vogelarten auszumachen. Häufig werden Wüstenläufer, Sandlerche und Rennvögel gesichtet. Aber nicht selten suchen auch Fischadler diese Küstenregion auf.

Calheta ▶ Karte 3, P 15

Die zweitgrößte Ansiedlung von Maio ist Calheta, dessen Bewohner vorwiegend vom Fischfang und, wie in Morro, der Viehhaltung leben. Viele Menschen sind in der Vergangenheit von hier nach Übersee emigriert und überweisen ihren daheim gebliebenen Verwandten regelmäßig Geld, weshalb sogar ein bescheidener Wohlstand im Ort zu beobachten ist. Die hübsche Kirche besitzt eine auffällig breite, weiß und gelb angestrichene Fassade. Beachtung verdient die von außen zugängliche Seitenkapelle mit ihrem Spitzbogen. Hier, an der blumengeschmückten Praça vorbei, lohnt es sich, links einzubiegen, um die einstöckigen Häuser mit bunten Fassaden und gepflegten Vorgärten zu bewundern. Sogar zwei doppelstöckige Gebäude – eine Besonderheit für ein Dorf wie Calheta – stehen in der Rua São José, der Hauptstraße. Treppenaufgänge führen außen an der Vorderseite zur Veranda im Obergeschoss. Beim Ort liegt die Baía de Baxona mit einem schönen, 650 m langen Sandstrand, den die Inselbewohner im Sommer gern zum Baden und Picknicken aufsuchen.

Nördlich von Calheta beginnt ein großes Waldgebiet, der Perímetro Florestal da Calheta, der ab 1964 durch Pflanzung von rund 75 000 Akazien entstanden ist. Große Heuschrecken fliegen hier wie Vögel umher. Auch lassen sich Schwärme von den gar nicht scheuen Schopfperlhühnern beobachten. Dieser in ganz Westafrika heimische Vogel gilt als Stammform unserer Hausperlhühner. Maio war einst zwar nicht wirklich dicht bewaldet gewesen, doch bedeckte ursprünglich niedriges Buschwerk die ganze Insel. Dieses wurde seit dem 18. Jh., als der Salzhandel blühte und die Bevölkerung stark anwuchs, als Brennholz verfeuert. So präsentierte sich Maio bis zu Beginn der Aufforstungsbemühungen durchweg als wüstenhaft und kahl.

Praia de Pau Seco

Eine beschilderte Piste führt zu diesem einsamen Strand nördlich von Calheta. Zum Baden, mehr noch zum Schnorcheln, eignet sich die Praia de Pau Seco recht gut. Einige Vorsicht ist aber wegen der vorgelagerten Felsen angeraten. In den Wintermonaten fehlt es dem Strand an Sand. Bald könnte es mit der Idylle vorbei sein, denn der neue, auch für große Containerschiffe geeignete Hafen von Maio soll hier in den kommenden Jahren entstehen.

Übernachten

Romantisch – **Torre Sabina:** Tel. 256 12 99, www.inseltraum.biz, DZ 60 €. Zwei wunderschöne Ferienwohnungen unter deutscher Leitung, die eine im ›Turmschlösschen‹ mit traumhafter Aussicht vom Schlafzimmer im obersten Stock, die andere in einer ›Kapelle‹.

Termine

Festa de São José: 19. März. Zu Sankt Josef ziehen in Calheta Tabanka-Tänzer (s. S. 36) durch die Straßen. Der Ort wird in ganz Kap Verde für diese allegorischen Umzüge gerühmt.

Morrinho ▸ Karte 3, P 15

In Morrinho ist lediglich die Hauptstraße ein wenig belebt. Viele Häuser im Ort stehen leer und verfallen, denn in früheren Jahrzehnten sind viele Bewohner ausgewandert. Oleanderbüsche zieren den weiten Vorplatz der Dorfkirche mit ihrer asymmetrischen Fassade und dem seitlich in Bodennähe angebrachten Glockenstuhl.

Die verbliebenen Menschen leben auch in Morrinho von der Viehhaltung. Sie füttern die Tiere mit den Schoten von Akazien. Außerdem produzieren sie Holzkohle. Der Prozess ist sowohl an der Hauptstraße (an beiden Ortsausgängen) als auch an der Piste, die von der Kirche westlich aus Morrinho hinausführt, zu beobachten. Zu Haufen aufgeschichtet schwelt Akazienholz vor sich hin und verwandelt sich allmählich in Kohle. Diese wird in große Säcke verpackt und auf die anderen Inseln exportiert. Der lichte Akazienwald, der in den letzten Jahrzehnten durch Aufforstung entstand, erstreckt sich inzwischen auf 700 ha Fläche von Calheta über Morrinho bis zum östlichen Nachbarort Cascabulho, wo die Pflasterstraße von Porto Inglês endet. Die weitere Planung sieht vor, den Wald auf 3000 ha auszudehnen. Schon vermehren sich die Akazien sogar von selbst, sodass genügend Material für die Herstellung von Holzkohle vorhanden ist, ohne dass der Bestand der Bäume gefährdet wäre.

Turtle-Watching

Bei Morrinho dehnt sich 2 km entfernt, in der Baía de Santana, ein 5 km langer, einsamer Sandstrand aus. Nur die Fischer des Ortes nutzen die Praia de Santana, um hier ihre Boote anzulanden. Zum Baden ist dieser Strand wegen unberechenbarer Strömungen allerdings kaum geeignet. Hier legt die Unechte Karettschildkröte im Sommer noch regelmäßig ihre Eier ab. Geführte Exkursionen zu diesem nächtlichen Ereignis gibt es bislang nicht. Im Norden schließen weitere, schwer zu erreichende Strände an, so die Praia Real und die Praia do Galeão, die ebenfalls für die zahlreichen hier zu beobachtenden Schildkröten bekannt sind. Im Hinterland dieser Strände erstrecken sich bis zu 30 m hohe Dünen und trockene Salzwiesen, die vollkommen ebenen, mit einer dürren salzliebenden Flora bewachsenen **Terras Salgadas.** Nach Regenfällen können diese monatelang nicht per Jeep befahren werden, da die Gefahr des Steckenbleibens dann zu groß ist. Diese natürlichen Salinen entstehen durch Einsickern von Meerwasser unter dem Dünengürtel hinweg oder auch durch Überschwemmung bei starkem Wellengang. Das ganze Gebiet steht als Parque Natural do Norte unter Schutz.

In den Süden und Osten der Insel

Die Osthälfte von Maio ist großenteils nur auf Pisten zu erreichen. Die Tour kann zu einer tagesfüllenden Inselrundfahrt gegen den Uhrzeigersinn ausgebaut werden. Einkehrmöglichkeiten gibt es unterwegs nicht, abgesehen von den üblichen Mercearias/Bars, daher empfiehlt es sich, Proviant und Getränke mitzunehmen. In östlicher Richtung verlässt man Porto Inglês an der Shell-Tankstelle vorbei.

Barreiro und Figueira da Horta ▸ Karte 3, Q 15/16

Etwa 5 km östlich von Porto Inglês zweigt rechts eine Pflasterstraße nach **Barreiro** ab. Der Abstecher führt über ein von Gestein übersätes Plateau, in das sich bizarre Täler eingeschnitten haben. Mehrere Ortsteile von Barreiro verteilen sich über die dazwischen stehen gebliebenen ›Finger‹ der Ebene. Einige Grünanlagen und Parkbänke zeugen in Barreiro von relativem Wohlstand. Ähnlich wie in Calheta gibt es sogar auch ein paar zweistöckige Häuser.

Auf der Hauptstraße ist nach weiteren 2 km **Figueira da Horta** erreicht, ein niedlicher Ort mit verwinkelten Straßenzügen. Man fährt an der hübschen Kirche mit ihrer Natursteinfassade vorbei und biegt dann rechts ab. Eine Pflasterstraße führt aus dem Ort heraus und quert wenig später das Tal der Ribeira Figueira, wo Zuckerrohr und Gemüse angebaut werden. Ein wenig wirkt der Talgrund wie eine Oase inmitten der ansonsten staubtrockenen Landschaft.

Ribeira Dom João

▸ Karte 3, Q 16

Die Straße endet in Ribeira Dom João. Dieser Ort liegt auf einer Anhöhe am Rand des gleichnamigen Tals, das relativ dicht mit Kokospalmen bestanden ist. Vom Dorf aus ist der einige hundert Meter entfernte, hellsandige Strand an der Flussmündung zu sehen. Eine sehr abenteuerliche Piste (besser zu Fuß gehen) führt kurz vor Straßenende steil hinab zu der breiten, geschützten Praia. Da die Dorfbewohner selten auswärtigen Besuch bekommen, wird man dort beim Baden schnell die Neugierde der Kinder und Jugendlichen erwecken.

In Ribeira Dom João wird, wie auch in den Orten davor, ein äußerst schmackhafter Frischkäse aus Ziegenmilch hergestellt, der in Kap Verde einen ähnlich guten Ruf genießt wie derjenige von Santo Antão (s. S. 182).

Alcatraz ▸ Karte 3, Q 15

Östlich von Figueira da Horta, an der Straße nach Ribeira Dom João, zweigt noch vor dem Tal der Ribeira Figueira eine sichtlich viel befahrene Piste in nördlicher Richtung ab, einen Bergrücken hinauf, den Talgrund zur Rechten. Sie ist extrem ausgewaschen. Die Route quert den in mehrere Arme aufgespaltenen oberen Talgrund der Ribeira Figueira. Hier wird Bewässerungsfeldbau betrieben: Maniok, Zuckerrohr, Bananen, Süßkartoffeln, Zwiebeln. Wiederholt verzweigt sich die Piste, die Spuren führen stets wieder zusammen.

Nach Verlassen des Tals kommt man auf eine wellige, öde Ebene, die Hirten mit ihren Kühen und Ziegen durchstreifen. Esel tragen Kanister mit Wasser aus dem feuchten Talgrund herauf. Einziger Baum weit und breit ist eine gewaltige Feige, ein uraltes knorriges Exemplar. Sie gilt als letzte Zeugin eines einstmals größeren Feigenbestandes. Der Monte Branco (265 m) dominiert die Gegend. Seinen Namen (Weißer Berg) verdankt er dem auffällig hellen Kalkgestein.

Hinter einem weiteren Talgrund gelangt man nach Pilão Cão, einem winzigen Dorf mit Viehställen ringsum. Am Ende der im Ort gepflasterten Hauptstraße geht es im Bogen links weiter und auf einer Piste aus der Siedlung heraus. Nächstes Ziel ist Alcatraz. Auch hier gibt die Viehhaltung den Ton an. Die Hauptpiste führt westlich vorbei, man sollte aber den Abstecher in das noch sehr ursprüngliche Dorf nicht versäumen.

Zwischen Alcatraz und Pedro Vaz erhebt sich links der Monte Penoso, mit 436 m höchster Berg von Maio. Einsam steht die Capela Nossa Senhora do Rosário am Pistenrand. Die Wallfahrtskapelle ist das einzige erhaltene Gebäude des ehemaligen Dorfes Povoação Penoso, der ältesten Siedlung von Maio, die bis ins 18. Jh. hinein existierte. Eine Mauer umgibt das idyllische Gelände, in dem einige Akazien Schatten bieten. Normalerweise ist die Rosenkranzkapelle verschlossen. Ein Gedenkstein über dem Eingang und ein Giebelkreuz schmücken die Fassade.

Schnorchler finden ein bisher kaum entdecktes Paradies vor den Küsten von Maio

Pedro Vaz ▸ Karte 3, Q 15

Gleich hinter dem nächsten Bergrücken taucht in einer Senke Pedro Vaz auf. Vom Wind angetriebene Wasserschöpfräder fördern das notwendige Nass für ein wenig Bewässerungsanbau. Hier gibt es einen Zwillingsrundbau, in dem die örtliche Verbrauchergenossenschaft ihren Sitz hat, ähnlich wie in Porto Inglês. Im Zentrum knickt die Piste nach links, dem Talgrund aufwärts folgend, von Steinmauern gesäumt. Nach Verlassen des Tals geht die Fahrt durch eine Savanne, die schon zu dem großen Aufforstungsgebiet im Nordwesten von Maio gehört. Eine breite Abzweigung nach links wird ignoriert. Dann gabelt sich die Piste mehrfach, doch die Spuren führen immer wieder zusammen. Schon bald erblickt man den Ort Cascabulho. Dort beginnt die Pflasterstraße, die über Calheta nach Porto Inglês führt.

Termine

Festa Nossa Senhora da Luz: 2. Feb. Zu Ehren von Maria Lichtmess, der Inselpatronin, findet eine Wallfahrt zur Rosenkranzkapelle statt.

Das Beste auf einen Blick

Fogo und Brava

Highlights!

São Filipe: Der Hauptort von Fogo gilt als besonders malerisch. Herrschaftliche Häuser aus vergangenen Jahrhunderten prägen das Stadtbild, einige wurden in romantische Unterkünfte verwandelt. S. 254

Chã das Caldeiras: Fast 2000 m hohe, steile Felswände umgeben den Ort, den um die Jahreswende 2014/2015 Lavamassen des Pico do Fogo überrollten. Allmählich kehren die vom Weinbau und Wandertourismus lebenden Bewohner zurück. S. 271

Auf Entdeckungstour

Inseln aus dem Feuer – Vulkanismus auf Fogo hautnah: Das Inselinnere von Fogo entstand durch gewaltige Eruptionen von Lava, Lapilli und Aschen. Dem letzten Ausbruch von 2014/2015 verdankt der Pico do Inferno seine Existenz. Er wie auch der große Pico do Fogo, zweithöchster Berg im Nordatlantik, sind zu erwandern. S. 274

Kultur & Sehenswertes

Kaffee: Am Nordhang von Fogo erstrecken sich Kaffeepflanzungen, umgeben von üppiger tropischer Vegetation. Die Qualität des Fogo-Kaffees gilt als besonders gut. S. 269

Nossa Senhora do Monte: In der Wallfahrtskirche im Inselinneren von Brava verehren die katholischen Gläubigen die Bergjungfrau. Der kapverdische Bischof hält hier seine Messen, wenn er Brava besucht. S. 285

Zu Fuß unterwegs

Abstieg durch Savannenland: Von São Lourenço geht es zu Fuß, an Affenbrotbäumen vorbei und durch lichte Akazienhaine, hinab zur Bewässerungsoase Achada Malva. S. 264

Nach Fajã de Água: Idyllisch und aussichtsreich gestaltet sich der Abstieg vom zentralen Bergkamm Bravas hinab zum Kokospalmenstrand im Westen der Insel. S. 283

Genießen & Atmosphäre

Fogo Lounge: Sonnensegel werfen Schatten auf die Sitzgruppe im Patio eines Sobrados, in São Filipe der ideale Ort zum Chillen, egal ob morgens zum Frühstück oder abends mit einem Cocktail in der Hand. S. 259

Tchon de Café: Im Innenhof des Restaurants sitzt es sich gemütlich unter einem ausladenden Baum, serviert werden schmackhafte Inselspezialitäten. S. 270

Abends & Nachts

Tropical Club: In dem Restaurant in São Filipe finden am Wochenende (Fr, Sa) kapverdische Nächte statt, mit Livemusik und Tanz. Es wird Wert auf schicke Kleidung gelegt. S. 260

Fogo – pittoreske Hauptstadt, großartige Vulkanlandschaft

Die Hauptstadt São Filipe gilt als eine der schönsten Städte der Kapverden. Zumindest für die Unterstadt, die Vila Baixa, trifft das zweifellos zu. Hier stehen noch zahlreiche alte Herrenhäuser im Kolonialstil. São Filipe bietet auch die meisten Unterkünfte der Insel. Ein weiterer, vielleicht noch größerer Höhepunkt eines Besuchs auf Fogo ist die Auffahrt zur Caldeira, dem Riesenkrater im Inselinneren mit dem gewaltigen Vulkan Pico do Fogo und dem erst 1995 bei der jüngsten Eruption auf den Kapverden entstandenen Pico Pequeno. Ein besonderes Erlebnis ist die Übernachtung in einem einfachen, landestypischen Quartier in der bizarren Gebirgswelt von Chã das Caldeiras. Andere, lieblichere Landschaftstypen erschließen sich bei einer Inselrundfahrt in tiefer gelegenen Zonen. Bei Mosteiros, wo es kleine Pensionen gibt, dehnen sich grüne Kaffeeplantagen aus. Karger präsentieren sich der Süden und Westen von Fogo, letzterer mit den Brandungspools an der Ponta da Salina bei São Jorge.

Infobox

Es gibt auf Fogo keine offizielle Touristen-Informationsstelle. Im Internet informiert die jedoch nicht ganz aktuelle Seite www.fogo.cv (Portugiesisch).

Anreise und Weiterkommen

Flug: Der Aeródromo do Fogo (SFL) ist per Inlandflug mit der TACV 2 x täglich ab Praia (Santiago) zu erreichen. Flughafeninfo www.asa.cv.

Fähre: Die Schnellfähre ›Kriola‹ verkehrt täglich zwischen Brava, Praia und Fogo (www.cvfastferry.com). Am Hafen gibt es bislang für die Wartenden noch keine Infrastruktur wie Bar oder Toiletten. Da man ca. 2 Std. vor Abfahrt am Hafen eintreffen muss, sollte man sich darauf einstellen.

Auf der Insel: Aluguers fahren in unregelmäßigen Abständen von São Filipe nach Mosteiros, São Jorge/Ponta da Salina und Chã das Caldeiras. Meist ist man auf die Komplettanmietung eines Taxis oder Aluguers angewiesen. Mietwagen können über die Hotelrezeptionen oder das Restaurant Seafood in São Filipe organisiert werden.

São Filipe !

▶ Karte 3, G 17

São Filipe (8000 Einw.) ist nach Ribeira Grande auf Santiago die älteste Siedlung der Kapverden und bis heute eine der wichtigsten Städte des Archipels. Östlich der Durchgangsstraße liegt die Vila Riba (Oberstadt) mit dem bevölkerungsreichsten Stadtteil Santa Filomena (ca. 2000 Einw.). Ursprünglich befand sich hier das Wohnviertel der Sklaven. Auch heute noch ist dieser Bereich der Stadt nicht sonderlich attraktiv. Häufig fehlt den Häusern Putz und Farbe. Südlich des historischen Zentrums, auf der anderen Seite der Ribeira de São João, liegt mit der Achada São Filipe ein aufstrebender Stadtteil mit einigen Neubauten. Der eigentliche Besuchermagnet ist jedoch die Vila Baixa (Unterstadt). Hier residierte in vergangenen Zeiten die Herrschaft.

Noch heute zeugen viele schöne Kolonialhäuser aus dem 18./19. Jh. davon. Insgesamt 50 dieser Sobrados soll es im Ort noch geben. Einige könnten zwar eine Renovierung vertragen, viele sind jedoch liebe- und stilvoll restauriert. In der Unterstadt spielt sich heute das gesellschaftliche und wirtschaftliche Leben von São Filipe ab, was bis in die frühen Nachmittagsstunden für regen Betrieb sorgt. Die Menschen der umliegenden Ortschaften, ja fast von der ganzen Insel, kommen zum Einkaufen oder für Behördengänge hierher. Gegen Mittag geht es wieder nach Hause, dann kehrt in der Unterstadt wieder Ruhe ein.

Alto São Pedro 1

Eine bedeutende Achse der Unterstadt ist der Alto São Pedrxxxo, ein lang gestreckter Platz mit Blumenbeeten. Ihn säumen schöne Kolonialhäuser. Über die Vila Baixa lässt sich vom Aussichtsbalkon am Westrand des Platzes ein guter Überblick gewinnen. Hier steht auch eine Infotafel zur Rota dos Sobrados (Route der Sobrados) mit Plan und Erläuterungen (port./engl.). Der Alto São Pedro geht nach Norden in die idyllische Pracinha über, einen rautenförmigen kleineren Platz, wo gegen Mittag stets viele Menschen mit ihren auf dem Markt getätigten Einkäufen auf die Abfahrt der Aluguers in Richtung Inselnorden warten.

Mercado Municipal 1

Der Markt wird unterhalb des Alto São Pedro schon seit 1888 abgehalten. Vormittags herrscht hier dichtes Gedränge. In der geräumigen Halle werden Obst, Gemüse, Gewürze und Fleisch verkauft. Besondere Erwähnung verdient der frische einheimische Ziegenkäse. Um das Marktgebäude herum reihen sich einfache, gut besuchte Bars. Dazwischen drängen sich Geschäfte, die auf den ersten Blick wie Tante-Emma-Läden aussehen, jedoch ihre Waren wie auf einem Großmarkt säckeweise verkaufen.

Casa da Memória 2

Praça 12 de Setembro, Tel. 281 27 65, www.casadamemoria.com.cv, Mi–Fr 10–12 Uhr oder auf Anfrage, Spende erwünscht, empfehlenswerter Katalog, s. auch Lieblingsort S. 256

An der Praça 12 de Setembro mit der Câmara Municipal (Rathaus) sowie in der Umgebung der katholischen Pfarrkirche sind einige schöne Kolonialhäuser zu finden. In einem Sobrado, der 1820–30 zunächst als Wohnhaus errichtet und später als Handelshaus genutzt wurde, logiert die Casa da Memória (Haus der Erinnerung). Das kleine Privatmuseum der Schweizerin Monique Widmer erläutert die Stadtgeschichte von São Filipe anhand historischer Möbel, Alltagsgegenstände und Fotos. So ist u. a. der älteste Herd von Fogo zu sehen. Das Museum ist aber keineswegs nur als Touristenattraktion gedacht, sondern soll bei den Einheimischen Interesse für die eigene Vergangenheit wecken. Der geräumige Innenhof diente früher als Kino und erlebte in den unruhigen 1970er-Jahren auch politische Zusammenkünfte. Bis heute wird er hin und wieder für Veranstaltungen genutzt.

Museu Municipal de São Filipe 3

Rua 4 de Setembro, Tel. 281 12 95, Mo–Fr 9–15 Uhr, 100 ECV

Weitere Einblicke in ein restauriertes Herrenhaus und die Stadtgeschichte ermöglicht das Städtische Museum. Es ist im Sobrado Nho Francisquinho untergebracht. Das Gebäude stammt vom Ende des 19. Jh. und war einst Wohnsitz von Francisco do Sacramento Monteiro (1853–1917), dem letzten

Lieblingsort

Casa da Memória 2

Die Wohnkultur vergangener Zeiten wird in dem alten Kolonialhaus lebendig. In drei Sälen hat Monique Widmer historische Gegenstände zusammengetragen, die zumeist aus den Häusern der ehemals Wohlhabenden stammen. Geschmackvoll sind in einem nachempfundenen Essbereich Tisch und Anrichte aus dunklem Holz mit feinstem Porzellan, edlen Glaskaraffen und Kerzenständern dekoriert. Nostalgische Bilder und ein Schaukelstuhl vervollständigen das behagliche Ambiente. Alle Exponate und ihre Geschichte kann man auch in Ruhe im Katalog des Hauses studieren (s. auch S. 255).

São Filipe

Sehenswert
1 Alto São Pedro
2 Casa da Memória
3 Museu Municipal de São Filipe
4 Igreja Nossa Senhora da Conceição
5 Fortim Carlota
6 Antigo Cemitério
7 Praia de São Filipe

Übernachten
1 Xaguate
2 Hotel Savana
3 Santos Pina
4 Pousada Belavista

Essen & Trinken
1 Calerom
2 Tropical Club
3 Seafood
4 Pastelaria Variedades

Einkaufen
1 Mercado Municipal
2 Mercado de Sucupira

Aktiv
1 Vista Verde Tours

Abends & Nachts
1 Fogo Lounge

Feudalherren der Insel. 1990 kaufte die Stadt das Gebäude, erst 2013 konnte es frisch renoviert als Museum eröffnet werden. Im Erdgeschoss erzählen Schautafeln die Stadtgeschichte (nur Portugiesisch). Besondere Beachtung verdient die Ausstellung im Obergeschoss, wo traditionelle Ausführungen des Oril-Spiels (s. S. 44) oder historische Sandalen mit Fellsohle und Seilriemen zu sehen sind. Im Innenhof wurde ein *funco* nachgebaut, eines der ursprünglichen Rundhäuser aus Chã das Caldeiras, die bis in die 1990er-Jahre hinein noch in Benutzung waren und dem Vulkanausbruch 2014/2015 zum Opfer fielen.

Igreja Nossa Senhora da Conceição 4 und Fortim Carlota 5

Im unteren Teil der Vila Baixa steht die gepflegte katholische Pfarrkirche

Igreja Nossa Senhora da Conceição. Sie wurde im 19. Jh. im Stil des Kolonialbarocks errichtet. Kirchenpatronin ist die Schutzheilige Portugals, die Empfängnismadonna. Mitsamt der zwei Glockentürme wurde das Gotteshaus innen wie außen restauriert und konnte 2007 nach längerer Schließung wieder eingeweiht werden.

Um den Kirchenvorplatz gruppieren sich die ältesten Sobrados von São Filipe, die teilweise auf die Mitte des 18. Jh. zurückgehen. Am unteren Rand des Platzes steht die ehemalige Befestigungsanlage **Fortim Carlota** (auch Farolim de São Pedro). Das etwas marode Gebäude geht auf das 17. Jh. zurück. Es war ursprünglich mit Kanonen bestückt, um die Stadt vor Piratenangriffen zu schützen. Während der portugiesischen Diktatur diente die Festung bis 1975 als Polizeistation. Bis 2004 war hier das Stadtgefängnis von São Filipe untergebracht. Jetzt wartet das Fort auf eine neue Bestimmung. Befestigt war früher auch die gesamte Meeresfront der Unterstadt, an der sich heute eine Fußgängerpromenade entlangzieht. Sie mündet an ihrem Nordende in einen gepflegten Stadtgarten.

Antigo Cemitério 6

Vom Kirchvorplatz aus blickt man über ein Flusstal hinweg auf den alten Friedhof. Zu erreichen ist er allerdings über die Straße zum Flughafen. Die jüngsten Gräber auf dem Antigo Cemitério wurden, seinem Namen zum Trotz, noch in den 1990er-Jahren angelegt. Viele Grabstätten stammen jedoch aus dem 19. Jh. Die aufwendigeren unter ihnen, die der weißen Oberschicht gehörten, sind im klassizistischen Stil gehalten, mit Säulen oder Pfeilern verziert. Der Marmor wurde eigens aus Portugal importiert. Ganz links trifft man auf die letzte Ruhestätte einer deutschen Familie namens König. Sie kam um die Wende zum 20. Jh. nach Fogo.

Praia de São Filipe (Praia da Bila) 7

Zum dunkelsandigen Stadtstrand, der durch eine 40 m hohe Felswand von der darüber gelegenen Stadt getrennt ist, führt eine Treppe hinab, die unterhalb des Fortim Carlota beginnt. Der Strandabschnitt direkt unterhalb der Stadt ist weniger attraktiv. Besser läuft man ein Stück Richtung Süden, wo der Strand breiter und sauberer wird. Oberhalb dieses Strandabschnitts erstreckt sich ein Wohngebiet mit noch recht neuen Häusern, die vielfach von Emigranten errichtet wurden. Aufgrund des Seegangs ist der Strand übrigens nur selten zum Baden geeignet.

Übernachten

Die komfortable Variante – **Xaguate 1**: Rua do Porto, Tel. 281 50 12 22, www.hotelxaguate.com, DZ ab 77 €. Vom Pool des 4-Sterne-Hotels an der

Unser Tipp

Chillen von morgens bis abends 1

Man sitzt unter großen Sonnensegeln auf gemütlichen Sesseln im Vorhof eines alten Sobrados, ob morgens zum Frühstück, zu einem leichten Mittagessen oder bis in den späten Abend zum Cocktail oder ausgiebigen Abendessen. Wer gar nicht mehr loskommt, kann sich auch gleich einmieten. Es werden gemütliche Zimmer im kolonialen Stil mit Frühstück angeboten (**Fogo Lounge,** Alto São Pedro, www.zebratravel.net).

Straße zum Hafen bietet sich ein schöner Blick auf das Meer und Teile der Stadt. Schattige Sitzgelegenheiten gibt es im Garten, Bar und Restaurant sind vorhanden. Die Einrichtung ist stilvoll, die 39 Zimmer sind gut ausgestattet (u.a. Safe, Minibar, Balkon) und geräumig. Autovermietung und Buchung von Ausflügen über die Rezeption.
Kolonialstil – **Hotel Savana** 2: Alto São Pedro, Tel. 281 14 90, www.hotelsavanafogo.com, DZ ca. 5500 ECV. 16 schöne Zimmer im restaurierten Sobrado de Nhanhana di nho Padre Amaro aus den Anfängen des 19. Jh., dessen koloniale Architektur in angenehmer Weise erhalten blieb. Im Innenhof befindet sich ein kleiner Pool.
Mittelklassehotel – **Santos Pina** 3: Ostrand der Innenstadt, Tel. 281 42 25, hotelsantospina@gmail.com, DZ ab ca. 40 €. Recht großes, neues Hotel im modernen Stil, komfortabel eingerichtete Zimmer. Mit geräumigem Restaurant (traditionelle Fleisch- und Fischgerichte) und Bar.
Stilvoll – **Pousada Belavista** 4: Rua da Central Eléctrica, Tel. 281 17 34, Fax 281 18 79, DZ 3000–3500 ECV. Ein restaurierter Sobrado wurde in einen Gasthof verwandelt, der familiär geführt wird. Die großen Zimmer verteilen sich auf zwei Gebäude. Ein schöner Innenhof dient als Treffpunkt für die Gäste.

Essen & Trinken

Angenehm – **Calerom** 1: Rua Achada Pato, Tel. 281 32 96, Hauptgerichte ab 900 ECV. Lokal am Nordrand der Innenstadt gegenüber vom Hospital. Im hübschen Patio herrscht eine gemütliche Atmosphäre, die Küche ist solide. Gelegentlich Livemusik.
Am Wochenende Musik – **Tropical Club** 2: oberhalb vom Alto São Pedro gegenüber der Bäckerei, Tel. 281 21 61, Hauptgerichte um 900 ECV. Man sitzt im schönen Innenhof, genießt die gute kapverdische Küche, speziell Huhn und Fisch, und genehmigt sich anschließend vielleicht einen Cocktail. Am Wochenende gibt es Livemusik und Tanz auf gehobenem Niveau.
Meeresgetier und mehr – **Seafood** 3: beim Fortim Carlota, Tel. 281 26 23, Hauptgerichte 700–900 ECV, Languste um 2000 ECV. Dem Namen zum Trotz nicht nur Fisch, sondern auch gute Fleischgerichte, etwa einheimisches, geschmortes Zicklein *(cabrito)* mit Zwiebelsauce oder *febras de porco* (Schweineschnitzelchen). Am schönsten sind die Tische am Fenster mit Blick über die Schlucht auf den neueren Stadtteil. Solides, alt eingesessenes Restaurant. Der Besitzer betreibt auch die Bar am Flughafen. Auch Zimmervermietung und Vermittlung von Mietwagen.
Kaffee und Kuchen – **Pastelaria Variedades** 4: Rua Cobom, Tel. 281 15 01, kleine Gerichte um 200 ECV. Moderne Konditorei mit gut sortierter Kuchentheke und kleinem Cafébereich, wo auch *cachupa* und andere warme Speisen serviert werden. Nebenan Verkauf von frisch gebackenem Brot (tgl. ab 6 Uhr).

Einkaufen

Wochenmarkt – **Mercado Municipal** 1: s. S. 255
Kleidermarkt – **Mercado de Sucupira** 2: Im planierten Flussbett der Ribeira de São João, nahe der katholischen Kirche. Bunter Markt für Kleidung und Heimtextilien.

Aktiv

Wandern und Ausflüge – **Vista Verde Tours** 1: von der katholischen

Kirche die Straße nach Osten (im Zweifel nachfragen, das Büro kennt fast jeder in der Stadt), Tel. 281 23 80, www.vista-verde.com, Mo–Fr 10–12, 15–17 Uhr. Das engagierte junge Team unter deutscher Leitung vermittelt Ausflüge, Wanderungen, Exkursionen und Unterkünfte auf Fogo sowie Reisepakete auf alle Inseln des Archipels. Wer zuverlässige, mehrsprachige Bergführer sucht oder Brava besuchen möchte, ist hier auch an der richtigen Adresse.

Abends & Nachts

Szene-Treffs – Im **Tropical Club** 2 (s. Essen & Trinken S. 260) wird abends immer mal Livemusik geboten.
Chillig – **Fogo Lounge** 1 : s. Unser Tipp S. 259

Infos & Termine

Infos

Im Internet: Über São Filipe informiert auf Deutsch die Website www.sao-filipe.com.

Termine

Bandeira de São Filipe: vom letzten Aprilwochenende bis zum 1. Mai. Das Fest zu Ehren des hl. Philippus, des Patrons der Hauptstadt, ist das Ereignis des Jahres auf Fogo. Zu diesem Anlass reisen viele Emigranten aus Übersee an. Zu Beginn des Festes wird tagelang der Mais für das traditionelle Gericht *xerem* gestampft, wozu der *pilão* (wörtl. Mörser) ertönt, ein von Trommeln begleiteter Gesang. Dann wird die Schlachtung der Opfertiere – jeweils ein Kalb, eine Ziege, ein Stier –

Nachbarn halten ein Schwätzchen vor einer Bar in São Filipe

feierlich zelebriert. An der Prozession nehmen Pferde teil. Sie werden zuvor nach uraltem Ritus gereinigt. Zentrale Bedeutung haben die traditionellen Pferderennen, bei denen jeweils drei Tiere gegeneinander antreten.

Verkehr

Flüge: TACV-Büro: Pracinha, Tel. 281 12 28, Mo–Fr 8–13 und 15–18 Uhr.
Fähre: Schnellfähre ›Kriola‹ (www.cvfastferry.com): tgl. Verbindungen zw. Praia, Fogo und Brava, Fahrzeit Praia–São Filipe 3.30 Std., São Filipe–Brava 40 Min.
Aluguer: Richtung Chã das Caldeiras ab Mercado Municipal (morgens in die Stadt, nachmittags zurück, *passagem* 500 ECV); nach São Jorge/Ponta da Salina ab Pracinha; Richtung Monte Gênebra und Mosteiros ab Cruz di Passo (Post), nach Mosteiros *(passagem* 500 ECV) auch ab Mercado Municipal. Abfahrten jeweils nur sporadisch.
Taxi: Gelb lackierte Taxis kreuzen regelmäßig durch die Stadt. Preis für eine Inselrundfahrt ca. 8000 ECV.
Mietwagen: Können über Hotelrezeptionen, etwa im Hotel Xaguate, organisiert werden. Außerdem Vermittlung über das Restaurant Seafood.

Durch den Nordwesten von Fogo

Im Nordwesten Fogos gibt es zwei ausgebaute Ringstraßen, die unterschiedliche Höhenbereiche erschließen. Während die untere als direkte Verbindung zwischen São Filipe und São Jorge in rund 300 m Höhe über dem Meer verläuft, zieht die obere, landschaftlich sehr lohnende Straße auf bis über 800 m hinauf. Aluguers befahren sporadisch die untere Straße. Für die obere muss man einen Wagen mieten.

São Jorge ▸ Karte 3, H 16

Der 600-Einwohner-Ort selbst hat nicht viel zu bieten. Leicht kann es passieren, dass man mit dem Leihwagen über das etwa 200 m über dem Meer gelegene São Jorge hinausfährt, denn ein Ortsschild gibt es nicht. Auffällig sind aber einige türkisfarbene Häuser im Dorfkern. Die Hauptstraße säumen einige winzige Läden und Bars.

Meerespools von Las Salinas

Um zur Ponta da Salina zu gelangen, zweigt man bereits vor São Jorge Richtung Atlantik ab, dort, wo die Hauptstraße eine auffällig schroffe Schlucht quert. Vor Erreichen des Badeplatzes kommt man am Friedhof von São Jorge vorbei, der einst weit außerhalb der Siedlung am Meer angelegt wurde. Von der Küste her kann das Gelände betreten werden. Zahlreiche Holzkreuze ohne Inschrift zeugen von der Armut der meisten Bewohner. Aber auch einige recht aufwendige steinerne Grabstätten sind vorhanden. Sie stammen meist noch aus den 1970er-Jahren, als es im Ort ein deutlich größeres Wohlstandsgefälle gab als heute.

Die frei zugänglichen Naturpools an der Ponta da Salina verdanken ihre Entstehung der Brandung. Kräftig nagte sie an dem bizarren Lavastrom, der hier im Meer erkaltete. Nebenan liegt ein Strand, je nach Seegang mit mehr oder weniger Sand. An Sommerwochenenden ist die Stelle beliebtes Ausflugsziel von Familien aus São Filipe. Ansonsten bleibt die Ponta da Salina den Fischern vorbehalten, die hier ihre Bootsschuppen haben. Geht man an den Fischerkaten links vorbei, gelangt man über einen Pfad über ein Felsriff zu einer natürlichen Steinbrücke.

Lomba und Curral Grande ▶ Karte 3, H 17

Von São Jorge aus fährt man zunächst auf der unteren Straße zurück, um dann an einem großen blauen Haus (Posto Sanitário) links aufwärts abzubiegen. Die nun folgende Strecke ist von großem landschaftlichen Reiz. Mehrere Vulkane liegen rechter Hand in Meeresnähe. Es lohnt sich, unterwegs anzuhalten, um den schönen Ausblick zu genießen. Im Hintergrund links ist die Insel Brava zu sehen. Dann wird die obere Straße erreicht, auf dieser geht es rechts. Die weitläufigen Dörfer Lomba und Curral Grande (zusammen gut 1000 Einw.) liegen am Weg. Viele Häuser zeugen durch ihre Bauweise und ihren Erhaltungszustand von mehr Wohlstand als in anderen Teilen der Insel. Hier hatten während der Kolonialzeit die Grundherren ihre Sommerwohnsitze, und bis heute ist das Gebiet eine ›bessere‹ Gegend geblieben.

Südlich von Curral Grande gabelt sich die Straße vor einem auffälligen Vulkankegel. Hier rechts abwärts fahren. Direkt nach der Abzweigung steht auf der rechten Straßenseite ein besonders eindrucksvolles Exemplar eines Baobabs (s. u.). Bemerkenswert sind in diesem Gebiet die älteren Natursteinhäuser mit einem nach allen Seiten schräg abfallenden Ziegeldach.

São Lourenço ▶ Karte 3, H 17

Einsam erhebt sich hier die älteste erhaltene Kirche der Insel, die Igreja de São Lourenço. Der Kirchenpatron wurde von den portugiesischen Entdeckern hoch verehrt. Die Kirche geht auf das 16. Jh. zurück. Der heutige, große, dreischiffige Bau mit zwei Glockentürmen entstand allerdings im Wesentlichen erst in der Barockzeit. Vor dem Hauptaltar verdient eine ehrwürdige Marmorgrabplatte von 1538 Beachtung. Wie das ebenfalls aus Marmor gefertigte Taufbecken, das rätselhafte Wappenzeichen zieren, stammt sie noch aus der ursprünglichen Kirche. Hinter dem Altar steht in einer Wandnische die Statue des Kirchenpatrons, des hl. Laurentius, umgeben von einer schönen, recht modernen Bemalung, die die sonst oft übliche Altarrückwand aus Holz ersetzt. Ähnliche Gemälde zieren die Wände hinter den Seitenaltären. In dieser Kirche hält der Bischof von Kap Verde die Messe, wenn er Fogo besucht. Er nimmt dann auf dem besonders aufwendig gearbeiteten Bischofsstuhl Platz.

Die Igreja de São Lourenço befindet sich heute in der Obhut des Kapuzinerordens (www.capuchinhoscv.org, nur Portugiesisch). Die Mönche kümmern sich um die Seelsorge in der Gemeinde und speziell um die Ausbildung von Jugendlichen. Nebenan erstreckt sich ein riesiger Friedhof mit einer Reihe teils recht luxuriöser steinerner Grabstätten. Einige ältere Gräber, von einer Mauer umgeben, stammen noch aus dem ausgehenden 19. Jh. Hier ließen sich die Großgrundbesitzer beisetzen, die in der Nähe ihre Sommerhäuser besaßen. Vom Friedhof aus bietet sich ein wundervoller Blick über die welligen Abhänge hinab zum Meer und hinüber zur Nachbarinsel Brava.

Auch in der unmittelbaren Umgebung von São Lourenço fallen einige Baobabs (Affenbrotbäume) auf. Botaniker sind sich uneinig, ob die gewaltigen Bäume mit dem charakteristischen, flaschenförmigen Stamm zur ursprünglichen Savannen-Vegetation der küstennahen Gebiete der Kapverden zählen oder vor Jahrhunderten durch den

Menschen vom afrikanischen Kontinent auf die Inseln kamen. Ihre kürbisähnlichen, süßen Früchte, die *calabaceiras,* verfeinern oft den *ponche* (s. S. 29).

Jenseits von São Lourenço in Richtung São Filipe setzt sich eine locker bebaute – für kapverdische Verhältnisse – Villengegend fort. Sobald die untere Ringstraße wieder erreicht ist, hält man sich links und erreicht bald darauf São Filipe.

Wanderung von São Lourenço zur Achada Malva

Dauer: 1.30 Std., leicht

Auf dieser Wanderung geht es nur bergab, und das nicht besonders steil. Man wandert auf alten Pflasterstraßen und teilweise staubigen Pfaden. Am besten lässt man sich von São Filipe aus mit dem Taxi zum Ausgangspunkt fahren und an der Achada Malva wieder abholen. Etwas Zeit zum Umschauen an der Achada Malva eingeplant, kann man die Rückfahrt knapp 2 Std. nach Abmarsch beim Friedhof von São Lourenço vereinbaren. Die Taxikosten betragen insgesamt ca. 1500 ECV. Bisher war es üblich, erst nach Rückkehr in São Filipe zu bezahlen.

Von São Lourenço zur Achada Malva

Direkt am Südrand des **Friedhofs** zieht sich eine schmale Straße abwärts nach Westen. Ihr folgt man einige Meter, bis sie links zu einem einsamen Hof abzweigt. In früheren Zeiten verlief hier eine Pflasterstraße weiter geradeaus abwärts. Heute ist nur noch ein schmaler Pfad übriggeblieben. Teilweise ist die Pflasterung noch zu erkennen. Auf diesem Pfad steigt man weiter ab. Bei klarer Sicht schaut man bis nach Brava. Man wandert auf dem Weg stets bergab in Richtung Westen durch relativ flaches Gelände, das in der Vergangenheit intensiver landwirtschaftlich genutzt wurde. Vereinzelte Höfe, teils verfallen, zeugen davon. Nach etwa 20 Min. wird der Weg wieder zur Pflasterstraße und man erreicht die **untere Ringstraße.** Sie wird geradeaus überquert. An dem Bauernhof an dieser Stelle hat man die Möglichkeit, die Wanderung vorzeitig abzubrechen und auf einen Aluguer zu warten.

Zur Achada Malva geht es auf dem nun straßenähnlichen Pflasterweg weiter abwärts. Nach einer weiteren Dreiviertelstunde gelangt man an eine querende Pflasterstraße, direkt oberhalb der Achada Malva, zu der es nach rechts nur noch ein paar Schritte sind. Die **Achada Malva** wird als Bewässerungsoase intensiv landwirtschaftlich genutzt. Eingerahmt von hohen Kokospalmen, werden auf den gepflegten Feldern vorwiegend Kohl, Möhren, Tomaten, aber auch Papayas und je nach Jahreszeit sogar Erdbeeren angebaut. Die Plantage wird durch ein Schlauchsystem wassersparend tröpfchenweise bewässert. Zuletzt entwickelte sich die Landwirtschaft äußerst positiv. Die genutzte Fläche hat sich innerhalb weniger

Jahre vervielfacht. Als Besucher merkt man es in den Restaurants in São Filipe. Wo früher Pommes und Reis die Standardbeilagen waren, bekommt man heute frisches Gemüse. Eine Achada bezeichnet im Portugiesischen einen vulkanisch entstandenen, meist zu einer oder mehreren Seiten hin abfallenden, abgeflachten Fels- oder Gesteinsvorsprung. Auf Vulkaninseln handelt es sich oft um Stellen, die für die Besiedelung und Landwirtschaft günstige Bedingungen bieten.

Nossa Senhora do Socorro ▸ Karte 3, G 17

Südöstlich von São Filipe steht in einer praktisch menschenleeren, trockenen Küstenlandschaft das Santuário de Nossa Senhora do Socorro. Die Wallfahrtsstätte, am 5. August Ziel Tausender Pilger, ist über eine beschilderte Stichstraße von Forno aus zu erreichen (verblichenes Schild). Stets ist die von einer Mauer umgebene, gepflegte Kirche verschlossen, außer an Festtagen. Mitte des 18. Jh. wurde sie auf Initiative des Pfarrers von São Filipe errichtet, nachdem ein Hirte in einer nahe gelegenen Felsnische eine Madonnenfigur aufgefunden haben soll. Diese gilt seither als Schutzpatronin der Reisenden und Schiffbrüchigen und wird speziell von Emigranten verehrt.

Am Meer unterhalb der Kapelle befindet sich ein alter Schiffsanleger. Ein gepflasterter Saumpfad, der links neben dem Gebäude beginnt, führt durch einen Talgrund zum Fuß der Steilküste hinab (hin und zurück 1 Std.). An dem dortigen schwarzen Sandstrand sind noch Reste einer Zisterne zu besichtigen, wo sich Bootsbesatzungen früher mit Frischwasser versorgten.

Monte Gênebra

Während N. S. do Socorro ab Forno durchgehend ausgeschildert ist, muss man unterwegs auf eine nicht beschilderte Abzweigung achten, die im spitzen Winkel südostwärts zur Oase am Monte Gênebra führt. Von São Filipe aus benötigt man mit Taxi oder Mietwagen bis zur Abzweigung ca. 20 Min. Das Bewässerungsprojekt Monte Gênebra wurde in den 1970er-Jahren mit Unterstützung der deutschen Entwicklungshilfe eingerichtet (s. S. 67). Nach Jahren des Stillstands kultivieren hier einheimische Bauern unter der Regie des kapverdischen Landwirtschaftsministeriums Gemüse und Mangobäume. Probebohrungen Anfang der 2010er-Jahre nach unterirdischen Süßwasservorkommen waren erfolgreich. Vom Kraterrand des vorgelagerten Vulkankegels Monte Gênebra (340 m), der von der Oase aus auf einem Pfad durch Akaziengebüsch leicht in ca. 15 Min. zu besteigen ist, hat man einen schönen Blick über die karge Landschaft und bei klarer Luft bis zur Nachbarinsel Brava.

Cova Figueira und Estância Roque ▸ H 17

Wer von São Filipe in den Osten der Insel fährt, hat die Wahl zwischen der unteren und kürzeren oder der oberen, etwas längeren Ringstraße. Erstere führt über Salto, wo die direkte Straßenverbindung nach Chã das Caldeiras abzweigt.

Die obere Ringstraße

Die obere Straße ist zwar kurvenreicher, dafür landschaftlich wesentlich reizvoller. Sie folgt in etwa der

800-m-Höhenlinie und berührt die Orte Monte Grande, Monte Largo und Achada Furna. Die beiden letzteren sind teilweise auf jungen, dunklen Lavaströmen errichtet. Diese taugen nicht für die Landwirtschaft und das fruchtbare Ackerland ringsum, das dank der Höhenlage relativ viel Feuchtigkeit erhält, war zu wertvoll, um darauf zu siedeln. Durch eine liebliche Umgebung geht es weiter nach Figueira Pavão, wobei unterwegs ein Highlight die Fahrt quer durch einen Vulkankrater ist. Hinter Figueira Pavão trifft dann die obere Straße mit der unteren zusammen.

Cova Figueira

Cova Figueira (ca. 1200 Einw.) ist der drittgrößte Ort Fogos. Immerhin hat er den Titel »Cidade«, was oft mit Großstadt übersetzt wird, jedoch in Kap Verde wenig mit einer europäischen Großstadt zu tun hat, sondern eher verwaltungstechnisch und finanziell von Bedeutung ist. Die Häuser im Ort sind auffallend pastellfarben in verschiedenen Tönen gestrichen. Diese Mode brachten aus Amerika zurückgekehrte Emigranten mit. An der Hauptstraße gibt es einen kleinen Supermarkt, einige Bars und ein Restaurant mit Pension (s. u.). Eine schmale, steile Straße führt vom Ortszentrum hinab zur **Praia de Fajã** (ausgeschildert), an der seit 2012 an einem Sonntag im August/September das Musikfestival Festifajã stattfindet.

Der Abstecher nach Estância Roque führt in die vielleicht idyllischste und noch weitgehend unberührte Gegend Fogos. Am südlichen Ortsrand von Cova Figueira hält man sich aufwärts. Es geht an einem Fußballfeld vorbei und dann vor dem Friedhof von Cova Figueira, auf dem die Grabstätten genauso bunt wie die Häuser des Ortes sind, rechts hoch. Man kommt zunächst nach Baluarte de Baixo (unteres Bollwerk), wo eine ehemalige Kaserne steht. Die wie Reihenhäuser erbauten, jetzt zivilen Wohnzwecken dienenden Gebäudeeinheiten wirken heute durch ihren verschiedenfarbigen Anstrich freundlich. Weiter aufwärts geht es an Vulkankegeln vorbei nach Baluarte de Cima (oberes Bollwerk). Auch hier gibt es eine allerdings ziemlich verfallene einstige Kaserne. Dann folgt Mãe Joana, ein hübscher kleiner Ort mit bunten Häusern und wunderschöner Aussicht auf die umliegenden Vulkane.

Übernachten, Essen

Landpension – **Vulcânica:** Rua Principal, Tel. 282 14 27, DZ um 3500 ECV. Moderne, einfache Pension am südlichen Ortseingang, wo sich außer Emigranten auf Heimatbesuch auch der eine oder andere Traveller einquartiert. Mit Restaurant, das inseltypische Küche serviert. Hauptgerichte um 800 ECV.

Estância Roque

Oberhalb von Mãe Joana liegt ein fruchtbarer Talkessel mit Bohnenfeldern und Akazienaufforstungen. An dessen Rand wurde auf einem dunklen Lavastrom die Siedlung Estância Roque (ca. 400 Einw.) erbaut. Ihre Natursteinhäuser heben sich kaum von der Landschaft ab. Weiß ist nur die schlichte Kirche. Gleich an der Zufahrt erhebt sich ein auffälliger Felsblock, dem das Dorf seinen Namen (Fels-Viehzüchterei) verdankt. Von hier aus gelangt man rechts ins Zentrum. Bis auf zwei einfache Mercearias gibt es jedoch keinerlei Versorgungsmöglichkeiten.

Über Estância Roque zur Caldeira

Den Abstecher ins nur 6 km von Cova Figueira entfernte Estância Roque kann man auf der kaum befahrenen Pflasterstraße auch zu Fuß unternehmen. Etwa 600 Höhenmeter sind zu überwinden. Ein steiniger Saumpfad führt von Estância Roque entlang des Lavastroms vom Ausbruch im Jahr 1951 weiter aufwärts und mündet nach weiteren 650 Höhenmetern kurz vor Erreichen der Caldeira, beim Monte Cruz, in die dortige Straße (im Ort nach dem Wegverlauf erkundigen).

Einkaufen

Die Landwirte von Estância Roque halten viele Ziegen, ihr Käse wird auf der ganzen Insel gerühmt. Auf Nachfrage kann er käuflich erworben werden, ebenso der hier angebaute Mais.

Nach Mosteiros

▶ Karte 3, H 16/17

Spektakulär ist die Fahrt entlang der steilen Ostflanke des Pico de Fogo. Nördlich von Cova Figueira wurde die Straße in rund 500 m Höhe über dem Meer durch eine steile Wand geführt. Rechts fällt der Blick auf eine einsame Küstenebene. Der **Miradouro Espigão,** ein schöner Aussichtspunkt mit Parkbucht, bietet sich an, um das Panorama in Ruhe auf sich wirken zu lassen. Agaven stehen rund um den Miradouro. Zwischen ihren spitzen Blättern bauen riesige Spinnen ihre Netze, auffällig schwarz und gelb gezeichnete Tiere aus der Familie der Wespenspinnen. Auch wenn ihr Biss nicht als lebensgefährlich gilt (außer eventuell für Allergiker!), sollte man sie doch keinesfalls stören. Die Einheimischen tolerieren sie, da sie haufenweise lästige Insekten vertilgen.

Recht plötzlich wird die Landschaft dann grün. An feuchteren Stellen gedeihen tropische Obstbäume. Bei **Tinteira** (eines der wenigen kleineren Dörfer mit Ortsschild) ziehen dunkle, noch recht frische, nur von Flechten überzogene Lavaströme von den Flanken des Pico hinab. Hier lässt sich die traditionelle Architektur noch unverfälscht studieren. Genauso dunkel wie die Lava sind die Häuser, die aus Naturstein gebaut und oft mit Stroh gedeckt wurden. Sofern die Dächer aus Zement gegossen sind, wurden sie hell angestrichen, um die Hitze vom Haus fernzuhalten. Dann dienen sie zugleich als Wassersammelflächen. Neben den Bauernkaten stehen die charakteristischen, eiförmigen Backöfen. Die Bewohner von Tinteira leben von ein wenig Bohnenanbau. An Stellen, wo mehr Wasser vorhanden ist, pflanzen sie auch Maniok. Kreisrunde, steinerne Ziegenpferche prägen weithin das Landschaftsbild. Nach dem Ort lohnt es sich, in der menschenleeren Natur nochmals einen Halt einzulegen (Parkbucht) und einen Blick zum Pico hinaufzuwerfen. Den Fuß seines Steilhangs bedecken graue, durch den Wind ständig in Bewegung gehaltene Ascheschleppen. Eindrucksvoll sind auch die gewaltigen, bizarren Täler, teils von Lavaströmen, teils von der Erosion geformt. Es folgt eine von Akazien bewachsene Landschaft. Hier weiden Kühe, hin und wieder sieht man den Unterstand eines Viehhirten. Erosionsrisse ziehen hinunter zum Meer. Die Straße quert einige dieser Ribeiras, die zu Fotostopps einladen. Auch lohnt während der Fahrt ein Blick nach rechts, wo sich schemenhaft am Horizont die

Für viele Bewohner von Fogo immer noch das wichtigste Transportmittel: der Esel

Insel Santiago abzeichnet. Die Orte Queimadinha und Relva wurden auf frischen Lavaströmen erbaut, die sich bei der Ponta Fundão ins Meer ergossen. Die Hauptstraße folgt nun bis kurz vor Mosteiros einer wilden Lavaküste. Eine Nebenstrecke etwas oberhalb führt hingegen durch relativ neu angelegte Weinberge bei den Orten Relva, Achada Grande und Corvo. Hier produziert seit 2007 die von der Europäischen Union kofinanzierte **Adega de Sodade** Weiß-, Rot- und Roséweine sowie *bagaceira* (Tresterbranntwein).

Mosteiros ▶ Karte 3, H 16

Hier ergibt sich wiederum ein ganz anderes Bild von der Insel Fogo. Neben den Häusern von **Igreja,** dem Hauptort der Gemeinde Mosteiros, erstrecken sich Bananenplantagen, ragen Papayabäume auf. Offiziell heißt der 4000-Einwohner-Ort Cidade da Igreja. Mehrstöckige Neubauten an der Peripherie zeugen vom Wohlstand der aus dem Ausland zurückgekehrten Emigranten. Urban wirkt Igreja damit allerdings noch lange nicht. Die Mehrheit der rund 10 000 Gemeindebewohner von Mosteiros verteilt sich über weitere Stadtteile entlang der Küste oder lebt in ländlichen Siedlungen, die sich über den gesamten fruchtbaren Norden von Fogo erstrecken.

Im Zentrum von Igreja öffnet sich die kleine Praça do Entroncamento, nett bepflanzt und mit Steinbänken versehen. Ansonsten gibt es wenig zu sehen, außer einigen halb verfallenen Sobrados. Allerdings findet der Reisende hier so wichtige Einrichtungen wie Post und Bank. Die für den Ortsteil namengebende Kirche, die recht große Igreja Nossa Senhora de Ajuda, befindet sich in einem arg renovierungsbedürftigen Zustand. Gleiches gilt für den weiten Platz davor, der einen Blick auf die unmittelbar angrenzende flache, aber brandungsumtoste Felsküste gestattet.

Miradouro de Mosteiros

Hinter Mosteiros erhebt sich eine dicht mit Vegetation überwucherte Steilwand, in der sich die Straße nach Pai António (550 Einw.) aufwärts windet und unterwegs den Miradouro de Mosteiros passiert. Nur wenige Schritte sind es von der Parkbucht an der Straße bis zu dem gemauerten, sorgfältig angelegten Aussichtspunkt auf einem vorgeschobenen Bergsporn. Der Blick schweift über die Küstenebene mit den verschiedenen Ortsteilen von Mosteiros. Weiter oberhalb steht an der Straße ein viel gezeigter Baobab.

Kaffeeplantagen

In 300 bis 1000 m Höhe folgt fruchtbares Plantagenland, auf dem Bananen, Papayas und Mangos sowie weiter oben dann Kaffeesträucher gedeihen. Dank der häufigen Passatbewölkung ist genügend Feuchtigkeit für diese Kulturen vorhanden. Von hier stammt ein Großteil des kapverdischen Kaffees, der immer öfter auch auf den anderen Inseln verkauft und ausgeschenkt wird. Geerntet wird im März.

Die Produktion konnte nach langen Jahren des Niedergangs in jüngerer Zeit dank besserer Vermarktung durch die 2001 gegründete Genossenschaft Pró-Café (Associação dos Productores do Café do Mosteiros) wieder deutlich gesteigert werden. Heute liegt die Erntemenge bei 50 t. Mit finanzieller Unterstützung der Niederlande seit 2011 soll die Produktion auf lange Sicht auf 300 t erhöht werden. Dazu wurden die Anbaufläche vergrößert und zahlreiche neue Anpflanzungen vorgenommen. In Planung waren etwa 20 000 neue Kaffeesträucher. Demnächst soll in Mosteiros ein Kaffeemuseum Geschichte und Gegenwart des Anbaus dokumentieren.

Von Pai António nach Chã das Caldeiras

In Pai António beginnt der schweißtreibende Anstieg zur Caldeira über rund 1300 Höhenmeter hinweg (ca. 4 Std.). Es empfiehlt sich, diese Wanderung früh am Morgen zu beginnen, um den ersten, steileren Teil der Tour bis vor Einsetzen der Mittagshitze zu bewältigen. Vom Einstieg, an den man sich am besten mit dem Taxi fahren lässt, ist der Wegverlauf eindeutig. Er führt anfangs an ausgedehnten Kaffeeplantagen vorbei, die weiter oben auch von Orangenbäumen durchsetzt sind. In rund 1100 m Höhe wird das Waldgebiet Monte Velha (s. S. 273) erreicht. Dort trifft man auf ein Forsthaus und eine Pflasterstraße, die bis hinauf in die Caldeira führt. Entweder hier oder beim Verlassen der Waldzone, schon am Rand der Caldeira – auf einer Höhe von ca. 1450 m – wird eine Mautgebühr von 100 ECV pro Person kassiert. Aufgrund des ungewohnt schwül-warmen Klimas empfiehlt es sich, die Tour mit einem Bergwanderführer zu unternehmen, der den zeitlichen Überblick hat und geeignete Pausenplätze kennt.

Weiterfahrt auf der westlichen Ringstraße

Erst seit wenigen Jahren ist es möglich, Fogo komplett auf der Straße zu umrunden. Der nordwestliche Abschnitt zwischen Ribeira Ilhéu (einem westlichen Ortsteil von Mosteiros) und São Jorge wurde aufwendig restauriert. Dennoch ist nach starken Regenfällen Vorsicht geboten.

Übernachten, Essen

Sehr ordentlich – **Pensão Christine:** Igreja, Rua Principal, Tel./Fax 283 10 45, pensaorestaurantechristine@hotmail.com, weitere Infos bei Facebook, DZ um 3500 ECV. Von außen recht unscheinbar, innen jedoch picobello sauber ist die Pension an der Hauptstraße. Die Zimmer haben teilweise einen Balkon. Inhaberin Leonora spricht gut Englisch und bemüht sich freundlich um ihre Gäste. Im sehr privat wirkenden Speiseraum im 1. Stock können auch Nicht-Pensionsgäste gepflegt essen und werden ohne Voranmeldung verpflegt (Hauptgerichte um 900 ECV). In der angeschlossenen Bar unten an der Straße werden in sehr einfachem Rahmen Snacks und ein wechselndes Tagesgericht (um 250 ECV) serviert.
Von Bananen umgeben – **Tchon de Café:** Igreja, Tel. 283 16 10, tchomdecafe@hotmail.com, DZ um 3500 ECV. Die Unterkunft in der Nähe der Shell-Tankstelle ist sehr schlicht, aber liebevoll geführt. Die 12 Zimmer sind mit eigenem Bad und Fernseher ausgestattet. Die gute Küche lässt nichts zu wünschen übrig! Hier können auch externe Gäste essen. Ohne Voranmeldung ist allerdings mit längerer Wartezeit zu rechnen, da nicht auf ›Verdacht‹ gekocht wird. Gemütlich sitzt man im schattigen Innenhof.
Familiäre Pension – **Pirâmide:** Igreja, Rua Principal, Tel. 283 13 95, DZ um 3000 ECV. In zentraler Lage. Vier Zimmer mit Privatbad, Balkon und Kühlschrank. Im Restaurant kommen vorwiegend Fisch und Meeresfrüchte auf den Tisch.

Infos & Termine

Infos

Die Internetseite www.cmmost.cv. der Gemeindeverwaltung informiert auf Portugiesisch über den Ort. Eine reine Touristeninformation gibt es nicht.

Termine

Festa Nossa Senhora de Ajuda: 15. Aug. Zu Mariä Himmelfahrt wird das örtliche Kirchweihfest begangen. Es fällt mit dem Dia do Município (Gemeindefest) zusammen. Kirchlicher und profaner Anlass gehen eine bunte Mischung ein. Neben einer feierlichen Prozession finden Sportveranstaltungen und das Musikfestival Praia/Lantcha mit bekannten in- und ausländischen Gruppen statt.

Verkehr

Aluguer/Taxi: Aluguer nach São Filipe frühmorgens, nachmittags wieder zurück; *passagem* Mosteiros–São Filipe 600 ECV. Fahrten in die nähere Umgebung werden in der Regel mit Taxis abgewickelt, die in Mosteiros stationierten sind an ihrer roten Lackierung zu erkennen (im Gegensatz zu den gelben Taxis aus São Filipe).

Chã das Caldeiras!

▶ Karte 3, H 17

Chã das Caldeiras bezeichnet den gewaltigen, halbkreisförmigen, mehr oder weniger ebenen Felskessel im Bergmassiv des Inselinneren. Im gleichnamigen Kraterboden der Caldeira liegen die bei einem Vulkanausbruch um die Jahreswende 2014/2015 großenteils zerstörten Orte **Portela** und **Bangaeira**. Zuvor lebten in beiden Dörfern zusammen etwa 1000 Einwohner. Die meisten verloren durch die Naturkatastrophe ihr gesamtes Hab und Gut.

Einsturz oder Erdrutsch?

Lange Zeit vermuteten Geologen, beim Chã das Caldeiras handele es sich um einen klassischen Einsturzkrater, also eine Caldera, wie der aus dem spanischen Wort für Kessel abgeleitete geologische Fachbegriff lautet (port. Kessel = caldeira). Namengebend war die Caldera de Taburiente auf der Kanareninsel La Palma, die im 18. Jh. erstmals wissenschaftlich beschrieben wurde. Im Nachhinein stellte sich heraus, dass es sich auf La Palma gar nicht um eine richtige Caldera handelt. Auch Chã das Caldeiras gilt heute nicht mehr als Einsturzkrater. Der Kessel ist vermutlich durch eine Kombination aus Einstürzen und Erosion entstanden.

Eine Caldera setzt eine oberflächennahe Magmakammer voraus. Hat sich diese entleert oder weiter ins Erdinnere zurückgezogen, stürzen die darüber gelegenen Berg- und Gesteinsmassen senkrecht in sich zusammen. Neuere Studien haben gezeigt, dass auf Fogo eine solche Magmakammer nie vorhanden war. Die Ausbrüche speisen sich vielmehr aus einem mehr als 15 km unter der Erdoberfläche gelegenen Magmaherd. Untersuchungen des Ausbruchs von 1995 bestätigten diese Theorie. Chã das Caldeiras soll demnach durch einen enormen Erdrutsch entstanden sein, der vom Vulkan Monte Amarelo im nordwestlichen Teil der Bordeira ausging. Anschließend hat der Pico do Fogo die entstandene Lücke gefüllt.

Von Achada Furna hinauf zur Caldera

An der Südflanke des gewaltigen Bergmassivs, bei Achada Furna, waren schon nach dem Vulkanausbruch von 1995 Häuser für die Bewohner von Chã das Caldeiras errichtet worden. Sie standen bis Ende 2014 allerdings die meiste Zeit leer, da sich die Schäden in den oberen Dörfern damals in Grenzen gehalten hatten. Fast alle Caldeira-Bewohner waren rasch wieder in ihre Heimat zurückgekehrt. Der erneute Ausbruch zwang sie nun, die damals gebaute Siedlung doch zu nutzen.

In steilen Kurven führt eine Asphaltstraße von Achada Furna hinauf in die in 1600 bis 1700 m Höhe über dem Meer gelegene Caldeira. Nach den letzten Häusern des Weilers Cabeça Funda folgt eine Spitzkehre. Dann gilt es nur noch zu staunen. Links – in Richtung Westen – erhebt sich fast senkrecht die **Bordeira,** eine Kraterwand, rund 1000 m vom Grund des Kessels. Halbrechts voraus, also im Nordosten, ragt der **Pico do Fogo** auf. Mit 2829 m ist er nach dem Teide auf Teneriffa (3718 m) der zweithöchste Berg im Nordatlantik. Die Caldeira, einschließlich der sie umgebenden Gebirgszüge und Vulkane, steht als **Parque Natural do Fogo** unter Schutz.

Ab einem häufig fotografierten Willkommenschild mit Parkbuchten endet der Asphalt und es geht rustikal auf Pflaster weiter, allerdings nur für etwa zwei Kilometer. Einer der Lavaströme von 2014 überwalzte die Straße nach Portela. Ein weiteres Vordringen entlang des alten Straßenverlaufs ist nicht einmal zu Fuß ratsam.

Einige Meter davor zweigt eine Piste nach Westen ab. Sie verläuft direkt unterhalb der Wand der Bordeira. Sogleich befindet sich linker Hand im Gebiet Cova Tina die neue Winzerei der Genossenschaft **Agro-Coop,** die ursprüngliche wurde komplett von Lava überflossen. Bis zum letzten Ausbruch betrug die Anbaufläche für Wein in der Caldeira rund 200 ha. Über 100 Landwirte waren hier organisiert. Es wurden hochwertige Rot-, Rosé- und Weißweine gekeltert, die unter dem Namen Vinho de Chã in den nationalen Handel kamen. Wie es mit der Weinproduktion weitergehen wird, war zum Zeitpunkt der Drucklegung dieses Buches noch nicht abzusehen.

Die etwas flacheren Ausläufer der Bordeira werden inzwischen intensiver landwirtschaftlich genutzt als vor 2014/15. Zählen sie doch zu den wenigen verbliebenen Nutzflächen in der Caldeira. Die zurückgekehrten Bewohner versuchen von dem Wenigen zu leben, das ihre Weinberge, Quitten- und Apfelbäumchen hergeben. Wasser war hier oben schon immer knapp. Es regnet nur selten und dann meist nur zwischen August und Oktober. Mit Hilfe von zementierten Flächen wird Brauchwasser gesammelt und in Zisternen geleitet. Trinkwasser kommt von außerhalb der Caldeira in Tankwagen. In den Wintermonaten kann es hier sogar vergleichsweise kalt werden, Nachtfröste sind keine Seltenheit. Hält die Kälteperiode länger an, frieren auch schon einmal die Zisternen zu.

Portela

Im großen Bogen führt die Piste weiter nach Portela, dem ehemaligen südlichen Dorf der Caldeira. Teilweise ragen noch Dächer aus dem kompakten Lavastrom. Andere Häuser hat er komplett überrollt. Viele Bewohner können den Standort ihres ehemaligen Heims nur noch erahnen. Es fehlen die einstigen Orientierungspunkte.

Am 23. November 2014 begann nach einigem Vorgrollen der Ausbruch. Explosionen begleiteten den Auswurf von Asche und glühenden Gesteinbrocken. Es öffneten sich insgesamt acht Krater, die sich im weiteren Verlauf der Eruption vereinten. Übrig geblieben ist nur noch ein Krater. Nach den ersten Explosionen folgten Lavaströme, die sich nach Süden und Westen ergossen. Die einzige Zufahrtstraße nach Portela war bald verschüttet.

Am 30. November erreichten die glühenden Massen die ersten Häuser von Portela und zerstörten das kurz zuvor eröffnete Informationszentrum des Naturparks. Von der Schule, der Sanitätsstation, der Weinkooperative und anderen Einrichtungen ist nichts mehr vorhanden. Trittspuren und Pfade durchziehen die erstarrten Lavamassen. Einfache Hütten in traditioneller Rundbauweise werden wieder errichtet. Der Untergrund ist allerdings teilweise noch so heiß, dass einige Gebäude über eine kostenlose Fußbodenheizung verfügen. Eine Tatsache, die im Winter sicher angenehm ist, in den Sommermonaten jedoch das Haus zur Sauna macht. Vorsichtige Schätzungen gehen davon aus, dass sich der Lavastrom erst 2017 oder 2018 soweit abgekühlt haben wird, dass von der Hitze nichts mehr zu spüren ist.

Bangaeira
In das nördliche, tiefer gelegene Dorf gelangt man derzeit nur zu Fuß. Es blieb zunächst vom Vulkanausbruch verschont, am 7. Dezember jedoch rückte das glühende Gestein auch nach Bangaeira vor und zerstörte einen Großteil des Dorfes mitsamt dem Kindergarten. Zahlreiche Filme auf youtube dokumentieren diese Ereignisse.

Befürchtungen, die Lava könne weiter nach Norden vordringen und über die Kante der Caldeira fließen, bewahrheiteten sich nicht. Anfang Februar 2015 endeten die Ausbrüche. Innerhalb von zweieinhalb Monaten hatten die Naturgewalten zwei funktionierende Dörfer mit insgesamt ca. 1500 Einwohnern zerstört und die Dorfgemeinschaften auseinandergerissen. Todesfälle waren keine zu beklagen, aber die materiellen Schäden an Häusern und landwirtschaftlich genutzten Flächen waren enorm. Schon bald begann der mühsame Wiederaufbau, zum Teil auch gegen den Willen der Behörden. Wie es mit der Besiedelung von Chã das Caldeiras weitergeht, ist immer noch offen.

Monte Velha

Nördlich von **Bangaeira** fällt das Gelände dann steiler bis zur Nordküste bei Mosteiros ab. Aufgrund der stetigen Nordostwinde bilden sich hier regelmäßig Wolken, es konnte durch Aufforstung ein Waldgebiet namens Monte Velha (alter Berg) entstehen. Dieses ist in den Parque Natural do Fogo integriert. Vom letzten Vulkanausbruch blieb der Wald verschont, sodass sich ein erstaunlich grünes Fogo präsentiert. In dieser feuchten Zone wurden Eukalyptus, Akazien, Zypressen und Kiefern gepflanzt. Im Unterwuchs gedeihen zahlreiche endemische Kräuter und Sträucher. Eine alte Pflasterstraße führt von der Caldeira bis zu einem ca. 250 Höhenmeter tiefer gelegenen Forsthaus mit Sitzgelegenheiten für ein Picknick. Das Betreten des Waldes ist gebührenpflichtig (100 ECV). Die Maut wird normalerweise an einem Wärterhäuschen mit Schranke beim Verlassen der Caldeira kassiert.

Entlang der Bordeira

Die Caldeira-Umrandung fällt mit extrem steilen Felswänden zum Inneren des Kessels hin ab. An der Außenflanke, die im Wesentlichen Richtung Westen orientiert ist, sind die Abhänge zwar etwas flacher. Dennoch gestaltet sich das zweitägige Unternehmen, den Kamm der Bordeira abzulaufen, recht abenteuerlich und bleibt geübten Alpinisten bzw. Klettersteiggehern vorbehalten. Die Bergführer der Caldeira sicherten den Weg unter Anleitung des Bauingenieurs und Sportkletteres Mustafa Eren, der die Unterkunft Casa Marisa II (s. S. 277) betreibt und auch Guides für die Tour vermittelt. Eine erste Tagesetappe führt in der Regel von Fernão Gomes, dem oberen Eingang zum Waldgebiet Monte Velha (s. u.), bis zum Ponte Alto do Sul. Am zweiten Tag geht es auf dem Südteil der Bordeira weiter bis Cova Tina.

Pico do Fogo und Pico do Inferno

Der **Pico do Fogo** (2829 m) überragt die Caldeira an ihrem Ostrand um 1200 bis 1300 m. Es handelt sich um einen klassischen Schicht- bzw. Stratovulkan. Ascheeruptionen und Lavaströme wechselten sich bei seiner ▷ S. 277

Auf Entdeckungstour: Inseln aus dem Feuer – Vulkanismus auf Fogo hautnah

Die frühen Seefahrer nannten Fogo zunächst São Filipe, nach dem Heiligen, auf dessen Tag die Entdeckung der Insel fiel. Erst nach zahlreichen Vulkanausbrüchen setzte sich der Name Fogo (Feuer) durch.

Reisekarte: ▶ Karte 3, H 17

Zeit: 1 Tag (mit Aufstieg zum Pico do Inferno), 2 Tage mit Übernachtung (1. Tag Aufstieg zum Pico do Inferno, 2. Tag Aufstieg zum Pico do Fogo)

Tourenplanung
Start: Vor der Markthalle von São Filipe, wo vormittags die Aluguers abfahren. Alternativ in der Unterkunft in Chã das Caldeiras. Die Fahrt von São Filipe nach Chã das Caldeiras dauert 1,5 bis 2 Std.

Bergführer: Vermittlung durch Vista Verde Tours in São Filipe (s. S. 260) oder Mustafa Eren in der Unterkunft Casa Marisa II in Chã das Caldeiras (s. **Übernachten** S. 277).

Tour Pico do Inferno: Der Aufstieg ist relativ leicht und für geübte Berggeher eher ein Spaziergang. Da die Ränder und der Gipfelaufbau noch instabil sind und die Geologen jederzeit mit einem Ein- oder Abbruch rechnen, sollte der Aufstieg nur mit einem ortskundigen Führer erfolgen,

der die Verhältnisse am Krater kennt. Zum Zeitpunkt der Drucklegung dieses Buches rieten die örtlichen Behörden von einer Besteigung des Pico do Inferno auf eigene Faust ab.
Dauer: Gehzeit um und auf den Pico do Inferno ca. 3 Std.

Tour Pico do Fogo: Der Aufstieg erfolgt über Gehgelände. Schwindel- oder gar Absturzgefahr besteht nicht. Teilweise ist die Zuhilfenahme der Hände erforderlich. Es sind ca. 1300 hm im Auf- und Abstieg zu überwinden. Bergerfahrung und eine gute Einschätzung des persönlichen Könnens sind erforderlich. Ein einheimischer Bergführer ist empfehlenswert.
Dauer: Auf- und Abstieg sind in 4–5 Std. zu schaffen, mit Sicherheitspuffer besser 6–7 Std. veranschlagen.
Ausrüstung: lange Hose, Windjacke, evtl. sogar leichte Handschuhe (häufig weht oben ein starker, kühler Wind), Sonnenschutz (kein Schatten).

Aufstieg zum Pico do Inferno

Gut 2 km nach dem Einbiegen in den **Parque Natural do Fogo** (Schild mit Parkbuchten) endet die Pflasterstraße an einem der Lavaströme, die vom Vulkanausbruch Ende 2014 bis Anfang 2015 stammen. Man verlässt die Straße nach rechts und wandert durch Asche zunächst in Richtung Nordnordost. Der bizarre Krater ist voraus schon in Sicht, am westlichen Fuß des markanten Pico do Fogo. Trittspuren führen auf einen kleinen Sattel zwischen der Flanke des Pico do Fogo (rechter Hand) und dem Hauptkrater des **Pico do Inferno** (linker Hand). Knapp 300 hm verteilt auf etwa 2 km sind dabei zu überwinden. Mit einer Gehzeit von eine knappen Stunde ist zu rechnen.

Ist man auf dem Sattel angelangt ergibt sich ein schaurig-faszinierender Blick in den Höllenschlund zur Linken. Direkt rechts daneben liegt ein kleiner Nebenkrater. Der Verbindungsrücken zwischen ihm und dem Hauptkrater gilt nicht als stabil. Das gilt auch für den höchsten Punkt des Pico do Inferno (ca. 2070 m). Immer wieder brechen größere Felsbrocken ab. Das Vergnügen, ihn zu besteigen, sollte aus Sicherheitsgründen unterbleiben.

Etwa 300 m nordwestlich und 60 bis 70 hm unterhalb des Pico do Inferno befindet sich das nächste Ziel, der ehemalige Gipfel des beim Ausbruch 1995 entstandenen **Pico Pequeno**. Heute ist er kein eigenständiger Gipfel mehr, sondern Teil der Nordwestflanke des Pico do Inferno. Der Ausbruch begann seinerzeit in der Nacht vom 2. auf den 3. April. Vor Mitternacht öffneten sich die ersten Spalten. Gegen 2 Uhr am 3. April war die Straße nach Portela mit vulkanischem Material bedeckt. Es wurde eine provisorische Piste am Fuße der Bordeirawand planiert. Am 26. Mai 1995 kamen die Eruptionen zum Erliegen. Schon damals wurden große landwirtschaftliche Flächen zerstört. Die Dörfer blieben aber weitgehend verschont, die Bewohner konnten schon bald wieder ihre Häuser beziehen.

Der Rückweg vom Pico Pequeno in das jüngst zerstörte **Portela** führt auf deutlichen Trittspuren abwärts Richtung Nordwesten. Man erreicht das ehemalige Dorfzentrum nach einer knappen Stunde und etwa 300 hm Abstieg. Das auffallende helle Gebäude auf einer niedrigen Anhöhe direkt auf dem Lavastrom ist die **Casa Marisa II,** das bisher einzige Hotel in Chã das Caldeiras. Auf dem Weg dorthin passiert man zerstörte Häuser, deren Besitzer versuchen, sie wieder bewohnbar zu machen. Einige errichten auch mehr oder weniger provisorische Neubauten im scharfkantigen Gestein. Per Aluguer lässt man sich am besten an der Casa Marisa II abholen. Das Hotel hat Anschluss an die Piste entlang des Bordeirafußes. Wer mit einem Mietwagen

angereist ist, geht stattdessen vom Pico do Inferno auf demselben Weg wieder zurück zur Straße.

Der Mächtige

Für die Besteigung des **Pico do Fogo** (2829 m) bietet es sich an, in Chã das Caldeiras zu übernachten, um frühzeitig starten zu können. Auch wenn beide Dörfer vorerst nicht mehr in ihrer bisherigen Form existieren, reicht die Infrastruktur aus, um eine oder zwei Nächte am Fuß des Vulkans zu verbringen und einen Bergführer zu bekommen. Vom ehemaligen Zentrum von **Portela** führt eine Piste in östlicher Richtung zum eigentlichen Einstieg. Es folgt zunächst ein gemächlicher Anstieg in einigen Serpentinen über Asche- und Lapillifelder. Nach etwa 1,5 Std. ab Portela und ca. 400 hm ist ein Felsgrat mit grobem Geröll erreicht. Über dieses Geröll steigt man nun mehr oder weniger in Falllinie weglos Richtung Gipfel. Vorsicht ist geboten, wenn vorausteigende Wanderer Steine lostreten.

Weitere 1,5 Std. steigt man in diesem Gelände über ca. 500 hm auf. Wer sich das nicht zutraut, kehrt am besten schon zu Beginn des **Geröllgrats** um, da sich der Abstieg über diesen recht mühsam gestaltet. Hat man den Grat bewältigt, streift man ein langes, steiles Aschefeld. Bis zum oberen Kraterrand sind es dann noch etwa 150 hm über einen Serpentinenpfad auf losem, grobem Geröll.

Am **Kraterrand** auf ca. 2750 hm ergibt sich eine beeindruckende Sicht auf die Caldeira und die im Westen gelegene Bordeira. Nach Norden schweift der Blick bis an die Küste von Mosteiros. Der eigentliche Gipfel ist ziemlich brüchig und wird während einer geführten Tour nicht bestiegen. Der Kraterrand gilt offiziell als Besteigung des Pico do Fogo. Nach ausgiebiger Rast geht es mehr oder weniger auf derselben Route zurück zum Aschefeld.

Dann beginnt der eigentliche Spaß. Etwa 800 hm lassen sich nun abwärts rutschend, rennend oder hüpfend überwinden. Dabei staubt es gewaltig und die Schuhe füllen sich mit Asche. Fotoapparate oder empfindliche elektronische Geräte sollten eventuell bei Nichtgebrauch in Plastiktüten verstaut werden. Brillen mit Kunststoffgläsern reinigt man nach dem Abstieg ganz vorsichtig mit Wasser.

Der Abstieg durch das Aschefeld ist maximal in einer halben Stunde erledigt, dann folgt ein lockeres Ausgehen auf der Piste bis Portela.

Entstehung ab und bildeten die Gesteinsschichten, aus denen sich der Berg zusammensetzt. In historischer Zeit, also vom Jahr 1500 bis heute, wurden 27 Ausbrüche am Pico do Fogo gezählt, im Schnitt findet also alle 20 Jahre einer statt. Bis 1750 kamen alle Eruptionen aus dem oberen Krater. Seither hat sich die Aktivität auf die Flanken des Vulkans im Inneren der Caldeira verlagert. Im 20. Jh. gab es nur drei Ausbrüche: 1951 mit zwei Austrittsstellen, im Norden und im Süden von Chã das Caldeiras. Einen zugehörigen Lavastrom kann man bei der Einfahrt in die Caldeira rechter Hand sehen.

1995 entstand der **Pico Pequeno** (ca. 2000 m), ein Flankenvulkan am westlichen Fuß des Pico do Fogo. Ende 2014 öffnete sich die Erde nur wenige Meter südöstlich des Pico Pequeno erneut. Es bildete sich ein neuer Gipfel, der ca. 2070 m Höhe erreicht. Einen offiziellen Namen hat er noch nicht, inoffiziell wird er häufig **Pico do Inferno** genannt (s. Entdeckungstour S. 274).

Übernachten

Im Frühjahr 2016 gab es in Chã das Caldeiras drei Unterkunftsbetriebe. Weitere werden derzeit errichtet. Wer bescheiden und/oder flexibel ist, kann auch privat bei Einheimischen unterkommen. Jeder Bewohner ist froh, wenn wieder Gäste kommen, war doch vor dem Vulkanausbruch der Wander- und Bergtourismus ein wichtiges wirtschaftliches Standbein. Der Wanderführer Alcindo (franz./engl.) baut derzeit eine Pension auf. Einfach in Portela erkundigen. Jeder kennt ihn, alle sind sehr hilfsbereit.

Die Stromversorgung ist über Generatoren einigermaßen gesichert. Eine Festnetztelefonleitung wurde bisher nicht installiert, Mobilfunkmasten sichern aber die Kommunikation.

Erstes Haus am Platz – **Casa Marisa II:** Portela, am südlichen Fuß des Monte Amarelo, Tel. 979 23 22 oder 999 53 92. Komfortable Zimmer mit eigener Dusche und WC. Gemütlicher Innenhof, hervorragende Küche. Marisa und ihr Mann Mustafa Eren haben beim Vulkanausbruch zwei Häuser verloren. Im Oktober 2015 konnten sie nach großen Anstrengungen und harter Arbeit ihr neues Hotel eröffnen. Auch vermitteln sie wieder Berg- und Kletterführer.

Wanderherberge – **Casa Fernando:** Bangaeira, am ehemals südlichen Ortsausgang, Kontakt über Vista Verde (S. 260) oder durch Nachfragen vor Ort. Saubere Zimmer gruppieren sich um einen Innenhof, einfache Einrichtung, Gemeinschaftsduschen und -toiletten. Gute, deftige, liebevoll zubereitete einheimische Küche. Fernando und seine Frau Rita hatten Glück, nur der Küchenanbau fiel der Lava zum Opfer. Fernando ist erfahrener Bergführer, der weiß, worauf es ankommt. Allerdings ist er sprachlich nicht so bewandert wie auf dem Berg. Verständigungsprobleme macht er jedoch durch sein zuvorkommendes und ruhiges Wesen wett.

Beim Bergführer – **Casa Lavra:** Portela, ehemaliges Zentrum, Tel. 988 21 27 oder 977 11 90. Cicilio Montrond und Helena Fernandes hatten ebenfalls Glück beim Ausbruch. Vier saubere Zimmer um einen Innenhof, Gemeinschaftsdusche und WC. Auf Vorbestellung Mittag- und/oder Abendessen. Sehr gute Küche. Cicilio ist Bergführer und Reiseleiter.

Infos

Aluguer: frühmorgens nach São Filipe, nachmittags wieder zurück.

Brava – den Individualisten vorbehalten

Die kleine Insel Brava ist nur per Schiff zu erreichen. Organisierte Touren dorthin gibt es bislang nur wenige, und so kommen vorwiegend Individualreisende auf der Suche nach dem Ursprünglichen. Brava ist die Insel des Hibiskus, aber auch der Bougainvillea und der Jacarandabäume. Oft wird sie als Ilha das Flores (Blumeninsel) bezeichnet. Die Landschaft präsentiert sich für kapverdische Verhältnisse außergewöhnlich grün und dazu gebirgig. So ist sie speziell für Wanderer von großem Reiz.

In Furna legen die Fähren an. Von dort fahren alle Ankömmlinge aber gleich weiter nach Nova Sintra, der idyllisch in den Bergen gelegenen Hauptstadt von Brava. Dort gibt es ein paar Unterkünfte.

Nova Sintra eignet sich hervorragend als Standort für etliche Ausflüge und Wanderungen. Ansonsten bestehen Übernachtungsmöglichkeiten in Fajã de Água an der Nordwestküste, wo im Sommer ein gewisser Badebetrieb herrscht.

Infobox

Aktuelle Informationen zu Brava gibt es unter www.bravanews.com (auf Portugiesisch).

Anreise und Weiterkommen

Flüge: Der ehemalige Flughafen bei Fajã d'Água ist bereits seit 2004 wegen des oft starken Windes nicht mehr in Betrieb.

Fähre: Die Schnellfähre ›Kriola‹ (www.cvfastferry.com) verbindet Brava tgl. mit Fogo (40 Min.) und Praia (3.30 Std.).

Auf der Insel: Bei Fährankünften stehen Aluguers für den Transport nach Nova Sintra bereit. Von dort werden die anderen Inselorte nur sporadisch angefahren, sodass man meist die Taxidienste der Aluguers in Anspruch nehmen muss.

Furna ▶ Karte 3, F 17

Der Hafen von Furna wurde in einem vom Meer überfluteten Vulkankrater angelegt und ist nach drei Seiten hin von hohen Felswänden geschützt. Seit 1843 gibt es in Furna eine Hafenanlage. Damals exportierte die Insel Purgiernüsse (die ein Lampen- und Schmieröl lieferten), Ziegenleder, Kaffee und einen aus der Färberflechte gewonnenen Naturfarbstoff. Der aktuelle Kai wurde aber erst im Jahr 2000 eingeweiht. Außerhalb des umzäunten Geländes für die Großschifffahrt ziehen Fischer ihre Boot auf einem Slip an Land, andere lassen sie in der relativ sicheren Bucht vor Anker liegen.

Im Ort gibt es eine Bar für die ca. 600 Einwohner des Ortes – vorwiegend Fischer und Seeleute (morgens bei Fährabfahrt noch geschl.). Auf einer Felsklippe am Südrand der Siedlung thront die im Art-déco-Stil der 1930er-Jahre errichtete Igreja de Nossa Senhora dos Navegantes. Besonders auffällig ist auch eine große, schräge, betonierte Regensammelfläche oberhalb von Furna.

Infos

Fähre: s. Infobox S. 278.
Aluguer: Bei Ankunft der Fähre stehen Aluguers am Hafen bereit.

Nova Sintra

▶ Karte 3, F 17

Bravas Hauptstadt Nova Sintra (1500 Einw.) liegt etwa 500 m über dem Meer im Inselinneren. Zwei Straßen verbinden Furna mit Nova Sintra. Die neue verläuft in zahlreichen Kehren und hat eine Asphaltdecke – bislang die einzige auf der Insel. Die alte Pflasterstraße, die fast der Falllinie folgt, ist nicht mehr befahrbar. Sie überbrückt die Distanz aber wesentlich direkter und empfiehlt sich für Fußgänger (ca. 4 km; 1,5 Stunden Gehzeit).

Im 18. und 19. Jh. war die Kleinstadt im Sommer bevorzugter Aufenthaltsort für Adelige und Kolonialbeamte aus Santiago, die dem dortigen feuchtwarmen Klima entflohen. Sintra, die ehemalige königlich-portugiesische Sommerresidenz bei Lissabon, stand also nicht von ungefähr für den Ortsnamen Pate.

Nova Sintra wirkt überaus ruhig und sympathisch. Darüber hinaus gilt sie als eine der schönsten Städte der Kapverden.

Praça Eugénio Tavares

Den zentralen Platz, benannt nach dem Meister der Morna (s. S. 85), zieren eine um die Jahrtausendwende in Portugal angefertigte Bronzebüste des Dichters, Blumenbeete und ein Musikpavillon. 2015 wurde er komplett renoviert und erhielt in Zusammenarbeit mit Spezialisten aus der Partnerstadt Sintra in Portugal ein neues **Pflastermosaik,** das an den vier Eingängen die Symbole der Insel zeigt. Eine Karavelle steht für die Zeit der Entdeckungsfahrer, ein Wal für die Emigration, eine Note für die Musik, eine Hibiskusblüte für den Titel »Blumeninsel«. Auf dem Platz lädt die Esplanada Sodadi zur Einkehr ein. An der Praça steht auch die Igreja Nazarena (Nazarenerkirche). Wie ein Schachbrettmuster wurden ab 1680, als Brava recht spät besiedelt wurde, die Straßenzüge von Vila Nova Sintra angelegt. So war es in der Barockzeit in portugiesischen Überseebesitzungen üblich. Die Praça Eugénio Tavares liegt im Mittelpunkt dieses symmetrischen Stadtplans. Aus allen vier Himmelsrichtungen laufen breite Straßen auf den Platz zu. An derjenigen Richtung Westen wird praktisch jeden Tag ein unkonventioneller Straßenmarkt abgehalten (der allerdings demnächst in eine im Bau befindliche Markthalle verlegt werden soll). Diejenige nach Norden führt an einen kleinen Miradouro, östlich davon liegt ein zweiter Aussichtsbalkon.

Erste Unterkunft im Voraus buchen: Da die Schnellfähre je nach Fahrplan häufig abends bzw. mit Verspätung oft erst nachts auf Brava ankommt, empfiehlt es sich, eine Unterkunft zumindest für die erste Nacht im Voraus zu reservieren, da man sonst eventuell vor verschlossenen Türen steht. Zuverlässige Unterkunftsvermittlung bietet Vista Verde Tours in São Filipe auf Fogo (s. S. 260).

Igreja São João Baptista

Nicht weit von den beiden Miradouros trifft man auf die katholische Pfarrkirche, die um 1870 errichtet wurde. Ihre Bauform ist typisch für den Kolonialstil auf den Kapverden. Zwei klobige Türme säumen das Hauptportal rechts und links. Ansonsten ist sie eher schlicht gehalten. Um die Kirche herum spenden hohe Gummibäume Schatten.

Barco Santa Maria

An der Straße, die von der Praça Eugénio Tavares nach Osten führt, steht am östlichen Ortsausgang eine steinerne Nachbildung der Santa Maria, des Flaggschiffes von Kolumbus. Sie bewacht heute sozusagen die Einfahrt nach Nova Sintra, von Furna aus kommend. Die Stelle ist zugleich ein schöner Miradouro mit Blick zur Küste. Ähnliche Schiffe liegen auch andernorts auf Brava an Land. Sie spielen eine wichtige Rolle bei verschiedenen Feierlichkeiten, vor allem beim Johannisfest. Das Schiff ›gehört‹ der Jungfrau Maria. Bei den europäischen Kelten war das Boot Attribut der Muttergottheit. Dieser Glaube floss in die christliche Marienverehrung ein und wurde im Zeitalter der Entdeckungsfahrten weit über den Atlantik getragen. So spielt auch auf der Kanareninsel La Palma ein steinernes Schiff bis heute bei einem Marienfest mit.

Casa Museu Eugénio Tavares

Rua da Cultura (südwestlicher Ortsrand), www.eugeniotavares.org, tgl. ab 9 Uhr, Eintritt frei

In dem hübschen, traditionellen Haus lebte der Morna-Dichter Anfang des 20. Jh. Am Nachmittag saß er oft in seinem kleinen, mit Rosen bepflanzten Vorgarten, um sich mit Passanten unterhalten zu können. Darüber hinaus besitzt die Casa aber auch einen lauschigen Patio. Das Haus wurde nach dem Tod von Tavares' Witwe verkauft und ging später in die Hände eines auf Brava ansässigen Deutschen über, der es schließlich der Stadtverwaltung überließ, zu dem Zweck, hier ein Museum einzurichten. Dieses wurde 2006 eingeweiht, ebenso wie das benachbarte Denkmal, das den Poeten sitzend zeigt, die rechte Hand auf eine Schriftrolle gestützt. Der kapverdische Künstler Domingos Luísa schuf die Skulptur. Das Museum besitzt wertvolle Möbel und andere Einrichtungsgegenstände, die Tavares anlässlich seiner Hochzeit geschenkt bekommen hatte. Sie waren im 19. Jh. aus einem Palast auf der Insel Madeira nach Brava gelangt.

Nach João d'Nole

Von Nova Sintra ist der malerische Aussichtsort João d'Nole (auch João da Noly) in etwa 20 Minuten gut zu Fuß zu erreichen. Von der Praça Eugénio Tavares hält man sich zu diesem Zweck südwärts, am örtlichen Dieselkraftwerk und am nicht mehr genutzten Mercado Municipal (Markthalle) vorbei. Dann geht es rechts gleich wieder links in eine gewundene Pflastergasse. Sie trifft bald auf eine schmale Straße, auf dieser wendet man sich rechts. Vor einem Sobrado gabelt sich die Straße. Linker Hand sieht man bereits den weiteren, gepflasterten Weg, der nun recht steil ansteigt.

Wer lieber per Aluguer nach João d'Nole fährt, kommt zunächst am **Miradouro de Nova Sintra** vorbei, einem gemauerten Aussichtsbalkon mit umfassendem Blick über die Stadt. Die Stichstraße links hinunter in den Ort hinein endet am Dorfbrunnen. Von dort aus durchziehen schmale Gassen, von gepflegten Häusern und fruchtbaren Obst- und Gemüsegärten gesäumt, die überschaubare Siedlung mit nur 65 Einwohnern. Von deren Rand hat man wiederum einen hervorragenden Überblick über Nova Sintra. Bei günstiger Wetterlage kann man die Ilhéus Secos ou do Rombo erkennen, eine unbewohnte Gruppe von kleinen Felsinseln, die Brava 10 km nordöstlich vorgelagert sind. Sie sind Naturreservate für den Vogelschutz, das Betreten ist nur Wissenschaftlern erlaubt. Oberhalb von João d'Nole, nicht weit von der Straßengabelung, an der die Stichstraße in den Ort abzweigt, erhebt sich die kleine Igreja Santo Antão.

Mato Grande

Folgt man von der Straßengabelung bei João de Nole der Hauptstraße höhenparallel weiter, so gelangt man nach Mato Grande. Auch hier steht die Kirche schon vor dem Ort. Mato Grande ist nicht so hübsch wie João d'Nole. Der Abstecher lohnt aber wegen des grandiosen Ausblicks über die der Nachbarinsel Fogo zugewandte Ostküste Bravas. Die anderen Weiler in diesem trockenen Gebiet sind lediglich durch Fußwege miteinander verbunden und erschließen sich nur Wanderern.

Fonte de Vinagre

Ein weiteres beliebtes Ausflugsziel in Hauptstadtnähe ist die ›Essigquelle‹. Bis Santa Bárbara, östlich von Nova Sintra, kann man sich fahren lassen. Von dort lauft man hin und zurück insgesamt ca. 1 Std. auf einem Pflasterweg. Das Quellwasser enthält Fluor und Bikarbonat und ist so sauer, dass es wie Essig schmeckt.

Ein Badehaus aus dem 19. Jh., in dem die Menschen damals Heilung von verschiedenen Krankheiten suchten, ist dem Verfall preisgegeben. An den vier Ecken des Ziegeldaches sind Männerköpfe aus Terrakotta mit weit aufgerissenem Mund angebracht. Einheimische erzählen, es handele sich um Darstellungen eines populären Sängers namens Fonseca, der stets Durst hatte. Vom Badehaus ging einst ein ausgeklügeltes Bewässerungssystem mit Levadas (Wasserrinnen) für die umgebenden Terrassenfelder aus.

Übernachten

Komfortabel – **Pousada Nova Sintra:** Rua Direita 1, buchbar über www.booking.com, DZ ca. 42 €. Kürzlich komplett renoviertes kleines Hotel mit 8 gut eingerichteten Zimmern, z. T. mit Balkon oder Terrasse. Gratis-Wlan. Eine Snackbar befindet sich im Haus. Transferservice zum Hafen.

Italienisches Ambiente – **Djabraba's Eco-Lodge:** Cruz Grande (am Nordostrand der Stadt beim Barco Santa Maria die Stichstraße hinein), Tel. 979 49 34, http://hoteldjabrabasecolodge.jimdo.com, DZ 40–50 €. Marco und Maria Giandinoto betreiben die schicke Unterkunft auf einem Bergrücken am östlichen Stadtrand. Beim Bau wurde auf Umweltfreundlichkeit geachtet. Die Zimmer sowie zwei komfortable Suiten, alle geräumig und im italienischen Stil mit natürlichen Materialien eingerichtet, verteilen sich auf zwei Stockwerke im Hacienda-Stil.

Familiär geführt – **Pensão Paulo Sena:** Rua da Cultura (südwestlicher Ortsrand), Tel. 285 13 12, DZ ca. 23 €. Die einfachen Zimmer sind z. T. mit Balkon ausgerüstet. Beim Abendessen im hauseigenen Restaurant lassen sich Kontakte zu Mitreisenden knüpfen.

Essen & Trinken

In allen Restaurants von Nova Sintra ist es ratsam, das Essen vorzubestellen (für abends reicht gegen Mittag).

Gepflegt – **O Castelo:** Zona Castelo, an der nördlichen Straße, Tel. 285 23 14, Hauptgerichte 600–700 ECV. Hier verkehren mittags die Mitarbeiter der Behörden von Nova Sintra.

Große Portionen – **Luanda:** am Ortseingang erste Straße li., Tel. 285 16 66, Hauptgerichte 500–700 ECV. Familiäre Atmosphäre. Gekocht wird Hausmannskost nach traditionellen Rezepten.

Infos & Termine

Termine

Festa de Santa Cruz: 3. Mai. Das Fest des hl. Kreuzes (s. S. 35) wird in Nova Sintra besonders inbrünstig gefeiert.

Festa de Coroa de Espírito Santo: Pfingstsonntag. Beim Fest der Krone des Heiligen Geistes handelt es sich um ein Relikt eines mittelalterlichen Kultes, der von der katholischen Kirche in Portugal jahrhundertelang bekämpft wurde, weil er als Ketzerei galt. Er hatte die Abschaffung der Berufspriesterschaft und stattdessen die Einsetzung von Laienpriestern zum Ziel, die jeweils nur für ein Jahr gewählt wurden und Männer wie auch Frauen sein konnten. Ursprünglich stand eine Armenspeisung im Mittelpunkt der Feierlichkeiten, heute ein großes Festessen für alle.

Festa de São João (Nhô Sanjon): 23./24. Juni. Johannes der Täufer ist Ortspatron von Nova Sintra. Am 23. Juni zieht eine Prozession unter Führung eines Reiters zur Pfarrkirche. Im Mittelpunkt des Johannisfestes steht das steinerne Schiff Santa Maria (s. S. 280). Frauen tragen in Körben Brotzöpfe, Kuchen, Früchte und Blumen herbei. Damit werden die niedergelegten Holzmasten feierlich geschmückt und dann aufgestellt. Dazu tanzen alle die Colá, einen fröhlichen Tanz. Anschließend dürfen die Masten von den Kindern geplündert werden.

Ein anderer Brauch steht in Verbindung mit der Seefahrt, zu der die Bewohner von Brava eine enge Beziehung haben. Amerikanische Walfangboote warben hier früher ihre Mannschaften an. Viele Insulaner wanderten per Schiff in die Vereinigten Staaten von Amerika aus. Beim Johannisfest verkleiden sich die Gemeindemitglieder als Seemänner, Kapitäne und Schiffsköche und stellen schicksalhafte Ereignisse nach, die sich auf hoher See ereignet haben. Dann wird mit Musik und Tanz ausgelassen gefeiert. In ähnlicher Form kann man dieses Fest in verschiedenen Inselorten erleben, auch zu anderen Terminen, speziell an Juliwochenenden. Viele Emigranten reisen speziell zu diesen Ereignissen an.

Verkehr

Aluguer: Die Fahrzeuge kreisen – insbesondere ca. 2 Std. vor Abfahrt der Schnellfähre – auf der Suche nach Fahrgästen rund um die zentrale Praça Eugénio Tavares und durch die angrenzenden Straßen. Sporadisch werden Cova Joana, Nossa Senhora do Monte und Fajã de Água angefahren.

Taxi: Die Aluguerfahrer bieten Taxidienste an, eine Inselrundfahrt von ca. 4–5 Std. auf allen befahrbaren Straßen der Insel mit Stops kostet ca. 6000 ECV.

Fajã de Água

▶ Karte 3, F 17

Die 8 km weite Fahrt von Nova Sintra nach Fajã de Água ist äußerst eindrucksvoll. Oberhalb der Hauptstadt begrenzen rot blühende Hibiskushecken Felder und Wiesen. In **Cova Rodela** steht an der Hauptstraße ein riesiges, überaus fotogenes Exemplar des Drachenbaums. Nach dem kleinen Ort folgt die zentrale Straßengabelung im Hochland von Brava, wo es rechts nach Fajã de Água geht. Die Nordwestseite der Insel, an der sich die Straße dann abwärts windet, ist steil und extrem zerfurcht. Weiter unten wird die Landschaft sehr trocken und einsam. Die Straße zerschneidet hier wie ein Hohlweg mächtige Schichten vulkanischen Tuffs. Fajã de Água selbst liegt an einer feuchten Flussmündung, wo sogar einige Bananenplantagen angelegt werden konnten. Kokospalmen sorgen für tropisches Flair. Eigentlich besteht der Ort nur aus einer Häuserzeile entlang der Küste. Die vorgelagerte Praia ist äußerst steinig und zum Baden nicht geeignet. Bis 1843 war Fajã de Água der Haupthafen der Insel. Vor dem Strand ankerten im 18. und 19. Jh. die amerikanischen Walfangboote, die sich hier mit Trinkwasser und Proviant versorgten und Mannschaften an Bord nahmen. Sie dienten vielen Bewohnern Bravas als Sprungbrett für die Emigration in die USA.

Monumento aos Emigrantes

Gleich zu Beginn des Dorfes erhebt sich eine kleine pastellfarbene Kirche. Gegenüber liegt ein winziger Park mit niedrigen Palmen. Dort wurde 1993 aus Basaltgestein ein Emigrantendenkmal errichtet. Es erinnert an den Untergang des Segelschiffs ›Matilde‹ im Jahr 1943. Bei der Katastrophe ertranken 51 Männer. Fast alle Familien auf Brava verloren bei diesem Unglück einen oder mehrere Verwandte. Thematisiert wurde das Trauma in der Morna »Valsa do Matilde«. Bei den Passagieren handelte es sich um Emigranten auf Heimatbesuch sowie um einige Jugendliche, die dem damals auf Brava herrschenden Hunger entfliehen wollten. Als Folge des Zweiten Weltkriegs waren 1943 die Schiffsverbindungen unterbrochen. Die Gruppe charterte das marode Boot und bezahlte die notwendigen Reparaturen. Die ›Matilde‹ war wohl nur notdürftig hergerichtet und reichlich überladen. Sie lief am 21. August 1943 aus Fajã de Água aus. Wahrscheinlich geriet sie bei den Bermudas in einen Hurrikan und sank.

Wanderung durch das Tal von Fajã de Água

Dauer: 2 Std.; mittelschwer

Ein idyllischer Fußweg mit wunderschönen Ausblicken erschließt das Tal von Fajã de Água. Die Tour setzt tes-

Zu den schönsten Landschaften der Kapverden zählt das Tal von Fajã de Água

tes Schuhwerk und an einigen Stellen Trittsicherheit voraus. Ausgangspunkt ist die Straßengabelung westlich von **Cova Rodela.** Man folgt zunächst der Straße nach Nossa Senhora do Monte und schlägt etwa nach 1 km einen breiten Weg nach rechts ein. Sollte man den Abzweig verpassen, kann man auch direkt in Nossa Senhora do Monte auf alten Pflasterwegen absteigen. Man trifft dann oberhalb von Lavadura auf den vorgeschlagenen Abstiegsweg. Von nun an geht es eigentlich stets bergab, zunächst auf einem alten, gepflasterten **Saumpfad.** Schon bald eröffnet sich ein wunderbarer Blick zur Küste bei Fajã de Agua. Nach 30 Min. passiert man ein größeres **Gehöft.** An einer Weggabelung (40 Min.) geht es dann rechts abwärts.

Oberhalb zweier **Wasserbecken** biegt man links ab und erreicht den Weiler **Lavadura** (1 Std.). Schon nach den ersten Häusern geht es rechts auf einem breiteren Weg abwärts, an Feldern vorbei. Nach steilem Abstieg auf einem gepflasterten Serpentinenweg quert man auf einer breiten **Staustufe** einen Talgrund und steigt dann leicht bergan zu einer weiteren **Staumauer.** Dahinter geht es rechts weiter hinauf zu den Häusern von **Lagoa.** Der Ort liegt von Kokospalmen beschattet am Hang. Ein breiter Pflasterweg führt durch die Ansiedlung. Hinter einer **Grogue-Mühle** biegt man links ab (1.30 Std.) und steigt wiederum in steilen Serpentinen in ein Seitental hinab. Dort verläuft eine **Bewässerungsrinne,** dieser folgt man bis zu einem Wasserbecken. Einige Meter dahinter geht es auf einem deutlichen Pfad nach links. Dieser führt ins Haupttal von **Fajã de Água,** durch das man zum Meer hinunterläuft.

Durch das Tal von Fajã de Água

Ponta Espradinha

An der Ponta Espradinha, etwa 1 km von Fajã de Água, endet die Straße am geschlossenen Flughafen. Dieser wirkt recht trostlos und lohnt eigentlich nur der Kuriosität halber den Abstecher. Er war von der Bevölkerung lange erhofft, mit deutscher Entwicklungshilfe gebaut und am Johannistag 1992 mit großem Hallo eröffnet worden. Doch wegen des häufig sehr starken Windes hat die TACV schon vor vielen Jahren ihre Flüge nach Brava eingestellt.

Piscinas naturais

Kurz vor der Landepiste des nicht genutzten Flughafens liegen die zum Baden beliebten Meerespools (s. Lieblingsort S. 286).

Übernachten, Essen

Kolonialvilla – **Pensão Sol na Baia:** nördlich der Flussmündung, Tel. 285 20 70, www.sol-na-baia.e-monsite.com,

DZ um 6000 ECV. Die Pension ist in einer teilrestaurierten Villa im Kolonialstil untergebracht und bietet drei Gästezimmer. Abendessen möglich (um 1000 ECV), hauseigene Herstellung von *grogue* nach traditionellem Rezept.

Authentisch – **Burgo Motel:** südlich der Flussmündung, Tel. 285 13 21, DZ 2000 ECV. Die Zimmer sind zwar einfach, können aber mit Meerblick und Privatbädern punkten. Eine Reservierung (in Englisch) ist möglich. Kurios ist der Speiseraum hinter der hauseigenen Bar. Es handelt sich um ein ›Separee‹ im Hinterhof mit nur einem Tisch. Auch externe Gäste sind willkommen. Das Essen muss vorbestellt werden (Hauptgerichte ab 600 ECV).

Essen & Trinken

Mehrere einfache Bars an der Uferstraße, die *grogue* ausschenken. Essen kann man im Burgo Motel (s. o.).

In Bravas Zentrum und in den Süden

Oberhalb von Cova Rodela gelangt man in die feuchte, fruchtbare Bergregion der Insel. Hier leben zahlreiche Bauern immer noch recht gut von der Landwirtschaft. Alle Dörfer im Zentrum haben jedoch kaum mehr als 200 Einwohner. Malerisch liegt dort der Ort **Cova Joana.** Üppige Hibiskushecken umgeben kleine Sobrados. Auf der Weiterfahrt bietet sich oberhalb des Ortes noch einmal ein fotogener Blick zurück.

Der nächste Ort, **Nossa Senhora do Monte,** liegt exponiert auf einem Bergrücken. Gleich zu Beginn zweigt dort links eine Straße zu den Bauerndörfern Lima Doce und Mato ab. Von Mato aus ist der Alto de Fontainhas (976 m) zu sehen, der höchste Gipfel von Brava. Wenig spektakulär erhebt er sich über das umgebende Hochland.

In Nossa Senhora do Monte kommt man zunächst an der Kirche der Sieben-Tag-Adventisten vorbei. Hinter der nächsten Rechtskurve erhebt sich die katholische Wallfahrtskirche **Nossa Senhora do Monte,** die dem Ort ihren Namen gab. Von deren weitem Vorplatz ergibt sich ein schöner Blick in den oberen Bereich des Tals von Fajã de Água. In der 1826 gegründeten Kirche wird die Bergjungfrau verehrt.

Cachaço ▶ Karte 3, F 18

Weiter südlich wird die Gegend einsamer. Man durchfährt einen lichten Akazienwald, in dem Ziegen und Kühe grasen. Recht abgeschieden liegt der Ort Cachaço am Straßenende. Sobald das Dorf nach Überfahren eines Bergrückens in Sicht kommt, bietet sich der beste Blick. Bei klarer Sicht ist von hier auch die Nachbarinsel Fogo zu erkennen. Aus Cachaço kommt Frischkäse, dezent im Geschmack, für dessen Herstellung die Milch von Ziegen und Kühen gemischt wird. Er wird in Nova Sintra verkauft und in den dortigen Restaurants serviert. Man kann ihn aber auch vor Ort in der kleinen Molkerei erstehen, in der Gasse, die am Dorfbeginn links abzweigt.

Die Straße endet im Zentrum von Cachaço. Die Kirche liegt am unteren Ortsrand. Der noch recht neue Bau besitzt eine ungewöhnliche, asymmetrische Fassade und einen offenen Glockenstuhl. Vom weiten Kirchenvorplatz eröffnet sich nochmals ein schöner Blick nach Fogo. Wanderer gelangen von Nova Sintra über die Berge auf einer aussichtsreichen Route in rund 4 Std. nach Cachaço, dort von einem Aluguer abholen lassen.

Lieblingsort

Piscinas naturais – die Meerespools von Fajã de Água

▶ Karte 3, F 17

Kurz vor der Landepiste des nicht genutzten Flughafens in Fajã de Água schweift rechts von einer Parkbucht der Blick über die Piscinas naturais, das grandiose Naturschwimmbad von Fajã de Água. Eine sorgfältig angelegte Natursteintreppe führt hinunter zu der frei zugänglichen Anlage, bei der es sich um ein gewaltiges System von Felsbecken handelt. Beim Schwimmen ist Vorsicht geboten, denn oft schlagen starke Wellenbrecher in die Becken hinein. Bei ruhiger See allerdings kann das Schwimmen hier durchaus Laune bereiten.

Ausspracheregeln

Die Betonung liegt im Portugiesischen im Allgemeinen auf der vorletzten Silbe.

ão	wie nasales »au«
c	vor »a, o, u« wie »k«; vor »e, i« wie »ss«
ç	wie »ss«
-em/-im/-om	am Wortende nasal gesprochen
es	am Wortanfang wie »isch«
g	vor »a, o, u« wie »g«; vor »e, i« wie »sch«
h	wird nicht gesprochen
j	wie »sch«
lh	wie »lj«
nh	wie »nj«
o	wenn unbetont, dann wie »u«
s	vor Konsonant wie »sch«; vor Vokal wie »s«

Allgemeines

Guten Morgen	bom dia
Guten Tag	boa tarde (ab mittags)
Gute Nacht	boa noite
Hallo!	olá!
Auf Wiedersehen	adeus, até logo
bitte	faz favor
danke	obrigado (als Mann) obrigada (als Frau)
ja/nein	sim/não
Entschuldigen Sie!	desculpe!
Wie bitte?	como?

Unterwegs

Haltestelle	paragem
Bus/Auto	autocarro/carro
Straßenbahn	eléctrico
Zug	comboio
Ausfahrt, -gang	saída
Tankstelle	posto de gasolina
rechts	à direita
links	à esquerda
geradeaus	em frente
Auskunft	informação
Telefon	telefone
Postamt	correios
Bahnhof	estação
Flughafen	aeroporto
Stadtplan	mapa da cidade
Eingang	entrada
geöffnet	aberto
geschlossen	fechado
Stadtzentrum	centro da cidade
Kirche	igreja
Museum	museu
Brücke	ponte
Platz	praça/largo
Strand	praia

Zeit

Stunde	hora
Tag	dia
Woche	semana
Monat	mês
Jahr	ano
heute	hoje
gestern	ontem
morgen	amanhã
morgens	de manhã
mittags	ao meio-dia
abends	à tarde/à noite
früh	cedo
spät	tarde
Montag	segunda-feira
Dienstag	terça-feira
Mittwoch	quarta-feira
Donnerstag	quinta-feira
Freitag	sexta-feira
Samstag	sábado
Sonntag	domingo

Notfall

Hilfe!	socorro!
Polizei	polícia
Arzt/Zahnarzt	médico/dentista
Apotheke	farmácia
Krankenhaus	hospital
Unfall	acidente
Schmerzen	dor
Panne	avaria

Übernachten

Hotel	hotel
Pension	pensão
Einzelzimmer/ Doppelzimmer	quarto individual/ com duas camas
mit/ohne Bad	com/sem casa de banho
Toilette	casa de banho
Dusche	duche
mit Frühstück	com pequeno almoço
Halbpension	meia-pensão
Gepäck	bagagem
Rechnung	factura

Einkaufen

Geschäft	loja
Markt	mercado
Lebensmittel	alimentos
Bank	banco
Kreditkarte	cartão de credito
Geld	dinheiro
Geldautomat	caixa automático
teuer/billig	caro/barato
Größe	tamanho
bezahlen	pagar

Zahlen

1	um/uma	17	dezassete
2	dois/duas	18	dezoito
3	três	19	dezanove
4	quatro	20	vinte
5	cinco	21	vinte-e-um
6	seis	30	trinta
7	sete	40	quarenta
8	oito	50	cinquenta
9	nove	60	sessenta
10	dez	70	setenta
11	onze	80	oitenta
12	doze	90	noventa
13	treze	100	cem, cento
14	catorze	101	cento e um
15	quinze	150	cento e cinquenta
16	dezasseis	1000	mil

Die wichtigsten Sätze

Allgemeines

Sprechen Sie Deutsch/Englisch?	Fala alemão/inglês?
Ich verstehe nicht.	Não compreendo.
Ich spreche kein Portugiesisch.	Não falo português.
Ich heiße …	Chamo-me …
Wie heißt Du/ heißen Sie?	Como te chamas/ se chama?
Wie geht es Dir/ Ihnen?	Como estás/está?
Danke, gut.	Bem, obrigado/-a.
Wie viel Uhr ist es?	Que horas são?

Unterwegs

Wie komme ich zu/nach …?	Como se vai para …?
Wo ist …?	Onde está …?
Könnten Sie mir bitte … zeigen?	Pode-me mostrar … , faz favor?

Notfall

Können Sie mir bitte helfen?	Pode me ajudar, faz favor?
Ich brauche einen Arzt.	Preciso de um médico.
Hier tut es mir weh.	Dói-me aqui.

Übernachten

Haben Sie ein freies Zimmer?	Tem um quarto disponível?
Wie viel kostet das Zimmer pro Nacht?	Quanto custa o quarto por noite?
Ich habe ein Zimmer bestellt.	Reservei um quarto

Einkaufen

Wie viel kostet …?	Quanto custa?
Ich brauche …	Preciso …
Wann öffnet/ schließt …?	Quando abre/ fecha …?

Kulinarisches Lexikon

Zubereitung

assado	gebraten, auch: Braten
cozido	gekocht
doce	süß
estufado	geschmort
frio	kalt
frito	frittiert
grelhado/na brasa	gegrillt
guisado	geschmort
no espeto	am Spieß
no forno	im Ofen
picante	scharf
quente	warm, heiß
recheado	gefüllt

Suppen und Vorspeisen

azeitonas	Oliven
caldo verde	grüne Kohlsuppe
canja da galinha	klare Hühnersuppe mit Reis
chouriço	geräucherte Wurst
creme de marisco	(cremige) Meeresfrüchtesuppe
manteiga	Butter
pão	Brot
patê de atum/sardinha	Thunfisch-/Sardinenpaste
presunto	(roher) Schinken
queijo	Käse
sopa de legumes/peixe	Gemüse-/Fischsuppe

Fisch und Meeresfrüchte

amêijoa	Teppichmuschel
atum	Thunfisch
bacalhau	Stockfisch
besugo	Meerbrasse
camarão	Krabbe, kleine Garnele
carapau	Bastardmakrele, Stöcker
cherne	Silberbarsch
choco	Tintenfisch, Sepia
dourada	Zahn-/Goldbrasse
espardarte	Schwertfisch
gamba	Garnele
lagosta	Languste
lavagante	Hummer
linguado	Seezunge
lula	Kalmar
mexilhão	Miesmuschel
ostra	Auster
pargo	Seebrasse
peixe espada	Degenfisch
perceves	Entenmuschel
polvo	Krake
robalo	See-/Wolfsbarsch
salmão	Lachs
salmonete	Rotbarbe
sapateiro	Riesentaschenkrebs
sardinha	Sardine
sargo	Geißbrasse
tamboril	Seeteufel

Fleisch

bife	Steak, Schnitzel
borrego	Lamm
cabrito	Zicklein
coelho	Kaninchen
figado, iscas	Leber
frango	Hähnchen
galinha	Huhn
javali	Wildschwein
lebre	Hase
leitão	Spanferkel
lombo	Lenden-, Rückenstück
pato	Ente
perdiz	Rebhuhn
peru	Pute
porco (preto)	(iberisches) Schwein
vaca	Rind
vitela	Kalb, Färse

Gemüse und Beilagen

abóbora	Kürbis
alho	Knoblauch
arroz	Reis
batatas cozidas/a murro/fritas	Salz-/Pellkartoffeln/Pommes frites

beringela	Aubergine
brócolos	Brokkoli
cebola	Zwiebel
cenoura	Karotte
cogumelos	Champignons
couveflor	Blumenkohl
espinafre	Spinat
ervilhas	Erbsen
favas	Saubohnen
feijão (verde)	(grüne) Bohnen
grelos	Steckrübenblätter
massas	Nudeln
ovos	Eier
pepino	Gurke
pimento	Paprikaschote
salada (mista)	(gemischter) Salat

Nachspeisen und Obst

ameixa	Trockenpflaume
ananás/abacaxi	Ananas
arroz doce	Milchreis
bolo/torta (de amêndoa)	(Mandel-)Kuchen
cereja	Kirsche
figo	Feige
gelado	Eis
laranja	Orange
leite creme	karamellisierter Eierpudding
limão	Zitrone
maça assada	Bratapfel
meloa/melão	Melone
morango	Erdbeere
pêra	Birne
pêssego	Pfirsich
pudim flan	Karamellpudding
uvas	Weintrauben
salada de fruta	Obstsalat

Getränke

água com/sem gás	Mineralwasser/ stilles Wasser
aguardente (velho)	(alter) Branntwein
bagaço	Tresterschnaps
café/bica	Kaffee (Espresso)
café com leite	Milchkaffee
caneca	großes Fassbier
cerveja	Flaschenbier
chá (preto/verde)	Tee (schwarzer/grüner)
galão	Milchkaffee im Glas
imperial	kleines Fassbier
leite	Milch
macieira	Weinbrand
sumo de laranja	Orangensaft
vinho (branco/tinto/verde)	Wein (Weiß-, Rot-, junger)
vinho do Porto	Portwein

Im Restaurant

Ich möchte einen Tisch reservieren.	Queria reservar uma mesa.
Die Speisekarte, bitte.	A ementa, faz favor
Weinkarte	lista dos vinhos
Guten Appetit!	Bom apetite!
Es war sehr gut.	Estava óptimo.
Die Rechnung, bitte.	A conta, faz favor
Appetithappen	petiscos
Vorspeise	entradas
Suppe	sopa
Hauptgericht	prato principal
Nachspeise	sobremesa
Beilagen	acompanhamentos
Tagesgericht	prato do dia
vegetarisches Gericht	prato vegetariano
eine halbe Portion	uma meia dose
Gedeck	talher
Messer/Gabel	faca/garfo
Löffel	colher
Glas	copo
Flasche	garrafa
Salz/Pfeffer	sal/pimenta
Öl/Essig	azeite/vinagre
Zucker/Süßstoff	açúcar/adoçante
Kellner/Kellnerin	Senhor/Senhora

Hinweis: Autoren und Verlag haben alle Informationen mit größtmöglicher Sorgfalt geprüft. Gleichwohl erfolgen alle Angaben ohne Gewähr. Bitte schreiben Sie uns! Über Ihre Rückmeldung und Ihre Verbesserungsvorschläge freuen wir uns: **DuMont Reiseverlag,** Postfach 3151, 73751 Ostfildern, info@dumontreise.de, www.dumontreise.de

Die Autoren: Susanne Lipps studierte Geografie, Geologie und Botanik und bereiste die Kapverdischen Inseln sehr intensiv. Oliver Breda leitet in Kap Verde regelmäßig Wanderreisen. Beide erkunden Wege, besichtigen Bekanntes und Neues und halten sich über das Inselgeschehen auf dem Laufenden. In ihrer Arbeit als Reiseschriftsteller haben sie sich auf den portugiesisch- und spanischsprachigen Raum spezialisiert. Für den DuMont Reiseverlag haben sie Reiseführer über Gomera, Andalusien und Mallorca geschrieben.

Abbildungsnachweis

Oliver Breda, Duisburg: S. 12 re. o., 12 re. u., 13 li. o., 13 re. u., 63, 68, 112, 115, 128/129, 138 re., 156/157, 170, 192, 196, 218/219, 286/287

Getty Images, München: S. 30 (Adams); 77 (De Agostini/Orti); 204 re., 207 (Joe/AFP); 246/247 (Marchetti); 33 (Riley); 58 (Robert Harding); 88 (Setboun)

Glow Images, München: S. 222 (Graben)

Robin Heal, Neckarsteinach: S. 81, 252 li., 261

Huber-Images, Garmisch-Partenkirchen: Umschlagklappe vorn, S. 24/25, 44, 73 (Schmid); 176 li.,195, 198 (Spila)

laif, Köln: S. 43, 66, 114 re., 125 (Bibel); 11 (Catarino/4SEE); 12 li. o., 70/71, 186/187 (Guiziou/Franck/hemis.fr); 176 re., 180/181 (Guiziou); 7 (Le Figaro Magazin); 158/159, 190/191, 221 (Le Figaro/Fautre); 10 (Le Floch/Explorer);120 (Martin); 252 re., 283 (Osang); 9, 27, 139, 143, 150, 177, 192, 205, 210, 237 (Riehle); 13 o. re., 36/37, 46/47, 54/55, 86, 92 o. li., 96/97, 138 li.,146, 253, 268 (Standl); 250 (The New York Times)

Susanne Lipps, Duisburg: S. 92 re., 93, 100, 105,162, 164, 172, 174, 203, 243

Look, München: S. 19 (Chwaszcza)

Mauritius Images, Mittenwald: S. 79, 90/91 (images/imagebroker); 232, 239 (Photononstop); 16/17 (Warburton-Lee)

Harald Mielke, Sachsenried: S. 60, 65, 102, 131, 274

picture alliance, München.: S. 84 (AP Photo); 114 li., 134 (Gatto); 12 li. u., 57, 204 li., 214/215 (Huber); 74 (Mary Evans); 8 (Szeglat)

Günther Roeder, Düsseldorf: S. 6, 296

Schapowalow, Hamburg: S. 117 (Fotofinder); Titelbild (Schmid)

Thomas Stankiewicz, München: S. 229

Monique Widmer, São Felipe, Fogo: S. 13 u. li., 256/257

Kartografie

DuMont Reisekartografie, Fürstenfeldbruck

Umschlagfotos

Titelbild: Fischerboote am Strand von Santa Maria auf Sal

Umschlagklappe vorn: In der Ribeira da Torre auf Santo Antão

5., aktualisierte Auflage 2017

Redaktion/Lektorat: C. Traber, H. Volz, Marianne Bongartz

Grafisches Konzept: Groschwitz/Blachnierek, Hamburg
Printed in China